시 교육의 이론과 방법

시 교육의 이론과 방법

저자 **김 현 수**

1971년 부산 출생. 대구대학교 국어교육과와 고려대학교 교육대학원을 졸업하고, 고
려대학교 대학원에서 교육학 박사학위를 받음. 2009년 『시안』에 평론을 발표하면서
문학평론가로 등단함. 주요 논문에는 「운율의 교수학습에 관한 연구」, 「학습자의 사
고 계발을 위한 시 수업 모형 연구」, 「시의 화자와 거리에 관한 연구」, 「현대시 정
전의 교육내용에 관한 고찰」, 「문학제재와 학습자의 흥미」 등이 있음. 저서에는 『교
과서 시의 탐색』이 있으며, 현재 고등학교에 재직하며 고려대학교에 출강하고 있음.
khs2483@korea.ac.kr

시 교육의 이론과 방법

초판 인쇄 2011년 2월 21일 | **초판 발행** 2011년 2월 28일

지은이 김현수

펴낸이 이대현 | **편집** 권분옥

펴낸곳 도서출판 역락 | **등록** 제303-2002-000014호(등록일 1999년 4월 19일)

주소 서울시 서초구 반포 4동 577-25 문창빌딩 2층

전화 02-3409-2060(편집부), 2058(영업부) | **팩시밀리** 02-3409-2059

전자우편 youkrack@hanmail.net

ISBN 978-89-5556-890-5 93370

정가 27,000원

■ 잘못된 책은 교환해 드립니다.

시 교육의 이론과 방법

김 현 수

역락

잠이 오지 밤이 있다. 가끔은 불면의 시간을 맞이해서야 자신을 진지하게 되돌아보게 된다. 학자는 성실하고 겸손해야 한다. 학문하는 사람은 자신을 낮추고, 끊임없이 학문에 매진해야 한다고 스승은 이르셨다. 학문의 성취는 쉽지 않은 것이다. 주변에는 우리를 감탄케 하면서 자신의 무지를 일깨워주는 실력자들이 많다.

우부(愚夫)는 욕심을 쉽게 버리지 않는다. 이 책을 쓰게 된 것은 그동안 배우고 터득한 것을 한번쯤 정리하고 싶어서다. 잘 모르기에 오랫동안 시에 매달렸다. 시에는 묘한 매력이 있었다. 문학 소년은 아니었지만 어린 시절 교과서에 있는 시가 좋아 무작정 외워 보기도 하였다. 대학교 때에는 시에 빠지면서 마음 맞는 후배들과 함께 시 동아리를 결성하였고, 좋아하는 이성에게 자작시를 연서로 보내기도 하였다. 한 여자의 마음을 얻는 것만큼이나 삶이 힘들고 고통스러울 때면 술보다 시를 먼저 찾기도 하였다. 삶의 길처럼 명확하지 못한 그 무엇에 도취되었던 것 같다.

간혹 알쏭달쏭한 말로 당황케 하지만, 시는 한 순간에 마음을 흔들어 놓는다. 사람들은 이를 감동이라고, 혹은 아름다움이라고 말한다. 감동이라 하든 아름다움이라 이르든 이것은 시가 인간에게 주는 가치다. 인간의 역사와 함께 한 시는 지금까지 예술의 한 영역을 차지하며 인간의 정신적 삶에 영향을 끼치고 있다. 시의 생존과 영향력이 시의 가치에 있다는 것은 어느 누구도 부인하지 못할 것이다. 맑은 영혼과 섬세한 언어로 수놓인 시는 지적으로, 정서적으로, 도덕적으로 우리의 의식을 일깨우며 인간다운 삶을 축조하는 데에 기여한다. 하지만 이러한 소중한 가치는 인간의 탐욕에 의해 아름다운 강산이 파헤쳐지듯 말살되고 있다. 인간의 무지와 무감각이 시의 감동과 아름다움을 사장시키고 있다.

시 가치에 대한 묵살과 파괴는 교육 현장에서도 진행되고 있다. 시의 가치를 탐색하고 시 읽기의 즐거움을 체험해야 하는 대표적인 공간임에도 불구하고, 시 교실에서는 인간의 신체를 해부하듯 시의 몸을 갈갈이 해체하고 있다. 교사는 늘 해온 대로 능숙하게 운율, 수사법, 이미지, 구성, 주제 등을 도려내고 이를 학습자에게 주지시킨다. 그러면 학생들은 교사의 가르침에 따라 책에, 노트에, 문제집에 그대로 옮겨 적는다. 이에 교육 현장에서는 시의 겉과 속을 찬찬히 들여다보며 깊이 사유할 기회를 좀처럼 갖지 못한다.

학생들은 시를 왜 배워야 하는지, 무엇을 알아야 하는지 잘 알지 못한다. 여기에는 시를 가르치는 교사의 책임도 있다. 교사는 시를 왜 가르쳐야 하는지, 무엇을 어떻게 가르쳐야 하는지 막막해한다. 단순히 산이 있어 산을 오른다는 생각으로는 시를 바르게 가르칠 수 없다. 산이 아름답고, 산을 오르는 것이 즐겁기 때문에 산에 오른다는 그런 신념이 있어야 한다. 그러할 때 상대에게 산을 함께 오르고 싶다고 당당히 말할 수 있고, 산의 아름다움을 느끼게 해 줄 수도 있다.

『시 교육의 이론과 방법』은 '시의 가치'를 1장으로 하여 '시 읽기의 의미', '시의 운율', '시의 화자', '시의 말하기 기법', '시의 현실과 작가 읽기', '시 교육의 내용', '시 교육의 방법' 등으로 내용을 채우고 있다. 학생들을 가르치는 교사의 입장에서 시의 주요 이론을 살피면서 시 교육의 내용과 방법을 제시하였다. 이 책은 문학 교실에서의 시론은 학습자의 작품 감상과 교육을 위한 '시 교육 이론'이어야 한다는 관점에서 집필하였다. 현재 시를 가르치고 있거나 시를 가르치려는 분들에게 조금이나마 도움이 되었으면 한다. 이 자리를 빌려 책을 내려는 초짜에게 두말없이 기회를 준 이대현 사장님을 비롯해 책의 출간에 힘써 주신 이태곤 부장님, 권분옥 편집장님께 고개 숙여 감사드린다.

요사이 기후의 변화가 심상치 않다. 예전에 느껴보지 못한 무더위와 혹독한 추위가 나의 체력과 인간성을 시험에 들게 한다. 예측불허의 현실 속에서도 마음의 평온만은 잃지 않고 싶다. 하루에 한번은 아니어도 일주일에 한번 정도는 땅을 보고, 하늘을 바라보며 살고 싶다. 그리고 마음이 넓어지면 살아 있는 자와 죽은 존재의 고통과 아픔을 공유하며 살고 싶다. 이 또한 내가 시에서 배운 삶의 소중한 가치다.

2011년 봄을 앞두고
포항 동해에서 저자 씀

차례

제1장 시의 가치____13

  1 | 시의 가치 ·· 16

    (1) 미적 가치 ··· 18

    (2) 사유적 가치 ····································· 24

    (3) 정서적 가치 ····································· 30

    (4) 인식적 가치 ····································· 34

    (5) 윤리적 가치 ····································· 38

  2 | 시와 상상력 ······································· 43

제2장 시 읽기의 의미____55

  1 | 글 읽기와 시 읽기 ··························· 58

  2 | 시 읽기의 의미와 과정 ····················· 69

  3 | 시 읽기의 방법 ······························· 86

    (1) 정독의 의미 ····································· 88

    (2) 논리적 시 읽기의 방법 ···················· 92

    (3) 시 읽기의 실제 ······························· 99

제3장 시의 운율____109

1 | 운율 이론의 문제들 ···················· 112
　(1) 시 정의에 관한 문제 ················ 113
　(2) 운율 개념에 관한 문제 ·············· 118
　(3) 운(韻)에 관한 문제 ················· 129
　(4) 율(律)에 관한 문제 ················· 135
2 | 운율의 교수·학습 ···················· 143
　(1) 운율의 효과 ······················ 145
　(2) 운율 교수·학습의 방향 ············· 162

제4장 시의 화자____167

1 | 화자의 의미 ························· 170
2 | 화자의 유형 ························· 180
3 | 화자와 미적 거리 ···················· 190
4 | 화자와 정서 ························· 203
　(1) 정서의 의미 ······················ 203
　(2) 화자의 상황 ······················ 209
　(3) 화자의 태도 ······················ 221

제5장 시의 말하기 기법____229

    1 | 사물로 나타내며 말하기 ·· 232
    2 | 이미지로 표현하며 말하기 ······································· 250
       (1) 이미지의 개념 ·· 250
       (2) 이미지의 유형 ·· 252
       (3) 이미지의 기능 ·· 259
    3 | 대상에 빗대며 말하기 ·· 265
    4 | 본심을 숨기며 말하기 ·· 277
       (1) 반대로 말하기 ·· 279
       (2) 모순되게 말하기 ·· 285
    5 | 대상을 드러내며 말하기 ·· 294

제6장 시의 현실과 작가 읽기____307

    1 | 역사주의 비평에서의 시 읽기 ································ 310
    2 | 고전시가의 현실 및 작가 읽기 ······························ 323
       (1) 언어 해독을 통한 내용의 사실적 이해 ·················· 327
       (2) 의문점 해결을 통한 작품의 해석 ························· 328
       (3) 장르적 특성, 작가 및 작가 현실에 대한 이해 ········ 329
       (4) 작품에 대한 반응 ·· 331

제7장 시 교육의 내용____337

1 | 시 수업내용의 선정 기준 ·· 340
  (1) 교육내용의 세 층위 ·· 340
  (2) 교육내용의 선정 기준 ·· 343
  (3) 시 수업내용의 선정 기준 ····································· 346
2 | 현대시 정전의 교육내용 ·· 360
  (1) 시 정전과 시 교육 ··· 360
  (2) 「님의 침묵」의 교육내용 ······································ 363
  (3) 시 교육내용에 관한 제언 ····································· 386

제8장 시 교육의 방법____395

1 | 사고 중심의 시 수업 모형 ······································· 398
  (1) 시 수업의 현장 ·· 398
  (2) 문제해결과정으로서의 사고 ··································· 401
  (3) 사고 중심의 시 수업 모형 ···································· 405
2 | 시 수업의 설계와 실제 ·· 423
  (1) 시 수업에 앞서 국어교사가 생각해 볼 문제 ··········· 423
  (2) 시 수업의 설계 ·· 429
  (3) 시 수업의 실제 ·· 434

참고문헌 / 442

제1장
시의 가치

시의 맛 김현승

멋진 날들을 놓아두고
시를 쓴다.

고궁(古宮)엔 벚꽃,
그늘엔 괴인 술,
멋진 날들을 그대로 두고
시를 쓴다.

내가 시를 쓸 때
이 땅은 나의 작은 섬,
별들은 오히려 큰 나라.

멋진 약속을 깨뜨리고
시를 쓴다.
종아리가 곧은 나의 사람을
태평로 2가 프라스틱 지붕 아래서
온종일 기다리게 두고,
나는 호올로 시를 쓴다.

아무도 모를 마음의 빈 들
허물어진 돌가에 앉아,
썩은 모과 껍질에다 코라도 부비며
내가 시를 쓸 때,
나는 세계의 집 잃은 아이
나는 이 세상의 참된 어버이.
내가 시를 쓸 땐

멋진 너희들의 사랑엔
강원도풍(江原道風)의 어둔 눈이 나리고,
내 영혼의 벗들인 말들은
까아만 비로도 방석에 누운
아프리카산(産) 최근의 보석처럼
눈을 뜬다.
빛나는 눈을 뜬다.

— 『견고한 고독』(관동출판사, 1968)

01 이 작품에는 시의 어떤 특성이 잘 드러나는가?

02 시인이 어떤 때 시를 쓴다고 하는가?

03 시인에게 시는 어떤 의미를 지니는지 시 구절을 들어 설명해 봅니다.

04 이 시에서 엿볼 수 있는 상상의 작용에 대해 말해 봅니다.

05 시는 우리에게 어떤 가치가 있을까?

1 시의 가치

가치는 인간에게 의미 있고 바람직한 것을 나타내는 개념이다. 어떤 사물이나 현상의 가치는 우리에게 좋고 바람직한 것이 무엇인지를 말해준다. 사전에서는 "산물이나 행위가 바람직한 특성을 가지고 있음을 나타내는 말"로 가치를 규정하고 있다.[1] 가치는 인간 행동에 영향을 주어 어떠한 바람직한 것, 또는 인간의 지적·감정적·의지적인 욕구를 만족시킬 수 있는 대상이나 그 대상의 성질을 의미한다.[2]

교육은 개념상으로 모종의 가치가 있는 것이 전달되는 과정이다.[3] 문학을 매개로 이루어지는 문학교육은 문학이 가치가 있다는 것을 전제로 한다. 학교에서 학생들이 문학을 읽고 배우는 것은 그것이 가치가 있기 때문이다. 문학은 표현의 매체가 되는 언어가 가치를 지니며, 가치 문제와 관련되는 인간의 삶을 다룬다. 때문에 문학교육에서는 가치를 중요하게 생각하며, 문학의 가치를 교육내용으로 한다.

가치가 그 대상이 갖고 있는 좋은 성질이나 인간에게 미치는 긍정적인 영향을 가리킨다면, 문학의 가치는 당연히 문학교육이 지향해야 할 목표가

---

1) 서울대학교 교육연구소 편, 『교육학용어사전』, 삼성출판사, 1994.
2) 한국문학평론가협회, 『문학비평용어사전(상)』, 새미, 2005.
3) R. S. Peters, 이홍우 역, 『윤리학과 교육』, 교육과학사, 1986, 16면.

된다. 언어능력의 증진, 인간에 대한 이해, 상상력의 세련, 인격 함양 등과 같은 문학교육 목표는 문학의 가치와 직결되어 있다. 이 가치는 문학이 수행하는 기능이나 역할과 관련이 있다. 가시적으로 나타나든 나타나지 않든 바람직한 결과를 가져다줄 수 있는 기능은 그것의 가치로 인정된다. 그래서 문학이 내재하고 있는 잠재적인 기능은 그대로 문학의 가치가 되며, 문학교육에서 다루어야 할 핵심이 된다.

가치는 가치를 인식하려는 주체의 평가 작용에 의해 형성되기 때문에 주관의 개입은 피할 수 없다. 타인에게는 무가치한 것일지라도 자기에게는 가치 있는 것이 될 수 있다. 가치는 이렇게 주관성을 갖는 것임에는 틀림없으나, 반드시 객관적 보편타당성을 지녀야 한다. 가치는 객관성을 가짐으로써 자기에게만 아니라 타인에게도 가치가 있다고 시인되어야 하는 상호적 공동성을 발휘해서, 사회적 성격을 갖고 객관적 성질을 갖는다.[4] 개인의 가치 판단은 타인의 필연적 동의를 요구하는 미적 판단으로 자신이 느끼는 아름다움을 다른 사람도 느낄 수 있어야 한다. 주관적이면서도 여러 사람에게 두루 인정받는 객관적 가치가 작품이 지니는 본질적 가치가 된다.

이 글에서 언급하는 가치는 문학이 갖는 보편적이고 일반적인 가치다. 문학은 심미적인 구조물로서 인간을 지적으로, 정서적으로, 도덕적으로 우리를 계발해 준다. 시는 인간과 세계의 이해를 돕고, 삶의 의미를 깨닫게 하여 인간의 삶을 고양한다. 여기서는 이러한 시의 기능에 주목하여 (1) 미적 가치, (2) 사유적 가치, (3) 인식적 가치, (4) 정서적 가치, (5) 윤리적 가치 등의 면에서 시의 가치를 살핀다.

---

4) 백기수, 『미의 사색』, 서울대학교출판부, 1981, 190면.

(1) 미적 가치

　미적 가치는 문학과 같은 예술이 지닌 근원적인 가치다. 표현 수단이 다
를 뿐 모든 예술은 궁극적으로 아름다움을 추구한다. 예술은 특별한 재료
와 기법으로 아름다움을 표현하려는 인간의 창조적 활동이다. '아름다움'
에 대해서는 개인이나 시대에 따라 달리 판단될 수 있는 만큼 주관적이고
상대적인 속성이 있으나, 예술 작품은 보편적인 미적 판단을 바탕으로 창
작되며 향유된다. 일반적으로 아름다움은 만족감이나 즐거움을 줄 수 있는
심리적인 상태를 지칭한다. 그래서 많은 독자에게 즐거움을 주는 문학 작
품은 미적 대상의 선상에 오른다.

　문학이 주는 아름다움이나 즐거움은 문학이 언어를 표현매체로 하는 언
어 예술이기 때문에 가능하다. 문학의 아름다움은 근본적으로 어떤 언어를
어떻게 구사하느냐는 문제와 관련된다. 언어의 표현 방식이 아름다움을 지
닌 예술작품을 만드는 근원이 된다고 해도 과언이 아니다. 시는 특히 언어
의 첨예한 선택과 배열을 중시한다. 최소한의 언어로 최대의 효과를 얻으
려 하기 때문에 시는 다른 어떤 장르보다 언어 선택에서 신중을 기한다.
예술적 효과를 위해 시인은 일상 언어에서 말을 가려내고, 그 말들을 질서
있게 조직한다.

밟으면
뽀드득 뽀드득
— 아프지?

굴리면
둥글둥글
— 재밌지?

눈주면
반짝반짝
— 반갑지?

— 박정식, 「눈」

　이 작품은 눈을 소재로 하고 있는 동시다. 시인은 말을 아끼며, 필요한 말만 한다. 눈을 대하는 순수한 마음을 쉬운 일상어로 간결하게 표현하고 있다. 화자는 아이의 마음과 행동을 보여준다. 눈을 밟고, 눈을 굴리며, 눈을 바라본다. 이 작품은 행 배열에서 규칙적인 질서를 보인다. 1행에서 3음절의 말로 화자의 행동을 나타내고, 2행에서는 화자의 행동과 관련해 이 상황에 맞는 음성 상징어를 사용한다. 3행에서는 "아프지?", "재밌지?", "반갑지?" 등과 같이 3음절의 묻는 말로 화자는 눈과 교감을 나눈다. 이렇게 이 시는 언어의 조직을 통해 형태적인 안정감을 갖고, 독자에게 미적 쾌감을 준다.

　늦은 저녁 때 오는 눈발은 말집 호롱불 밑에 붐비다.

　늦은 저녁 때 오는 눈발은 조랑말 발굽 밑에 붐비다.

　늦은 저녁 때 오는 눈발은 여물 써는 소리에 붐비다.

　늦은 저녁 때 오는 눈발은 변두리 빈터만 다니며 붐비다.

— 박용래, 「겨울밤」, 『싸락눈』(1969)

　이 시는 동일한 문장 구조를 갖추고 같은 말을 반복한다. 시인은 늦은 저녁 때 오는 눈발이 말집 호롱불 밑에, 조랑말 발굽 밑에, 여물 써는 소리에, 변두리 빈터에 붐빈다고 말한다. '붐비다'라는 말은 본래 좁은 공간에 사람이 들끓을 때 쓰는 말이지만, 이 작품에선 이 어휘의 반복이 고요하고 적막한 느낌을 자아낸다. 눈이 마구 날리는 모습에서는 사람들이 들끓을 때의 시끌벅적함은 찾아볼 수 없다. 저녁 무렵 내리는 눈의 정경은 을씨년스럽기까지 하다.

작품의 소재가 되는 말집 호롱불, 조랑말 발굽, 변두리 빈터 등은 현대적인 것과는 거리가 멀다. 이것들은 시골 정취가 묻어나지만, 순백의 자연과 어울리면서 평온하고 고요한 정서를 자아낸다. 박용래의「겨울밤」은 언어를 질서 정연하게 배열하고, 섬세한 시선으로 눈이 내리는 고즈넉한 정경을 담아낸다.

시는 언어를 선별하고, 선별된 언어들을 잘 조직하여 아름다움을 추구한다. 시인은 무질서한 상태로 존재하고 있는 언어의 세계에서 작시에 필요한 언어를 선택해 이를 질서 있게 배열하고, 각 부분의 조화를 통해 아름다운 세계를 창조한다. 예술에서 질서와 조화는 시의 아름다움을 구현하는 원리가 된다.5) 시는 각 부분으로부터 오는 만족감과 더불어 조화를 이루는 전체의 쾌감을 제공한다.6) 작품 내부에서 부분과 전체가 이루는 조화는 시를 여타의 쾌감의 목적의 글과 구분 짓는 하나의 요인이 된다. 문학유기체설을 처음으로 제기한 아리스토텔레스는 문학을 문학이게 만드는 요소로 작품의 전체와 부분이 긴밀하게 상호 관련성을 갖고 있어야 한다고 말한다.7)

좋은 시는 작품 내 논리적인 질서를 갖추며, 내용과 형식 간에 조화를 이룬다. 의미가 유기적으로 연결되어 있으면서도 내용과 형식이 조화를 이룰 때 그 작품은 예술적 아름다움을 지닌다. 시에서 형식은 단순히 내용을

---

5) 백기수, 앞의 책, 1981, 90~96면. 여기서 '질서'는 제 자리에 맞는 언어가 선택되어 정연하게 배열되어 있는 상태를 일컫는다. 조화는 전체를 구성하는 부분이나 요소가 충돌함이 없이 상호 간에 잘 어울려 있는 것을 말한다.
6) 코울리지,「문학적 자서전」, 이상섭 역,『세계 평론선』, 삼성출판사, 1979, 181면.
7) 김광길·심원섭,『문학비평이란 무엇인가』, 국학자료원, 1997, 130면.

전달하는 수단만으로 존재하지 않는다. 문학의 형식은 내용과 분리될 수 없는 것이며, 이 내용은 온전한 형식을 통해서만 실현된다. 형식은 그 자체가 하나의 강력한 인식적 기능을 갖춘 문학의 기법이며, 내용과 구분되지 않는 구조화된 언어인 것이다. 형식이 내용과 서로 긴밀히 조응되어 일체를 이룰 때, 높은 예술성을 성취한다.

> 산에는 꽃 피네
> 꽃이 피네.
> 갈 봄 여름없이
> 꽃이 피네.
>
> 산에
> 산에
> 피는 꽃은
> 저만치 혼자서 피어 있네.
>
> 산에서 우는 작은 새여.
> 꽃이 좋아
> 산에서
> 사노라네.
>
> 산에는 꽃 지네.
> 꽃이 지네.
> 갈 봄 여름없이
> 꽃이 지네.

— 김소월, 「산유화」

이 시는 우리말의 정교한 사용으로 존재의 고독감을 잘 표현하고 있다.

화자가 관심을 갖는 대상은 산의 꽃과 새다. 그는 산에 피는 꽃이 저만치 홀로 피어 있음을 발견한다. 꽃이 저만치 혼자서 있다는 것은 꽃을 바라보는 나(화자)와 꽃이 거리가 있다는 뜻이며, 동시에 그 꽃이 다른 꽃으로부터 떨어져 외로이 있음을 의미한다. 화자가 인식한 꽃은 외로운 꽃이다. 새는 이 외로운 꽃이 좋아 산에서 벗어나지 않고 꽃과 어울린다. 새도 외롭기 때문에 울고 꽃에 의지한다. 엄밀히 말하면 새는 꽃이 좋아 산에 사는 것이 아니라 산이 자신의 서식지이기 때문에 그곳에 사는 것이다. 새는 우는 것이 아니라 지저귀는 것이다. 그럼에도 시인은 운다고 말한다.

외로운 꽃과 우는 새에는 화자의 내면이 반영되어 있다. 화자가 갖는 외로움은 꽃과 새에 투영되어 나타나고 있다. 인간은 물론 생명을 지닌 모든 존재는 삶과 죽음이 순환되는 시간의 영속에서 숙명적으로 고독을 느끼며 살아간다. 시인은 산의 꽃과 새를 통해 이 세상 모든 곳에 가득 차 있는 근원적 외로움을 노래한다.8)

이 시는 "자연 섭리 내지 존재 조건으로서의 고독"9)을 담고 있지만, 화자의 심정은 표출되지 않는다. 화자는 대상과 일정한 거리를 유지한 채 차분한 목소리로 담담하게 말한다. 네 연은 모두 감탄형 종결어미 '-네'로 끝맺는 유사성을 보인다. '-네'라는 종결어미를 사용하여 감정이 지나치게 고조되거나 비탄에 빠지지 않도록 감정을 조절한다. 동일한 종결어미의 반복은 관망하는 듯한 어조를 조성하고, 운율을 형성한다.

시에서 음악적이고 정서적인 효과를 갖는 운율은 언어의 조직에 의해 생긴다. 이 작품은 3음보의 유연한 리듬에 맞춰 내용을 표현하고 있다. 3음보의 규칙적인 반복을 보이되, 3음보를 한 행으로, 두 행으로, 세 행으로 다양하게 구성하여 변화를 주고 있다. 1연과 4연은 두 행으로 3음보를 이

---

8) 김흥규, 『한국 현대시를 찾아서』, 푸른나무, 1997, 142~143면.
9) 김종길, 『시를 어떻게 읽을 것인가』, 고려대학교출판부, 1998, 98면.

루고, 2연과 3연은 한 행과 세 행으로 3음보를 형성하고 있다. 시인은 행의 길이와 음절의 수를 비슷하게 하여 1연과 4연, 2연과 3연이 서로 대칭되도록 하고 있다.

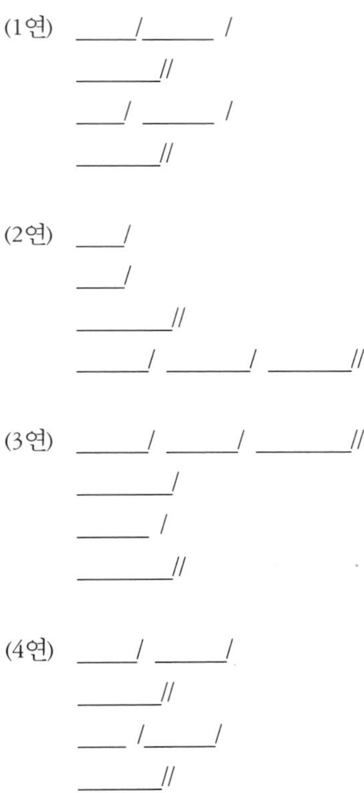

리듬상의 정교한 대칭은 리듬의 질서와 조화를 보여주는 동시에 형식과 내용의 조화를 보여주는 것이다. 형태적인 대칭은 의미에까지 작용하여 1연과 4연, 2연과 3연의 의미가 서로 관련을 맺는다. 1연의 '생성'과 4연의 '소멸'의 의미는 대응되어 생성과 소멸 혹은 삶과 죽음이 순환되는 것이 자연의 이치임을 말해준다. 2연은 중심소재가 꽃이고, 3연은 새가 중심소재가 된다. 2연과 3연은 그 중심대상이 다르지만 한 의미 영역으로 유입되면서 공통된 의미를 갖는다. 2, 3연은 산에 사는 꽃이나 새가 모두 고독한 존재임을 드러낸다.

김소월의 「산유화」는 하나의 유기적인 조직체와 같이 부분 요소들이 긴밀하게 짜여져 있다. 이 시는 어조, 정서, 운율 등의 형식적인 요소들이 유기적으로 어울리면서 고독감이라는 느낌을 준다.[10] 시의 구성 요소들은 그 자체로 독립적인 의미를 지니는 것이 아니라 긴밀한 내적 조직을 가짐으로써 새롭게 탄생된 독창적인 의미를 지닌다. 부분 요소들이 조화되어 갖는 아름다움은 「산유화」의 미적 가치다.

(2) 사유적 가치

문학은 가치 있는 체험을 보여준다. 가치 있는 체험의 표현은 대상에 대한 깊은 천착과 사색에 의해 이루어진다. 사유의 기반 없이는 시가 성립되지 않는다. 세계의 발견과 창조는 오로지 사유의 힘에 의해 이루어진다. 시의 소재를 찾고 이를 예술적 기법으로 표현하기까지 창작의 전 과정에 사유가 작용한다.

시는 고독한 사색과 성찰의 결과로 내면적 고뇌의 과정을 거친다. 시인은 고독하고 개인적인 공간에서 자신을 들여다보고, 또 자신의 삶과 관련지어 세상을 사유한다.[11] 사유가 빈약한 시는 표현이 엉성할 뿐만 아니라 독자의 의식을 일깨우지 못한다. 반면 사유가 깊은 시는 작품 내에 긴장을 조성하며, 우리가 미처 깨우치지 못한 사실이나 일상에서 쉽게 간과하는 삶의 진실을 일러준다.

---

10) 김종길, 앞의 책, 같은 면.
11) 이남호, 『문자제국쇠망약사』, 생각의 나무, 2004, 91면.

꼬막들이 반찬가게에 와서까지 입을 꼬옥 다물고
푸른 바다를 토해내고 있다.

— 이시영, 「바다의 시위」, 『창작과 비평』 99호(1998)

시인은 반찬가게의 꼬막에서 "푸른 바다"를 토하는 "바다의 시위"를 읽는다. 시위는 꼬막의 시위가 아닌 바다의 시위이며, 입을 꼬옥 다물고 이루어지는 침묵의 시위다. 바다에서 서식하는 꼬막은 바다와 함께 호흡한다. 꼬막을 바다에 소속된 생명체로 보면 꼬막은 바다의 일부로 볼 수 있다. 이러한 가정을 두더라도 "푸른 바다"를 토해내는 시위의 정황은 명확히 해명되지 않는다.

꼬막에 대한 묘사의 이면에는 숨은 암시가 있다. 반찬가게에 놓인 꼬막은 인간이 캐낸 꼬막이며, 바다를 떠나 생명성을 상실한 꼬막이다. 꼬막은 자신의 신념대로 묵묵히 살아가는 인간의 표상이다. 이들은 어디론가 끌려가 고문을 당한다. 모진 고문을 침묵으로 맞서다가 피를 토하기도 한다. 시에서 "푸른 바다"는 '피'가 대체된 말이다. '푸른'이라는 색감은 생명성, 불변함, 강인함, 희망 등의 긍정적인 의미를 내포한다. 강제로 끌려와 고문을 당하지만 결코 굴복하지 않는다. 시위자들은 생명의 위협 속에서도 정의로운 신념을 버리지 않는다. 입을 다문 채 토해내는 푸른 바다는 어떤 외압에서도 버릴 수 없는 인간의 양심이며, 거짓 술수로 왜곡될 수 없는 삶의 진실이다. 진실을 사수하고자 하는 시위라는 점에서 꼬막의 시위는 "바다의 시위"로 용인된다.

시는 산문적으로 평이하게 말하지 않는다. 이시영의 「바다의 시위」는 많은 말을 하지 않지만 양립할 수 없는 이질적인 낱말들을 결합하여 진실을 나타낸다. 비록 두 줄의 짧은 작품이지만, 시인은 자신의 생각과 감정을 시어에 압축하여 표현하고 있다. 시에서는 의미의 압축과 생략으로 빈

자리가 생기게 되는데, 독자는 이를 채우려면 깊이 생각해야 한다. 언어의 이면적 의미를 추리해야 하고, 이해되지 않는 부분에 대해서는 질문을 던지고 이를 해명하기 위해 비판적 사고와 창의적 사고[12]를 발휘해야 한다.

시는 독자로 하여금 깊이 생각하게 한다. 말을 아껴 간결하게 표현하기 때문에 깊이 생각하지 않을 수 없다. 깊이 사고하지 않고서는 시의 본의를 이해할 수 없다. 어떤 글이든 그 내용을 파악하는 데에는 어휘 능력, 사실적 이해능력, 추리적 사고력, 비판적 사고력 등의 정신 작용이 수반된다. 이는 시 읽기에서도 마찬가지다. 한 편의 시를 오롯이 이해하려면 기본적으로 어휘의 뜻을 정확히 알고 시가 전달하는 정보를 사실 그대로 수용하고, 표면에 드러나지 않는 의미는 문맥을 통해 추리해야 한다.

> 싸락눈 내리어 눈썹 때리니
> 그 암무당 손때 묻은 징채 보는 것 같군.
> 그 징과 징채 들고 가던 아홉 살 아이―
> 암무당의 개와 함께 누룽지에 취직했던
> 눈썹만이 역력하던 그 하인 아이
> 보는 것 같군, 보는 것 같군.
> 내가 삼백 원짜리 시간 강사에도 목이 쉬어
> 인제는 작파할까 망설이고 있는 날에
> 싸락눈 내리어 눈썹 때리니……
>
> ― 서정주, 「싸락눈 내리어 눈썹 때리니」, 『서정주 문학전집』(1972)

---

12) 창의적 사고는 어떤 문제 상황에서 새롭고 가치 있는 것을 찾아내려고 할 때 일어난다(김영채, 『사고와 문제해결 심리학』, 박영사, 1995, 584면 참조). 서양의 교육학자인 Torrance는 창의력을 일련의 문제 해결 과정에서의 힘으로 보며, 유창성, 융통성, 독창성, 정교성 등을 창의력의 특징으로 든다(한국교원대학교 교육연구원, 『창의적 사고력 교육의 이해와 실제』, 문봉출판사, 1989, 10면). 사고력 모형을 개발한 한국교육개발원은 토런스와 같은 입장에서, 문제를 발견하고, 이해하고, 해결하는 데에 필요한 가장 핵심적으로 능력으로 비판적 사고와 창의적 사고를 든다. 한국교육개발원, 『사고력 신장을 위한 프로그램 개발 연구(Ⅲ)』, 박문사, 1989, 46~49면.

이 시는 화자의 상황이 그대로 드러나고 있어 어렵지 않게 내용이 파악된다. 계절은 싸락눈이 내리는 겨울이다. 화자는 적은 수입에 시간 강사로 일하고 있으며, 강사직을 그만둘까 고민하고 있다. 그는 눈썹을 치는 싸락눈을 맞으며 암무당 집에서 징과 징채를 들고 가는 아이를 떠올린다. 문면에 제시된 정보는 작품의 사실적 이해를 도와준다.

하지만 이 시는 손쉽게 얻을 수 있는 정보 몇 개의 수용으로 종결되지 않는다. 합당한 해명이 필요한 구절이 곳곳에 잠복해 있기 때문이다. 화자는 눈이 내리어 몸에 닿는 것을 왜 눈썹을 때린다고 했을까? 그리고 화자는 2행에서 싸락눈에서 암무당의 손때 묻은 징채를 떠올리는데, 징채와 싸락눈은 어떤 관련이 있을까? 4행의 "암무당의 개와 함께 누룽지에 취직했던"은 무슨 뜻일까? 독자는 이런 의문점을 스스로 찾아내고 이에 대해 답할 수 있을 때 작품의 의미를 제대로 파악할 수 있다. 의문점은 보통 글의 문법적인 규범이나 논리적 질서에서 위배되는 지점에서 일어나는데, 이를 해명하는 데에는 상당한 추리적 사고가 뒤따른다. 독자가 적극적인 의지를 가지고 표면에 드러나지 않는 정보를 추적할 때 질문에 대한 답을 찾게 된다.

이 작품은 세 개의 상황을 설정하고 있다. 싸락눈이 내리는 계절적 상황에 시간 강사로 있는 화자의 상황과 누룽지에 취직한 아이의 상황이 겹친다. 그래서 이 시는 세 개의 개별적 상황을 일관된 논리로 풀어내는 것이 해석의 관건이 된다. 화자가 맞고 있는 싸락눈은 빗방울이 갑자기 찬바람을 만나 얼어 떨어지는 쌀알 같은 눈이다. 이 눈은 얼음 조각과 같은 것이 피부에 와 부딪히는 느낌이어서 아주 차갑다. 싸락눈의 차가운 이미지와 무엇을 때린다는 인상은 징채에서도 발견된다. 화자는 싸락눈이 눈썹을 때리는 듯한 느낌을 받고 여기서 비슷한 이미지의 징채를 연상한다. 이어 암무당 집에서 징채를 들고 다니던 '눈썹이 또렷한 아이'를 떠올린다. 곧 시인의 상상력은 '싸락눈 → 화자의 눈썹 → 암무당의 징채 → 눈썹이 또렷한 아이'로 나아가는 시상의 경로를 만들어낸다.

상상의 근원지가 되는 싸락눈은 눈의 모습이 '싸라기'라고 일컫는 흰 쌀알의 형상과 유사해서 붙여진 이름이다. 그는 쌀알 같은 눈에서 자극을 받아 자신의 밥벌이에 대해 되돌아보며, 누룽지에 취직한 아이를 떠올린다. 아이는 흰 쌀밥이 아니어도 누룽지만 주어도 좋을 만큼 궁핍한 생활을 하고 있다. 화자는 이 아이의 고달픈 삶에 비춰 시간강사로 있는 자신의 처지를 한탄하는 것에 대해 반성한다. '때린다'는 표현에서 화자가 자신의 삶에 대해 질책하고 있음을 알 수 있다.

시의 독자는 의문점에 대해 질문하고, 그 질문에 대한 답을 찾는 과정에서 논리적으로 사고하게 된다. 그러나 시는 논리적 사유로 해결되지 않는 미묘한 감정의 떨림이 있다. 그래서 시 읽기에서는 어휘의 본래의 뜻이나 함축적인 의미를 안다고 해도 작품을 완전히 해명할 수 없는 어려움이 있다. "인제는 작파할까"라는 말이나 "싸락눈 내리어 눈썹 때리니"라는 구절에 담긴 마음은 문제의 분석력이나 추리력으로는 공감할 수 없다. 여기에는 화자의 고뇌와 아픔을 타자의 입장에서 느낄 수 있는 감성이 요구된다.

아마 무너뜨릴 수 없는 고요가
공터를 지배하는 왕일 것이다
빈둣하면서도 공터는
늘 무엇인가로 가득 차 있다
공터에 자는 바람, 붐비는 바람,
때때로 바람은
솜털에 싸인 풀씨들을 던져
공터에 꽃을 피운다
그들의 늙고 시듦에
공터는 말이 없다
있는 흙을 베풀어주고

그들이 지나가는 것을 무심히 바라볼 뿐,
밝은 날
공터를 지나가는 도마뱀
스쳐가는 새가 발자국을 남긴다 해도
그렇게 오래가지는 않을 것이다
하늘의 빗방울에 자리를 바꾸는 모래들,
공터는 흔적을 지우고 있다
아마 흔적을 남기지 않는 고요가
공터를 지배하는 왕일 것이다

— 최승호, 「공터」

이 작품을 이해하는 데에는 인과의 논리에 따라 해석하는 이성적 사고보다 시인이 관찰하고 상상한 것을 떠올려 보고 느낄 수 있는 감성적 사고[13]가 더 요구된다. 사물을 새로운 측면에서 바라볼 수 있고, 새로운 반응을 할 수 있게 하는 것은 감수성이다.[14] 시인은 섬세한 감수성으로 빈듯하면서도 늘 무엇인가를 차 있는 공터에서 흔적을 남기지 않는 고요함을 발견한다. 이 시는 시인이 말하는 '그 무엇인가'를 상상하게 하고, "빗방울에 자리를 바꾸는 모래알들"의 움직임 속에서 공터를 지배하는 고요를 느끼게 한다. 이성적으로 사고하게 할 뿐만 아니라 감성적으로 느끼게 하는 것은 시가 갖는 사유적 가치다.

---

13) 감성적 사고는 인지적 사고와 대비되는 정의적 사고다. 인지적 사고는 대상을 지각하고 문제를 해결하는 데에 중점을 두며 논리적이고 추론적 성향이 강하다. 정의적 사고는 대상에 대한 정서적 반응을 중시하며, 대상의 인식 과정에서 인식 주체의 정서나 상상이 개입된다. 하지만 사고력은 내적인 정신 과정이라는 점에서 이 둘은 명확히 구분되지 않는다. 텍스트의 이해에서 인지적 사고와 정의적 사고는 서로 교섭하며 작용한다. 다만 사고의 정도를 볼 때, 설명문이나 논설문은 인지적 사고에 치중하고, 정서를 환기하는 문학 작품은 정의적 사고가 중요하게 작용한다고 볼 수 있다. 이삼형 외, 『국어교육학』, 소명출판, 2001, 167~170면.
14) 박이문, 『예술 철학』, 문학과지성사, 1983, 175면 참조.

(3) 정서적 가치

서정(抒情)의 갈래인 시는 감정 표현의 문학이다. 시는 기쁨, 분노, 슬픔, 즐거움, 미움, 그리움 등의 인간의 여러 감정을 다루는데, 이것은 창작의 과정에서 다듬어지고 정제된다. 언어의 지적 처리 과정을 통해 형성된, 균형적이고 안정적인 감정이 시의 정서(情緒, emotion)다. 엘리어트는 "시는 정서로부터의 해방이 아니라 정서로부터의 도피[15]"라고 했는데, 이때의 정서는 미정리된 상태의 혼란스런 감정이다. 시인은 이 감정에서 벗어나기 위해 객관적인 입장에서 그것을 질서 있게 정리한다. 정제된 감정을 수용하는 과정에서 독자는 시의 정서를 체험하게 된다.

좋은 시는 사고를 활성화할 뿐만 아니라 정서를 순화한다. 아리스토텔레스는 『시학』에서 비극이 갖는 심리적 효과를 '카타르시스(catharsis)'로 표현한 바 있다. 비극이 관중에게 연민과 두려움을 일으키고 그런 감정들이 마음을 정화한다는 것이다. 이는 비극에 한정된 언급이지만 문학 전반에서 성립된다. 시는 비극과 마찬가지로 인간의 행위와 삶을 모방하며, 인간의 감정을 표현한다. 연민과 두려움은 문학이 일으키는 정서 중 하나이다. 시는 연민과 두려움뿐만 아니라 즐거움, 분노, 슬픔, 그리움 등 다양한 정서를 유발한다. 작품에 담긴 타자의 정서를 받아들이고 공감할 때 독자는 일상생활에서 느끼지 못한 특별한 감정을 느끼고, 마음이 정화되는 경험을 갖게 된다.

똑똑똑 똑똑똑 똑도그르르
딱따구리 소리가
봄 아침을 깨운다
─봄이 왔어요!

---

15) T. S. Eliot, "tradition and Individual Talent", Selected Essays, London, 1932, p.21.

느티나무 늦잠을 깨우느라고
딱따구리는 부리가 아프다

저승의 잠에서 깬
무너미골 큰할머니가
할미꽃 한 송이
안테나 삼아
새싹 돋는 바깥 세상
엿듣고 있다

— 오탁번, 「봄」

이 시는 우리를 즐겁게 한다. 시인의 상상력이 해맑은 동심의 세계를 이
끈다. 작품의 소재는 나무를 쪼는 딱따구리와 할미꽃이 피어 있는 무덤이
다. 이를 소재로 하여 생명력이 넘치는 봄기운을 불어넣는다. 딱따구리는
겨울잠을 자고 있는 느티나무를 깨우기 위해 부리 아프도록 쪼아댄다. "똑
똑똑 똑똑똑 똑도그르르", 봄을 알리는 딱따구리 소리가 얼마나 컸는지 무
덤 속의 할머니가 저승의 잠에서 깨어난다. 무너미골 큰할머니는 할미꽃
한 송이를 안테나 삼아 그동안 듣지 못했던 바깥세상의 소식을 엿듣는다.
만물이 소생하는 봄의 계절은 죽은 자를 부활시키고, 무덤의 공간을 생명
의 공간으로 바꿔놓는다. 순수함으로 채색된 환상의 세계는 시의 내용을
이루며 독자의 마음을 즐겁게 한다.

산이 저문다
노을이 잠긴다
저녁 밥상에 애기가 없다
애기 앉던 방석에 한 쌍의 은수저
은수저 끝에 눈물이 고인다

한밤중에 바람이 분다
바람 속에서 애기가 웃는다
애기는 방 속을 들여다본다
들창을 열었다 다시 닫는다

먼— 들길을 애기가 간다
맨발 벗은 애기가 울면서 간다
불러도 대답이 없다
그림자마저 아른거린다

— 김광균, 「은수저」

이 시는 우리를 슬프게 한다. 어린 자식을 잃은 아버지의 슬픈 마음을 절제된 언어로 표현하고 있다. 저녁 밥상에는 애기가 없는데도 그가 앉던 방석에 한 쌍의 은수저를 놓아둔다. 화자는 은수저를 바라보며 눈물 흘린다. 그는 바람 속에서 애기가 웃는 소리를 듣는다. 애기는 방속을 들여다본다. 들창을 열었다가 닫고는 맨발로 울면서 떠나간다. 아무리 불러도 아기는 대답하지 않는다. 간절한 그리움으로 갖는 아버지의 환각과 그 속에서 펼쳐 보이는 아기의 행동은 독자의 마음을 아프게 한다.

별 많은 밤
하누바람이 불어서
푸른 감이 떨어진다 개가 줒는다

— 백석, 「청시(靑柿)」

산뽕닢에 빗방울이 친다
멧비들기가 닌다
나무등걸에서 자벌기가 고개를 들었다 멧비들기켠을 본다

— 백석, 「山비」

　　두 시가 보여주는 것은 자연의 고요한 정경이다. 시인은 자신이 보고 감응한 자연의 정경을 절제된 언어로 그려내고 있다. 작품에 묘사된 장면들은 하나같이 조용하고 평화롭다. 따져 읽을 만한 대목은 없다. 독자에게 필요한 것은 언어로 그려진 그림들을 현상(現像)하며 자연의 공기를 흡입하는 것이다. 시인이 목격한 대상에 눈을 돌리고, 거기에 몰입할 수 있을 때 독자는 마음이 고요해지는 정서적 체험을 갖게 된다. 시는 독자에게 고요함을 경험하게 하고 정서적 충족감을 준다.

> 풀밭에서는
> 풀들의 몸놀림을 한다.
> 나뭇가지를 지날 적에는
> 나뭇가지의 소리를 낸다……
>
> 풀밭에 나뭇가지에
> 보일 듯 보일 듯
> 벽공에
> 사과알 하나를 익게 하고
> 가장자리에
> 금빛 깃의 새를 날린다.

— 김춘수, 「바람」, 『김춘수 시선 처용』(1974)

　　바람에 관한 시다. 화자는 사과나무가 있는 풀밭 혹은 그 근방에서 바람을 맞는다. 그는 바람이 "풀들의 몸놀림"하는 것을 보고, "나뭇가지의 소리"를 내는 것을 듣는다. 바람은 풀들의 몸놀림하며 나뭇가지의 소리를 낸다. 시인은 과학적 진리나 일체의 상념에서 떠나있으며, 자신이 직접 바라보고 들은 현상만을 가감 없이 말한다. 풀과 나무는 그의 가시권에 있고, 바람은 그 형체를 알아 볼 수 없다. 고요에 천착한 시인은 풀과 바람 그리고 나무와 바람의 상면(相面)을 한 자리에서 담아낸다. 화자는 바람을 맞으면서 사과 한 알과 나무에서 날아가는 금빛 깃의 새를 본다. 그는 푸른 하늘에 탐스럽게 익은 사과 한 알에 시선을 두고, 나뭇가지 가장자리에서 햇살을 받으며 날아가는 새를 응시한다. 잘 익은 사과 한 알, 날아오르는 새, 햇살, 바람 등이 어우러져 평온하고 고요한 장면을 만들어낸다. 독자에게 주는 고요함이나 평온함은 이 시의 정서적 가치다.

(4) 인식적 가치

문학은 인간의 삶을 다룬다. 문학 작품은 작가의 직접 체험이든 상상적 체험이든 우리가 살아가는 모습을 내용으로 한다. 문학의 독자는 감상을 통해 타인의 체험을 공유하면서, 자신이 경험하지 못한 것을 체험하게 된다. 우리 주변에는 문학 감상이 아니더라도 간접 경험할 수 있는 통로는 얼마든지 있다. 다른 사람의 말이나 책의 설명을 통해, 혹은 영화 감상이나 TV 시청을 통해 학생들은 자신이 몰랐던 사실을 접할 수 있다. 하지만 이런 체험의 장의 경우 대개는 단편적인 지식의 수용이나 순간적인 감각의 작용으로 그친다. 문학은 구체적인 형상을 통해 세계를 보여주기 때문에 체험의 질감이 다르다.

작가가 담아내는 현실은 보편적이면서도 특별한 것이다. 일상에서 일어나고 있는 것들을 소재로 하지만, 그것은 결코 평범하지 않다. 일상의 현실은 작가의 안목과 상상력으로 재구성되어 가치 있는 체험으로 창조된다. 작가에 의해 창조된 현실은 인간과 사회에 대한 정직한 투시다. 문학은 사람들이 막연히 알고 있는 것을 생생하게 보여주고, 우리가 몰랐던 새로운 사실을 알게 해준다. 문학은 한 인간, 한 사회, 한 시대를 섬세하게 보여준다.16)

꽃이
피는 건 힘들어도
지는 건 잠깐이더군
골고루 쳐다볼 틈 없이
님 한번 생각할 틈 없이
아주 잠깐이더군

그대가 처음
내 속에 피어날 때처럼
잊는 것 또한 그렇게
순간이면 좋겠네

멀리서 웃는 그대여
산 넘어 가는 그대여

꽃이
지는 건 쉬워도
잊는 건 한참이더군
영영 한참이더군

— 최영미, 「선운사에서」

    시는 가시의 세계는 물론 눈에 보이지 않는 내면의 세계를 들춰낸다. 이 작품은 이별의 마음이 어떠한지를 보여준다. 작품의 제목과 내용을 볼 때, 화자는 사랑하는 사람과 헤어졌고, 이별의 아픈 마음을 다스리고자 선운사라는 절을 찾은 듯하다. 그는 그 절에서 꽃이 진 것을 본다. 화자는 꽃이 지는 것이 잠깐인 것처럼 임을 잊는 것 또한 잠깐 있었으면 한다. 하지만 임에 대한 그리움은 쉽사리 가시지 않는다. "잊는 건 한참이더군/ 영영 한

---

16) 박이문, 앞의 책, 174면 참조.

참이더군”라는 표현에는 잊으려 해도 잊지 못하는 사랑의 괴로움이 담겨
있다.

이 시는 헤어짐을 겪는 한 개인의 삶에 초점이 맞춰져 있다. 이별을 경
험했든 그렇지 않든 독자는 이 시에서 이별이 주는 아픔과 사랑의 마음을
간접적으로 경험하게 된다. 타자의 마음을 이해하는 과정에서 독자는 자신
이 경험하지 못한 것을 체험하고, 새로운 사실을 알게 된다. 이때의 새로
운 사실은 정서적이고 심리적인 것이다. 시는 그 자체가 갖는 형식적 특징
으로 인해 삶의 단면을 집중적으로 다룬다. 소설처럼 줄거리가 있는 이야
기로써 인물의 삶이나 사회상을 총체적으로 드러내지 못한다. 하지만 시는
현실에서 일어나고 있는 일이나 인간의 마음을 집약적으로 보여준다. 시는
주로 개인의 감정을 표현하는 데에 치중하나, 사회적 삶 또한 관심의 대상
이 된다.

> “지금 부숴버릴까”
> “안돼, 오늘밤은 자게 하고 내일 아침에⋯⋯.”
> “안돼, 오늘밤은 오늘밤은 이 벌써 며칠째야? 소장이 알면 ⋯⋯.”
> “그래도 안돼.⋯⋯.”
> 두런두런 인부들 목소리 꿈결처럼 섞이어 들려오는
> 루핑집 안 단칸 벽에 기대어 그 여자
> 작은 발이 삐져나온 어린것들을
> 불빛인 듯 덮어주고는
> 가만히 일어나 앉아
> 칠흑처럼 깜깜한 밖을 내다본다.
>
> — 이시영, 「공사장 끝에」

시인은 자신의 감정이 드러내지 않은 채 인물의 대화와 행동으로 하층
민의 삶을 사실적으로 보여준다. 독자는 이 작품에서 도시 빈민의 삶을 목

격하게 된다. 시는 "지금 부숴버릴까"라는 철거반원들의 말로 시작된다. 철거반원들은 소장의 명령으로 무허가 건물을 철거하러 왔으나, 사람이 사는 집이라 차마 부수지 못한다. 그 집에 사는 아이들 엄마는 인기척을 내지 않으려 불빛을 차단하고, 아이들의 발을 '불빛인 듯' 덮어준다. 불안하고 초조한 마음에 그녀는 캄캄한 밖을 유심히 내다본다.

　시인은 도시 변두리에서 힘겹게 살아가는 서민의 삶을 포착하여 우리 사회의 어두운 일면을 조명한다. 이들은 언젠가는 쫓겨날 줄 알면서도 생존을 위해 무허가 주택에서 살아간다. 이 집이 철거되면 이들은 살 곳을 잃게 된다. 시인은 철거민의 비참한 삶과 이들의 고통을 절제된 언어로 표현한다. 독자는 형상화된 구체적인 장면에서 소외된 이웃의 삶을 마주 대하고, 서민이 겪는 아픔을 알게 된다. 시는 감추어진 세계를 드러내 보임으로써 삶과 사물에 대한 인식을 넓혀준다.

— MENU —

샤를르 보들레르	800원
칼 샌드버그	800원
프란츠 카프카	800원
이브 본느프와	1,000원
에리카 종	1,000원
가스통 바슐라르	1,200원
이하브 핫산	1,200원
제레미 리프킨	1,200원
위르겐 하버마스	1,200원

시를 공부하겠다는
미친 제자와 앉아

커피를 마신다
제일 값싼
프란츠 카프카

— 오규원, 「프란츠 카프카」

이 시는 커피숍의 메뉴판 형식을 통해 정신적 가치마저 상품화되는 현실을 꼬집는다. 메뉴판에는 사람들이 마실 차가 아닌 저명한 문학가와 철학자들이 나열되어 있고, 그들에게는 각각 가격이 적혀 있다. 문학이나 철학과 같은 정신적 영역의 가치가 상품처럼 취급당하는 것이 현실이다. 물질 만능주의가 팽배한 현실에서 돈이 되지 않는 시를 공부하겠다는 것은 미친 짓이다. "미친 제자"라는 표현은 시인 자신의 삶에 대한 자조적인 표현인 동시에 우리 삶에서 소중한 정신적 가치가 외면당하는 현실에 대한 비판이기도 하다.

문학은 현실 재현뿐만 아니라 비판의 기능도 갖는다. 문학에서 현실 비판은 예술적 장치를 통해 효과적으로 이루어진다. 오규원의 「프란츠 카프카」는 직설적인 화법을 피하고, 사람을 판매되는 상품으로 만들어 부정적인 현실을 우회적으로 비판한다. 시인은 풍자의 방식으로 우리의 삶에서 무엇이 문제인지를 지적한다. 독자는 비판되고 있는 현실을 직시함으로써 사회 현실의 실태를 알게 된다. 문학에서의 사회 비판은 공동체적 삶을 반성하고, 개인과 사회가 나아가야 할 바른 방향을 모색한다는 점에서 윤리적 기능으로 볼 수 있다.

(5) 윤리적 가치

문학은 인생의 본질을 탐구하며 참다운 인간을 구현하고자 한다. 문학은 인간의 삶을 살피면서 어떤 상황에서 인간이 갖는 마음과 행동을 보여준다. 이런 의미에서 문학의 근본은 삶 그 자체라고 말할 수 있다. 문학은 삶의 여러 국면들과 인간의 본질적인 문제에 관심을 갖고 이를 구체적으로 드러낸다. 삶의 현장을 통해 진실함, 선함, 순수함, 정의로움 등 우리 사회에 있어야 하지만 없거나 결핍된 삶의 가치를 제시한다. 문학은 교훈 전달 자체를 목적으로 하지 않지만 인간다운 삶의 지향을 통해 바람직한 삶의 방향을 일러준다.

> 성당의 종소리 끝없이 울려 퍼진다
> 저 소리 뒤편에는
> 무수한 기도문이 박혀 있을 것이다
>
> 백화점 마네킹 앞모습이 화려하다
> 저 모습 뒤편에는
> 무수한 시침이 꽂혀 있을 것이다
>
> 뒤편이 없다면 생의 곡선도 없을 것이다.
>
> — 천양희, 「뒤편」, 『너무 많은 입』(창비, 2005)

　이 시는 굴곡진 '생의 곡선'에 감추어진 뒤편을 이야기한다. 울려 퍼지는 종소리에는 많은 사람들의 염원이 담겨 있고, 화려한 마네킹의 뒤편에는 무수한 침이 꽂혀 있다. '뒤편'은 외관상 드러나지 않은 삶의 이면이다. 우리는 곧잘 현상에 현혹되어 결과에 이르는 과정이나 표면에 드러나지 않은 이면을 간과하기도 한다. 겉으로 드러난 화려함이나 삶의 영광은 엄청난 노력과 눈물겨운 고통을 희생한 대가다. 일상에서 쉽게 접하는 사례를 통해 삶의 이치를 일깨워 준다는 점에서 이 시는 교훈적이다.

　문학의 근본적인 기능은 재미와 교훈에 있다. 문학은 독자에게 즐거움을 주며 바람직한 삶의 자세를 일러준다. 시 또한 인간과 삶에 대한 깊이 있는 인식으로 독자에게 깨달음을 준다. 시인은 진지한 사유와 성찰로써 사물을 새롭게 인식하고, 삶의 의미를 통찰한다.

> 한 송이의 국화꽃을 피우기 위해
> 봄부터 소쩍새는
> 그렇게 울었나 보다
>
> 한 송이의 국화꽃을 피우기 위해
> 천둥은 먹구름 속에서
> 또 그렇게 울었나 보다.
>
> 그립고 아쉬움에 가슴 조이던
> 머언 먼 젊음의 뒤안길에서
> 인제는 돌아와 거울 앞에 선
> 내 누님같이 생긴 꽃이여.
>
> 노오란 네 꽃잎이 피려고
> 간밤엔 무서리가 저리 내리고
> 내게는 잠도 오지 않았나 보다.

— 서정주, 「국화 옆에서」[17]

서정주의 「국화 옆에서」를 읽은 독자는 한 생명체의 탄생이 아무렇게나 이루어지지 않는다는 사실을 알게 된다. 시인은 한 송이 국화를 피우기 위해 봄부터 소쩍새가 울었다고 말한다. 독자는 이 시에서 인간은 시련과 고통을 겪으면서 원숙한 삶의 경지에 이른다는 삶의 의미를 배우게 된다. 시는 우리가 어떻게 살아가야 하는지를, 어떤 삶이 참되고 인간다운 삶인지

---

17) 『경향신문』(1947. 11. 9.)에 발표되었다가 『서정주 시선』(1956)에 수록됨.

를 생각하게 한다.

삐둘삐둘
날면서도
꽃송이 찾아 앉는
나비를 보아라

마음아

— 함민복, 「나를 위로하며」

이 시의 화자는 나비를 바라보면서 자신의 모습을 살핀다. 나비는 삐뚤삐뚤 날지만 꽃송이를 찾아 앉는다. 삐뚤삐뚤 나는 나비에서 화자의 흔들림이 암시된다. 그는 삶의 균형을 잡지 못하고 방황한다. 화자는 제 자리를 찾아 안착하는 나비의 모습에서 위로를 받으며, 자신의 삶을 되돌아본다. 가냘픈 나비도 제 자리를 찾아가는데, 하물며 인간인 우리가 그렇게 하지 못할 것이 없다. 꽃을 찾아 앉는 나비의 모습은 시인 자신은 물론 방황하는 독자에게 위로와 반성의 메시지가 된다.

그래 살아봐야지
너도 나도 공이 되어
떨어져도 튀는 공이 되어

살아봐야지
쓰러지는 법이 없는 둥근
공처럼, 탄력의 나라의
왕자처럼
가볍게 떠올라야지
곧 움직일 준비되어 있는 꼴

둥근 공이 되어

옳지 최선의 꼴
지금 네 모습처럼
떨어져도 튀어 오르는 공
쓰러지는 법이 없는 공이 되어.

— 정현종, 「떨어져도 튀는 공처럼」

이 시는 우리에게 삶의 교훈을 준다. 삶을 포기하고 싶을 정도로 절망적인 상황이 와도 희망을 잃지 말고 굳세게 살아보자는 내용이다. 시인은 이를 직접적으로 표출하거나 설교하지 않는다. '공'이라는 친근한 사물로 삶의 의미를 이른다. 동그란 공은 떨어져도 튀어 오른다. 공은 떨어져도 쓰러지는 법이 없다. 공의 떨어짐은 삶의 추락이나 절망을 내포한다면, 공의 튀어 오름은 삶의 의지와 재기를 뜻한다. 공은 둥글고 탄력이 있기 때문에 가볍게 떠오르고 언제든지 움직일 준비가 되어 있다. 시인은 공의 형상과 특성에서 실패와 좌절을 두려워하지 않는 강인함, 극단적으로 치닫지 않는 원만한 삶의 태도, 적극적이고 능동적인 삶의 자세 등을 이야기한다.

시는 사유와 성찰을 통해 시인이 깨달은 바를 나타냄으로써 윤리적 기능을 수행한다. 하지만 윤리를 강요하거나 훈계를 마냥 늘어놓지 않는다. 시의 세계는 온유하다. 앞에서 인용한 세 작품은 모두 도덕적이고 교육적인 내용을 담고 있으나 그것을 표현하는 데 있어 간접적인 방법을 이용한다. 어떤 사물의 특성에 비춰 시인이 새롭게 발견한 사실이나 깨달은 것을 전달함으로써 작품의 의미를 부각하고, 독자의 각성을 이끌어낸다. 독자는 시인이 전달하는 전언을 공유하면서 자신의 삶을 되돌아보고, 진실한 삶의 가능성을 추구한다.

2 시와 상상력

까마득한 날에
하늘이 처음 열리고
어데 닭 우는 소리 들렸으랴.

모든 산맥들이
바다를 연모(戀慕)해 휘달릴 때도
차마 이곳을 범(犯)하던 못하였으리라.

끊임없는 광음(光陰)을
부지런한 계절이 피여선 지고
큰 강물이 비로소 길을 열었다.

지금 눈 내리고
매화 향기(梅花香氣) 홀로 아득하니
내 여기 가난한 노래의 씨를 뿌려라.

다시 천고(千古)의 뒤에
백마 타고 오는 초인(超人)이 있어
이 광야(曠野)에서 목놓아 부르게 하리라.

— 이육사, 「광야」[18)

한국의 현대시사에서 이육사의 「광야」만큼 웅장한 스케일을 보여주는 시는 드물다. 이 시는 산맥들이 바다로 둘러싸인 광활한 광야를 배경으로 하늘이 처음 열리는 태초의 시간에서부터 천고 뒤의 미래까지 시상이 펼쳐진다. 1, 2, 3연은 과거의 광야를 상상한 것이며, 4연과 5연은 현재와 미래의 광야의 모습을 떠올린 것이다.

시인은 원시적인 순수성을 보존하고 있는 광야의 모습을 '닭 우는 소리'와 '바다를 연모를 휘달리는 산맥'으로 나타내어 까마득한 날의 우리 조국이 광활하고 신성한 곳임을 강조한다. 이곳은 너무나 거룩하고 성스러워 그 누구도 차마 침범하지 못한다. "차마 이곳을 범하던 못하였으리라"는 행은 일제 강점기라는 시대 상황에 비춰보면, 일제에 대한 시인의 항변으로 읽을 수 있다. 그 누구도 신성한 우리 땅에 침범하지 못하였는데, 일제가 무엄하게도 신성의 공간을 더럽히고 있다는 사실을 시인은 꼬집는다.

「광야」는 태초의 광야를 통해 민족적 자존심을 세운 다음 현재를 직시하고, 예전의 신성한 우리 조국을 찾을 수 있음을 강한 의지와 믿음으로 노래한다. 화자는 눈 내리고 매화 향기 은은한 이곳에 가난한 노래의 씨를 뿌리고, 먼 훗날 찾아올 초인에게 노래를 목 놓아 부르게 하려 한다. 매화 향기는 대자연이 보여주는 희망의 손짓으로 냉랭한 현실에서 힘들게 살아가는 이들에게 희망의 기운을 불어넣는다. 화자는 눈으로 얼어버린 광야 땅에 생명의 씨를 뿌리고자 한다. 그는 자신의 미약함과 현실의 두꺼운 벽을 알기에 풍성한 결실을 맺을 훗날을 기약한다. 지금 당장은 고통스럽고 힘들지만, 고통의 시간을 인내하고 기다리면 언젠가는 "백마를 타고 온 초인"이 나타날 것이라고 시인은 확신한다. 초인은 고통의 굴레에서 우리 민족을 구원해줄 지도자다. 초인이 목 놓아 부를 노래는 끝없는 절망은 없다

---

18) 이육사의 「광야」는 『자유신문』(1945. 12. 17.)에 발표되었다가 『육사시집』(1946)에 수록됨.

는 희망의 메아리며, 밝은 미래의 도래에 대한 시인의 신념이다.

　이육사의 「광야」는 현재의 시간과 공간을 초월하는 상상력이 독자를 압도한다. 시가 담는 삶의 현장은 평범한 사실의 세계가 아니라 시인의 상상력에 의해 새롭게 계획하고 창작된 세계다.[19] 상상력은 시에서 대단히 중요한 개념으로 시의 문학적 자질을 결정짓는 요소가 된다. 시의 중요한 본질은 그것이 산문에 비해 상상력을 깊이 활용한다는 사실에 있다.[20] 시인의 개별 체험을 언어로 통합하고 질서화하는 데에 상상의 힘은 절대적이다. 언어의 일탈을 감행하고 정서를 환기하는 시의 특성은 상상의 힘에 기대고 있다. 내용을 생성하여 언어로 표현하기까지 상상력이 지배한다.

> 싸락눈 내리어 눈썹 때리니
> 그 암무당 손때 묻은 징채 보는 것 같군.
> 그 징과 징채 들고 가던 아홉 살 아이—
> 암무당의 개와 함께 누룽지에 취직했던
> 눈썹만이 역력하던 그 하인 아이
> 보는 것 같군, 보는 것 같군.
> 내가 삼백 원짜리 시간 강사에도 목이 쉬어
> 인제는 작파할까 망설이고 있는 날에
> 싸락눈 내리어 눈썹 때리니……

— 서정주, 「싸락눈 내리어 눈썹 때리니」

　이 작품은 소리의 어감을 고려하면서 내용에 부합하는 어휘를 선별하고 있다. '싸락눈'과 '눈썹'에서 쓰인 '싸', '취직'의 '츠', '작파'의 '프' 등은 시적 기능을 하는 기표로 사용되고 있다. 이들 음들은 거칠면서도 시원스런 어감을 준다. "싸락눈 내리어 눈썹 때리니"라는 구절을 발성해 보면

---

19) 박이문, 앞의 책, 205~207면.
20) 오세영, 「시란 무엇인가」, 현대문학사편, 『시론』, 현대문학, 1989, 16면.

'싸'와 '썹'이 강하게 발음되는데, '쓰'의 강한 어감은 각성이라는 화자의 심리적 상태와 조응한다.

이 시에서 보여준 소리의 효력은 후반부에서 두각을 나타낸다. "인제는 작파할까 망설이고 있는 날에/ 싸락눈 내리어 눈썹 때리니……"에서 시인은 '그만둘까'라는 어휘 대신 '작파할까'라는 한자어를 기용한다. 작파(作破)는 일을 중도에서 그만둔다는 뜻 외에 무엇을 부수어 버린다는 뜻을 지닌다. 작파라는 말엔 시간 강사로서 겪는 생활고와 이에 염증을 느낀 시인의 마음이 배어있다. 하지만 그의 알량한 자존심은 눈썹을 때리는 '싸락눈'으로 허물어진다. '파'에서 나는 거센 울림은 뒤에 나오는 '쓰'의 격한 음의 위력에 움츠러드는 양상이다. '싸락눈', '눈썹', '작파' 등의 시어는 결코 우연한 선택이 아니다. 이것은 상상의 추동력에 의해 배치된 것이다.

상상력은 작품의 내용을 이끌어 내고, 운율이나 이미지와 같은 예술적 에너지원을 가동시키는 원천이 된다. 시인은 상황과 정서에 맞는 시어를 가려내고, 이미지를 살려 쓰면서 개인의 체험을 언어화한다. 이 과정에서 감각적 체험들이 변용되는데, 시인이 지각하고 경험한 것을 변용하는 능력은 상상력에 기반을 둔다. 현실을 재현하고 변용케 하는 상상력은 시 창작의 모태가 된다.

문학에서 상상력(imagination)은 모방하는 능력, 변용하는 능력, 이미지를 생성하는 능력, 의미를 창조하는 능력, 종합적 마술적 능력 등으로 설명되는데, 상상력은 크게 두 관점에서 접근된다. 예술이 자연의 모방이라는 고전적인 문학관에서는 현실에서 존재하는 것을 그대로 재현하는 능력이 상상력이 된다. 한편 문학의 창작 행위가 창조적인 정신 활동이라고 보는 관점에서는 상상력의 의미가 보다 진전된다. 여기서는 존재하는 것에서 존재하지 않는 무엇을 만들어내는 능력을 상상력으로 본다. 에이브럼스(Abrams)가 피력한 거울과 램프의 비유를 예로 든다면 상상력은 사물을 비추는 거

울이 아니라 불꽃을 피우는 램프와 같은 것이다. 단순히 외적 현실을 이미
지화하는 능력이 아니라, 외적 현실로부터 자신의 사유와 감성을 거쳐 새
로운 세계를 형성하는 능력이 상상력인 것이다.[21]

> 머언 산 청운사(靑雲寺)
> 낡은 기와집
>
> 산은 자하산(紫霞山)
> 봄눈 녹으면
>
> 느릅나무
> 속잎 피어나는 열두 굽이를
>
> 청노루
> 맑은 눈에
>
> 도는
> 구름.

— 박목월, 「청노루」, 『청록집』(1956)

깊은 산골에 '청운사(靑雲寺)'라는 낡은 절이 있다. 산은 '자하산(紫霞山)'으
로 '보랏빛 노을'이 서린다는 신비로운 산이다. 이 산에 봄눈이 녹으면서
열두 굽이 산길에 늘어선 느릅나무에서 푸른 속잎이 피어난다. 겨우내 움
츠리고 있던 청노루 한 마리가 봄나들이 나왔다가 저 멀리 구름을 바라본
다. 이 작품은 시인이 실제로 본 것을 떠올려 쓴 것이 아니다. 푸른빛의 노
루는 물론 '청운사'라는 절이라든가 '자하산'이라는 산은 현실에 존재하지

---

21) 김상욱, 「시적 상상력의 유형과 시교육」, 『문학교육의 길 찾기』, 나라말, 2003, 253면.

않는다. 이것들은 시인이 상상하여 명명한 것이다. 비록 상상하여 쓴 것이지만 이 시는 고요한 자연의 아름다움을 보여준다. 시인은 기존의 경험을 재구성하여 실재하지 않는 새로운 이미지를 만들어내고 있는데, 이러한 상상력이 창조적 상상력이다.

세계를 창조하는 능력은 시적 상상력의 핵심이 된다. 코울리지의 구분에 따르면, 이 상상력은 이차적 상상력이다. 그는 상상력을 일차적인 것(primary imagination)과 이차적인 것(secondary imagination)으로 나눈다. 전자는 어떤 대상이나 세계의 속성을 지각하고 인식하는 데에 그치는데, 후자는 대상의 인식에 그치지 않고 지각된 외부 세계에 의미를 부여하고 새로운 세계로 바꾸어 간다.22) 대상의 변화와 재창조를 시도하는 이차적 상상력은, 대상을 관찰하고 지각하는 일차적 상상력의 기반에서 이루어진다. 상상은 대상을 지각하고 기억하는 데에서 출발한다. 시가 창작되려면 먼저 외계의 사물을 감각적으로 받아들여야 한다. 외부 세계를 지각하고, 지각한 감각적 경험을 재생하는 데에는 기억의 작용이 필요하다.23)

서정주의 「싸락눈 내리어 눈썹 때리니」는 시상이 전적으로 기억에 의존하고 있다. 기억은 과거에 경험했던 감각적 인상을 이미지로 나타내게 한다는 점에서 상상력의 원천이 된다. 과거에 지각한 경험을 구체적인 어떤 심상으로 나타내는 데에 기억에 의한 상상력이 동원된다. 그래서 시에서 상상력은 이미지를 형성하는 능력이라 할 수 있다. 넓은 의미에서 이미지는 신체적 지각 작용에 의해 마음속에 떠올려진 감각적 영상이다. 이미지는 존재하는 대상에 대한 지각과 교감 속에서 이루어지지만, 감각을 환기하는 대상이 존재하지 않는 상태에서 형성되기도 한다. 이것은 말하자면

---

22) Coleridge, S. T., *Biographia literaria*(1817), 김영철, 앞의 책, 175면 참조.
23) 심리학에서는 이런 기억의 작용을 '재생적 상상력'으로 보기도 한다. 이 상상력은 과거에 경험했던 감각적 인상을 그대로 나타내는 경우를 뜻한다. William James, *The principles of Psychology*, New York : Dever, 1918, pp.301~302.

상상력에는 두 개의 형식이 존재한다는 것을 의미한다.

> 우리 마음을 비추는
> 한낮은 뒤숲에서 매미가 우네.
>
> 그 소리도 가지가지의 매미 울음.
> 머언 어린 날은 구름을 보아 마음대로 꽃이 되기도 하고 잎이 되기도
> 하고 친한 이웃아이 얼굴이 되기도 하던 것을.
>
> 오늘은 귀를 뜨고 마음을 뜨고, 아, 임의 말소리, 미더운 발소리, 또는
> 대님 푸는 소리로까지 어여삐 기삐 그려낼 수 있는
>
> 명명(明明)한 명명(明明)한 매미가 우네.
>
> ― 박재삼, 「매미 울음에」, 『춘향이 마음』(1962)

이 작품은 「춘향이 마음 초(抄)」라는 연작시의 하나로, 고전 소설인 『춘향전』을 모티브로 하여 이몽룡에 대한 춘향의 그리움을 표현하고 있다. 춘향은 한낮에 매미 울음소리를 들으며 떠나간 임을 그리워한다. 이 시는 고전소설의 인물만 빌려왔을 뿐 작품의 내용은 시인의 창의적 상상에 의해 채워진다. 춘향이 이도령을 만나기 전의 어린 시절과 임을 그리워하는 현재의 상황이 대비된다. 이성을 모르던 어린 날에는 구름을 보면서 꽃, 잎, 친한 아이의 얼굴 등을 그려보았지만, 지금은 매미 소리를 들으면서 임의 모습을 떠올린다. 임이 곁에 없는 오늘은 귀와 마음이 온통 매미 소리에 쏠린다. 임을 보고 싶은 애타는 마음에 임의 목소리, 그가 걸어오는 발소리 심지어 대님 푸는 소리까지 듣게 된다. "대님 푸는 소리"에는 이도령이 자신의 집에 찾아와 함께 행복한 시간을 보냈던 지난날의 추억이 함축되어 있다. 시인은 춘향의 마음을 상상하여 눈으로 보이지 않는 것까지 구체적인

이미지로 제시한다. 사물에 대한 이미지를 만들어내는 능력은 다름 아닌 상상력이다.

시인은 상상의 힘을 빌려 언어의 의미를 새롭게 창조한다. 이 시는 '매미 소리'에 집중하여 화자의 마음을 표현하고 있다. 매미 울음소리를 '맴맴'으로 나타내지 않고, 이 음성과 유사한 '명명(明明)'이라는 한자어를 차용한다. 춘향은 잠시이지만 매미 울음소리를 매개로 보고 싶은 임을 만나게 되는데, 이 의성어에는 춘향의 밝고 즐거운 마음이 드러난다.

문학적 상상은 경험의 재현이나 이미지의 포착에만 머물지 않는다. 상상력은 시인이 지각한 사물을 떠올리게 할 뿐만 아니라 사물의 특성을 다른 사물에 투영해 새로운 심상을 불러일으킨다. 상상력은 서로 다른 사물이나 관념을 서로 결합시켜 하나의 통일된 조직체를 만들기도 한다. 원체스터는 이를 '연합적 상상력'24)으로 본다. 서로 분리하면 부적당하지만 결합되면 정당해질 수 있는 두 개의 관념을 결합하여 새로운 이념을 창출하는 힘이 연합적 상상력이다. 눈썹을 때리는 싸락눈이 암무당 집에 기거하던 아이와 연결되고, 매미 울음소리와 임의 소리가 관련되는 데에는 연합적 상상력이 작용하고 있다. 시인은 서로 다른 것을 하나로 통합하는 상상의 과정을 통해 현실의 세계를 자신이 바라는 대로 새롭게 변모시킨다.

> 방금 딴 사과가 가득한 상자를 들고
> 사과들이 데굴데굴 굴러 나오는 커다란 웃음을 웃으며
>
> 그녀는 서류 뭉치를 나르고 있었다

---

24) 시에서 동떨어진 경험을 하나의 이미지로 통합하여 새롭게 조직하게 하는 것은 상상력의 작용이다. 원체스터에 의하면, 이 상상력은 '연합적 상상력'이다. 그는 상상력을 '연합적 상상력', '창조적 상상', '해석적 상상력'을 분류하는데, 이 중 연합적 상상력은 어떤 사물이나 관념 또는 정서에 그것과 유사한 심상을 연결하는 기능을 한다. Winchester, *Some principles of literary criticism*, New York : Macmillan, 1950, p.117.

어떻게 기억해냈을까 고층 빌딩 사무실 안에서
저 푸르면서도 발그레한 웃음의 빛깔을

어떻게 기억해냈을까 그 많은 사과들은
사과 속에 핏줄처럼 뻗어있는 하늘과 물과 바람을
스스로 넘치고 무거워져서 떨어지는 웃음을

어떻게 기억해냈을까 사과를 나르던 발걸음을
발걸음에서 튀어오르는 공기를
공기에서 터져나오는 햇빛을
햇빛 과즙, 햇빛 향기를

— 김기택, 「어떻게 기억해냈을까」 일부, 『소』(문학과지성사, 2005)

이 시 또한 연합적 상상력으로 새로운 세계를 창조한다. 화자가 지각한 대상은 사무실에서 서류뭉치를 나르는 여자다. 그는 여사무원에게서 "사과들이 데굴데굴 굴러 나오는 커다란 웃음"을 발견하고, "푸르면서도 발그레한 웃음의 빛깔"을 찾아낸다. 심지어 사과 웃음의 속까지 환히 들여다보며 "핏줄처럼 뻗어있는 하늘과 물과 바람"을 감지한다. 여자의 발걸음에서 "공기에서 터져 나오는 햇빛", "햇빛 과즙", "햇빛 향기" 등을 기억해낸다.

여자와 사과는 아무런 관련이 없지만 이 시에서는 서로 관련을 맺는다. 특별한 의미 없이 서로 무관한 것끼리 연결되면 그것은 상상이 아니라 공상이 된다. 하지만 통일적인 통합이 아닌 단순한 집합이며, 창조적 인식이 아닌 단편적인 연상이라는 점에서 공상은 상상력과는 구별된다.[25] 상상력은 연결되는 대상이 정서적이든 경험적이든 간에 통일성을 고리로 하여 현실 세계에서 결핍된 삶의 에너지를 충전한다. 시인은 상상력을 발휘해 서류 종이를 탐스러운 사과로 바꾸고, 사무실 안을 사과가 자라는 대지의

---

25) 김영철, 『현대시론』, 건국대학교출판부, 1993, 176면.

공간으로 꾸민다. 탐스러운 사과의 이미지로써 무미건조한 사무실의 공간
에 활력을 불어넣고, 현실의 울타리에 갇힌 인간의 의식을 해방시켜 준다.

상상력의 자유분방함은 시간과 공간의 제약을 받지 않기 때문에 비가시
적이고 비현실적인 차원의 세계까지 투시한다. 시에서는 상상의 힘에 의해
보이지 않는 것에 대한 투시와 가시화가 가능해진다. 눈으로 확인되지 않는
사물이나 현상은 곧잘 비현실적인 것으로 치부되지만, 상상력으로 표현된
문학의 세계는 진실성이 있는 현실의 세계로 각인된다. 이는 시적 상상력이
우리가 직면하는 삶에 뿌리를 두고, 삶의 근저에 파고 들어가 내적 본질을
탐구하기 때문이다. 연상 작용이나 공상작용은 뚜렷한 문제의식을 지니지
않은 채 얼마간 유희적 기분을 지니고 있는 것을 말한다면, 상상력은 진실
의 실체를 엄숙하게 담으려 한다는 점에서 진지한 정신 행위가 된다.[26]

> 내 마음 속 우리 님의 고운 눈썹을
> 즈믄 밤의 꿈으로 맑게 씻어서
> 하늘에다 옮기어 심어 놨더니
> 동지 섣달 날으는 매서운 새가
> 그걸 알고 시늉하며 비끼어 가네

— 서정주, 「동천」, 『동천』(1968)

시인은 '내 마음 속 우리 임의 눈썹을 즈믄 밤의 꿈으로 맑게 씻어서 하
늘에 옮기어 심어 놓았다'고 말한다. 사람의 눈썹을 천년 밤의 꿈으로 씻을
수 없을 뿐만 아니라 눈썹을 하늘에 옮겨 심을 수도 없다. 시인은 현실적으
로 실현 불가능한 일을 가능한 것으로 치장하며, 이치에 어긋난 말을 한다.
「동천」은 눈썹과 새의 창조적 변용을 통해 시간과 공간을 초월하는 숭

---

26) 권기호, 「발상, 영감, 상상력」, 현대문학사편, 앞의 책, 279면 참조. 연상 작용이나 공상
   작용은 뚜렷한 문제의식을 지니지 않은 채 얼마간 유희적 기분을 지니고 있는 것을 말한
   다면, 상상력은 진실의 실체를 엄숙하게 담으려 한다는 점에서 진지한 정신 행위가 된다.

고한 사랑을 보여준다. 화자는 겨울밤 하늘에 밝게 빛나는 초승달을 바라보며 꿈속에 그리워하던 임을 떠올린다. 임에 대한 애타는 그리움과 순결한 사랑의 감정은 초승달을 눈썹으로 변모시킨다. 상상이지만 화자는 천년밤의 꿈으로 눈썹을 맑게 씻어 하늘에 옮겨 심는다. 여기서 임을 향한 화자의 지극한 정성과 사랑을 엿볼 수 있다. 이 시는 겨울 하늘을 배경으로 미물마저 외경하는 인간의 아름다운 사랑을 상상하여 보여주고 있다.

문학의 중요한 가치 중 하나는 현실 속에 숨겨져 있는 삶의 진실을 보여주는 데에 있다. 시는 과학적으로 증명되지 않거나 허위일지라도 상상과 정서 표현을 통해 진실에 도달한다.[27] 시가 나타내고자 하는 것은 틀림없는 과학적 사실이 아니라 상상을 통해 얻어지는 시적 진실이다. 상상력은 일상적 언술이나 이성적 논리로 도달하기 어려운 진실이나 정서를 나타내는 특징을 지니고 있다.

시인은 상상력을 통해 세계와 접촉하며, 독자는 시인이 만들어 놓은 상상의 통로를 통해 세상과 인간을 대면한다. 문학에서 상상의 진정한 의미는 단순한 경험의 재현에 있지 않고, 경험을 재조직하여 현실을 변용하고 새로운 세계를 구축하는 데에 있다. 시는 존재하는 것에 대한 지각에 그치지 않고, 개성적 시각에서 현실을 바라보며 새로운 세계를 창조한다. 이러한 창조의 힘은 상상력에서 나온다.

시인의 상상력은 실재하는 것뿐만 아니라 보이지 않는 세계까지 드러내며, 우리의 삶을 정밀하게 투시한다. 그래서 시는 독자에게 상상하는 즐거움을 줄 뿐만 아니라 관습적 인식을 일깨워주고 우리의 감각을 쇄신시킨다. 또한 우리가 망각하고 있거나 경험할 수 없는 세계를 선명하게 보여줌으로써 삶의 소중한 영역을 개척해 준다.

---

27) Smith and Parks, *The Great Critics*, Norton(1957), p.757. 김영철, 앞의 책, 53면.

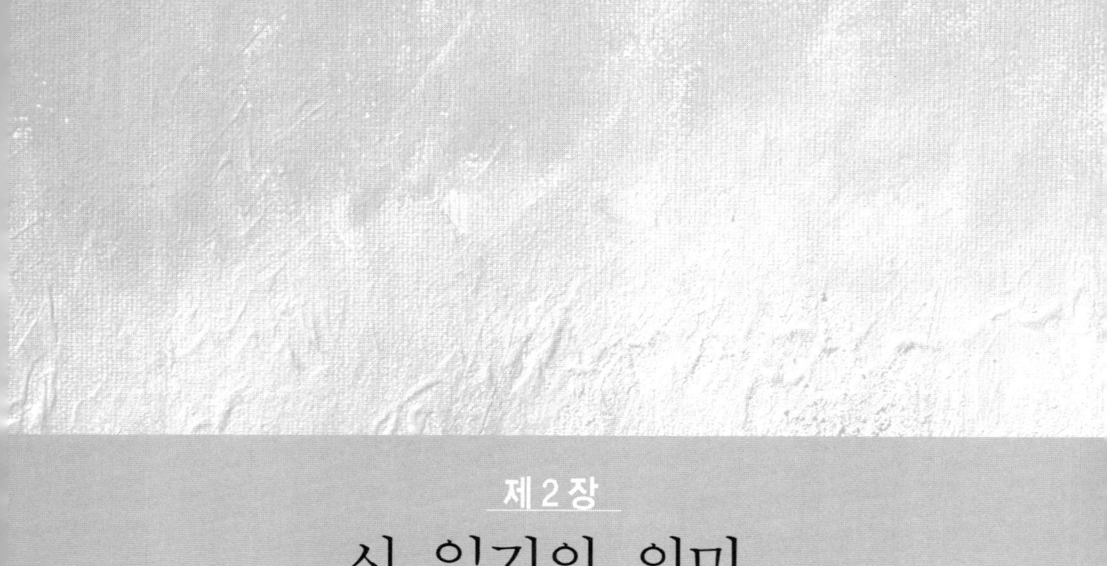

시 읽기의 의미

겨울 만다라 임영조

대한 지나 입춘날
오던 눈 멎고 바람 추운 날
빨간 장화 신은 비둘기 한 마리가
눈 위에 총총총 발자국을 찍는다
세상 온통 한 장의 수의에 덮여
이승이 흡사 저승 같은 날
압정 같은 부리로 키보드 치듯
언 땅을 쿡쿡 쪼아 햇볕을 파종한다
사방이 일순 다냥하게 부풀어
내 가슴 손 빈 터가 확 넓어지고
먼 마을 풍매화꽃 벙그는 소리
들린다, 참았던 슬픔 터지는 소리
하얀 운판을 쪼아 또박또박 시 쓰듯
한 끼의 양식을 찾는 비둘기
하루를 헤집다 공친 발만 시리다
아니다, 잠시 소요하듯 지상에 내려
요기도 안 될 시 몇 줄만 남기면 되는
오, 눈물겨운 노역의 작은 평화여
저 정경 넘기면 과연 공일까?
혼신을 다해 사바를 노크하는
겨울 만다라!

—『귀로 웃는 집』(창작과비평사, 1997)

1 시를 읽을 때 무엇에 중점을 두어야 할까?

2 시적 상황을 고려해 화자의 마음을 헤아려 봅니다.

3 시인은 자신의 생각과 감정을 어떻게 표현하고 있는가?

4 시를 읽을 때 잘 이해되지 않는 부분은 어떻게 해결하는 것이 좋을까?

5 시 읽기와 일반 글 읽기는 어떤 점에서 다른지 말해 봅니다.

1 글 읽기와 시 읽기

읽기는 글을 이해하는 정신적 과정이다. 독자가 글을 대면하여 글의 내용을 주체적으로 파악하고 반응하는 것이다. 읽기는 문자로 기록된 기호를 해독하는 과정이면서 동시에 이해를 위한 의사소통의 과정이다.[1] 글을 '읽는다'는 말에는 문자 기호를 음성적으로 읽고 '해독(decoding)'한다는 뜻도 있고, 문자 속에 담겨져 있는 의미를 찾아 재구성한다는 '독해'의 뜻도 포함되어 있다. 나아가 읽는 이 자신의 경험과 글 내용의 결합을 통해 지식의 폭을 넓히고 정서적 반응을 일으킨다는 '독서'의 의미도 있다.

일반적으로 읽기는 문자를 단순히 음성화하는 '해독'을 넘어 '독해'를 뜻한다. 독해나 독서는 글의 의미를 이해하는 정신적 과정인데, 교육 현장에선 이 둘을 구분한다. 독해는 수업 시간에 짧은 분량의 글을 분석하는 활동이라면, 독서는 일상에서 교양 획득 및 작품을 향유하기 위한 읽기다. 중심문장과 핵심어 찾기, 중심 정보와 세부 정보의 구별, 문단 간의 관계 파악, 내용과 추론 방식의 타당성 비판 등은 국어 수업 시간에 흔히 이루

---

1) 모든 언어활동은 기호를 해독하고, 해독한 기호를 이해하는 과정으로 구성된다. 읽기의 학습 초기 단계에서는 해독하는 과정이 중요하며, 점차 이해하는 과정이 중요해진다. 읽기에 숙달된 독자는 읽기를 이해를 위한 의사소통 과정으로 보지만, 읽기를 처음 배우는 사람은 읽기를 기호를 해독하는 과정으로 본다. 최영환, 「언어 이해의 본질과 특성」, 박갑수 외, 『국어 표현·이해 교육』, 집문당, 2000, 117면.

어지는 독해 활동이다.

　넓은 의미에서 독해는 독서와 구분되지 않는 동일한 읽기 활동이다. 지금까지 독해는 의미의 전달과 해독, 의미의 추측과 확인, 의미의 구성 등의 개념으로 규정되었다. 독해 개념의 변화는 행동주의, 인지주의, 구성주의 등의 심리학의 추이와 깊은 연관이 있는데, 이는 상향식, 하향식, 상호작용모형 등의 세 가지 읽기 과정 모형으로 설명된다.

　읽기를 문자의 해독 과정으로 보는 독해의 전통적인 개념은 행동주의 패러다임의 영향을 받았다. 글에는 필자가 전달하고자 하나의 고정된 의미가 있는데, 이것은 문자로부터 시작하여 단어, 구, 문장, 문단, 글 전체로 나아감으로써 파악될 수 있다는 것이다. 이는 상향식 모형의 관점이다. 이 모형에서는 읽기를 단순히 문자 해독 과정으로 보기 때문에 글을 단순히 수용하는 데에 그치고, 독자보다는 글 자체를 중시한다. 상향식 모형은 읽기를 매우 수동적인 것으로 제한하여 유연하고 역동적인 의미 구성 과정을 설명하지 못한다는 비판을 받았다.

　상향식의 읽기 모형의 결점이 지적되고 인지주의 패러다임이 등장하면서 독자의 역할을 강조하는 하향식 읽기 모형이 나타났다. 인지주의는 인간의 외적 행동에 관심을 가진 행동주의와 달리 인간의 내적인 사고 과정에 주목하였다. 이 입장에서는 인간의 머릿속에서 진행되는 독서 과정에 관심을 두며, 의미의 원천을 글이 아니라 독자에게서 찾고, 독해를 의미의 추측과 확인으로 보았다. 즉 읽기란 독자 자신이 보유하고 있는 배경 지식에 근거하여 글의 의미에 관한 가정을 세우고, 읽는 과정에서 이를 확인하는 것이다. 하향식 읽기 모형은 합리적이고 연역적인 성격의 모형으로 독자 자신이 이미 갖고 있는 지식을 이끌어내는 독자 지향적 읽기라는 점에서 의미가 있다.

　독자의 배경지식이 많을수록 글에 대한 이해가 수월해진다. 그러나 배경지식이 형성되어 있더라도 글에 포함되어 있는 단어나 구절의 뜻을 알지 못하고서는 글의 의미를 제대로 파악할 수 없다. 배경지식이 같더라도 독해의 결과는 다를 수 있다. 지식수준이 동일한 경우에도 조작 방법과 조작 수준에 의해서도 독해 결과는 달라질 수 있다. 그리고 능숙한 독자는 주어진 글에 대한 스키마가 전혀 없더라도 주어진 글을 이해하기도 한다는 점 등이 하향식 모형의 한계점으로 지적되었다.[2]

그리하여 상향식과 하향식 읽기 모형을 절충한 상호작용 모형이 개발되었다. 이 모형에서는 언어 이해 과정에서 글과 독자의 역할 모두를 강조하는 입장을 취한다. 읽기는 글과 독자가 만나는 행위로 읽기의 정신적 과정에는 자극체로서의 글의 영향과 해석자로서의 독자의 영향이 함께 작용한다. 실제 독자가 주어진 글을 파악하는 데에는 글 내용에 대한 해독도 필요하며, 그 글의 내용에 비춰 독자의 스키마를 적용하고 글의 전체적인 내용을 예측하는 것도 요구된다. 물론 이 두 과정은 거의 동시적으로 일어나는 것으로 독자는 글을 읽어 나가는 동안, 끊임없이 이 과정을 반복하게 된다. 이렇게 볼 때, 읽기는 독자가 주어진 글에서 의미를 구성해 나가는 역동적인 과정이라고 말할 수 있다.[3]

최근에는 사회적 구성주의의 대두로 언어 사용을 개인의 인지적 과정뿐만 아니라 사회적인 과정으로 보게 되었다. 이 관점에서는 모든 지식과 실체가 사회 공동체 구성원들이 합의한 결과며, 읽기와 쓰기는 사회적 상호작용 행위로 간주된다. 독자의 의미 구성이 언어, 문화, 인간, 담화의 사회적 상호작용을 통해 구성된다는 것이다. 읽기는 겉으로 보기에는 글을 읽는 행위지만 내면적으로는 보이지 않는 필자와 독자의 의사소통이다. 필자와 독자 사이의 상호작용 행위로 본다는 점에서 문식 행위는 '사회적' 행

---

2) 이재승, 『국어교육의 원리와 방법』, 박이정, 1997, 200~201면.
3) 노명완, 『국어교육론』, 한샘, 1988, 104면.

위이며, 또한 이런 사회적 맥락 속에서 서로 상대방을 의식하며 글의 의미를 부여한다는 점에서 문식 행위는 '구성주의적 행위'가 된다.[4]

종합하면, 읽기는 의미를 탐색하는 것에서 시작하여 다양한 읽기 자원을 동원해서 사회적 맥락에서 의미를 해석하고 비판하는 것이다. 글을 이해하려는 독자는 자신의 배경 지식을 총동원하는 것은 물론이고, 글의 내용을 지금까지 읽었던 다른 글의 내용과 관련지으면서 통합적으로 의미를 구성하며, 자신이 구성한 의미를 다른 사람(교사, 학생)과 나누고, 이 과정에서 의미를 재구성한다.

글 읽기는 글쓴이와 읽는 사람의 묵언의 대화다. 글을 읽는다는 것은 필자가 글을 통해 전달하는 메시지를 파악하고, 거기에 대해 읽는 사람 나름대로 반응을 보이는 것이다. 여기서 반응은 전달받은 메시지에 대해 수긍하거나 또는 비판하며 이렇다 저렇다 말하는 것이다. 필자의 말에 대한 답변은 물론 실제로 말로 발화되는 것은 아니며, 독자의 내부의 사고 과정에 있다. 독자는 글을 읽는 과정에서 끊임없이 주어진 정보를 탐색하고 해석하고 비판하게 된다. 이런 일련의 사고 과정에 작용하는 것이 바로 읽기의 기능이다. 독자가 주어진 글에서 의미를 획득하는 데에는 주요 아이디어를 파악하고 개념 간의 관계를 분석하고 결론을 추론하는 등의 읽기 기능을 필요로 한다. 이 읽기 기능은 읽기에 관계하는 모든 변인을 조작하고 통제하는 능력이므로 읽기 능력을 대표하는 것으로 볼 수 있다.[5]

학자들은 읽기 기능에 대해 단어 인식이나 정보의 사실적 이해에 필요한 기능, 추론이나 비판을 요구하는 보다 고차원적 기능 등으로 나누고 있다. 완전한 읽기 기능 혹은 능력은 축자적인 읽기만이 아니라 추론하고 평가하고 정의적인 반응을 할 수 있는 능력까지를 포함한다. 글의 이해는 중

---

4) 노명완·이차숙, 『문식성 연구』, 박이정, 2002, 50~51면.
5) 이성영, 「읽기 기능의 개념 정립을 위한 시론」, 서울대학교 석사학위논문, 1990, 98면.

심내용 파악 단계에서 필자의 의도나 목적 파악 단계, 비판적 이해 단계를 거쳐 생산적 이해 단계로 나아간다.6) 국어교육에서 이해는 이 같이 국어 사용 능력을 포괄하는 개념으로 사용되고 있다.

국어 사용 능력의 신장을 중시하는 관점에선 문학 감상 또한 이해의 영역에 있게 된다. 문학 읽기 또한 의미를 재구성하는 심리적 과정이며, 언어활동 중 '이해' 활동에 속한다. '발신자(필자)−메시지(글)−수신자(독자)'라는 의사 전달 모형으로 설명되며, 필자, 글, 독자 등에 중점을 두고 의미를 파악할 수 있다. 의미를 파악하는 데에 사실적 이해, 추리적 이해, 비판적 이해 등의 일정한 사고 수준을 요한다. 그리고 독자와 글이 상호작용을 중시한다는 점 등에서 문학 읽기는 글 읽기의 이해 과정과 동일시된다.

> 지금까지의 문예이론은 크게 작가의 수월성을 강조하는 이론(예 : 전기적 및 시회적 비평이론), 작품의 텍스트성을 강조하는 이론(예 : 신비평이론), 독자를 강조하는 이론(예 : 독자 반응이론)의 세 가지로 나누어 볼 수 있다. 문예이론으로서의 세 이론은 텍스트를 강조하는 이론(상향식 독해 과정), 독자를 강조하는 이론(하향식 독해 과정), 그리고 텍스트와 독자의 상호작용을 강조하는 이론(독해과정의 상호작용이론) 등 여러 독서 이론과 유사하다. 이렇게 언어학 이론, 독서 이론, 그리고 문예이론이 유사한 모습을 띠는 것은 언어와 언어 사용자, 텍스트와 그 텍스트를 읽는 독자, 문학 작품과 그 작품을 읽는 독자 등 관계성이 서로 매우 흡사하기 때문이다.7)

인용 글은 문예 비평이론과 글 읽기의 모형이 유사한 점을 들어 문학 읽기와 일반 글 읽기가 크게 다르지 않음을 보여준다. 그러나 문학을 읽는

---

6) 이삼형 외, 앞의 책, 233면.
7) 노명완 · 이차숙, 앞의 책, 2002, 147면.

다는 것은 설명문이나 논설문과 같은 텍스트를 읽는 것과는 분명 차이가 있다. 문학은 설명문이나 논설문과 달리 허구의 세계이며 상상의 산물이고, 내포적 의미와 비유적 표현을 즐겨 쓰는 언어 예술이다. 그렇기 때문에 작품의 주제를 파악하기란 쉽지 않다. 특히 함축성을 의도적으로 구축하는 시의 경우, 독자는 작품의 수용과 해석에 있어서 어려움을 겪는다. 시를 감상할 때에는 작품 자체는 물론 작가, 시대에 초점을 두고 해석을 하기도 하고, 독자의 입장에서 그 작품이 주는 의미를 살피기도 한다.

그런데 작가에 중점을 두고 작품의 의미를 생각할 때, 자칫 신비평가들이 말하는 '의도의 오류'[8)]에 빠지기 쉽다. 창작 과정에서 작품은 꼭 작가의 의도에 따라 생산되지 않으며, 작가가 생각한 것과는 다르게 창작될 수 있다. 한편 독자의 입장에서 볼 때, 읽는 이의 해석 관점에 따라 작품의 의미가 다양한 갈래로 분산될 위험이 있다. 최근 문학교육에서 부각되고 있는 독자 반응 중심 이론은 작품의 지나친 분석에서 벗어나, 학습자의 다양한 반응과 활동을 존중한다는 점에서 호응받는 건 사실이지만, 자의적 해석으로 의미의 혼란을 초래할 수 있다는 결점이 있다.

작품 자체만 중시하는 신비평이나 구조주의 비평은 글을 중시하는 상향식 모형과, 그리고 독자를 중시하는 독자반응비평은 하향식 모형이나 상호작용 모형과 그 유사성을 찾을 수 있다. 그러나 문학 비평 이론을 글 읽기의 과정에 그대로 대응시키는 것은 적절하지 못하다. '읽는다'는 행위 그자체는 공통적으로 적용될 수 있으나, 그 대상이 되는 글(설명문, 논설문)과 문학 작품은 동일 선상에서 놓고 말할 수 없다. 만약 같은 것이라면 굳이

---

8) 이 용어는 윔세트와 버어즐리가 제안하였다. 이들은 공동 논문인 『언어적 도상』라는 글에서 작가의 본래 의도와 작품에서 성취되는 의미 사이에는 근본적 차이가 있음을 밝히고, 작가의 의도에 비춰 작품을 해석하고 평가하는 것은 '의도의 오류'에 빠질 수 있다고 지적하였다. W.K. Wimsatt & M.C. Beardsley, *The Verbal Icon : Studies in the Meaning of Poetry*, University of Kentucky Press, 1954, p.5 참조.

‘문학’이라는 교과목을 둘 필요가 없다. 국어 교사가 시를 지도할 때, 학생들을 보고 중심문장을 찾으라, 핵심어를 찾으라고 하지 않는다. 마찬가지로 설명문을 가르칠 때, 교사는 화자의 정서나 태도를 찾으라고 말하지 않는다. 이처럼 독법이 다른 것은 그 텍스트의 성향이 같지 않음을 단적으로 말해준다.

일반적으로 문학에서 이해는 ‘감상’의 활동으로 본다. 감상은 문학 작품을 둘러싼 소통 과정에서 독자의 측면에서 일어나는 다양한 효과를 총칭한다.9) 일반 글 읽기가 자신이 알고 있는 정보를 알리거나 상대를 설득하는 데에 주된 목적이 있지만 문학 읽기는 독자가 작품을 감상함으로써 인간의 삶을 이해하고, 다양한 문학적 경험과 함께 감동을 얻게 하는 데에 목적이 있다.10)

문학 작품을 읽고 느끼는 감동은 작품 자체의 속성뿐만 아니라 작품을 읽는 독자의 내적인 성향에 따라 좌우되기도 한다. 이는 작품의 감상 원리를 구성하는 두 축인 텍스트라는 ‘대상’과 그것을 심미적으로 인식하는 ‘주체’의 양 측면을 고려해야 함을 의미한다.11) 문학 감상에서는 작품을 받아들이는 독자의 관심과 태도가 중시된다. 인식 주체가 대상의 속성에 대해 지각하고, 그 대상에 몰입하여 무엇을 느끼고 삶의 의미를 통찰할 수 있을 때 온전한 감상이 이루어진다. 감상의 과정에서는 지각, 감정몰입, 상상 등의 정의적 사고가 많이 작용한다.

문학 작품을 읽고 감상하는 과정은 흔히 정의적 사고의 활동으로 간주되고 있다. 그렇다 해서 정의적 사고가 인지적 사고와 무관한 것은 아니다. 사고는 항상 입체적이고 복합적이며, 통합적으로 일어나는 속성이 강하다.

---

9) 서울대학교 국어교육연구소 편, 『국어교육학사전』, 대교출판, 1999.
10) 김중신, 『한국 문학교육론의 방법과 실천』, 한국문화사, 2003, 115면.
11) 김중신, 위의 책, 같은 면.

전적으로 인지 혹은 정의만이 작용하는 사고는 존재하기 어렵다.12) 다만 텍스트의 속성이나 유형에 따라 인지 혹은 정의에 더 많은 비중을 둘 수 있다.

정의적 사고에 의존한다고 하더라도 표현된 것의 의미를 이해할 수 없다면 문학 감상은 이루어질 수 없다. 작품에 대한 인지적 이해는 정의적 반응을 이끄는 기본 토대가 되며, 작품 감상의 일차적인 요건이 된다. 따라서 인지와 정의는 서로 구분되는 별개의 사고 과정이 될 수 없으며, 그 비중에 따라 '인지 중심적 사고', '정의 중심적 사고'로 분류할 수 있다.13)

시를 읽는 데에는 기본적으로 인지적 사고가 뒷받침되어야 하지만, 정서적 사고, 심미적 사고 등과 같은 정의 중심적 사고의 작용이 있을 때 작품의 의미를 바로 이해하고 시의 울림에 감동하게 된다.

> ① 벌목정정(伐木丁丁)이랬거니 아람드리 큰 솔이 베어짐직도 하이 골이 울어 메아리 소리 쩌르렁 돌아옴직도 하이 다람쥐도 좇지 않고 멧새도 울지 않아 깊은 산 고요가 차라리 뼈를 저리우는데 눈과 밤이 종이보담 희고녀! 달도 보름을 기다려 흰 뜻은 한밤 이 골을 걸음이란다? 웃절 중이 여섯 판에 여섯 번 지고 웃고 올라간 뒤 조찰히 늙은 사나이의 남긴 내음

---

12) 이삼형 외, 앞의 책, 2002, 167면.

13) 인지 중심적 사고와 정의 중심적 사고에 따른 사고력의 유형을 도식화하면 다음과 같다(김광해 외, 『초등용 사고력 신장 프로그램 개발 연구』, 서울대 국어교육연구소 보고서, 1998. 윤여탁, 「시 교육과 사고력의 신장」, 『현대시 교육의 쟁점과 전망』, 월인, 2001, 39~40면).

  (1) 인지 중심적 사고
    ① 사실적 사고 : 개념 파악, 분석, 기억·재생, 내용과 구조의 이해
    ② 추리적 사고 : 추리(논리, 해석, 판단), 내용과 과정의 추리
    ③ 비판적 사고 : 텍스트 내적(정확성, 적절성) 판단, 외적 (타당성, 효용성) 판단
    ④ 논리적 사고 : 언어논리, 추론
  (2) 정의 중심적 사고
    ① 정서적 사고 : 반응, 연상, 상상, 내면화
    ② 심미적 사고 : 미추 판단, 호오 판단, 형상화
    ③ 윤리적 사고 : 선악 판단, 가치판단, 세계화

새를 줏는다? 시름은 바람도 일지 않는 고요에 심히 흔들리우노니 오오
견디랸다 차고 올연(兀然)히 슬픔도 꿈도 없이 장수산 속 겨울 한밤내—

— 정지용, 「장수산(長壽山)1」

② 서정적 자아의 내면이 지향하는 세계는 겨울산의 순결한 공간이다.
거기에는 아무런 소리도 없고 아무런 움직임도 없지만 순백의 공간을 함
께 이루는 정신의 어떤 높이가 있고 텅 빈 듯한 산의 여백에 동참하는 마
음의 너그러움이 있다. 시인은 마음에 일어나는 심한 고뇌를 감지하면서
도 순수에 대한 지향성을 포기하지 않을 것을 다짐한다. 장수산 겨울 한
밤의 고요를 견디겠다는 다짐은 어떤 고통을 치르고라도 결국 그 순수의
세계에 동참하겠다는 뜻이다. 그 동화의 의지를 시인은 '차고 兀然히' '슬
픔도 꿈도 없이'라고 표현하였다. '차고 우뚝하게'라는 말은 겨울산의 모
습을 그대로 형용한 것이라고 생각된다. 겨울산처럼 차고 우뚝한 모습을
스스로 가져야 할 것이다. 그러면 '슬픔도 꿈도 없이'란 무엇인가. 슬픔이
나 꿈은 모두 인간사·세속사에 관련된 정서적 반응이다. 겨울산의 절대
고요에 동화되기 위해서는 슬픔은 물론이고 인간의 꿈까지도 괄호 속에
넣어야 했던 것이다. 현실적 비애는 물론이고 미래의 이상까지도 배제할
때 겨울산의 얼어붙은 정적, 그 순백의 무욕의 공간에 도달할 수 있는 것
이다.

— 이숭원, 『한국 현대시 감상론』(집문당, 1996)

①은 정지용의 「장수산1」이라는 시이고, ②는 이 시에 대한 이숭원의
평론이다. 이 지문을 대하는 독자는 ②보다 ①을 읽을 때 많은 정신적 에
너지를 소비할 것이다. ②의 경우 말하는 대상을 찾고 세부 정보를 확인하
면서 그 의미를 파악하면 된다. 하지만 ①을 읽을 때는 정보를 확인하고
의미를 파악하는 인지적 활동으로 끝나지 않는다. 시어나 구절의 뜻을 안
다고 해서 시를 이해했다고 할 수는 없다. 시의 독자는 말뜻을 파악해야
할 뿐만 아니라 작품이 그리고 있는 장면을 상상할 수 있어야 하며, 특정

한 상황에서 화자가 느끼는 정서에 공감할 수 있어야 한다.

글 읽기와 시 읽기는 '읽기'라는 정신적 과정을 따르나, 본질적으로는 동질화될 수 없는 질적 차이가 있다. 시는 언어 사용에서 일반 글과는 구별된다. 글은 지시적이고 외연적인 의미를 갖는 일상 언어를 바탕으로 하지만, 시는 함축적이고 내포적 의미를 갖는 언어를 주로 사용한다. 시는 일상 언어를 쓰되 그것을 갈고 다듬어 압축적으로 표현한다. 또한 말을 직설적으로 하기보다는 생략하여 말하거나 다른 대상에 빗대어 우회적으로 말한다. 그래서 시 읽기는 글 읽기보다 어려운 점이 많으며, 심도 깊은 독법이 요구된다.

로젠블래트는 텍스트의 읽기의 방식으로 원심적 읽기와 심미적 읽기를 제시하였다.14) 원심적 읽기(efferent reading)는 의미의 논리적 해석이나 정보 획득에 관심을 두며, 해석, 의역, 요약 등을 통해 독자가 보유하게 되는 지적인 경험을 중시한다. 심미적 읽기(aesthetic reading)는 독자와 텍스트와 상호 교류 시 일어나는 정서적 반응에 초점을 두며, 삶과 관계되는 다양한 경험을 중시한다.

어떤 독서 행위도 원심적 읽기와 심미적 읽기라는 두 극의 연속체 안에 존재하며, 어떤 글이든 두 가지 방식으로 읽을 수 있다. 원심적 읽기에서도 심미적 요소를 포함할 수 있으며, 심미적 읽기에서도 인지적 요소를 포함할 수 있다. 시 또한 축어적 이해에 초점을 맞추어 읽을 수 있다. 하지만 시 작품은 내용을 요약하거나 정보를 획득하기 위해 읽는 것이 아니기 때문에 개인적이고 경험적 측면의 심미적 읽기에 중점을 두어야 한다.15)

시와 같은 정서적 텍스트는 독자와 텍스트와 교류하는 과정을 중시하며,

---

14) Rosenblatt, L. M., *The Reader, the Text, the Poem : The Transactional Theory of the Literary Work.* Carbondale : Southern Illinois University Press, 1994.
15) 이경화, 『읽기 교육의 원리와 방법』, 박이정, 2001, 282~283면.

심미적 읽기 방식이 강조된다. 독자가 시를 읽고도 특별히 생각하고 느낀 바가 없다면 엄밀한 의미에서 그것은 읽은 것이 될 수 없다. 최소한 문학 작품을 감상했다고 할 때는 주체적으로 의미를 재구성하고, 작품에 대해 나름대로 반응해야 한다. 이런 점에서 심미적 읽기는 내적이며, 교류적인 특성을 갖는다. 심미적 읽기는 문학 작품에 담긴 어구들을 독자가 자기 경험과 지식을 첨가해 재구성한 의미들로 탈바꿈시키는 주체적 행위다.16)

작품을 심미적으로 읽으려는 독자는 인간의 삶에 기초해서 시의 의미를 해석한다. 정보 파악이 아닌 인간의 삶을 이해하는 데에 중점을 두며, 작품의 세계를 자신의 삶에 비춰 살핀다. 지식의 덩어리가 아니라 우리가 살아가는 삶의 현장으로 이해하고, 자신의 삶을 재구성한다는 점에서 시 읽기는 일반 글 읽기와 다른 독자성을 지닌다.

---

16) 이경화, 앞의 책, 285면.

2 시 읽기의 의미와 과정

　시 읽기는 해석의 과정을 통해 작품의 의미와 가치를 살피는 문학 감상 행위다. 문학 감상은 작품을 읽고 일정한 정서적 반응을 갖는 사유의 과정으로 이 정신적 활동은 필수적으로 이해의 과정을 동반한다. 작품을 이해한다는 것은 작품을 바르게 해석한다는 말과 다르지 않다. 따라서 시의 바른 감상을 위해서는 작품을 올바르게 해석할 수 있어야 한다. 막연한 의미의 추측이나 피상적인 반응은 진정한 의미에서 문학 감상이라 할 수 없다.

　시를 읽는다는 것은 수학적 해답을 찾는 것과는 본질적으로 다르다.[17] 시는 일상 언어가 드러낼 수 없는 의미를 언어로 표현하기 위해 지시적 기능보다는 암시적 기능에 의존한다. 시는 다른 글에 비해 상당히 응축되어 있고 돌려 말하기 때문에 꼼꼼히 읽지 않으면 작품의 진의를 파악하기 어렵다. 시의 언어는 본질적으로 함축적이고 암시적이어서 다양하게 해석될 여지가 있다. 그래서 시에는 정답이 있기보다는 모범 답안이 있다고 볼 수 있다. 그러나 이 말이 작품을 이렇게 저렇게 해석해도 된다는 뜻은 아니다. 어디까지나 이것은 작품의 의미가 여러 가지 있을 수 있다는 것을 가정하는 것이다.

---

17) 이남호, 『문학의 위족1 － 시론』, 민음사, 1990, 22면.

해석 이론에 따르면, 한 작품에 대한 구구한 해석은 '의미'와 '의의'를 혼동하는 데에서 온다. 한 텍스트의 의미는 작가가 의도한 또는 텍스트 자체가 구현하고 있는 대로 단일하지만, 그 의미나 텍스트의 성질에 대한 독자의 반응은 다양하다.[18] 허쉬는 독자가 파악한 주관적인 의미를 '의의(significant)'로 지칭하고, 작가가 작품에서 의도한 것을 '의미(meaning)'로 본다. 그리고 그는 이 의미가 변하면 객관성이 없다고 주장한다.[19]

하지만 텍스트의 객관적 의미는 작가의 의도를 알아야만이 얻을 수 있은 것은 아니다.[20] 작가의 의도가 작품에 그대로 실현되지 않을 뿐만 아니라 작품의 의미는 작가와의 의도와는 무관하게 파악되기도 한다. 작품의 의미는 작가의 의도가 아닌 텍스트 속에 있다. 해석은 의의가 아닌 의미를 찾고자 하는 행위다. 독자는 정독과 다독의 노력을 통해 점차 의의에서 의미로 접근하게 된다. 동일한 작품에 대한 수많은 다른 해석, 그리고 서로 상충되는 모순된 해석은 아직도 우리가 작품의 세계가 갖는 독창적이고 유일한 의미를 발견하지 못하고 있다는 것을 입증하는 것일 수 있다.

> 향단아 그넷줄을 밀어라.
> 머언 바다로
> 배를 내어 밀듯이,
> 향단아
>
> 이 다소곳이 흔들리는 수양버들나무와
> 베갯모에 놓이듯 한 풀꽃더미로부터,
> 자잘한 나비새끼 꾀꼬리들로부터,

---

18) 이승훈, 『시론』, 고려원, 1993, 337면.
19) E. D. Hirsch, *Validity in Interpretation*, Yale university Press, 1967, p.214.
20) Jack W. Meiland, "Interpretation as a Cognitive Discipline", *Philosophy and Literature 2*, Baltimore : John Hopkins U.P., 1977, pp.23~45.

아주 내어 밀듯이, 향단아.

산호(珊瑚)도 섬도 없는 저 하늘로
나를 밀어 올려 다오.
채색한 구름같이 나를 밀어 올려 다오
이 울렁이는 가슴을 밀어 올려 다오!

서(西)으로 가는 달 같이는
나는 아무래도 갈 수가 없다.

바람이 파도(波濤)를 밀어 올리듯이
그렇게 나를 밀어 올려 다오.
향단아.

— 서정주, 「추천사 – 춘향의 말1」, 『서정주 시선』(1955)

이 시는 '춘향의 말'이라는 부제에서 알 수 있는 한국의 대표적인 고전 소설인 「춘향전」을 모티브로 하고 있다. 그네를 타면서 바다로, 하늘로 향하고자 하는 춘향의 열망은 사랑의 괴로움에 빠진 한 여인의 모습으로 다가온다. 1연에서 춘향은 향단에게 그넷줄을 밀라고 하고, 3연에서는 '나'를 밀어 올려 달라고, '울렁이는 가슴'을 밀어 올려 달라고 말한다. 춘향은 현재의 자신의 상태에서 벗어나고 싶은 것이다. 왜 현재의 상황에서 벗어나려 할까? 춘향이 무슨 이유로 향단에게 밀어 올려 달라고 하는 것인지 이를 아는 것이 이 시를 해석하는 열쇠가 된다.

향단에게 계속해서 밀려 올려 달라는 춘향의 간청에는 괴로운 심정이 함축되어 있다. 그네를 타는 주변에는 수양버들 나무가 서 있고, 풀꽃 사이로 작은 나비들이 날고, 꾀꼬리들이 지저귄다. 그녀는 봄의 정취가 물씬 풍기는 이곳으로부터 벗어나려 한다. 소설의 이야기로 본다면 이곳은 이몽

룡이 춘향을 처음 만나던 장소다. 둘 사이의 사랑을 이어주던 추억의 공간
에서 춘향은 현재 자신의 곁에 없는 임을 그리워한다. 이도령에 대한 그리
움으로 수심이 깊어가는 춘향은 그네를 타면서 마음을 진정시켜보려 하지
만, 베갯모에 수놓은 듯한 풀꽃은 그리움의 고통을 가중시킨다.

그래서 춘향은 자기가 있는 곳으로부터 배를 내어 밀듯이 그네를 천천
히 밀라고 말한다. 그녀는 정신적 고통이 없는 평온한 세계로 바다를 그려
본다. 하지만 바다도 자신의 고통을 완전히 해소시켜 주지 못한다. 바다에
는 섬이 있고, 그 밑으로는 산호가 있어 완전무결하지 못하다. 이에 춘향
은 바다보다 더 나은 세계로 하늘을 꿈꾼다. 하늘은 장애물이 없고 무한히
넓고 맑다. 하늘에는 편안하게 떠 있는 하얀 구름만 있을 뿐이다. "채색한
구름같이 나를 밀어 올려 다오."라는 구절에는 번민에서 벗어나 마음이 편
안해지기를 바라는 춘향의 간절한 소망이 내포되어 있다.

하늘로 향한 열망에는 자신의 의지로는 제어할 수 없는 그리움의 감정
이 자리하고 있다. "울렁이는 가슴"은 임에 대한 춘향의 애타는 그리움과
하늘을 향한 벅찬 마음을 잘 보여준다. 그네를 타면서 정신적 고통을 떨쳐
버리려 하지만 걷잡을 수 없는 그리움의 감정은 좀처럼 가시지 않는다. 그
러기에 춘향은 향단에게 애원에 가까울 정도로 "밀어 올려 다오"라는 말
을 되풀이한다. 말의 반복과 급박한 호흡은, 그네를 더 세게 밀어달라는
뜻을 나타내며 동시에 춘향의 격정적인 마음의 상태를 암시한다. 더 세게
높이 밀어달라는 것은 그만큼 이도령에 대한 연모의 정이 깊다는 것을 뜻
한다. 또한 이것은 사랑의 고통에서 벗어나고자 하는 마음이 강렬하다는
것을 말해준다.

춘향은 "서로 가는 달 같이는 아무래도 갈 수 없다."는 것을 자각하면서
도 향단에게 바람이 파도를 밀어 올리듯이 계속 밀어 올려달라고 한다. 파
도는 한 방향으로 밀려갔다가 밀려 나오는 것을 수없이 반복한다. 파도의

움직임은 앞으로 뒤로 왔다 갔다 하는 그네의 움직임과 흡사하다. 바람은 단박에 파도를 밀어 올리지 못하며 계속해서 같은 행위를 되풀이한다. 시인은 이 같은 자연현상을 통해 한계의식을 표현한다. 이 시에서 바람과 파도의 설정은 춘향 그 자신이 사랑의 고통에서 결코 벗어날 수 없음을 자각하고 있다는 것을 암시한다.

서정주의 「추천사」는 일차적으로 그리움의 고통을 표현한 작품으로 이해된다. 그런데 교육현장에서 이 작품은 초월적 세계에 대한 갈망을 노래한 작품으로 가르쳐지고 있다. 향단에게 그네를 밀어 올려 달라는 춘향의 말이 유한적인 현실 세계로부터 영원한 초월적 세계로 향하려는 인간의 보편적인 욕구를 대변한다는 것이다. 이것은 작품 자체의 내재적 의미에서 확장된 해석이다. 춘향의 심정에서 인간 보편적인 심리를 유추할 수 있으나 작품의 실질적이고 기본적인 의미를 무시한 채 무턱대고 의미를 확장하여 해석하는 것은 시의 바른 감상 태도라 볼 수 없다.

① 이 작품 속에서 춘향이는 사랑이라는 현실적 가치를 소중히 여기면서도, 다른 한편으로는 그것에서 비롯된 고통과 시련으로부터 벗어나고자 하는 모순된 욕망을 가진 존재로서 이상과 현실 사이에서 고뇌하고 갈등하는 우리 모든 인간의 본질적 모습을 상징한다.[21]

② 이 시에서 '그네'는 자신의 운명적 한계를 벗어나고자 하는 춘향의 욕구를 상징한다. 이때의 욕구를 '춘향전'에 한정하면 신분상승과 사랑의 성취로 볼 수 있지만, 그보다는 인간이 보편적으로 가지고 있는 초월의 욕구로 보는 것이 작품의 의미를 더 깊게 해 준다.[22]

①과 ②는 서로 다른 교과서에 제시된 진술로 작품의 내용에 대해 개괄

---

21) 김윤식 외 4인, 『고등학교 문학(하)』, 디딤돌, 2003, 109면.
22) 김창원 외 3인, 『고등학교 문학(하)』, 민중서림, 2003, 196면.

적으로 언급하고 있다. 전자는 춘향이 사랑의 고통에서 벗어나고자 하는 것에서 이상과 현실 사이에서 갈등하는 인간의 본질적 모습을 읽어낸다. 후자는 춘향이 겪는 고통이 신분상승과 관련되어 있다고 지적하면서도 인간이 지닌 초월의 요구에 의미를 둔다. 두 진술은 해석에서 차이가 있으나, 춘향을 소설 속 인물로 한정하지 않고, '이상 지향'이라는 주제의식에서 시의 의미를 살피고 있다.

현실(지상)이 괴로움과 고통이 가득한 곳으로 벗어나고 싶은 세계라 한다면, 하늘은 괴로움과 고통이 없는 곳으로 현실을 벗어나 도달하고 싶은 이상세계다.[23] 이 시에서 '그네'는 괴로움과 고통, 번민의 현실 세계로부터 벗어나 이상 세계에 도달하기 위한 매개체가 된다. 교과서는 현실과 이상 간의 대립적 구도에서 작품의 의미를 해석하고 있다. 이 같은 관점에서는 화자가 처한 현실이 어떠한지, 그가 추구하는 이상세계는 어떤 곳인지, 화자가 왜 이상 세계를 지향하려 하는지 명료하게 밝히지 못한다.[24]

③ 그네를 타는 행위 역시 단순한 놀이가 아니라 ⓐ지상의 인연을 끊

---

23) 교과서에는 '하늘'와 '그네'의 의미를 묻는 학습활동이 있는데, 지면에 제시된 것은 이에 대한 해설이다. 김윤식 외 4인, 『고등학교 문학(하) 교사용 지도서』, 디딤돌, 2003, 161~162면.

24) 교과서는 시 구절의 함축적 의미를 묻는 학습활동을 제시하고 있는데, 이에 대한 지도서의 해설은 '이상 세계의 추구'에 초점이 맞춰져 있다. 아래는 "다음 시구들이 시적 화자의 어떤 심리를 나타내는지 말해 보자."는 학습활동에 대한 지도서의 풀이다(김창원 외 3인, 『고등학교 문학(하) 교사용 지도서』, 민중서림, 2003, 234면).
  • 향단아 그넷줄을 밀어라 : 화자는 현실을 벗어나고 싶어함.
  • 산호도 섬도 없는 저 하늘로/ 나를 밀어 올려다오 : 화자는 이상세계를 화려하거나 아름다운 곳이라서 지향하는 것이 아님. 인간적 번민을 벗어날 수 있는 곳이라고 여김. 그리고 그 곳으로 가고 싶어함.
  • 이 울렁이는 가슴을 밀어 올려다오 : 현실을 벗어나 이상세계로 가고 싶은 화자의 마음이 갈망과 동경으로 가득 차 있음.
  • 서으로는 가는 달같이는/ 나는 아무래도 갈 수가 없다. : 화자는 자신이 인간인 이상 지상을 떠나 동경하는 이상세계로 갈 수 없음을 자각하고 번민함.

고 이상의 세계를 지향하려는 초월적 행동으로 해석된다. 제1연에서 춘향이 향단에게 '머언 바다로/ 배를 내어밀 듯이' 그네를 밀라고 한 것은 이 때문이다. 제2연과 제3연에서 그녀가 벗어나고자 하는 지상의 사물들이 제시된다. 이들은 모두 아름다운 사물들에 해당하지만 춘향은 이들로부터 '아주 내어밀 듯이', '채색한 구름같이' 자신을 내어밀어 달라고 한다. 현실적 고뇌에서 벗어나고자 하는 욕망이 너무도 크기 때문이다. 이상의 세계로 단번에 들어갈 수는 없다. ⓑ제4연의 독백 '서로는 가는 달같이/ 나는 아무래도 갈 수가 없다.'라는 것은 인간의 이러한 운명적 한계를 보인 것이다. 아무리 이상의 세계를 동경하여도 사람은 거침없이 하늘을 가는 달같이는 갈 수가 없는 것이다.

그네는 아무리 높이 하늘을 향해 차고 올라도 다시 지상으로 내려오게 마련이다. ⓒ그네의 이러한 속성은 춘향이가 가진 간절한 초월의 의지와 필연적인 좌절을 상징한다. 그럼에도 불구하고 춘향은 '바람이 파도를 밀어 올리듯이' 자신을 밀어 올려 달라고 한다. 파도가 어쩔 수 없이 다시 내려오듯이 자신의 소망도 달성될 수는 없지만, 그녀는 이 지상의 인연을 벗어나려는 노력을 포기할 수가 없기 때문이다.[25]

위 글은 교사용 지도서에서 가져온 것이다. 여기서 그네는 단순한 놀이의 도구가 아니라 현실 세계로부터 벗어나 이상 세계에 도달하기 위한 매개체가 된다. ⓐ의 진술은 이 점을 분명히 하고 있다. 이 시가 이상세계에 대한 열망을 노래한다면 화자가 어떤 이유로 이상 세계를 지향하려는 하는지 납득이 되어야 한다. ⓐ에서 이상 세계에 대한 동경은 지상의 인연에서 비롯되는 현실적 고뇌에서 벗어나기 위함이라고 밝히고 있다. 그러면 이때 '지상의 인연'은 무엇을 뜻할까? 지상은 '하늘'과 같은 천상 세계와 대비되는 개념으로 벗어나고 싶은 현실 세계를 뜻한다. 이 해설에서 지상의 인연은 부정적인 의미를 갖는데, 작품 내에서는 고통스러운 지상의 인

---

25) 김윤식 외 4인, 앞의 책, 161~162면.

연을 찾아보기 어렵다. 집필자는 작품에서 보편적 의미를 추출하고 있으나, 춘향과 이도령의 만남을 의식하고 있다. 따라서 지상의 인연을 벗어나려는 노력을 보인다는 해석은 작품을 해석하는 준거가 통일되어 있지 않음을 말해준다.

교과서는 4연을 두고 인간의 운명적 한계를 나타낸 것이라고 설명하고 있다. 이 연의 두 행만 놓고 본다면 '달'과 '나'는 서로 대조되는 대상이 된다. 달은 서쪽으로 자유롭게 잘 가는데, 나는 달처럼 그렇게 잘 가지 못한다. 달이 서쪽으로 향하듯 화자는 하나의 이상세계로서 하늘에 이르고자 한다. 인간은 이상 세계를 동경하여도 달 같이는 갈 수가 없다. 간절히 소망하지만 어쩔 수 없는 한계로 인간은 이상세계에 이르지 못한다. 이 점에서 4연은 ⓑ의 설명과 같이 인간의 운명적 한계에 대한 인식을 보여준다고 할 수 있다.

인간의 한계에 대한 지적은 '나는 아무래도 갈 수가 없다'는 시행의 부분적 의미에 집중한 결과다. 인용 글의 해석은 4연의 두 행 중 뒤의 행에 무게를 두고 있다. "서(西)으로 가는 달같이는"이라는 앞 행은, 뒤 행의 의미를 보조하는 기능을 한다. 그러나 이 구절은 단순히 뒷말을 수식하지 않는다. '달 같이'는 춘향의 심정을 나타내는 데에 중요한 역할을 한다. 화자는 바다에서 섬과 호수를 떠올리듯 '하늘'에서 구름과 달을 연상한다. 하늘의 달은 어떤 얽매임도 없이 서쪽으로 천천히 자연스럽게 흘러간다. "나는 아무래도 갈 수가 없다."는 것은 그러한 달의 움직임처럼 갈 수 없다는 것이다.

춘향이 향단에게 그네를 밀어 올려 달라고 거듭 요구한다. 이것은 4연을 제외하고는 모든 연에서 공통적으로 나타난다. 시상의 유기적인 흐름을 고려해 볼 때 4연은 3연에 대한 부연이 된다. 춘향은 울렁이는 마음을 주체할 수 없어 산호도 섬도 없는 저 하늘로 밀어 올려 달라고 한다. 4연에서 화자는 "밀어 올려 다오"라는 말을 세 번이나 반복하며 의미를 강조하는데, 특히 세 번째 되풀이할 때는 느낌표를 쓰며 화자의 괴로운 내면을 간접적으로 드러낸다. 춘향은 어떻게든 현재의 상황에서 벗어나고 싶어 한다.

밀어달라는 반복적인 요청은, 견디기 어려운 그리움의 고통을 잠시라도 잊을 수 있도록 힘껏 높이 밀어 달라는 뜻을 함축한다. 춘향은 서쪽으로 가는 달같이 천천히 해서는 하늘에 이를 수도 없고, 지금의 괴로움을 덜어 낼 수 없을 것이라고 생각한다. 앞 연과의 관련지어 볼 때 "서(西)으로는 가는 달같이/ 나는 아무래도 갈 수가 없다"는 말은 인간의 운명적 한계와는 다소 거리가 있다.

ⓒ는 앞서 언급한 인간의 유한성과 올라갔다가 내려오는 그네의 속성에서 의미를 찾은 것이다. '초월의 의지와 필연적인 좌절'은 인간이 아무리 이상을 동경하여도 성취할 수 없다는 한계를 전제하고 있다. 그네가 올라가는 순간은 초월에 대한 갈망이 나타나며, 내려오는 순간은 좌절감이 나타난다.[26] 하늘을 향해 높이 솟았다가 다시 떨어지는 것이 그네의 운명이듯 화자의 소망과 좌절이 역시 그러한 움직임을 따른다.[27]

시의 해석은 작품 그 자체가 갖는 문맥에서 이탈할 때 논리성을 잃게

---

[26] 다음은 이런 관점에서 해석하고 있는 대표적인 사례다.
"4연은 그네가 최고 높이에서 내려오는 순간에 해당한다. 그대로 계속 하늘로 올라갈 수 있으리라는 기대는 좌절되고, 그녀는 자신이 제약을 가진 존재임을 확인하게 된다. 5연은 그네의 전체적인 운동을 나타내고 있다. 그네가 올라가는 순간은 초월에 대한 갈망이 나타나며, 내려오는 순간은 좌절감이 나타난다. 5연에 나타나는 '파도'는 그네의 이러한 반복적 수직 운동과 같은 양상으로 운동하는데(파도가 칠 때 운동에너지는 수평 방향으로 전달되지만, 물 입자는 수직 방향으로 오르락내리락하기만 한다), 춘향이 '파도'와 자신을 동일시하고자 한 것은, 초월에 대한 자신의 갈망이 좌절되리라는 것을 알면서도 그 갈망을 버리지 않을 것임을 나타낸다. 계속되는 실패에도 굴하지 않고 산 꼭대기에 바위를 올려놓고자 애쓰는 신화의 '시시포스'처럼, 열망이 계속 좌절되어 왔고 앞으로도 계속 좌절될 것임을 알면서도 초월에 대한 계속적인 열망을 품는다는 이 작품의 주제는 제재인 그네의 반복적 운동 양상을 통해 구성되는 것이다." 권영민, 『고등학교 문학(상) 교사용 지도서』, 지학사, 2004, 264면.
[27] 이숭원, 『교과서 시 정본 해설』, Human & Books, 2008, 240면.

된다. 시에 대한 다양한 접근과 이해는 작품의 내적 맥락을 토대로 하지 않으면 자의적인 해석에 머물 수 있다. ⓒ만 따로 떼어놓고 보면 '좌절'에 대한 지적은 용인될 수 있다. 그 나름의 근거를 갖고 있기 때문이다. 하지만 이 시에서는 그네를 내려오는 순간의 좌절감을 보여주는 구절은 없을 뿐만 아니라 굳이 그렇게 의미를 넓혀 해석할 필요가 없다. 춘향이 느끼는 것은 좌절감이라기보다는 사랑의 고통이다.[28] 춘향은 그리움의 괴로움을 떨쳐내려 애쓰지만, 사랑의 고통에서 쉽사리 벗어나지 못한다.

이 시의 4, 5연은, 앞의 2, 3연에 비하면 행의 길이가 짧고 호흡이 완만하다. 이러한 변화는 화자의 심리적 태도와 관련이 있다. 2연과 3연에서 향단에게 '밀어 올려 달라'는 요청은 애원에 가깝다. 하지만 고조된 감정은 4연과 5연에서 행 길이의 조율로 완화되는 양상을 보인다. 춘향은 하늘을 향해 밀어 올려 달라고 거듭 말하지만, 고통스러운 상황에서 벗어날 수 없음을 스스로 인식한다. 계속해서 파도를 밀어 올리는 바람의 작용은 이를 함축한다.

작품이 담고 있는 통일된 의미를 찾아내는 일은 해석의 활동이다. 시 해석은 객관적이고 타당해야 한다. 객관성과 타당성이 결여된 해석은 독자의 주관에 따른 자의적인 해석될 가능성이 크다. 여기서 '객관성'은 과학적으로 검증된 것이나 경험적으로 참된 것을 의미한다. 그러나 문학 작품을 이해하고 해석하는 문제를 두고 객관성을 말할 때는 그 범주가 다르다. 자연 과학에서 말하는 객관성이 자연 현상과 그것을 설명하는 진술 명제가 서로 인과관계가 있음을 보여주는 것이라면 문학 작품을 두고 말하는 객관성은 작품과 그것에 대한 해석이 서로 논리적 관계가 있음을 의미한다.[29]

시의 의미가 문맥에 어긋나지 않게 논리적으로 규명될 때 그 해석은 객

---

28) 이에 대한 자세한 설명은 이남호, 앞의 책(1990), 55~59면 참조 바람.
29) 권국명, 「문학 작품과 해석의 타당성」, 『어문학』 63집, 한국어문학회, 1998, 193~196면.

관성을 지니며, 타당한 해석으로 인정받게 된다. 타당한 해석은 합당한 근거를 지닌 해석이며 일관된 문맥에서 이탈하지 않는 그럴듯한 해석이다. 독자는 해석의 객관성과 타당성을 위해 주관적이고 자의적인 판단을 배제하고 작품의 내용과 구조를 논리적으로 파악해야 한다.

해석은 문학 작품이 지닌 그 고유하고 독자적인 세계를 밝히는 작업이다. 문학의 세계는 고유하고 독자적인 세계이기 때문에, 즉 실제의 사실을 지칭하거나 추상적 개념으로 설명할 수 없는 창조적인 상상력의 세계, 가능한 세계이기 때문에 해석을 통해서만 의미가 밝혀진다. 문학 작품을 해석한다는 것은 가능한 세계로서 제시된 의미를 논리적으로 배열하고 기술하는 과정이다.[30]

작품의 해석은 단순히 의미의 '배열'이나 '기술'을 가리키지 않는다. 해석이 가치중립적이라고 하지만 독자의 주체적이고 심미적인 비판 행위 없이는 문학을 제대로 감상할 수 없다. 해석의 이해 활동은 객관적인 분석에 머무르지 않고, 주체적이고 심미적인 비판 행위를 포함한다. 해석은 비판적 판단에서야 비로소 그 목표에 도달할 수 있으며, 비판적 판단은 거꾸로 해석을 통해서만 설득력을 확보할 수 있게 된다. 해석은 모든 비판의 기초가 되며, 가장 훌륭한 비판은 바로 가장 설득력 있는 해석과 동일한 것이 된다.[31] 이에 시 읽기는 작품의 해석을 바탕으로 비판적 읽기로 나아가게 된다.[32]

---

30) 권국명, 「문학작품 해석의 논리와 구조 연구」, 『어문학』 76집, 한국어문학회, 2002, 205면.
31) 김창원, 「시 텍스트 해석 모형의 구조와 작용에 관한 연구」, 서울대학교 박사학위논문, 1994, 39면 참조.
32) 일반적으로 읽기는 축어적 읽기나 해석적 읽기 혹은 함축적 읽기 등의 읽기 단계의 산술적인 조합으로 구성되지 않는다. 비판적 읽기 안에 함축적 읽기와 축어적 읽기가 포함되어 있다(김혜정, 「비판적 읽기의 개념과 성격」, 『국어교육』 105호, 한국어교육학회, 2001). 비판적 읽기 행위는 축어적 읽기 행위나 함축적 읽기 행위와 동시에 이루어지는 사고 활동이며, 이 두 읽기를 필요조건으로 하는 총체적인 읽기 행위로서 개인적인 지

글 읽기이든 시 읽기든 '비판(批判)'은 텍스트의 이해에서 반드시 요구되는 고차원적인 사고 활동이다. 판단 대상에 대해 평가, 검토하여 타당성과 정당성, 논리성의 여부를 밝히는 일 또는 분석 대상에 대해 존재의 의미와 가치성을 따지고 숨은 의미와 드러난 의미의 관계를 논리적으로 검토하는 일이 '비판'이다.33) 비판적 사고를 활용하여 텍스트의 분석과 해석 과정을 토대로 글을 평가하는 읽기가 '비판적 읽기'다. 비판적 읽기는 독자가 주체적인 의식을 갖고 글을 분석하여 글의 내용과 표현, 구조, 가치 등을 판단하고 평가하는 능동적인 읽기라 할 수 있다.

> 이와 같이 「추천사」는 사랑하는 마음과 그리움의 고통을 섬세하고 아름답게 노래한 작품이다. 「추천사」에서 묘사된 사랑은 막연하고 일반적인 것이 아니라 아주 개별적이고 구체적인 것이다. 그렇지만 그 사랑은 보편적으로 이해될 수 있는 인간의 감정이기도 하다.
> 시인은 우리의 고전 소설에서 춘향이라는 인물을 빌려와, 그의 입을 통하여 지극한 사랑의 마음을 노래한다. 그 사랑의 그리움은 너무나 절실해서 견디기 어렵다. 그래서 그리움의 고통을 벗어나려는 헛된 노력을 계속한다. 이러한 사랑의 마음은 또한 그네라는 소재의 성격과 잘 어울리며, 전체적으로 의미와 형식과 운율이 서로 상응하고 조화를 이룬다. 작품의 짜임새가 거의 완벽하다고 할 수 있다.34)

시 감상에서도 비판적 읽기가 이루어진다. 위의 비평은 작품의 해석을 바탕으로 작품의 가치를 평가한 것이다. 문학 감상에서는 작품의 평가를 중시한다. 사전은 감상을 예술 작품을 이해하고 즐기고 평가하는 것으로 정의한다. "예술 작품을 접하여 그 성질, 효과, 가치 등을 깊이 음미하고

적 능력이나 습관, 읽기 상황에 따라 더하고 덜할 수 있는 유동적인 성격을 지닌다.
33) 김선배, 「비판적 읽기의 특성과 교수·학습 전략 탐색」, 『교육 연구』 14집, 1996, 10면 참조.
34) 이남호, 『교과서에 실린 문학작품을 어떻게 가르칠 것인가』, 현대문학, 2001, 153~154면.

이해하는 것"35)을 감상의 행위로 본다. 일찍이 조지훈은 "시 감상은 관조와 향수와 평가의 세 기능의 복합작용이다."36)라고 한 바 있는데, 이는 감상의 사전적 의미와 크게 다를 바 없다.

감상(鑑賞)은 '鑑'과 '賞'이 결합된 용어로 대상에 대한 감별, 감식과 이에 따른 즐김(玩賞)의 의미를 갖는다. 감상은 감식을 통해 대상의 우열을 따져보는 평가를 포함하고 있으며, 이를 통해 얻어지는 즐거움을 추구한다. 감상의 영어인 'appreciation'은 어원에서 '가치를 지향한다'는 뜻이 있는데, 이는 대상의 가치를 발견하고 이를 통해 대상의 가치를 평가한다는 것을 내포한다.37) 종합하면, 감상은 가치를 발견하는 것을 지향하면서 그로 인한 즐거움을 얻는 것이라 할 수 있다. 이러한 어의적 해석은 대상을 식별하고 평가하는 측면이 감상에 있음을 말해준다.

그런데 우리가 일반적으로 인식하고 있는 감상은 그것의 본질적 개념과는 다소 차이가 있다. 감상의 이론대로라면 독자는 이해나 평가의 작업을 거쳐야 작품을 바르게 감상할 수 있다.38) 그런데 일반적 의미에서 보면,

---

35) 이희승,『수정증보판 국어 대사전』, 민중서림, 1982.

36) 이 경우에 '관조'는 주로 知的인 활동으로서 시 작품과 읽는 자아를 양립시킴으로써 대상 곧 시의 세계를 상상적으로 포착하는 작용이요, '향수'는 情的 활동으로서 자아를 대상인 시에 집중시키고 몰입함으로써 대상을 수용하고 체험하는 작용이요, '평가'는 意的 활동으로서 시 작품에 대한 앞의 두 작용을 관심함으로써 대상의 가치를 반성하는 작용이다. 조지훈,『시의 원리』, 신구문화사, 1959, 215면.

37) 조하연,「감상(鑑賞)의 개념 정립을 위한 소고(小考)」,『문학교육학』15호, 한국문학교육학회, 2005, 390~409면. 조하연은 동·서양의 어원과 용례를 하나하나 살피며 감상이 감식과 자기화의 두 가지 활동을 중심으로 이루어진다고 본다. 그의 설명에 따르면, 작품의 특질을 면밀히 검토하고, 그 과정에서 혹은 그 과정의 결과물을 통해 작품이 가진 가치를 느껴 자신만의 즐거움을 추구하는 것이 감상이다.

38) 그 동안의 문학교육은 학습자에게 작품의 가치를 발견하고 평가하는 측면은 소홀히 하였다. 작품을 선별하고 그 작품의 가치를 평가하는 것은, 비평가적 안목을 요구하므로 숙련되지 않은 독자에겐 버거운 일이다. 작품의 평가가 단순히 작품에서 인상적인 구절 찾아내든가 몇 개의 형용사로 느낌을 표출하는 일이 아닐 것이다. 감상의 과정에서 독자는 작품의 평가를 거쳐 즐거움을 추구할 수 있으나, 평가의 기준이나 방법이 부재한 상태에서 학습자에게 작품의 좋고 나쁨을 따지도록 하는 것은 낚싯대 하나를

작품에 대한 오롯한 이해 없이 학습자가 나름대로 의미를 받아들이고 감동받았다면 이 또한 문학을 감상한 일이 된다. 언중에게 일반화된 '감상'에서는 작품을 평가한다기보다는 음미하거나 즐기는 독서 행위로 받아들여져 작품을 꼼꼼히 읽는 그런 적극성은 떨어진다.

작품을 평가하는 개념에서 감상의 의미를 규정하면, 감상은 비평의 용어와 맞물린다. 문학 연구자들은 비평이 작품의 이해, 해석, 감상, 평가 등의 기능이 있다고 본다. 그래서 기능면에서 감상은 비평의 한 기능에 놓인다. 그러나 감상을 비평에 속하는 부분 요소라 말할 순 없다. 비평과 감상은 모두 읽기라는 심리적인 사고 작용을 토대로 하여 이루어지기 때문이다. 읽기는 사실적 이해 능력, 추리적 사고력, 비판적 사고력 등이 종합적으로 작용하여 기호의 기표와 기의를 감지하는 의식적인 작용이다. 따라서 감상이 비평의 아래에 있다고 섣불리 단정할 수 없다.

비평과 감상은 읽기의 과정에서 동일한 궤적을 지닌다. 문학 감상은 보통 초보적인 독서과정으로 이해되나 작품을 읽고 이해하고 해석하여 자신의 관점에서 평가하는 과정을 거친다는 점에서 비평의 과정과 일치한다.39) 그러나 비평이 들어가는 자리에 아무렇지 않게 감상이라는 말로 바꿔 쓸 수는 없다. 이를테면 신비평, 독자반응비평을 신감상, 독자반응감상 등으로 대신할 수 없다. 또 초등학생들에게 과제로 내어주는 '독서 감상문'을 '독서 비평문'이라는 말로 대체하기는 곤란하다. 감상문과 비평문이 따로 존재하는 것처럼, 감상과 비평은 독립적으로 존재하며 차이를 지닌다.

비평가의 해석과 평가는 문학교육의 장에서 또 학생들의 문학 감상의

주며 물고기를 잡아오라는 식의 방임이 되기 쉽다. 더구나 작품을 평가하기는커녕 작품을 제대로 이해하지 못하는 상황이라면 독자의 감상은 즐거움이 아닌 괴로움이 될 수 있다.
39) 구인환 외, 『문학교육론』, 삼지원, 1988, 341~352면.

과정에서는 동일하나 질적인 면에서 현격한 차이를 보인다. 문학교육이
학생들이 문학 작품을 감상하는 능력을 신장하는 데 그 목적을 둔다고 할
때, 문학 비평이 교육적인 함의를 지니는 것은 과정상의 동일성 때문이다.
학생들의 감상 행위를 비평가의 비평 행위와 구조적으로 동일한 수준에
이르게 하는 것이다. 즉 문학교육은 학생들에게 비평가적인 안목을 길러
주는 것이 된다.[40]

인용 글은 비평과 감상의 현격한 차이에 대에서는 구체적으로 설명하지
는 않지만 단순한 일차적 감수가 이루어지는 초보적인 접근이 감상이고,
이 수준을 넘어선 문학 텍스트 접근 방식이 비평이라고 이른다. 그리고 학
생들에게 문학 작품을 비평할 수 있는 능력을 기르게 하는 것을 문학교육
의 목적으로 본다.[41] 여기서 비평에 대한 역설(力說)은 비평이 감상보다는
우위에 있는 고차원적인 독서 행위임을 암시한다.

감상은 비평과 같이 작품을 읽고 이해하는 과정이 따르지만, 비평에서
행해지는 정밀한 작품 해석이나 가치 평가를 의무화하지 않는다. 감상은
자기화, 향수, 음미 등과 같이 즐기는 행위가 강조되고, 개인의 정서적 반
응에 치우친다는 점에서 비평과 차이가 있다. 비평에서는 작품의 가치를
찾아 그것을 평가하려 하기 때문에 작품에 보다 밀착하여 어휘와 문장을
세밀하게 분석한다. 해석의 과정을 토대로 작품의 가치를 평가하는 것은
비평의 활동이다.

비평(批評)은 문학 읽기에서 평가적 기능이 강조되는 개념이다. 한자의
자원으로 본다면 扌와 比가 결합된 '批'는 손바닥으로 뒤집어 치는 일, 일
을 정하게 다루는 일, 좋고 나쁜 것을 가리는 일 등 가리킨다. 言과 平으로
이루어진 '評'은 헤아리다, 판정하다, 바로잡다 등의 뜻으로 쓰이며 공평하

---

40) 구인환 외, 앞의 책, 374면.
41) 구인환 외, 앞의 책, 341~352면 참조.

게 논함의 뜻을 갖는다. 비평의 영어에 해당하는 'criticism'은 그 어원을 그리스어 krinein, 라틴어 criticus에 두고 있다. krinein은 분할, 구분, 결정하다, 식별하다, 권위 있는 의견을 말하다 등의 뜻이 있으며, criticus는 재판관, 심판, 감정가, 심사원 등의 뜻한다.

동·서양의 어원적 의미는 비평이 어떤 대상을 선택하거나 식별하고 판단하는 일과 관련된다는 것을 말해준다. 작품을 식별하고 그것의 가치를 평가하는 행위는 비평의 본질적 행위다. 문학의 평가는 비평의 최종 단계로 어떤 기준에 의해 작품의 가치를 판단하는 일이다. 작품을 평가하는 기준은 개인의 문학적 소양이나 심미적 취향에 달린 것이어서 개인마다 편차가 있을 뿐만 아니라 시대와 지역에 따라 다르다. 때문에 황금률과 같은 절대적인 잣대를 설정하는 것은 사실상 불가능하다. 한 작품의 평가는 다양한 종류의 개인적 활동들과 사회적·제도적 관행들을 통해 작용하는 하나의 계속적인 과정이다.[42] 따라서 비평의 기준은 이상적으로는 절대적인 잣대를 요구하면서도 현실적으로는 주관적이고 상대적 판단에 의존할 수밖에 없는 형편에 있다. 그러나 그 기준은 개인의 주관성을 최소화하고 보편성에 이를 수 있는 것이어야 한다.

시의 독자는 합당한 기준으로 시를 평가함으로써 작품의 가치를 알게 된다. 시 교육에서 이루지는 시 읽기는 작품 비판을 위한 비평을 목적으로 하지 않는다. 문학을 비판적으로 읽고 그 가치를 따져보는 것은 작품을 바르게 이해하고, 이를 통해 시의 아름다움을 향유하기 위해서다. 작품의 내용이나 표현이 갖는 아름다움은 독자가 작품에 몰입하여 시인이 생각하고 느낀 것을 공감할 수 있을 때 성취된다.

시 읽기는 시의 언어를 독자 자신의 구체적인 언어로 환원하는 일이다.

---

42) Frank Lentricchia, Thomas Mclaughlin, 정정호 외 공역, 『문학 연구를 위한 비평용어』, 한신문화사, 1994, 230면.

타자의 체험을 자신의 것으로 되돌릴 수 있을 때 작품은 독자의 내면에서 새롭게 태어난 심미적 실현물이 된다. 시의 말은 무엇보다 독자 자신이 알아들을 수 있는 말로 이해되어야 한다. 부분적 의미들의 유기적인 조합을 점검하는 사유의 과정에서 시의 언어는 독자의 구체적인 언어로 변환된다. 독자는 내면화의 과정을 통해 작품에 표현된 삶의 체험을 독자의 주관과 경험에 의해 재구성하고, 자신의 삶과 관련하여 의미를 부여한다. 문학 감상에서 작품의 의미를 해석하고 작품의 가치를 탐색하는 활동은 결국 작품 세계를 내면화하기 위한 과정이 된다.

3 시 읽기의 방법

시 읽기는 시 교육의 핵심이다. 두말할 것 없이 문학교육은 학습자가 작품을 읽고 그 의미를 바르게 이해하는 데에서 시작된다. 그래서 시 교육은 학습자의 시 읽기 활동을 활성화하는 데에 중점을 둔다. 흥미롭고 의미심장한 읽기가 가능해지도록 학습독자를 돕는 길, 그들의 능동적인 의미구성을 돕고 이해 지평의 확대를 체험케 하는 그러한 작품 읽기, 그러면서도 동시에 그것이 정합적인 사고의 훈련 과정이자 감각과 정서의 바람직한 조율과정이 되게 하기, 여기에 문학교육의 성패가 달려 있다.[43]

문학 감상에서 독자는 작품을 제대로 읽지 않고서도 다양한 반응[44]을 보일 수 있다. 개인 입장에서 보면, 작품에 대한 여러 정서적 반응들은 문제될 것이 없다. 하지만 분명한 목표와 의도적 계획에 따라 실행되는 교육의 장에서는 학습자의 주관적 반응을 조정하고 정교화할 필요가 있다. 이때 객관적인 실체로 존재하는 '작품'은 확실한 준거가 된다. 학생들은 작

---

[43] 김석회, 「고전시가 교육과 작품 해석의 개방적 적합성」, 『국어교육』 100호, 한국어교육학회, 1999.

[44] '반응'이라는 용어는 교사 중심의 문학 수업에서 학생 중심의 수업으로 방향을 전환하기 위해 제안한 반응 중심 문학교육에서 가장 중요한 개념이다. 반응중심 문학이론은 1938년에 '탐구로서의 문학'을 발간한 로젠블래트의 연구에서 기원한다. 그는 문학 독서 행위에서 의미와 해석은 독자의 마음을 속에 있거나 텍스트와 독자의 거래의 결과라 본다. 경규진, 「반응중심 문학 교육 방법 연구」, 서울대학교 박사학위논문, 1993.

품 그 자체에서 합당한 의미를 찾아내야 하며, 학습자의 반응은 작품의 실질적인 의미에 부합하는 반응이어야 한다.

사고력 신장을 목표로 하는 국어교육은 글에 대한 창의적인 이해를 중시한다. 필자가 말하는 것만을 쫓아 읽는 태도는 글의 내용을 피상적으로 받아들여 사고력 향상에는 큰 도움이 되지 않는다. 그래서 국어 교육에선 다양한 관점에서 필자의 견해를 살피는 읽기 활동이 권장된다. 더구나 그 글이 응축되어 있는 시인 경우, 작품에 대한 다양한 해석이 더욱 강조된다. 시는 그 속성상 일의적 의미에 충족되지 않는다. 그래서 한편의 시에서 절대적인 해석은 존재하지 않는다. 이 때문에 작품에 대해 다양한 해석이 양산되고, 시 교육에서는 이를 허용한다.

독자의 시각과 안목에 따라 동일한 작품도 얼마든지 다양하게 해석할 수 있다. 작품은 독자의 독서 행위를 통해 완성된다는 수용미학[45]의 입장에서 보면, 학습자의 여러 반응과 견해는 작품의 의미로 용인되어야 한다. 하지만 해석에서 독자의 재량권은 한정 없이 자유로울 수는 없다. 아무리 독자의 자유를 부여한다고 해도 텍스트의 지시를 떠날 수는 없고, 텍스트와 무관하게 해석하는 일은 독자의 새로운 창작은 될지언정 정상적인 작품 읽기가 될 수 없기 때문이다.[46] 그러므로 시 읽기 교육은 독자가 직접적으로 대면하는 작품에서 출발해야 하며, 학습자가 작품을 주체적으로 읽는 정신적 과정에 중점을 둬야 한다.

---

45) 수용미학은 야우스가 1967년 독일의 콘스탄츠 대학에 취임할 때 강연한 「도전」에서 발단되었으며, 그것의 근본적인 새로운 견해는 수용자의 입장에서 문학 작품을 이해하자는 것이다. '독자 중심적인 작품 관찰'인 수용미학은 이저의 독서이론을 바탕으로 확립된다. 그는 작품의 수용과 영향의 현장을 독서 과정으로 보고, 문학 작품의 이해 및 의미 구성이 어떻게 이루어지는가를 독자의 독서 행위에서 밝히고자 한다. 이저는 작품은 독자의 독서 행위를 통해서만 완성된다는 견해를 분명히 한다. 차봉희 편저, 『수용미학』, 문학과지성사, 1985, 58~61면.
46) 권혁준, 『문학이론과 시교육』, 박이정, 1997, 166면 참조.

(1) 정독의 의미

　시를 주체적으로 읽는 일은 작품을 정독(精讀)하는 일이다. 독서의 한 방법이 되는 정독은 작품의 뜻을 새겨가며 자세히 읽는 것이다. 어느 시어 하나라도 방관하지 않고 작품의 부분적 의미를 문맥에 맞게 규명한다. 시의 정독은 문학에는 정답이 없고, 적정성이 있는 복수의 답변만 있을 뿐이라는 사실을 인정한다. 그러면서도 독자의 노력 여하에 따라서는 작품의 근본적 의미에 접근할 수 있다는 사실을 전제한다.

　한편의 작품은 그 자체로서 완결된 의미와 형식을 지닌다. 의미상으로나 형식상으로나 독립된 완결성이 없다면, 그 작품은 좋은 작품이라 말할 수 없다. 그 작품을 낳은 시대나 작가 혹은 그 작가의 다른 작품에 대한 지식이 전혀 없다 하더라도 독자들은 그 작품만 보고 최소한의 완결된 의미 파악에 성공해야 한다. 이것은 예술 행위에 있어서 작가와 독자 사이의 무언의 약속이다.47)

　시가 완결된 의미와 형식을 갖는다는 것은 달리 말해 시가 논리를 갖추고 있다는 것을 의미한다. 논리(論理)는 사물 속의 이치를 강조하는 말로 '무언가를 논의하는 데에서의 이치', '말의 조리를 세우는 데에서의 이치' 등의 뜻을 지닌다. 사전은 논리를 말이나 글에서 사고나 추리 따위를 이치에 맞게 이끌어 가는 과정이나 원리로 규정한다. 이를 일반적으로 이해하면 논리란 '여러 말들이 결합해서 하나의 말이 될 수 있는 원리'다.48)

　한자의 자의나 사전적 의미에서 보듯 논리는 사고의 과정과 연관이 있다. 논리의 서양어인 logic은 legein, 즉 말하다, 세다, 이야기하다 등과 관련된 것으로 사고, 사고된 것, 설명, 이성 등의 뜻을 내포하고 있다.49) 언

---

47) 이남호, 「윤동주 시의 의도 연구」, 고려대학교 박사학위논문, 1986, 16면.
48) 우리사상연구소 엮음, 『우리말철학사전4』, 지식산업사, 2005, 113면.
49) 우리사상연구소 엮음, 위의 책, 113면.

어의 논리는 사고의 논리와 직결되어 있다. 어떤 글이 논리적이라는 것은 사고의 과정이 상식이나 이치에 맞게 합당하는 뜻이다. 이러한 논리의 개념으로 보면, 시의 말은 비논리적이라 할 수 있다.

시의 언어는 일상의 어법이나 상식에서 벗어나 있어 근본적으로 논리와는 거리가 있다. 시는 언어의 규칙과 질서에서 이탈하려 한다는 점에서 역설의 언어라 할 수 있다.50) 시는 양립할 수 없는 말들을 연결하여 의미를 전달하기 때문에 비논리적이다. 일상의 언어는 대상을 정확하게 전달하며, 말하는 내용이 과학적으로 증명된다. 하지만 시의 언어는 대상을 명확하게 지시하거나 설명하려 하지 않으며, 과학적으로도 증명하기 어렵다. 리차즈는 과학적 용법의 언어와 정서적 용법의 언어와 구별하며,51) 시의 언어를 과학적 진술과 다른 '의사진술(擬似陳述, pseudo-statement)'로 규정한다.52) 시는 대상에 대한 정서적 반응이나 태도를 나타내는데 중점을 두고 그 진술 내용이 사실이냐 아니냐 하는 것에는 크게 문제 삼지 않는다.

시는 어떤 사실의 전달을 목적으로 하지 않고, 대상에 느끼는 정서를 얼마나 효과적으로 빚어내느냐 하는 데에 역점을 둔다. 그래서 시의 언어는 종종 우리가 알고 있는 경험적 사실이나 과학적 논리에서 어긋나기도 한

---

50) 신비평가의 한 사람인 부룩스는 시의 언어를 역설의 언어(the language of paradox)이라고 말한다. 그는 『잘 빚어진 항아리』라는 저서에서 과학자의 진리는 역설의 흔적이 제거된 언어를 요구하는 데 반해, 시인이 말하는 진리는 역설을 통해서만 접근이 가능하다고 주장한다. Cleanth Brooks, *The Well Wrought Urn*, London, 1947, p.3.

51) I.A. Richards, *Principles of literary criticism*, New York, 1925. pp.206~214.

52) 리차즈는 『시와 과학』(1926)에서 시의 진술을 과학적 진술과 구별하며 '의사진술(擬似陳述, pseudo statement)'이라고 하였다. 그는 시인과 독자가 공유하는 가상의 세계에서 적합한 의사진술을 시적으로 진실한 것으로 간주한다. 리차즈의 설명에 따르면, 과학적 진술에 있어서 진실은 궁극적으로 실험실에서 이해하고 있는 의미에서의 실증성의 문제다. 반면 시의 환정적 발언에 있어서 진실이란 제일위적으로 어떤 태도에 의한 수용이며, 간접적으로는 이 태도 자체의 수용성의 문제다. 의사진술의 수용은 그것이 우리의 감정과 태도에 끼치는 효과에 의해 전적으로 지배된다. I. A. Richards, *Poetries and science*, 이국자 옮김, 『시와 과학』, 이삭, 1983, 54~55면.

다. 그렇다 해서 시가 글의 논리와 무관한 것은 아니다. 문학 작품은 잘 쓴 글, 즉 의미를 구현하도록 잘 짜여진 글[53]이다. 문학을 포함한 모든 글은 치밀한 짜임새를 갖추고 생각과 감정을 표현한다. 엉성한 구조로는 의사를 효과적으로 전달하지 못한다. 어떤 글이든 앞뒤가 맞지 않으면 말이 되지 않는다. 이것은 시의 경우도 마찬가지다. 시는 언어를 구사하는 방식이 특별할 뿐 일반 글이 갖추어야 할 질서마저 위배하지 않는다. 일상어법과는 다른 개성적인 표현을 구사하지만, 시는 일관된 논리에 따라 언어를 선택하고 배열한다. 그래야만이 글로 생명을 얻고, 완결성을 지닌 예술 작품이 된다.[54]

　시의 언어는 비논리적 속성을 지니면서도 논리를 요구한다. 시는 부분과 부분이 긴밀하게 결속되어 있는 유기체다. 완결된 구조를 갖춘 작품은 어느 부분의 결손도 용납하지 않는다. 시의 언어는 고도로 응축되어 있기 때문에 설사 형태상으로 산문처럼 확산돼 있다고 하더라도 거기에는 세밀한 필연성에 의하여 압축된 하나의 질서가 있다.[55] 각 시어와 시행은 서로 긴밀하게 관련을 맺으며 전체의 의미에 기여한다. 그래서 부분적 의미는 전체의 통일된 문맥 속에서 자연스럽게 수렴된다. 작품의 부분들이 전체라는 맥락 속에서 저항 없이 받아들일 수 있는 일관성을 갖출 때 문학의 진실성이 확보된다.[56]

　정독의 시 읽기는 작품의 부분과 부분, 부분과 전체의 관계를 살피면서 시상의 유기적인 흐름을 밝히는 일이다. 독자가 작품을 관통하는 통일된 의미를 파악할 수 있을 때 그의 논리는 정당화된다. 논리적 시 읽기는 시

---

53) 이상섭, 『문학비평 용어사전』, 민음사, 2003.
54) 논리적 시 읽기에 대한 논의는 시가 논리적인 글이라는 사실을 전제한다. 시의 의미나 구조가 논리적이지 못하다면 논리적 시 읽기는 성립될 수 없다.
55) 서종택·오탁번·한용환, 『문학이란 무엇인가』, 청하, 1992, 26면.
56) 유종호, 『문학이란 무엇인가』, 민음사, 1989, 61면.

의 말을 독자의 논리로 풀어내는 해석 행위로서 작품을 정독하기 위한 방법이 된다. 독자의 논리는 작품에서 근거를 찾아 의미를 문맥에 맞게 해석함으로써 얻어진다. 논리에서 중요한 것은 어떤 주장과 그 주장을 뒷받침해주는 근거와 맺는 관계다.[57] 논리적 시 읽기에서는 필연적인 사유의 과정을 중시하며, 합당한 근거를 토대로 하여 의미를 도출한다. 근거 없는 자의적 해석이나 편협한 주관은 오독(誤讀)의 원인이 된다. 따라서 시를 대하는 독자는 작품에서 합당한 논리를 찾아야 한다.

시를 논리적으로 읽으려면, 우선 시도 우리가 사용하는 말이나 글의 한 양식이라는 관점에서 접근해야 한다. 시의 독자는 최대한 작품에 밀착하여 누가 어떤 말을 어떤 식으로 하는지 새겨들어야 한다. 독자의 관습화된 인식은 시 읽기의 장애가 된다. 시는 평범한 것을 특별나게, 낯익은 것을 낯설게 만든다. 시인은 우리가 쉽게 말로 표현하지 못하는 미세한 현상이나 미묘한 감정, 그리고 가려져 있는 삶의 진실을 시적 언어로 도도하게 살려낸다. 독자는 시에서 자신이 알고 있는 사실이나 일상의 언어 표현 방식과는 차이가 있다고 느껴지는 부분을 발견했을 때에 그것을 덮어둘 것이 아니라 그것의 특이함이나 생소함을 일상의 논리로 되돌릴 수 있어야 한다.

시의 독자는 시어 하나 하나에 주의를 기울여야 한다. 시 읽기에서 언어 세목에 대한 파악은 필수적이다. 미숙한 독자는 낱말이나 구문의 말뜻을 모른 채, 어떤 특정 부분에 매료되어 그것을 시의 의미로 받아들인다. 작품에서 이해되지 않거나 의문 나는 점이 있어도 이를 자신의 능력 탓으로 돌리고 은근슬쩍 넘어간다. 그래서 독자는 자신의 시 읽기의 습관을 점검해 볼 틈도 없이 시가 어렵다고 생각한다. 시 중에서는 분명 해석이 곤란한 난해한 작품이 있다. 또한 말뜻이 어렵지 않은데, 독자의 사려 부족으

---

57) 우리사상연구소 엮음, 앞의 책, 115면.

로 어렵게 생각되는 작품이 있다. 최소한 시가 어렵다고 말할 때는 그 작품이 합당한 논리로 설명되지 않는 경우여야 한다. 따라서 시 읽기에서 논리를 갖추는 일은 해석의 타당성을 높이는 일인 동시에 시를 쉽게 이해할 수 있는 방법이 된다.

(2) 논리적 시 읽기의 방법

이 글에서 제시하는 논리적 시 읽기 방법은 전체와 부분의 변증법적 상호작용에 의해 의미를 파악하는 '해석학적 순환'의 원리에 기초를 둔다. 쉴라이에르마허의 견해에 따르면, 우리가 이해하는 것 그 자체는 부분들로 이루어진 체계적인 통일성 혹은 순환을 형성한다. 전체로서의 순환은 개별적인 부분들을 규정하고, 부분들은 한데 모여 순환을 형성한다. 예컨대, 우리는 문장 전체와의 연관 하에서 가각의 개별 단어를 봄으로써 그 단어의 의미를 이해한다. 그리고 이와 상호적으로 전체로서의 문장의 의미는 개별적인 단어들의 의미에 의존한다.[58]

시의 독자는 전체와 부분의 조응을 통해 작품의 개별적 의미를 도출한다. 이때의 의미는 문맥에 입각해 파악한, 하나의 가정된 의미로 절대성을 갖지 않는다. 독자가 추출해낸 의미는 임의적인 가설이 된다. 가설이 명확한 근거를 지니면서 문맥에 어긋나지 않는다고 검증될 때 이 가설은 시의 의미로 승인된다. 이 글에서는 가설을 설정하고 검증하는 일련의 과정을 논리적 시 읽기의 방법으로 한다.

58) Richard E. Palmer, 이한우 옮김, 『해석학이란 무엇인가』, 문예출판사, 1988, 133면.

❶ 정보 확인

논리적 시 읽기는 작품에 명시된 정보를 확인하는 데에서 출발한다. 주어진 정보의 파악은 작품의 이해를 도와준다. 시의 바른 해석은 어휘의 정확한 이해를 바탕으로 하므로 시를 읽는 독자는 작품에서 어떤 심오한 뜻을 억지로 추출하기보다는 명시된 정보를 바탕으로 화자가 처한 상황을 그려보고, 어휘와 어휘의 관계에서 만들어지는 문맥을 살펴보는 일이 중요하다.

제목을 비롯해 시어, 화자, 시적 대상, 시적 상황 등의 정보는 시의 의미와 정서를 밝히는 단서가 된다. 독자는 기본적으로 시어의 지시적 의미를 파악하고, 작품을 축어적으로 읽는 자세가 필요하다. 시가 함축적이고 의미가 숨겨져 있다는 전제 때문에 많은 독자들은 작품에서 접하는 어휘의 일상적이고 산문적인 의미를 무시하고, 은유나 상징과 같은 시적 장치에 매료되기도 한다. 이럴 경우 특정한 표현에 경도되어 각 부분들의 유기적 의미를 놓치게 된다. 시를 이해하기 위한 가장 기초적인 방법은 시어의 표면적 의미를 살피고 거기서 다른 방법을 취할 수 있는 훌륭한 열쇠를 찾는 일이다.[59]

❷ 문제 발견

시는 보통의 말하기 방식과 다르게 낯설게 표현하여 독자의 이해를 지연시킨다. 해야 할 말을 과감히 생략해버리고, 비유와 같은 표현 기법으로 자신의 생각과 감정을 간접적으로 표현한다. 그래서 시의 언어를 독자의 언어로 치환해야 하는 정신적 노력이 뒤따른다. 생략된 말을 보충하고, 돌려 말하는 것을 산문적인 언술로 되돌릴 수 있을 때 독자는 작품의 의미를

---

[59] C. B. Wheeler, "The Art of interpretation", *The Design of Poetry*, New York, 1966, pp.273~275.

온전하게 이해하게 된다.

교육과 언어생활을 통해 내장된 독자의 언어는 직접적으로 진술되는 산문의 언어다. 범박하게 말하면 시 읽기는 간접적으로 표현되는 시의 언어를 산문화하는 과정이라 할 수 있다. 시의 언어를 산문의 언어로 바꾸어 놓는 과정이 여의치 않을 때 이해하지 못하는 부분이 생긴다. 언어의 정상적인 질서와 말의 일반적인 논리에서 어긋날 경우 그리고 일상에서 잘 쓰지 않는 어휘로 표현될 때 시의 언어와 독자의 언어는 서로 충돌한다. 독자는 자신이 습득하고 있는 언어 규범과 상식과 다르다고 자각할 때 문제를 발견하고 물음을 제기하게 된다.

시 읽기는 일종의 대화의 행위다. 텍스트는 문자의 형태로 고정되어 있지만, 독자에게 말을 건네고 있다. 이에 독자는 제대로 대화가 이루어질 수 있는 방법을 찾아야 한다. 물음은 상대에게 대해 관심을 갖게 하며, 창조적인 대화를 이끄는 동력이 된다. 질문이 없는 상태에서는 대화가 이루어질 수 없으며, 어떤 교감도 나눌 수 없다. 주어진 맥락에서 이루어지는 물음은 문제의 발견에서 나아가 작품의 깊이 있는 이해를 도와준다. 독자는 물음을 통해 표면에 드러나지 않은 사실을 살피고, 상대의 마음을 헤아리게 된다. 그리고 의문점을 해명하기 위해 독자는 물음에 대한 답을 가설로 설정하며 의미를 규명한다.

❸ 가설 설정

독자는 시를 읽으면서 이해가 되지 않는 부분에서 가설을 설정한다. 가설은 크게 부분적인 것과 전체적인 것으로 나눌 수 있다. 전자는 특정 시어나 구절에서 파악되는 부분적 의미고, 후자는 작품 전체에서 파악되는 전체적 의미다. 이해의 과정에서 이 둘은 엄격히 구분되지 않는다. 부분적 의미를 무시한 채 전체적 의미만을 생각할 수도 없고, 반대로 전체적 의미를 도외시하면서 부분적 의미에 몰입할 수도 없다. 부분과 부분이 결합하여 전체를 구성한다는 점에서 부분적 의미로서의 가설과 전체적 의미로서의 가설은 상호 보완적 관계에 있다고 볼 수 있다. 전체는 부분으로부터 자신의 규정을 획득하고, 역으로 부분은 전체와 관련해서만 이해될 수 있다. 그러므로 전체적 의미를 알기 위해서는 부분적 의미의 이해가 선행되어야 한다. 전체의 의미는 각 부분들의 의미에서 얻어진다.[60]

가설은 독자가 발견한 문제에 대해 임의적으로 의미를 부여한 것으로 잠정적이고 개인적인 견해다. 가설은 주관적인 해석 활동의 결과지만, 제시된 정보를 바탕으로 하며 객관적 근거를 갖는다. 근거를 갖지 못할 때 가설은 작품의 의미와는 다른 방향으로 흘러가 가설로 기능하지 못한다.

독자가 제기한 가설이 유의한 가설이 되기 위해서는 타당한 근거가 있어야 한다. 시는 언어의 표면보다는 언어의 이면에 집중하며, 언어의 암시성으로 인해 다양하게 해석될 여지가 있다. 그렇게 때문에 시 감상에서 일의적 의미를 추정해내는 정확한 해석은 사실상 어렵다. 따라서 시에서 바른 해석은 정확한 해석이라기보다는 문맥에 맞는 적절한 해석이라 할 수 있다. 적절한 해석은 시 구절에 부합하는 그럴듯한 해석으로서 타당한 근거를 갖는다. 어떤 근거가 어디서 찾아내느냐 하는 것이 시 해석의 관건이 되는데, 이것은 적절한 가설을 설정하는 데에 그대로 영향을 미친다.

해석에 대한 근거는 작품 그 자체는 물론 작가의 전기적 사실이나 작품의 성향에서도 찾을 수도 있다. 후자와 같은 외적 상황은 작품을 처음 대면하는 독자로서는 알 수 없다. 외적 정보를 갖지 못한 시의 독자는 순전히 작품만을 보고 사유한다. 작품 내의 정보로써는 시의 의미를 이해하지 못할 때 이차문서를 참조할 수 있다. 하지만 이때 작품 자체보다 외적 정

---

60) 리차드 팔머 지음, 이한우 옮김, 앞의 책, 176면.

보를 맹신하거나 이를 작품에 그대로 대입시켜 의미를 확정하려는 태도는 경계해야 한다. 작품 밖의 낱낱의 정보가 작품의 부분적 의미를 명확하게 규명하는 데에는 분명히 한계가 있기 때문이다. 문학 감상 능력을 신장하려는 교육의 장이라면 무엇보다 내적 맥락에서 작품을 주체적으로 해석할 수 있는 안목이 요구된다.

❹ 가설 검증

시 해석에서 제일 중요한 것은 가설 검증이다. 이 가설 검증을 통해 의미가 추출되기 때문이다. 독자는 자신이 선택한 가설이 적절한 것인지 확인하기 위해 작품을 반복적으로 읽는데, 이 과정에서 가설이 검증된다. 가설의 검증은 작품을 재해석하는 읽기 활동이다. 독자는 작품을 거듭 반복해 읽으면서 두 방향에서 가설을 검증할 수 있다.

첫 번째 방법은 가설로 내세운 결론이 도출되는 추론의 과정을 통해 논증의 타당성을 확인하는 것이다. 먼저 가설로 내세운 결론의 내용이 무엇인지 확인하고, 결론을 뒷받침하기 위해 어떤 전제나 근거가 제시되었는지를 파악한다. 그리고 결론에 대한 전제나 근거가 사실을 바탕으로 하는지 따져보고, 전제에서 결론에 이르는 과정에 문제가 없는지를 살핀다. 참 명제인 사실에서 논리적인 추론 과정을 거쳐 결론에 도달하면 가설은 적절한 가설이 되며, 그렇지 않으면 이 논증은 오류가 된다.

두 번째 방법은 가설을 중심으로 시상의 일관성을 살피는 것이다. 독자가 추측하는 가설은 일차적으로 작품 내 문맥을 통해 그것의 적합성을 판가름할 수 있다. 문맥에 맞는 가설이라면 작품 전체의 시상에서 이탈하지 않을 것이다. 이때의 문맥은 독자가 해석한 부분적 의미와 전체적 의미 모두에 해당된다. 어떤 부분적 의미가 참이 되기 위해서는 다른 부분적 의미와 긴밀하게 결속되어야 하며, 전체적 의미 속에서 수렴되어야 한다.

```
1행 ---------------------
2행 A--------B--------C
3행 ---------------------
4행 ---------------------
```

가령, 4행으로 된 짧은 시에서 독자가 이해하지 못하는 부분이 2행의 B (어떤 시어 혹은 시 구절)라고 가정할 때, 독자는 B를 문맥에 맞게 풀이하기 위해서는 A와 C의 의미를 살펴야 한다. 또한 1, 3, 4행에 담긴 의미와 관련지어 보아야 한다. 말하자면 B의 의미라고 생각되는 가설은 그 행뿐만 아니라 앞뒤의 행들과 자연스럽게 연결될 수 있어야 한다. 시상의 유기적 연결이 가능할 때 가설은 타당한 해석으로 작용한다. 어느 부분과 부분이 긴밀히 상응하지 않다면 그 가설은 부적절한 것으로 수정을 요한다.

❺ 가설 확정

가설은 문제에 대한 하나의 잠정적인 대안이다. 그래서 자신이 설정한 가설보다 더 적절한 가설이 있을 때는 가설을 수정하거나 타자의 가설을 수용한다. 타자의 가설이 많은 사람들이 수긍할 만한 것이라면, 작품 내에서의 근거가 아니더라도 신뢰할 만한 정보를 바탕으로 합당한 근거를 갖고 있다면 적절한 가설로 인정된다. 시의 해석에서는 하나의 정답이 있는 것이 아니고, 복수의 모범 답안이 있다. 그러므로 시의 독자는 작품을 논리적으로 읽되 열린 시각을 견지해야 한다.

시 읽기에서 '논리'는 타인의 생각과 감정을 바르게 이해하게 하며, 모호한 부분을 분명하게 해명해 준다. 논리적 시 읽기는 질문과 점검을 통해 작품의 의미를 해명한다는 점에서 주체적으로 시를 읽는 한 방법이 된다. 수동적인 독자에서 주체적인 독자로 넘어 설 때, 학생들은 작품의 의미를 바르게 이해하고, 문학을 읽는 즐거움을 누릴 수 있다. 작품을 주체적으로 읽으려면 시어 하나하나에 주의를 기울이고, 작품에서 의문점을 찾아 이를 스스로 해결하는 노력이 필요하다. 또한 작품의 여러 부분들이 전체적 의미와 유기적 관련을 맺고 있는지 검토해야 한다. 어떤 한 부분이 전체의 맥락에 부응하지 않을 때 물음을 제기하며, 이에 대한 잠정적인 답으로서 가설을 세운다. 그리고 이 가설을 텍스트의 부분과 전체에 대조시켜 적합성 여부를 따져 본다. 가설이 전체적 의미에 어긋나면 가설을 폐기하고 새로운 가설을 설정한다. 이러한 사유의 활동에서 작품의 부분과 전체에 적합한 의미를 도출한다.

물론 시에는 논리만으로 해결되지 않는 부분이 있다. 시 읽기의 바람직한 효과는 말뜻의 파악을 통해서만 얻어지는 것은 아니다. 작품의 일관된 의미를 추적하는 데에만 몰두한다면 시 읽기는 수수께끼를 푸는 지적 놀이에 지나지 않을 것이다. 언어에 함축된 감정의 미세한 떨림과 아름다운 시적 표현에 감응하려면 상상력, 직관력, 관찰력, 감수성 등의 정신 능력이 뒷받침되어야 한다. 곧 시에의 올바른 접근을 위해서는 감성과 지성의 섬세한 협동 작업이 이루어져야 한다.[61] 어떤 대상에서 느낌을 갖는 감성의 작용은 추리나 판단의 사유의 과정을 거치지 않고 순간적으로 일어나기도 하지만, 이성적 사고의 훈련을 통해 조정되고 신장될 수 있다. 논리적 시 읽기는 학습자의 감수성을 이끌어내고 활성화하는 토대가 된다. 시도 말의 일종이라는 관점에서 작품을 논리적으로 읽는 체험을 축적할 때, 학습자는 문학을 바르게 감상하는 태도를 갖추게 된다.

---

61) 김종길, 앞의 책(1998), 7면 참고.

(3) 시 읽기의 실제

❶ 한용운의 「알 수 없어요」

바람도 없는 공중에 수직(垂直)의 파문을 내며 고요히 떨어지는 오동잎
은 누구의 발자취입니까?

지리한 장마 끝에 서풍에 몰려가는 무서운 검은 구름의 터진 틈으로,
언뜻언뜻 보이는 푸른 하늘은 누구의 얼굴입니까?

꽃도 없는 깊은 나무에 푸른 이끼를 거쳐서, 옛 탑(搭) 위에 고요한 하
늘을 스치는 알 수 없는 향기는 누구의 입김입니까?

근원은 알지도 못할 곳에서 나서 돌부리를 울리고, 가늘 게 흐르는 작
은 시내는 굽이굽이 누구의 노래입니까?

연꽃 같은 발꿈치로 가이 없는 바다를 밟고, 옥 같은 손으로 끝없는 하늘
을 만지면서, 떨어지는 해를 곱게 단장하는 저녁놀은 누구의 시(詩)입니까?

타고 남은 재가 다시 기름이 됩니다. 그칠 줄을 모르고 타는 나의 가슴
은 누구의 밤을 지키는 약한 등불입니까?

이 시는 작품의 내용을 질문의 형식으로 전하기 때문에 시적 상황이 명
확하게 파악되지 않지만 그 윤곽은 포착된다. 화자는 마지막 행에서 드러
난 것과 같이 '나'다. 작품의 내용으로 볼 때 나가 있는 곳은 바다가 보이
는 산 속의 절이다. 절 근방에 오동나무와 탑이 있고 그리고 절에서 조금
떨어진 곳에 개울물이 흐른다. 나는 절에서 기거하면서 저 멀리 바다로 해
가 지는 모습을 본다. 주위가 캄캄해지는 밤이 되자 화자는 등불을 밝힌다.
이 시는 이렇게 산사에서의 체험을 나지막한 목소리로 전한다. 화자는
오동잎(1행), 푸른 하늘(2행), 하늘을 스치는 향기(3행), 작은 시내(4행), 저녁
놀(5행) 등을 유심히 바라본다. 아름답고 신비스런 자연 현상에 대해 경외
감은 '누구의 무엇입니까'라는 의문형의 진술로 표현된다. 그가 나열한 것
들은 우리 주변에서 흔히 볼 수 있는 자연물로 그다지 따져 물을 만한 성

질의 것이 되지 못한다. 하지만 그는 보통 사람들이 쉽게 지나치기 쉬운 자연 현상을 예민한 눈으로 관찰하며 물음을 던진다.

1행의 질문 대상은 오동잎이다. 화자는 바람도 없는 공중에 고요히 떨어지는 오동잎을 발견한다. 그리고 잎이 위에서 아래로 떨어지는 모습에서 수직의 파문(波紋)을 느낀다. 파문은 수면에 이는 물결로 수평의 상태에서 나타나는 현상이다. 그는 떨어지는 잎의 고요한 흔들림을 수직의 파문으로 인식하며, 이것이 누구의 발자취일지 헤아린다.

2행에서는 구름 사이로 본 하늘에 대해 묻는다. 지루한 장마가 끝나자 검은 구름이 서풍에 몰려가는데, 그 틈으로 푸른 하늘이 언뜻 보인다. 시인은 검은 구름 사이로 갑자기 나타난 푸른 하늘에 대해 궁금해 하며 그것이 얼굴인지 질문한다.

3행은 눈에 보이지 않는 어떤 기운을 말한다. 꽃도 없는 깊은 나무, 그 나무에 낀 푸른 이끼, 그리고 오래된 옛 탑, 그 위에 떠 있는 고요한 하늘 이러한 자연적 공간에서 시인은 알 수 없는 어떤 향기를 느낀다. 이에 나무의 푸른 이끼를 거쳐 탑 위의 하늘을 스치는 이 향기가 누구의 입김인지 자문한다.

4행에서는 작은 시내가 질문 대상이다. 어디에서 물이 생성되는지 알 수 없지만, 시내는 돌부리를 울리고 가늘게 흘러간다. 돌을 스치며 졸졸 흐르는 물소리는 마치 누가 부르는 노래처럼 들린다.

5행에서 화자는 저녁놀을 경이롭게 바라보며 그것이 누구의 시인지 생각한다. 그는 바다의 수평선에서 해가 지는 모습을 목격한다. 누구인지는 모르나 연꽃과 같은 발꿈치로 끝없는 바다를 밟고, 옥같이 고운 손으로 드넓은 하늘을 만지면서 지는 해를 곱게 단장한다. 이렇게 아름답게 물든 노을이 한 편의 시로 다가온다.

자연에 대한 질문은 5행에서 끝난다. 남은 두 행은 자신에 대한 응시이며 질문이다. 마지막 행에서 내가 누구의 밤을 지키는 등불인지 묻는데, 이에 앞서 화자는 타고 남은 재가 다시 기름이 된다고 말한다. 상식적으로 재는 기름이 될 수 없다. 이 구절은 함축적인 의미를 담고 있다. 재 그 자체가 불을 일으키는 원료가 되지 못하지만, 재는 불을 지피는 토양이 되기도 한다. 재에서 기름으로의 변환은, 소멸된 것이 다시 재생됨을 보여주며 이것은 화자에게 자신의 신념을 행동으로 결행하게 하는 힘이 된다. 이에 용기를 가지고 그는 등불로 어두운 밤을 밝히고자 한다. 하지만 등불 하나로 암흑천지의 밤을 밝히기에는 어림도 없다. 그래서 그의 등불은 한없이 약하기만 하다.

결국 한용운의 「알 수 없어요」는 '누구'에 대한 질문이고, '누구'에 대한 사랑의 노래라 할 수 있다. 그러면 화자가 애타게 찾는 '누구'는 도대체 누구일까? 그리고 알 수 없다는 여섯 가지 사실에 대해 그가 정말 모르고 있을까? 화자가 던지는 질문에 대한 답을 찾을 수 없다면 '누구'의 정체는 해결할 수 없는 수수께끼로 남게 된다. 이럴 경우, 독자의 의미 추궁 또한 무의미해진다. 다행히 이 시는 작품 안에 답을 두고 있다. 6행과 7행은 이를 암시한다. 재를 기름으로 재생하려는 데에는 다 이유가 있다. 등불에 불을 지피기 위해서다. 내가 등불을 밝히는 것은 누구의 밤을 지키기 위해서다. 두 행에서 보여준 화자의 희생적 사랑은 그 대상이 분명이 있음을 전제한다. 시인은 「알 수 없어요」라는 제목을 달고 있지만, 이것은 반대의 의미다.

이 시에서 '누구'는 화자가 사랑하는 사람이다. 화자의 상대는 우선 이성적 대상의 연인으로 추정할 수 있다. 그런데 각 행에서 묻는 내용은 사람이 행할 수 있는 능력의 범위가 아니다. 나뭇잎이 떨어지고 검은 구름 틈으로 하늘이 나타나는 것은 자연의 섭리다. 우주의 질서를 관장하는 주재자는 신이다. 시인이 승려라는 신분을 고려해 볼 때, '누구'는 자신이 신봉하는 부처로 볼 수 있다. 이렇게 보면 이 작품은 절대자를 향해 자신의 신앙을 고백하는 시가 된다.

이 시를 종교시로 규정해 버리면 그 목적성으로 인해 일반 독자가 가질 수 있는 공감대나 마음의 울림은 적어진다. 따라서 시적 대상은 사랑하는 임으로 보는 것이 자연스럽다. 마지막 행은 임을 향한 사랑의 표현이다. 화자는 자신을 불태워서라도 어둠에 가려지는 임을 지키고자 한다. 1~5행에서 제시된 오동잎, 하늘, 향기, 시내, 놀 등의 자연 현상은 화자에게 임이 얼마나 절대적인 존재인지를 보여준다. 사랑의 열병은 보고 듣는 모든 것을 사랑하는 사람과 관련시키는 마력이 있다. 그래서 화자가 본 오동잎과 하늘은 임의 발자취이며 임의 얼굴이 된다. 가늘게 흘러가는 시냇물은 마치 연인의 노랫소리로 들린다. 이 같은 환각 현상은 밤의 시간에서는 제약이 따른다. 밝은 낮 동안에는 신비하고 아름다운 자연 현상을 통해 임의 존재를 선명히 느낄 수 있었지만 밤의 시간에는 이 모든 아름다움이 사라진다. 그래도 임에 대한 생각은 쉽사리 사라지지 않는다. 밤에 그가 본 것은 세상을 덮고 있는 어둠이다. 화자는 어두운 밤에 임이 있다는 것을 생각하고는 임의 밤을 밝히고자 한다. 당신이 어둠이라면 별이 되겠다는 그런 사랑의 마음이다.

❷ 백석의 「나와 나타샤와 흰 당나귀」

가난한 내가
아름다운 나타샤를 사랑해서
오늘밤은 푹푹 눈이 나린다

나타샤를 사랑은 하고
눈은 푹푹 날리고
나는 혼자 쓸쓸히 앉어 소주를 마신다

소주를 마시며 생각한다
나타샤와 나는
눈이 푹푹 쌓이는 밤 흰 당나귀 타고
산골로 가자 출출이 우는 깊은 산골로 가 마가리에 살자

눈은 푹푹 나리고
나는 나타샤를 생각하고
나타샤가 아니 올 리 없다
언제 벌써 내 속에 고조곤히 와 이야기한다
산골로 가는 것은 세상한테 지는 것이 아니다
세상 같은 건 더러워 버리는 것이다

눈은 푹푹 나리고
아름다운 나타샤는 나를 사랑하고
어데서 흰 당나귀도 오늘밤이 좋아서 응앙응앙 울을 것이다

　　이 시를 읽다 보면 몇 가지 의문점이 생긴다. 1연에서 "가난한 내가/ 아름다운 나타샤를 사랑해서/ 오늘밤은 푹푹 눈이 나린다"는 문장은 원인과 결과가 맞지 않는다. 시인은 왜 이런 비문을 사용했을까? 그리고 3연에서 멀리 떨어져 있는 나타샤가 내 속에 고조곤히 와 이야기한다고 말하는데, 이것은 비현실적이다. 또 4연에서 아름다운 나타샤가 나를 사랑한다는 진술은 짝사랑하는 화자의 입장에서 보면 맞지 않다. 이 시에서 시인은 '푹푹'이라는 음성상징어를 매 연마다 쓰고 있는데, 이는 어떤 효과를 노린 것일까? 그리고 마지막 연에서 제시된 흰 당나귀는 어떤 의도로 사용했을까? 이 시에 공감하기 위해선 이런 질문에 대해 해명할 수 있어야 한다.

<u>가난한 내가 아름다운 나타샤를 사랑해서</u> <u>오늘 밤은 푹푹 눈이 나린다</u>
　　　　　　　　　ⓐ　　　　　　　　　　　　　　　　　ⓑ

1연의 문장은 규범적인 문법 질서에 어긋난다. ⓐ와 ⓑ는 논리적으로 모순된다. 사랑한다고 해서 눈이 내리지는 않는다. 사랑이라는 인간의 감정이 눈 내리는 자연 현상의 원인이 될 수는 없다. 이 모순에는 나타샤를 사모하는 화자의 연모의 정이 숨어 있다. 눈이 내리는 것을 자신의 사랑과 연관 짓는 것을 보아 화자가 나타샤라는 여자에게 깊이 빠져 있음을 알 수 있다.

그런데 이 사랑은 현실적으로 이룰 수 없는 사랑이다. 나는 가난하고, 나타샤는 자신이 근접하기에는 너무나 아름답다. ⓐ는 이 두 사람이 서로 어울리지 않는 신분이나 처지에 있음을 말해준다. 화자는 나타샤와의 사랑이 서로의 차이로 이루어 질 수 없다는 것을 알고 괴로워한다. 하지만 그 괴로움은 치정에만 있지 않다. 3연의 '세상 같은 것은 더럽다'는 말에서 현실에 대한 화자의 강한 불만을 엿볼 수 있다. 어떤 현실적 고통인지 알 수는 없으나 그는 더러운 현실에서 괴로워하며 거기에서 벗어나려 한다. 그래서 홀로 술을 마시고, 세상을 버리고 나타샤와 함께 산골로 가 살기를 갈망한다.

<u>나타샤와 나는</u> 눈이 푹푹 쌓이는 밤 흰 당나귀 타고 산골로 <u>가자</u>
출출이 우는 깊은 산골로 가 마가리에 <u>살자</u>

이 문장도 비문이다. 종결어미가 '-자'로 끝나는 청유형의 문장은 상대에게 어떤 행동을 같이 할 것을 요구하기 때문에 말하는 당사자는 생략된다. 그런데도 이 작품은 "나타샤와 나"를 앞세우고 마가리에 살자고 당당히 말한다. 이 시는 이러한 문법적 일탈이 있음에도 그것이 감지되지 않을 정도로 자연스럽게 읽힌다. 장애가 없는 자연스러운 율독은 운율의 위력이다.

　우리 현대시에서 연인의 이름이 언급되는 일은 드물다. 이 시에는 '나타샤'라는 여자의 이름뿐만 아니라 '나(내)'가 매 연마다 빠짐없이 등장한다. 「나와 나타샤와 흰 당나귀」라는 제목에서도 나와 나타샤가 나온다. 두 어휘는 공통적으로 '나'라는 음절을 공유하는데, 이 음절은 울림 자음과 모음으로 되어 있어 부드럽게 발음된다. 시인은 '나'를 반복하여 리듬을 생성할 뿐만 아니라 화자가 나타샤 사이에서 느끼는 이질감을 극복하려 한다. 한 행에 '나'와 '나타샤'를 함께 두어 우리는 다르지만 하나라는 동질감을 부여한다. 나는 너를 사랑하고, 너는 나를 사랑한다는 시의 내용이 이를 뒷받침한다.

　3, 4연은 사랑에 도취된 화자의 감정을 잘 보여준다. 술을 마시며 임과 달콤한 밀월을 꿈꾸는데, 어느 순간 나타샤가 자신에게 고요히 다가와 속삭인다. "아름다운 나타샤는 나를 사랑하고"라는 5연의 시 구절을 보아, 나타샤는 그에게 사랑한다는 말을 했을 것으로 추측된다. 물론 화자가 들은 나타샤의 밀어는 환청이다. 환각 현상이지만 눈이 하염없이 내리는 밤에 현실적 번민과 임에 대한 그리움으로 홀로 소주를 마시는 시적 정황은, 화자에게 환상적인 체험을 가져다준다.

　이 시의 마지막 연은 화자의 진실한 마음을 그대로 나타낸다. 4연에서 "아름다운 나타샤는 나를 사랑하고"라는 구절은 "가난한 내가 아름다운 나타샤를 사랑해서"라는 1연의 구절과 대비된다. 1연에서의 나의 일방적인 사랑이 4연에서는 쌍방의 사랑으로 바뀐다. 4연에서 나타샤가 내 속에 나타나 다정히 속삭여 주었기에 화자는 나타샤가 나를 사랑한다고 느낀다. 이것은 임에 대한 강한 집착과 그리움이 화자의 바람을 실현시켜 준 것으로 볼 수 있다.

　화자는 나타샤가 나를 사랑하고 있다는 생각에 어쩔 줄 몰라 한다. 누군가에게 사랑받고 위로받고 싶은 마음은 자신을 알아주는 이가 없는 외로운 상황에서 더욱 간절하다. "어데서 흰 당나귀도 오늘밤이 좋아서 응앙응앙 울을 것이다"라는 마지막 구절에서 '흰 당나귀'는 화자 자신의 마음을 대변한다. 구세주처럼 나타난 나타샤는 나의 처절한 외로움을 해소해 준다. 이에 너무도 벅차고도 기쁜 마음이 일고, 흰 당나귀처럼 응앙응앙 울고 싶어진다. 나는 '어디서 흰 당나귀가 응앙응앙 울 것'이라고 추측하지만, 이것은 자신의 본심을 돌려 말하려는 것에 지나지 않는다. 당나귀의 울음에는 직설적인 감정 표현을 피하려는 시인의 의도가 숨어 있다. 화자는 자신을 구원해주는 사랑 앞에서 성인의 의식을 던져 버리고 엄마의 품에 안긴 아이의 동심으로 돌아가 눈물을 흘린다.

백석의 이 시는 더러운 현실에서 순수한 영혼을 간직하려는 시인의 마음을 나타샤와 흰 당나귀로 표현하고 있다. 나타샤와 흰 당나귀라는 소재는 1930년대의 시대적 분위기나 우리의 생활 정서와는 다소 거리가 있다. 하지만 시인은 이를 시적 소재로 과감히 내세운다. 소재 면에서 이 시는 흰 색채에 매달리는 듯한 인상을 준다. 내리는 눈이며, 흰 당나귀며, 그리고 나타샤라는 이름에서 연상되는 흰 피부의 러시아 여인 등은 하얀 색의 순결함과 깨끗함을 드러낸다. 백색 바탕의 소재는 혼탁한 세상에서 순결성을 잃지 않으려는 시인의 정신적 자세와 무관하지 않다. 그러나 이 시는 순결의식을 직접적으로 내세우거나 인위적으로 조장하지 않는다.

이 시는 빠르게 읽힌다. 특정 음운과 음절을 반복하고, '-고'라는 연결어미와 '-다'라는 평서형의 일반적인 종결어미를 사용하여 시 구절이 막힘없이 읽히도록 한다. '응앙응앙'과 같은 의성어는 작품에 현장감을 부여한다. 또한 이 시는 '나린다', '산골', '출출이', '마가리' 등에서 울림소리를 즐겨 사용할 뿐만 아니라 '나타샤', '푹푹' 등과 같이 어감이 거센 말들을 구사한다. 소리의 조화로운 어울림은 미적인 효과를 자아낼 뿐만 아니라 사랑의 갈망으로 현실적 고통을 잊으려는 화자의 정서에도 영향을 미친다.

특히 '푹푹'은 시의 정서를 지배하는 핵심적인 요소로 작용한다. 화자는 매 연마다 '눈이 푹푹 나린다'고 말한다. 푹푹 내리는 눈의 반복은 일차적으로는 눈이 쉴 새 없이 엄청나게 내린다는 것을 뜻하고, 시간의 경과에 따라 화자의 연모의 정이 깊어감을 암시한다. 사람에게 하얀 눈은 깨끗함과 평온함의 이미지다. 특별한 경우가 아니라면 눈은 누구에게나 즐겁고 반가운 대상이다. 이 시의 화자에게 눈은 특별하다. 그에게 눈은 반가운 것만은 아니다. 푹푹 내리는 눈은 나타샤에 대한 생각을 깊게 하여 나를 더욱 외롭게 만든다. 시인은 그리움과 고독이 교차하는 사랑의 감정을 음성상징어로 절묘하게 나타낸다.

백석의 「나와 나타샤와 흰 당나귀」는 낭만적인 사랑을 구가한다. 눈이 푹푹 쌓이는 날 혼자 소주를 마시며 나타샤라는 여인을 그리워한다. 나타샤는 러시아 여자의 실제 이름일 수 있겠지만, 자신이 좋아하는 여자의 애칭일 수 있다. 눈 내리는 날에 술 마시며 이국 연인과의 달콤한 사랑을 찾는다는 내용으로 보면 이 시는 학생들에게 가르칠 만한 좋은 시가 되지 못한다. 하지만 이 시는 뛰어난 언어 구사력으로 실제 접할 수 없는 환상적인 미학 공간을 연출한다. 또한 가식 없는 진솔한 마음을 이색적인 소재와 소리의 화음으로 호소력 있게 전달한다. 그래서 이 시는 눈이 푹푹 내리는 날 화자의 곁에서 그의 고백을 듣는 듯한 실감을 준다.

제3장
시의 운율

돌에
그늘이 차고,

따로 몰리는
소소리 바람.

앞 섰거니 하야
꼬리 치날리어 세우고,

종종 다리 깟칠한
산(山)새 걸음거리.

여울 지어
수척한 흰 물살,

갈갈히
손가락 펴고.

멎은 듯
새삼 돋는 비ㅅ낯

붉은 닢 닢
소란히 밟고 간다.

— 『백록담』(1941)

1 시인은 무엇을 묘사하고 있는가?

2 시인이 특별히 고려해서 선택한 시어에는 어떤 것이 있을까?

3 소리의 조직이라는 측면에서 이 작품의 특성을 말해 봅니다.

4 운율은 무엇이며, 이것이 시에서 왜 중요할까?

5 이 작품이 지닌 가치에 대해 말해 봅니다.

1 운율 이론의 문제들

　현장에서 시를 가르치면서 애면글면한 것 중 하나가 운율이다. 학생들에게 시에서 무엇이 중요하냐고 대뜸 물으면 많은 이들이 운율, 비유, 주제 등을 든다. 이 중에서 운율이 뭐냐고 다시 물으면 침묵에 휩싸이는데, 간혹 '말을 반복하는 것', '음악 같은 리듬'이라는 답을 듣기도 한다. 명쾌하지 못한 답변은 교사에게도 마찬가지다. 스스로 물어도 시나 운율에 대해 자신 있게 말하지 못한다.

　운율이 시를 이루는 근본 자질임에도 정작 운율은 시 교육의 언저리에서 맴돈다. 그 실체가 분명히 존재하는데도 교사와 학생은 운율을 방관한다. 독자는 시 감상에서 운율 파악의 필요성을 느끼지 못한다. 시론에서 언급하는 운율 개념과 분류 방식은, 현대시의 운율을 이해하는 데에 큰 도움이 되지 못한다. 고등학교 문학 수업에서 제시되는 운율은 운율의 한자 풀이와 같은 단편적인 지식의 전수에 머물고 있다. 교과서는 운, 율격, 음보율, 음수율, 내재율 등에 대한 설명으로 지면을 채우고 있다. 그리고 운율을 형성하는 요인이나 그 효과를 말해보라는 학습활동을 제시한다.

　운율은 그 명칭에서부터 개념과 운율의 유형 등에까지 학자의 의견이 분분하다. 시 교육에서 이론은 시 연구에 의지하는 바가 크다. 하지만 시 연구의 성과가 문학 교실에서 그대로 투입되지 않는다. 시 연구와 시 교육은 그 목적이 서로 다르고, 무엇보다 시 교육은 학생들이 학습의 주체가 되기 때문에 이론은 '교육'이란 틀 속에서 일정한 여과 과정을 거치게 된다. 교육의 장에 도입되는 문학 이론은 정확해야 할 뿐만 아니라 학습자의 지적 수준에 적합해야 하며, 작품 감상을 위한 방법적 지식으로 전이될 수 있는 것이어야 한다.

이 글에서는 시 교육의 장에서 거론되고 있는 운율 이론의 문제점을 용어 개념의 측면에서 짚어보고, 운율의 교수·학습에 유용한 토대를 마련하고자 한다.

(1) 시 정의에 관한 문제

① 일반적으로 시는 작가의 사상과 정서를 상상력을 발휘하여 운율적인 언어로 압축하여 표현한 문학이라고 정의할 수 있다.[1]

② 시는 글쓴이의 사상이나 감정 또는 일상의 경험을 운율을 가진 언어로 형상화하는 언어 예술로, 압축되고 절제된 언어를 구사한다는 점이 특징이다.[2]

교과서에 제시된 시의 정의다. 정의에서 보듯 시는 '운율', '압축' 등의 용어로 설명된다. ①의 "운율적 언어"나 ②의 "운율을 가진 언어"는 시가 운율의 문학임을 말해준다. "시는 미의 운율적 창조",[3] "리듬은 모든 시를 개성화한다."[4] 등의 언급은 리듬이 시에서 얼마나 중요한지를 보여준다. 그러나 완벽에 가깝게 조합된 이 정의에도 우려되는 점이 있다. 진술 속에

---

1) 김윤식 외 4인, 『고등학교 문학(상)』, 도서출판 디딤돌, 2002, 162면
2) 김병국 외 4인, 『고등학교 문학(상)』, 한국교육미디어, 2002, 98면.
3) E.A.Poe. *Poems and Miscellanies*, Oxford Univ, 1956, 174면.
4) W.Kayser, 김윤섭 역, 『언어예술작품론』, 대방출판사, 1982, 84면.

담긴 '운율'이 무엇이냐 것이다. 운율을 어떻게 바라보고 정의하느냐에 따라 ①과 ②는 그릇된 명제가 될 수 있다. 교과서의 시 정의는 기본적으로 모든 시에는 운율이 있다는 것을 전제로 한다.

운율을 들어 시를 정의할 때 가장 큰 문제는 시에 대한 고정관념을 갖게 한다는 것이다. 시에는 운율이 있다는 지적은 틀린 말은 아니지만 시 언어를 운율적 언어로 보면, 학습자는 운율을 시의 절대적인 요소로 생각할 수 있다. 운율은 시에만 나타나는 현상도 아니며, 모든 시 작품들에서 운율이 두드러진다고 보기 어렵다.[5] 시는 다른 문학 장르에 비해 특히 운율을 구성 요소로 하여 운문의 특성이 강하게 나타날 뿐이다.

> 노래하기 유형의 문학은 드러내고자 하는 생각을 노래의 틀에 맞추어 표현한다. 노래의 본질은 운율과 압축이므로, 노래하기 유형의 문학은 율동감과 간결성을 지닌다. 또한 미묘한 정서의 표현을 위해 언어의 함축성을 중시하며, 이미지를 통해 형상화한다. 대표적인 노래하기 유형의 문학은 시(詩)이다.[6]

> 원래 노래하기는 음악과 언어, 몸짓이 뒤섞여 있는 상태였는데, 그 중에서 언어의 측면이 강조되어 문학으로 발전한 것이 '노래하는 문학'이다. 노래하는 문학은 노래하는 이(작가)의 정서를 짧고 함축적이며 운율적으로 표출하는 특성이 있다. (…중략…) 노래하는 문학으로서 우리에게 가장 익숙한 것이 '시'이다. 노래의 특성을 강조하여 '시가(詩歌)'라고 하는 경우가 있으나, 넓은 의미에서 '노래하는 문학=시'로는 보는 것이 일반적이다.[7]

---

5) 진술된 문구과 관련해, 산문시를 포함한 모든 시에는 운율이 있느냐고 반문할 수 있다. 하지만 이 문제는 '있다', '없다'로 답할 성질이 못된다. 운율을 보는 관점에 따라 그 답은 얼마든지 달라질 수 있기 때문이다. 좁은 개념에서 운율을 보면 '없다'고 말할 순 있지만, 보다 넓은 의미에서 보면 모든 시에는 운율이 있다고 할 수 있다.
6) 한계전 외 4인, 『고등학교 문학(상)』, 블랙박스, 2002, 111면.
7) 김창원 외 3인, 『고등학교 문학(상)』, 민중서림, 2002, 60면.

인용문들은 시 장르를 노래하기 유형으로 지정하여 시에는 음악과 같은 리듬이 있음을 강조한다. 시에는 '노래하기'의 한 성질이 있는 것은 분명하다. 우리의 고전시가는 규칙적인 정형률로 율동감이 있으며, 한시를 제외하고는 실제 노래로 불리어졌다. 현대시 중에서도 몇몇 작품은 대중가요로 주목을 받았다. 이들 시는 쉽고 고운 우리말을 사용하고 운율을 잘 살려 쓰고 있다. 하지만 대부분의 현대시들이 노래로 불려도 좋을 만큼 음률성이 뛰어난 것은 아니다.8) 오늘날의 시는 소리와 음률성을 멀리하고 전달하려는 내용에 골몰하는 경향이 있다.

서양의 에즈라 파운드는 작품이 갖는 형식이나 내적 조직에 따라 시를 음악시, 회화시, 논리시 등 셋으로 나누었다.9) 음악시는 말이 음악적 성질을 담고 있어 그것이 의미나 방향이나 경향을 결정한다. 시각시는 이미지를 중시하는 시로 시각적 상상 속에 이미지를 형성한다. 논리시는 '말 사이의 이지(理智)의 무용'으로 리듬, 이미지보다는 논리적인 말뜻을 중시한다. 현대시의 미학적 중심은 음악적 차원에서 시각적 차원으로, 지적이고 논리적인 차원으로 변모되어 가고 있다.10)

시는 파운드가 말한 것처럼 음악시, 회화시, 논리시로 명확히 구분되지는 않는다. 그의 시 분류는 명칭 그 자체에 문제가 있지만 다기다양한 시

---

8) 시를 노래하기로 보는 관점에 대한 부당성은 이남호, 고형진 교수가 이미 바 역설한 바 있다. 이남호는 시는 노래가 아니라 노래의 가사가 될 수 있는 글이고, 노랫말 가운데서도 시가 아닌 것들이 있음을 분명히 한다(이남호, 앞의 책(2001), 29면). 고형진은 시를 서정 아닌 노래하기의 유형으로 보는 시각은 현대시의 올바른 이해에도 혼란을 일으킬 소지가 있다고 지적한다. 현대시 가운데에는 소월이나 영랑의 시처럼 노래의 성격을 지닌 작품도 있으나, 김광균이나 박남수의 시처럼 이미지 표현을 위주로 한 작품도 있고, 또 이상의 시처럼 숫자나 도형, 그리고 언어의 형태적 구성으로 내면감정을 표현한 시들도 있다. 고형진, 「문학교과서 갈래 서술에 대한 비판적 검토」, 『문학교육학』 13호, 한국문학교육학회, 2004, 355~357면.
9) Ezra L. Pound, 이덕형 역, 『현대시학입문』, 문예출판사, 1984, 287면.
10) 김준오, 『시론』 4판, 삼지원, 2003, 156면.

의 성향을 수렴하는 데에도 한계가 있다. 그럼에도 파운드의 시 분류가 의
미가 있는 것은 작품의 다양한 성격을 이해하는 데에 도움을 주기 때문이
다. 시에는 리듬이 돋보이는 시가 있는가 하면, 이미지가 중시되는 시가
있고, 리듬이나 이미지보다는 의미에 치중하는 시가 있다. 작품에 따라서
는 음악시와 회화시의 성격을 함께 지니는 시도 있고, 리듬, 이미지, 의미
등의 요소가 유기적으로 잘된 시도 있다.

> 골작에는 흔히
> 유성(流星)이 묻힌다.
>
> 황혼(黃昏)에
> 누뤼가 소란히 쌓이기도 하고,
>
> 꽃도
> 귀양 사는 곳,
>
> 절터ㅅ드랬는데
> 바람도 모이지 않고
>
> 산 그림자 설핏하면
> 사슴이 일어나 등을 넘어간다.
>
> — 정지용, 「구성동(九城洞)」

이 시는 깊은 산골을 배경으로 적요한 자연의 세계를 그려내고 있다. 철
저히 인간을 배제하고 고요한 자연 공간을 드러낸다. 산골짜기에 간간히
별똥이 떨어지고, 저물녘엔 우박이 소란히 쌓이기도 한다. 꽃은 귀양온 듯
이 호젓이 피어 있고, 터만 남은 폐사지(廢寺址)에는 바람이 모이지 않는다.

산 그림자가 깔리면 사슴은 고개를 넘어간다. 화자는 작품에서 물러나 산의 풍경에 집중하고 있다.

정지용의 「구성동(九城洞)」은 창의적인 상상과 섬세한 언어 감각으로 산의 고요하고 적막한 정서를 담아낸다. 시인은 1연에서 별똥이 떨어진다고 말하지 않고, ‘유성이 묻힌다’고 이른다.[11] 유성(流星)이라는 한자어는 별똥이 주는 가벼움과는 달리 신비스러운 분위기를 자아낸다. 생명이 다해 산골에 묻히는 유성의 모습은 순간 사라지는 것의 아름다움과 고요함을 나타낸다.

2연에서는 우박이라는 말 대신에 ‘누뤼(누리)’라는 순우리말을 살려 쓴다. 우박이 우두둑 떨어진다고 하지 않고 눈이 쌓이듯 ‘누리가 소란히 쌓인다’고 표현한다. 시인은 부드러운 울림소리를 활용하여 ‘우박’이라는 어휘가 갖는 딱딱한 어감을 덜어내며 신비로운 느낌을 준다. 누리가 떨어지는 것이 소란스럽게 들리는 것은 그 주변이 너무 고요하기 때문이다.

3연에서는 매우 기발한 비유적 이미지를 구사한다.[12] 별과 우박이 떨어지는 이 산골은 “꽃도 귀양 사는 곳”이다. 꽃을 귀양살이 하는 사람처럼 표현하여 외진 곳에 꽃이 외롭게 피어 있음을 나타낸다. 꽃이 환기하는 적막함은 절터의 분위기로 한층 고조된다. 절은 사라진 채 터만 남아있고, 이 황량한 절터에는 바람의 미동조차 없다. 소멸의 상태가 조성하는 적멸감이나 고요함은 사슴의 사라짐으로 이어진다. 빛이 희미해지는 해질 무렵에 조용히 넘어가는 사슴의 움직임은 산골의 호젓함과 고요함을 더한다.

정지용 시인은 의미와 정서에 고려해 언어를 세심하게 선별하고 있다. 시어에 대한 발굴과 조탁은 시의 리듬과 무관하지 않다. 음보상 규칙적인

---

11) 이 작품에서 ‘유성’의 사용은 의도적인 선택으로 보인다. 시인은 「별똥」라는 시에서는 ‘유성’을 쓰지 않고, ‘별똥’을 사용하고 있다. 시의 원문은 다음과 같다. “별똥 떨어진 곳,/ 마음해 두었다/ 다음날 가보려,/ 벼르다 벼르다/ 인젠 다 자랐소.”
12) 김종길, 『시와 삶 사이』, 현대문학, 2005, 28면.

질서는 보이지 않지만, 2행의 배열, '고'와 '다' 음절의 반복, 유음(ㄹ)의 사용 등으로 리듬을 살리고 있다. 이 작품은 언어의 정교한 구사뿐만 아니라 섬세한 정황의 제시, 상상력을 통한 이미지의 조형, 감정의 절제를 통한 정서의 균형 등이 작품의 예술성을 높이고 있다.

운율은 시와 산문을 구분 짓는 중요한 잣대가 되지만, 이것만이 유일한 기준이 되지는 않는다. 운율이 시에서 중요한 것은 사실이지만 그것 자체로서 절대성을 갖지 못한다. 시의 운율은 이미지, 정서, 어조, 의미 등과 함께 어울리면서 완결된 예술작품을 이룬다. 압축된 간결성, 돌려 말하는 낯설게 하기의 기법, 참신한 이미지, 자아와 세계의 합일을 추구하는 시적 세계관 등은 시의 특징을 드러내는 문학적 자질들이다. 그러므로 시 교실에선 시를 이루는 중요한 구성요소로서 운율에 접근하는 시각이 필요하며, 다른 요소들과의 유기적인 관련 속에서 운율을 살펴야 할 것이다.

(2) 운율 개념에 관한 문제

시의 언어는 리듬(rhythm)이 있는 언어로 재조직하는데, 이것을 운율이라고 한다. 이러한 운율은 규칙성과 반복성이라는 소리의 구조에 의해 형성되며 이를 통하여 시의 언어는 음악적 효과를 살린 언어 구조로 완성된다. 일반적으로 운율은 압운(押韻, rhyme)과 율격(律格, meter)을 포괄하는 개념이다.[13]

운율이란, 시를 읽을 때 느껴지는 가락을 말하는 것으로, 운(韻)과 율(律)이 합쳐진 말이다. 운(韻)은 행이나 연의 일정한 위치에서 같거나 비슷한 음이 규칙적으로 반복되는 것을 말하며, 율(律)은 음절의 수, 소리의 고저·강약·장단 등이 주기적으로 반복되는 것을 말한다.[14]

---

13) 김병국 외 4인, 앞의 책, 98면.
14) 김대행·김중신·김동환, 『고등학교 문학(상)』, 교학사, 2003, 112면.

반복을 통해 리듬을 만들어 내는 요소는 여러 가지가 있지만, 흔히 운율이라고 하면 말 그대로 압운과 율격을 지칭한다. 압운이란 특정한 말소리의 자질이 일정한 위치에서 지속적으로 반복되는 것을 말하며, 율격은 리듬을 이루는 음성적 요소가 규칙적으로 반복되는 양식을 한다.[15]

위 운율의 정의는 자의적(字義的) 해석에 치우쳐 있다. 교과서는 운율을 운(韻)과 율(律), 곧 압운과 율격의 결합으로 보고, 말의 반복과 규칙에서 운율의 개념을 살피고 있다. 이때의 운율은 외형상 분명히 드러나는 이른바 외형률이다. 교과서의 이론대로라면 두운, 요운, 각운 등의 운과 음수율이나 음보율 같은 율격이 작품에 나타나지 않는다면 그 시에선 운율이 없다고 결론내릴 수 있다.

운율은 교과서의 진술대로 운(韻)과 율(律)의 두 가지 개념이 합쳐진 용어다. 하지만 운과 율을 따로 떼어 설명하는 방식은, 시에 나타난 음악적 성격을 올곧게 드러내지 못한다. 오늘날의 대부분의 자유시에는 고전시가가 갖는 엄격한 규칙성은 보이지 않는다. 외형상의 규칙성으로 보자면 자유로운 현대시에는 운율이 없다고 해도 과언이 아니다. 따라서 기존의 운율은, 시에 나타난 모든 음악적인 현상을 수렴할 수 있는 '리듬'의 개념으로 넓힐 필요가 있다. 운율의 용어에서 리듬이 자연스럽게 연상되지만, 엄밀히 말하면 이 둘은 같은 것이 아니다.

모든 지속적인 음성 영어에서 우리는 음성의 흐름 속의 강세의 박자에 나타나는 가변적인 패턴을 통해 인식할 수 있는, 하나의 리듬(rhythm)을 감지한다. 만약 이 강세의 리듬이 반복적으로 나타나는 규칙적 ― 거의 동일한 ― 단위로 구성되어 있다면 우리는 그것을 운율(meter)이라고 부른다.[16]

---

15) 박갑수 외 4인, 『고등학교 문학(상)』, 지학사, 2003, 113면.
16) M.H. Abrams, 최상규 역, 『문학용어사전』, 보성출판사, 1990, 161면.

운율의 규칙적인 요소를 따지는 것은 운율법이라 하여 <파도의 모양과
크기와 속도만큼이나 무한히 다양한 흐름>인 리듬과 구별된다.[17]

두 글에서 보듯 운율과 리듬은 다르다. 운율의 영어 말은 'rhythm'이 아
니라 'meter'이다. 운율은 리듬과 다른 성질을 지닌다. 운율은 규칙적이고
고정적인데 반해 리듬은 불규칙적이고 가변적이다. 하지만 리듬이 운율의
속성을 아울러 가진다고 보면 이 둘은 본질적으로 다르지 않다. 그래서 시
론에선 두 용어가 구분되지 않고 쓰이기도 한다. 실상 작품 분석이나 감상
에서 운율과 리듬을 구별하여 쓰는 것은 별 의미가 없다. 시 연구가 아닌
시 교육의 장이라면 고전적인 '운율'의 대척점으로 현대적인 '리듬'을 설
정하기보다는 이 둘을 조화롭게 포용할 수 있는 시각이 요구된다.

운율 곧 리듬은 음악적인 상태 혹은 질서를 지향하는 인간의 본능적 충
동이 밑바탕에 깔려 있다. 영시의 경우 음보가 심장의 박동과 흡사하며,
그보다 큰 단위인 행은 대체로 호흡의 리듬과 일치한다.[18] 시의 리듬은 신
체적 리듬과 같이 규칙적인 반복을 갖기 때문에 우리에게 어떤 즐거움을
안겨준다. 하지만 시의 리듬이 순전히 언어에 의해 생성된다는 점에서 여
타의 그것과는 결정적으로 차이가 있다. 이는 음악의 리듬에서도 동일하게
적용된다. 음악에서의 리듬은 음의 장단, 강약, 고저, 템포 등으로 이루어
지는 일련의 진행 과정으로 음향과 박자에 의해 형성된다. 음악에선 의미
가 배제된 채 오직 소리를 질료로 하지만, 시에선 소리와 의미로 구성된
언어를 질료로 하여 리듬을 만든다.[19]

시의 리듬은 소리와 의미와의 자연스럽고 조화로운 만남에서 이루어진

---

17) 김종길, 「운율의 개념」, 앞의 책(1998), 39면.
18) 유종호, 『문학이란 무엇인가』, 민음사, 1989, 85면.
19) 김기종, 『시운율론』, 한국문화사, 1999, 16~17면. 양병호, 「김영랑 시의 리듬 연구」, 『한
    국언어문학』 28호, 한국언어문학회, 1990, 159면 참조.

다. 리듬은 의미나 정서와 무관하게 자립적으로 존재하지 않는다. 시인은 작품의 내용에 부합하는 언어를 선택해서 질서정연하게 조직한다. 언어의 소리는 작품의 의미와 유기적으로 조화를 이루면서 예술적 효과를 갖는다. 시에서는 소리와 의미의 결합을 통해 일상어로는 표현할 수 없는 새로운 의미의 발견을 가능하게 한다.[20] 리듬은 시인이 특별히 고려한 언어적 요소로서 음악성을 부여할 뿐만 아니라 의미와 어울리면서 작품의 정서와 주제를 한층 부각시킨다.

그립다
말을 할까
하니 그리워

그냥 갈까
그래도
다시 더 한번……

저 산에도 까마귀, 들에 까마귀,
서산에는 해 진다고
지저귑니다.

앞강물, 뒷강물,
흐르는 물은
어서 따라오라고 따라가자고
흘러도 연달아 흡디다려.

— 김소월, 「가는 길」

　김소월의 「가는 길」은 화자가 임의 곁을 떠나가면서 갖는 내면의 갈등

---

20) 황정산, 『한국 현대시의 운율론적 연구』, 고려대학교 박사학위논문, 1997, 3면.

을 운율이 있는 언어로 표현하고 있다. 화자는 임을 사랑하면서도 그리워한다는 말을 하지 못하고 그냥 발길을 돌리려 하지만 미련이 남아 좀처럼 길을 떠나지 못한다. 이때 화자가 목격한 까마귀와 강물은 갈 길을 가라고 재촉하는 듯하다. 그러나 화자는 어떤 결단을 내리지 못하고 길에 서서 머뭇거린다. 이 시는 '가고자 하는 마음'과 '머무르려는 마음' 사이에서 괴로워하는 화자의 심정을 섬세한 언어 감각으로 나타내고 있다.

이 시는 크게 1, 2연의 전반부와 3, 4연의 후반부로 나누어 볼 수 있다. 1, 2연은 그립지만 말 못하는 화자의 내면을 표현하고 있으며, 3, 4연은 이러한 심리적 갈등을 자연물(까마귀, 강물)과 연관지어 나타내고 있다. 1, 2연은 행의 길이가 짧고 전체가 3음보 하나로 이루어져 있다. 이에 반해 3, 4연은 행의 길이가 길고 3음보를 둘 또는 셋으로 하여 급박한 리듬감을 부여한다. 전반부는 느린 호흡으로 이별을 망설이는 화자의 미묘한 마음을 나타나고, 후반부는 빠르게 읽히면서 빨리 떠나야 하는 상황의 촉박함을 보여준다. 이 같은 리듬의 배치로 이 시는 단조로운 율격의 틀에서 벗어나 변화의 묘미를 주고, 떠나야만 하는 상황에서 이별을 망설이는 화자의 안타까운 마음을 효과적으로 표현한다.

김소월의 「가는 길」은 정서와 밀접한 관련되어 있는 리듬이 시의 중요한 구성 원리가 되고 있다. 러시아 형식주의자들은 시에서 리듬을 소리와 의미를 조직하고 지배하는 근본 원리로 파악한다. 이들은 리듬을 보다 넓은 개념에서 바라본다. 토마세프스키(Boris Tomashevsky)는 리듬에 대해 "실제로 지각할 수 있는 음성들의 전체"[21]라고 말하는데, 이는 시에 미학적으로 조직된 소리 요소들은 리듬이 될 수 있음을 말해준다. 행과 연을 구성하고 짧은 말로 압축했다고 해서 그것이 그대로 시가 되지 않듯, 작품에

---

21) Victor Erlich, 박거용 역, 『러시아 형식주의』, 문학과지성사, 1985, 276면.

표현된 모든 소리가 바로 리듬이 되는 것은 아니다. 시인이 예술적 효과를 위해 소리를 변형시키거나 창조할 때 그것이 리듬이 된다. 소리의 체계화 내지 소리의 조형은 리듬이 지배하는 권역이다. 형식주의자들은 시가 갖는 소리의 자질을 중시하며, 음운은 물론 음절, 어휘, 구문, 행과 연 등에까지 리듬의 양상으로 본다.

시는 문장을 연이나 행으로 나누어 쓰면서 운문적 특성을 갖는다. 이러한 형식적 특성은 산문과 구별 짓는 일차적 요인이 된다. 시에서 분연(分聯)과 분행(分行)은 근본적으로 표준 언어 또는 일상 언어를 파괴하는 '낯설게 하기'의 기교에 해당한다. 같은 구문을 분행했을 경우와 그렇지 않은 경우 사이에는 의미의 차이가 발생하고, 이 의미의 차이는 운문과 산문의 차이가 된다.[22] 김소월의 「가는 길」에서 만약 1, 2연을 '그립다 말을 할까 하니 그리워, 그냥 갈까 그래도 다시 더 한번……'처럼 늘어놓았다면 이것은 감정 진술에 지나지 않는 산문 구절이 되었을 것이다.

이 시의 1연의 경우, '말을 할까'와 '하니'는 일상적 언어에서는 쉽게 뗄 수 없는 강한 통사적 연관을 가지고 있다. 그러나 이 사이를 강제로 떼어 놓음으로써[23] '말을 할까'와 '하니 그리워' 사이에 시간적 거리가 생기고 이 시간적 길이는 '망설임과 머뭇거림'이라는 시적 화자의 태도를 더욱 효과적으로 드러내는 역할을 한다. 이 같이 시에서는 행의 배치가 언어의 조직과 관련되어 리듬으로 작용하며 심리적 효과를 거둔다.

---

22) 김준오, 앞의 책, 151~153면.
23) '하니'라는 어휘는 통상적으로 '말을 할까' 다음에 바로 연결되어야 하는데, 이것을 다른 행에 둠으로써 심리적 효과를 갖는다. 이러한 시행의 조직을 황정산은 '시행걸침'으로 본다. 행과 행 사이의 분절은 대체로 시어의 통사적 분절과 일치한다. 그것이 우리의 율격적 직관에 자연스럽다고 느껴지기 때문이다. 그러나 통사적 분절과 행 사이의 분절이 일치하지 않을 경우 호흡의 변화와 함께 독특한 운율적 효과가 일어나고 때로 그에 따라 의미의 변화가 수반되는 일정한 시적 효과를 발휘하게 된다(황정산, 앞의 논문, 22~24면 참조, 윤여탁·최미숙·유영희 외, 앞의 책, 86면).

「가는 길」은 마침표, 쉼표, 말줄임표 등과 같은 문장부호를 적절하게 사용하여 리듬의 조성에 기여한다. '지저겁니다', '흐릅디다려' 등에 사용된 마침표는 한 문장의 종결지점에 사용되는 부호로서 하나의 의미 단위가 종결되었음을 말한다. 깨끗이 매듭짓는 단절감과 함께 여운을 남기어 시적 효과를 더해 준다.

쉼표는 일반적으로 호흡의 단위로서 수용자들이 끊어 읽을 것을 지시하는 기호로 사용된다. '까마귀', '강물' 등에서 사용된 쉼표는 대상을 열거하는 구실을 하면서 산에 들에 가마귀들이 여럿이 지저귐을 말해주며, 앞강물과 뒷강물이 섞여 연달아 흐르는 것을 시각적으로 재현하는 구실을 한다. "다시 더 한번……."에 사용된 말줄임표는 해야 할 말을 감추어 화자의 애틋한 심정을 효과적으로 나타낸다.

이 작품에선 특정한 울림소리가 음성적 효과를 발휘하고 있다. 울림소리(有聲音, voiced sound)는 발음기관의 장애를 받지 않고 부드럽게 낼 수 있는 소리로 율독하기에 좋아 '호음조(好音調)'이라고 할 수 있다.24) 호음조는 음이 가지고 있는 고유의 요소에 의해 조성되는 리듬으로, 글자 그대로 호감을 느낄 수 있는 음을 가진 시어에 의해 조성된다. "흘러도 연달아 흐릅디다려"는 흐름소리인 'ㄹ'을 절묘하게 구사하는데, 이는 발음상 경쾌한 율동을 줄 뿐만 아니라 마치 물이 도르르 흘러가는 듯한 인상을 준다.

김소월 시인은 시행의 배열에서부터 문장부호, 음운 등에까지 리듬을 고려하고 있다. 현대시에서는 행과 연의 배열과 변화, 산문시 형태의 추구

---

24) 호음조(好音調, euphony)는 우리말로 다르게 번역하면 협화음(協和音)이라 할 수 있고, 악음조(惡音調, cacophony)는 그와 상대적인 것으로 역시 불협화음(不協和音)으로 번역하여 보면 확실하게 파악할 수 있을 것이다. 악음조의 경우에 파열음 'ㄱ, ㄷ, ㅂ'은 폐쇄, 파괴, 중압감을 느끼게 하고, 경음 'ㄲ, ㄸ, ㅃ, ㅆ, ㅉ'은 단단하고 딱딱한 느낌을 주며, 격음 'ㅋ, ㅌ, ㅍ, ㅎ'은 탁하고 둔한 느낌을 준다. 양왕용, 『현대시교육론』, 삼지원, 1997, 79~80면.

등 형태상의 다양한 변용이 시도되고 있다. 율격이나 압운과 같은 규칙적인 요인뿐만 아니라 분행, 분절, 휴지, 구두점, 구문의 구조와 배열, 문장의 종결 유형, 한글과 한자의 시각적 효과 등에 이르기까지 이 모두는 리듬의 장치로 기능한다. 율격론에 비춰본다면 현대시의 리듬은 보다 자유롭고 불규칙적인 성질을 띤다고 볼 수 있다.

> 집 앞, 언덕배기에 서 있는 감나무에 호박 한 덩이가 열렸다
> 언덕 밑 밭 둔덕에 심어 놓았던 호박의 넝쿨이, 여름 내내 기어올라 가지에 매달아 놓은 것
> 잎이 무성할 때는 눈에 잘 띄지도 않더니
> 잎 지고 나니, 등걸에 끈질기게 뻗어 오른 넝쿨의 궤적이 힘줄처럼 도드라져 보인다
> 무거운 짐 지고 비계(飛階)를 오르느라 힘겨웠겠다. 저 넝쿨
> 늦가을 서리가 내렸는데도 공중에 커다랗게 떠 있는 것을 보면
> 한여름 내내 모래자갈 져 날라 골조공사를 한 것 같다. 호박의 넝쿨
> 땅바닥을 기면 편안히 열매 맺을 수도 있을 텐데
> 밭 둔덕의 부드러운 풀 위에 얹어 놓을 수도 있을 텐데
> 하필이면 가파른 언덕 위의 가지에 아슬아슬 매달아 놓았을까? 저 호박의 넝쿨
> 그것을 보며 얼마나 공중정원을 짓고 싶었으면—, 하고 비웃을 수도 있는 일
> 허공에 덩그러니 매달린 그 사상누각을 보며, 혀를 찰 수도 있는 일
> 그러나 넝쿨은 그곳에 길이 있었기에 걸어갔을 것이다
> 낭떠러지든 허구렁이든 다만 길이 있었기에 뻗어 갔을 것이다
> 모랫바람 불어, 모래 무덤이 생겼다 스러지고 스러졌다 생기는 사막을 걸어 간 발자국들이
> 비단길을 만들었듯이
> 그 길이, 누란을 건설했듯이
> 다만 길이 있었기에 뻗어 가, 저렇게 허공중에 열매를 매달아놓았을 것

이다. 저 넝쿨
　　가을이 와, 자신은 마른 새끼줄처럼 쇠잔해져 가면서도
　　그 끈질긴 집념의 집요한 포복으로, 불가능이라는 것의 등짝에
　　마치 달인 듯, 둥그렇게 호박 한 덩이를 떠올려 놓았을 것이다
　　오늘, 조심스레 사다리 놓고 올라가, 저 호박을 따리
　　오래도록 옹기그릇에 받쳐 방에 장식해두리, 저기어가는 것들의 힘.

— 김신용, 「도장골 시편 – 넝쿨의 힘」(『창작과 비평』 봄호, 2006)

이 시는 산문에 가까우나 산문으로 전락하지 않는 시의 특성을 지니고 있다. 우선 불규칙적인 대로 행을 나누고 있다. 무질서하게 길게 늘어지는 시의 형태는 호박 넝쿨이 감나무 위로 힘차게 뻗어 나가는 모습을 연상시킨다. 방만한 듯하면서도 "기어가는 것들의 힘"과 같이 보이지는 않는 강력한 질서가 시 전체를 지탱하고 있다.

이 작품은 문장을 '-다'로 끝맺으면서도 '것', '일', '넝쿨' 등과 같이 체언으로 종결짓는다. 문장을 체언으로 종결함으로써 행간에 휴지를 두고, 그 체언이 지시하는 대상을 강조한다. 이 시에서 강조되는 대상은 '호박 넝쿨'이다. 넝쿨은 한 여름을 버티며 길을 만들고 허공에 열매를 아슬하게 매달아 놓는다. 마른 새끼줄처럼 자신은 쇠잔해가면서도 호박 넝쿨은 끈질긴 집념의 포복으로 길을 열어 공중에 호박덩이를 올려놓는다. 불가능을 모르는 호박 넝쿨은 시인에게 삶의 자세를 일깨워 주는 경외의 대상이 된다.

인용 시에서 체언 종결의 반복은 의미를 강조할 뿐만 아니라 리듬을 형성하여 단조로운 문장의 구성에 변화를 준다. 시인은 언어의 조직을 통해 함축적인 의미를 전달하며, 개성적인 리듬을 창출하고 있다. 이때의 리듬은 운이나 율과 같은 정형적인 운율과는 거리가 있다. 일반적으로 이것은 '내재율(內在律)'로 규정된다.

운율은 일반적으로 외형률과 내재율로 구별하는데, 외형률은 겉으로 드
러나는 일정한 규칙성이 있는 운율을 말하고, 내재율은 외형적인 규칙성
은 없으나 내용과 어울려 자연스럽게 돋아나는 운율을 말한다.[25]

운율에는 외재율과 내재율이 있다. 음수율, 음성률, 음보율 등은 외재율
의 종류들이다. 시조와 같은 정형시의 경우는 4음보 3행시의 외재율이 드
러나지만, 개성적인 호흡을 중시한 현대시의 경우에는 내면적 리듬을 창
조하고자 한 내재율에 치중하는 편이다.[26]

시는 운율에 따라 정형시, 자유시, 산문시 등으로 나뉜다. 정형시는 외
형률에 의존하고 일정한 형식적 틀을 지니며, 자유시는 내재율에 의존하
며 일정한 형식적 틀을 가지지 않는다. 또한 산문시도 내재율에 의존하며
자유시보다 더 형식적 틀에 벗어나 행이나 연의 구분이 없다.[27]

교과서는 운율을 외형률(외재율)과 내재율로 명확히 나누고 있다. 내재율
은 한자어의 조어(造語)에 알 수 있듯 외형률에 대한 대립적인 개념이다. 운
율을 둘로 구분 짓는 태도는 시를 정형시와 자유시로 분류하여 이들 시의
차이를 강조하려는 의도와 맞물려 있다. 그러나 자유시가 갖는 내재율에
대한 설명에는 허술한 점이 보인다. 인용문에서 내재율은 현대시의 운율로
외면상 드러나지 않는 불규칙적인 리듬으로 이해된다. 그러나 우리는 '내
용과 자연스럽게 돋아나는 운율'과 '개성적 호흡'이 무엇인지, 그것을 작품
에서 어떻게 찾을 수 있는지 알지 못한다. 모호하고 추상적인 특성으로 내
재율에 대한 학자의 견해 또한 분분하다.

내재율은 의미의 리듬 곧 의미율을 말한다. 겉으로는 소리의 조직을 갖

---

25) 김윤식 외 4인, 앞의 책, 175면.
26) 강황구 외 4인, 앞의 책, 114면.
27) 한철우 외 7인, 『고등학교 문학(상)』, 문원각, 2003, 66면.

고 있지는 않지만 시 속에 잠복해 있는 의미의 율동감이 바로 내재율이
다. 의미의 리듬은 우리 시에서 통사적 구성으로부터 오거나 최소한 그것
을 수반한다.[28]

　　내재율은 문맥의 의미, 정서의 기복, 구성의 전개 양상, 구문 구조 등과
같은 여러 요인에 의해 형성되는 심리적인 리듬이다.[29]

　　함축적인 의미가 비슷한 시어나 구절의 반복, 작품 내의 특정한 모티브
의 반복, 이미지들의 상호조응 등이 시의 내적 리듬으로 작용한다[30]

　내재율은 '의미의 리듬', '심리적인 리듬', '내적 리듬' 등으로 규정된다.
차이가 있기는 하지만 학자들은 내재율이 언어의 표면에 드러나지 않는
심리적이고 내적 속성을 지닌다는 사실에 동의한다. 하지만 연구자들이 밝
혀낸 내재율의 요인들은 모두 독자의 가시권에 있다는 점에서 반론의 여
지가 있다. 정한모는 내재율을 표현 안에 숨어 있어 밖에 나타나지 않는
리듬이라고 보지 않고, 개성적인 특성이 작품에 작용하여 이것이 밖으로
강하게 나타나는 리듬이라고 본다.[31] 밖으로 드러나는 개성적인 리듬으로
정의한다면 내재율은 용어를 잘못 사용한 경우가 된다.
　사실 외형률이니 내재율이니 하는 것은 다분히 상대적이고 편의적인 분
류 방식이다. 모든 유형화 작업이 그러하듯 운율의 분류는 각 작품의 개별

---

28) 시에서 통사적 구조의 반복이나 변형이 작품의 의미를 강조하거나 정서의 점진적 고양
　　을 보여준다(황정산, 앞의 논문, 35면). 황정산은 현대시에서 실현되고 있는 운율의 자
　　질을 통사적 차원, 음운적 차원, 음성적 차원 등 세 차원에서 논의하면서 내재율을 통
　　사적 차원에서 접근한다.
29) 강홍기, 『현대시 운율구조론』, 태학사, 1999, 42면 참조.
30) 백운복, 「현대 자유시의 리듬 연구」, 『한국문학이론과 비평』 10집, 한국문학이론과 비
　　평학회, 2001, 255~280면. 백운복은 현대 자유시의 리듬을 외현적 리듬소(운과 율격,
　　행과 연, 형태적 특질)와 내재적 리듬소(의미자질, 모티브, 이미지)가 반복과 병치 구조,
　　지속과 순환의 구조 등을 통해 복합적으로 실현된다고 본다.
31) 정한모, 『한국현대시의 정수』, 서울대학교 출판부, 1979, 3면.

적 특성을 두루 수렴하지 못하는 약점이 있다. 지금까지의 내재율에 대한 연구는, 내재율이라는 용어 그 자체에 매어 있어 그것에 대한 다양한 견해가 양산되는 듯하다. 작품을 앞세우고 시의 운율을 찾기보다는, 모호한 개념의 내재율을 앞에 두고 작품에서 그것을 추려내는 양상이었기 때문에 운율 연구는 언제나 허전함이 남는다. 그 개념이 불명확하여 그 실체를 나타내기 어렵다면 '내재율'에 집착할 필요가 없다. 그 유래조차 불투명한 용어를 중등학교 문학 교실에서 거론하는 일은 버려진 낡은 부품으로 새 기계 장치를 만들겠다는 것과 같은 과도한 욕심이다.

(3) 운(韻)에 관한 문제

① 일반적으로 운율은 압운(押韻, rhyme)과 율격(律格, meter)을 포괄하는 개념이다. 이 중 압운은 둘 이상의 시행에서 일정한 곳에 같은 운의 글자가 반복되어 나타나는 현상으로 그 위치에 따라 두운(頭韻), 요운(腰韻), 각운(脚韻) 등으로 구분되며, 한시나 영시에서 많이 볼 수 있다.[32]

② '운'이란 소리의 반복을 의미한다. '해야 솟아라 해야 솟아라'에서 'ㅎ'이 바로 '운'이다.[33]

위는 교과서에 제시된 '운'의 설명이다. ①과 ②를 비교해 볼 때, ①은 설명 내용이 불충분하다. '운'이 '소리의 반복'인 것은 사실이나, 소리의 고저·강약·장단 등과 같은 율격의 요소도 소리가 반복된다. 운과 율격은 시행에서 구현되는 소리의 현상이라는 점, 그리고 규칙성과 반복성을 갖는다는 점에서 같다. 그러나 율격이 소리의 시간적 질서 위에 나타나는

---

32) 김병국 외 4인, 앞의 책, 98면.
33) 한철우 외 7인, 앞의 책, 68면.

길이의 반복인데 비해, 압운은 일정한 위치에서 반복되는 규칙성이라는 점
에서 이 둘은 서로 다르다.34)

운이 지닌 가장 특징은 일정한 위치에서 특정 음운을 반복한다는 것이
다. 운은 흔히 반복되는 위치가 앞 중간, 뒤냐에 따라 두운(頭韻), 요운(腰韻),
각운(脚韻) 등으로 나뉜다. 두운은 여러 단어의 첫머리에서 같은 자음을 반
복하는 운이다. 이 운은 주로 고대 게르만어계의 시에서 사용되던 것으로
영시에서는 거의 나타나지 않는다. 각운은 시행의 끝자리에서 동일한 음을
반복하는 것으로 영국의 정형시나 중국의 한시에서 두드러진다. 영시에서
각운은 시행에서 마지막 악센트가 있는 모음과 자음을 반복하는 것이 특
징이다. 요운은 영시에서 말하는 '중간운(internal rhyme)'이다. 중간운은 시
행이 중간에 있는 음끼리 동일하게 반복하거나 시행의 중간에 있는 음과
시행의 끝에 있는 음이 같은 음으로 반복될 때 나타나는 운이다. 하지만
이 중간운은 영시에서 잘 사용하지 않는다.35)

두운, 요운, 각운 등은 어느 나라의 특정한 시 양식에서 두루 나타나는
현상이 아니다. 운의 분류는 이곳저곳에서 가져온 종합적인 이론이며, 시
론을 위한 편의적인 분류에 지나지 않는다. 하물며 우리의 고전시나 현대
시에서는 영시처럼 엄격한 규칙성의 운을 찾아볼 수 없다.36) 하지만 시에

---

34) 김대행, 『우리 시의 틀』, 문학과 비평사, 1989, 28면.
35) 본 지면에서 운에 대한 설명은 이숭원의 「시 교육에 도입된 이론적 지식의 몇 가지 오
　류」(『국어교육연구』 2집, 국어교육연구회, 1995)를 참조함.
36) 우리 시에서 각운 발달하지 못한 것은 한국어의 언어 체계상의 특징에서 연유한다. 우
　리말은 실질적 의미를 지닌 단어나 어간에 조사나 어미가 붙는 첨가어이며, 언어 구조
　상 서술어가 문장의 끝에 오게 된다. 따라서 각운의 자리에 조사나 서술형 어미가 오게
　되므로 그런 류의 형태소를 가지고는 각운 효과를 기대하기 어렵다. 또한 우리 전통시
　가는 그 음수율의 부정형(不定形)에서 암시하는 바와 같이 음절 의식이 철저하지 못하
　였다. 음영의 방법에서도 한국 시가는 가창을 전제로 창작되었기 때문에 음성 패턴보다
　는 선율이 두드러져 음성 상 기교인 운의 발달을 저해하였다. 김대행, 『운율』, 문학과지
　성사, 1984, 37~38면.

서 압운은 영시나 한시의 경우처럼 정형의 틀에 맞추어 냈을 때 성취의 쾌감을 느끼게 하고, 동일한 음의 동질성으로 하여 시행을 유기적으로 결속시킨다는 점에서 운은 미적 가치가 있다.[37] 그래서 작품의 유기성이나 음률적인 효과를 위해 압운을 구사하기도 한다.

> 나타샤를 사랑은 하고
> 눈은 푹푹 날리고
> 나는 혼자 쓸쓸히 앉어 소주를 마신다
> 소주를 마시며 생각한다
> 나와 나타샤는
> 눈이 푹푹 쌓이는 밤 흰 당나귀를 타고
> 산골로 가자 출출이 우는 깊은 산골로 가 마가리에 살자
>
> — 백석, 「나와 나타샤와 흰 당나귀」의 2연

이 시에선 행의 어두에서 'ㄴ'음이 반복되어 두운을 형성한다. 행의 말미에선 "하고", "날리고", "타고" 등에서 'ㅗ'의 모음이 그리고 "마신다", "생각한다", "살자" 등의 시어에서 'ㅏ' 모음이 각운을 이루고 있다. 그러나 이것은 두운이고, 저것은 각운이라는 인식은 너무나 단순하고 형식적이어서 작품을 이해하는 데에 별 도움이 되지 않는다. 사실 'ㄴ'의 두운은 '나'나 '눈'이라는 음절의 반복에서 나타난 현상이고, 'ㅗ'나 'ㅏ'의 각운도 '고'나 '다'라는 음절의 반복에 지나지 않는다. 압운은 음운의 반복이지만, 형태론의 측면에서 보면 음절의 반복이라는 점에서 겹치기도 한다.

음운의 단위로 보면, 이 작품은 "나타샤", "사랑", "소주", "산골" 등의 시어에서 자음 'ㅅ'이 되풀이되고, 마지막 행에서 '가자', '깊은', '산골', '가', '마가리' 등에서 'ㄱ' 음이 반복되는 것을 엿볼 수 있다. 그러므로 운

---

37) 김대행, 앞의 책, 30면 참조.

의 이론에서 두운, 요운, 각운 등의 명칭은 중요하지 않다. 실제 작품 읽기
에서 강조되어야 할 점은, 어떤 소리의 자질을 가진 음운이 어떻게 실현되
고 있느냐 하는 것이다.

이 시는 'ㄴ', 'ㄹ'의 부드러운 울림소리가 이어지지만, "나타샤"의 'ㅌ',
'ㅅ', "푹푹"의 'ㅍ', "출출이"의 'ㅊ'의 날카롭고 거센 소리가 나타나면서
강한 느낌을 준다. 울림소리와 안울림소리의 어울림은 화자의 외로움과 그
리움이라는 복합적인 정서를 나타내는 데에 기여한다. 화자는 눈이 푹푹
내리는 날 환상적인 분위기에 젖으며 연인을 그리워한다. 그는 비록 혼자
소주를 마실 만큼 외롭지만 연인과 함께 산골로 가 살 것이라는 달콤한 꿈
을 꾼다. 백석의 「나와 나타샤와 흰 당나귀」는 눈 내리는 날 느끼는 화자
의 고독과 환희를 음운의 반복과 대비를 통해 효과적으로 나타내고 있다.

꽃가루와 같이 부드러운 고양이의 털에
고운 봄의 향기가 어리우로다.

금방울과 같이 호동그란 고양이의 눈에
미친 봄의 불길이 흐르도다.

고요히 다물은 고양이의 입술에
포근한 봄의 졸음이 떠돌아라

날카롭게 쭉 뻗은 고양이의 수염에
푸른 봄의 생기가 뛰놀아라.

— 이장희, 「봄은 고양이로다」(1924)

동일한 통사 구조를 반복하고 있는 이 시는 고양이의 외양을 통해 봄의
정취를 표현하고 있다. 시인은 한 연을 두 행으로 하고, 고양이의 털, 눈,

입술, 수염 등에서 봄에 대한 정감을 이끌어 내고 있다. 각 행의 첫 번째 행은 '에'로 끝맺고, 두 번째 행은 'ㅏ' 모음의 종결을 보인다. 또한 같은 위치에서 주격 조사의 조건에 맞게 '이' 또는 '가'를 반복해 쓰고 있다. 이렇게 이 작품은 언어를 규칙적으로 배열하는 과정에서 압운이 형성되고 있다.

이장희의 「봄은 고양이로다」는 연상의 작용을 통해 우리가 미처 발견하지 못한 신선한 감각을 불러일으킨다는 점에서 주목할 만하지만, 운의 형성이 작품의 예술성에 기여하는 바는 그다지 크지 않다. 운보다는 비음과 유음과 같은 울림소리의 반복이 봄의 포근하고 따뜻한 이미지와 어울려 리듬의 효과를 자아낸다. 이 작품의 경우, 의도적으로 비슷한 문장을 나열하면서 운이 만들어졌다고 볼 수 있다. 운에 대한 지나친 의식은 소리와 의미 간에 불협화음을 초래하기도 한다.

모란꽃 이우는 하얀 해으름

강을 건너는 청모시 옷고름

仙桃山
水晶그늘
어려 보라빛

모란꽃 해으름 청모시 옷고름

— 박목월, 「모란여정(牧丹餘情)」, 『산도화』(1955)

이 시는 4음보의 율격을 갖추며, 2음절과 3음절의 말을 반복한다. 각 연은 명사형으로 종결되는데, 3연을 제외하고는 모두 '름'으로 끝난다. 여기선 'ㅁ'의 각운이 나타난다. 울림소리로 결합된 '름'은 어감 상 잔잔한 여운을 남기고, 평온한 느낌을 준다. 이 작품은 소리의 조직을 통해 환상적이고 신비스러운 분위기를 연출하는 데에 초점이 맞춰져 있다. 하지만 소리가 의미와 긴밀하게 결속되지 못해 작품의 내용이 모호한 느낌을 준다.

1연에서 "해으름"은 불명확한 시어다. 사전에 '해으름'이란 말은 존재하지 않는다. 형태가 유사한 말로 '해거름'이나 '어스름'은 찾아볼 수 있다. 해거름은 해가 서쪽으로 넘어가는 일 또는 그런 때를 가리키고, 어스름은 빛 따위가 어둑하고 침침한 상태를 일컫는다. 이를 종합해 보면, '해으름'은 '해가 질 때의 어스름한 상태나 그러한 때'로 짐작된다. 그러나 이렇게 의미를 유추하더라도 '해으름' 앞의 '하얀'은 모호하다. 하얀 색채를 하얀 모란 꽃이 떨어질 때의 어스름한 빛이라고 추측하더라도 그 의미는 막연하다.

2연은 생략이 심하다. "청모시 옷고름"은 가볍고 고운 모시를 입은 여인을 떠올리게 한다. 청모시에서 청초하고 시원한 이미지가 연상되고, 옷고름에선 모시옷을 곱게 차려입은 한국 여인이 그려진다. 강을 건너는 것은 옷고름이 아니라 사람이고, 그 사람은 청모시로 짠 옷을 입고 옷고름을 하늘거리며 강을 건너는 처녀다.

그런데 3연은 시상의 흐름에서 벗어난다. 선도산은 현실에 존재하는 산이 아니다. 시인이 상상 속에서 찾아놓은 이상향이다. 신선이 살 것 같은, 환상적이고 신비스러운 산이다. 그 산에 수정처럼 맑고 깨끗한 그늘이 어려 보이는데, 그 빛은 보랏빛이다. 이것은 3연 자체에서 해석되는 문맥이다. 이 연에서 '보랏빛'은 아름다움의 그 자체로 보더라도 모호한 느낌은 피할 수 없다.[38]

---

38) 보랏빛이 나오는 「모란여정」의 3연은, 「선도산하(仙桃山下)」의 1연에서도 나타난다. 박목월은 개인적으로 보랏빛을 선호한다. 그는 『보랏빛소묘』(1958)라는 수필집을 낸 바 있고, 그리고 시집 『산도화(山桃化)』(1955)에서 "仙桃山/ 水晶그늘/ 어려 보랏빛"(「선도산화」), "山은/ 九江山/ 보랏빛 石山(「산도화1」)", "石山에는/ 보랏빛 은은한 기운이 돌고

「모란여정」은 4연에 제시된 것과 같이 '름'이라는 음절에 초점을 두고 "모란꽃 해으름"과 "청모시 옷고름"이라는 유사한 구절을 반복한다. 이 시는 정서가 아른거리는 꿈의 세계[39]로써 환상적이고 미적인 공간을 창출했다는 데에 의의가 있지만, 소리와 의미가 균형을 이루지 못한 것이 흠이다. 의미의 불투명함이 시의 미덕일 수는 없다. 시는 의미를 확충하도록 소리를 작품 속에 조직한다.[40]

인용된 세 작품에서는 한국시에서 찾아보기 힘들다는 운이 나타나고 있다. 우리말이 갖는 특수한 조건 속에서 작품의 정서에 맞게 운을 살려 쓴 작품은 많지 않다. 학습자가 이를 알고 공부하는 것도 시의 매력을 즐기는 일이 될 것이다. 연구가 아닌 즐김이 문학 감상의 바른 방향이라면 '운'이라 용어에서 벗어나 소리의 어울림이나 그것의 효과에 귀 기울이는 자세가 필요하다.

(4) 율(律)에 관한 문제

① 특정한 위치에서 글자의 수, 높낮이, 길이, 강약, 음보 등 소리의 자질이 반복되는 것을 율(meter)이라고 한다.[41]

② '율'은 리듬의 반복이다. 소리의 높낮이가 반복되는 음성률(영시나 한시), 일정한 위치에서 운이 반복되는 음위율, 자수가 반복되는 음수율, 한 번 호흡할 동안 띄어 읽는 횟수가 반복되는 음보율 등이 있다.[42]

(「산도화 2」)" 등과 같이 보랏빛이라는 말을 즐겨 사용한다. 보랏빛은 억압된 현실에서 시인이 갈망하는 아름다움의 세계로 해석할 수 있다. 하지만 「모란여정」의 '보랏빛'은 작품 내 시의 의미에 크게 기여할 만한 요소가 되지 못하고, 여러 작품에서 유사한 의미로 사용되어 시의 완결성에 흠이 되고 있다.
39) 박목월, 『보랏빛 소묘』, 신흥출판사, 1958, 83면.
40) 오규원, 『현대시작법』, 문학과지성사, 1990, 390면.
41) 강황구 외 4인, 『고등학교 문학(상)』, 상문연구사, 114면.

율(律, meter) 곧 율격은 소리의 높낮이, 길이, 세기 등과 같은 소리의 양식을 일정한 거리를 두고 반복함으로써 생성되는 운율이다. 어떤 위치에 구애를 받지 않으며, 운율을 수량으로 표시할 수 있다는 점에서 율격은 운과 차이가 있다. 따라서 율의 설명에서, '특정한 위치'를 강조하는 ①의 언급은 적절하지 못하다.

②는 율을 '리듬의 반복'이라고 말하는데, 이는 율격의 정의가 되지 못한다. 시에서 반복한 것은 리듬이 아니라 말이다. 말을 반복하여 리듬을 만든다. 인용문에서는 반복되는 대상을 소리의 높낮이, 운, 음절의 수, 음보 등으로 보며, 율격을 음성률, 음위율, 음수율, 음보율 등으로 분류한다. 여기서 '음위율'은 운을 두고 이른 운율이므로 율격의 분류에 들 수 없다. 그리고 '음성률'은 시론에서 보편적으로 쓰는 용어가 아니다. 율격은 보통 고저율, 장단율, 강약률 등으로 세분화된다. 고저율은 소리의 높낮이가 교체 반복되는 운율으로 중국의 한시에서 볼 수 있다. 장단율은 소리의 길고 짧음이 규칙적으로 반복되는 것으로 고대의 희랍 시나 로마 시에서 나타난다. 강약률은 영시에서 주로 쓰이는데 강세가 있는 음절과 없는 음절이 규칙적으로 반복하면서 나타나는 운율이다.

그런데 한국시에는 이 같은 율격은 나타나지 않는다. 우리 시의 율격은 일정한 음절의 수를 반복하는 음수율(音數律)이 두드러진다. 음수율은 고려속요, 경기체가, 시조, 가사, 민요 등의 고전시가나 현대시 등에 두루 나타나고 있다. 우리시의 음수율은 2·3조, 3·3조, 3·4조, 4·4조, 3·3·2조, 3·3·3조, 3·3·4조 등으로 구분된다. 그러나 음절 계산으로 시 장르의 특징이나 미적 가치를 충분히 기술할 수는 없다. 음수율 상, 우리 시가는 3·4조나 4·4조가 두드러지는데, 이것은 특별한 이유가 있어서가

---

42) 한철우 외 7인, 앞의 책, 66면.

아니라 우리말의 고유 특질 때문이다. 우리말은 첨가어이기 때문에 2음절, 3음절의 체언과 용언과 용언에 조사나 어미가 붙어서 한 어절이 대개 3음절 내지 4음절이 된다. 그래서 실질적으로 우리 시가의 한 행을 이루는 음절수는 가변적이고 다양하기 때문에 음수율 또한 큰 의미를 갖지 못한다.

현대시에서도 음수율로 정형화된 율격을 보이는 경우는 많지 않다. 그래서 음수율이라 율격은 우리 시의 운율적 특징을 제대로 설명하지 못한다는 비판을 받고 있다. 이에 따라 정립된 운율 개념이 음보율(音步律)이다. 이 율격은 음보의 수의 반복에 의해 생기는 운율이다.

> 이 밖에도 음절 발음 시간의 등장성(等長性)을 기준으로 하는 음보(音步, foot)가 있다.[43]

> 현대시에서도 의미나 형태에서, 하나의 쉼과 쉼 사이의 한 주기로 의식되는 길이의 단위를 음보로 본다.[44]

> 율격을 구성하는 기본적인 단위를 '음보(音步, foot)'라고 하는데, 하나의 음보는 규칙적으로 반복되는 한 묶음의 음성 요소로 이루어진다.[45]

위의 세 진술은 의미에는 별 차이가 없지만 하나의 성질에 대해 다르게 말하고 있다. 또 그 설명은 어린 학습자가 이해하기는 쉽지 않다. '시간의 등장성(等長性)'은 시행을 읽을 때 걸리는 시간이 같다는 뜻이다. 비슷한 시간의 길이를 지닌 소리의 마디가 음보[46]다. 음보는 응집력이 있는 단어의

---

43) 김병국 외 4인, 앞의 책, 98면. 김대행 외 2인, 앞의 책, 122면.
44) 박경신 외 3인, 『고등학교 문학(상)』, 금성출판사, 2002, 109면.
45) 박갑수 외, 앞의 책, 113면.
46) '음보(foot)'는 본래 영시의 율격인 강약률의 기본 단위로, 이는 우리의 음보 개념과는 다르다. 영시에서는 음보(foot)는 강세 곧 소리의 강약의 패턴에 따라 음절을 기층으로 하여 설정한 것이다. 서구시의 음보율은 강한 소리와 약한 소리의 교체를 바탕으로 하는 강약율에 의한 율격이다. 한국어는 소리의 강약이 변별적 자질로 기능하지 않는다.

무리[47]로 이루어지며, 이를 반복하여 음보율을 형성한다. 이때 한 단어군은 다른 단어군과 마찬가지로 비슷한 음량을 지니며, 단어군과 단어군 사이에는 호흡의 빈틈이라 할 '쉼[休止]'이 생긴다.

> 내 마음 속 우리 님의 고운 눈썹을
> 즈믄 밤의 꿈으로 맑게 씻어서
> 하늘에다 옮기어 심어 놨더니
> 동지 섣달 날으는 매서운 새가
> 그걸 알고 시늉하며 비끼어 가네

— 서정주, 「동천」

위의 시는 한 행을 3마디로 끊어 읽을 수 있다. 3음보격으로 보는 근거는 행의 길이가 일정한 상황에서 한 행이 대체로 세 번의 휴지를 갖기 때문이다. 가령 "내 마음 속 우리 님의 고운 눈썹을"은 문법적인 어절이나 의미의 응집력에 비춰 볼 때 '내 마음 속∨우리 님의∨고운 눈썹을∨'와 같이 쉼을 두고 읽는 것이 자연스럽다. 이 시는 호흡의 길이가 동일한 단어군이 형성되어 휴지가 매 행마다 일정한 길이로 나타난다. 율독에서 특히 고려되는 휴지는 끊어 읽기 위해 필요한 단순한 쉼이 아니다. 이것은 호흡의 길이나 작품의 의미에 영향을 미치어 음보를 생성하는 데 바탕이 된다.

> 머언 산 청운사(靑雲寺)
> 낡은 기와집

이 때문에 한국시에서는 서구의 음보율은 찾아볼 수 없다. 우리 시에서 음보는 통사적 긴밀성을 고려한 자연스러운 호흡 단위라는 비교적 넓은 개념에서 사용되고 있다. M.H. Abrams, 최상규 역, 앞의 책, 161~168면. 한수영, 「현대시의 운율 연구 방법에 대한 검토」, 『한국시학연구』 14호, 한국시학회, 2005, 78면.

47) John Lozt, *Style in Language*, The M.I.T Press, 1968, pp.135~148.

산은 자하산(紫霞山)
봄눈 녹으면

느릅나무
속잎 피어나는 열두 굽이를.

청(靑)노루
맑은 눈에

도는
구름.

— 박목월, 「청노루」

이 시는 서정주의 「동천」과 달리 행의 길이가 일정하지는 않으나 음보율로 보면 네 마디의 단위로 끊을 수 있다. 그래서 4음보의 율격으로 호흡을 맞추면, 이 시는 아래와 같이 네 행으로 구성된다.

```
(1연)     머언 산 / 청운사   / 낡은    / 기와집      //
(2연)     산은     / 자하산   / 봄눈    / 녹으면      //
(3연)     느릅나무/ 속잎     / 피어나는/ 열두 굽이를 //
(4·5연)  청노루   / 맑은 눈에/ 도는    / 구름        //
```

한 음보는 2음절, 3음절, 4음절, 5음절 등으로 다양하게 되어 있으나, 동일한 시간적 길이로 율독할 수 있다. 율격의 단위를 음보로 설정하면, 음절 수에는 차이가 있어도 한 행 안에 음보 수는 동일하게 조정된다. 가령이 시에서 3연은 다른 연에 비해 음절 수가 많지만, 빠르게 읽어 4음보의 동일한 음량에 맞출 수 있다. 반대로 4연과 5연은 천천히 읽어 4음보의 호흡에 보조를 맞춘다. 그래서 빠른 호흡으로 읽히는 4연은 열두 구비의 길

을 청노루가 급히 내려오는 듯한 모습을 떠올리게 하게, 느린 호흡의 4연
과 5연은 움직이던 청노루가 멈춰 서서 지그시 하늘을 쳐다보는 모습을
보여준다. 특히 5연은 실제 청노루의 눈에 구름이 비춰서 돌고 있는 듯한
인상을 준다.48)

음보율은 음절 수가 어떻든 간에 음보 수를 고정시킬 수 있다. 어떤 행
이 평균적인 음보 수에 못 미치면 실제 낭독 과정에서 장음화하거나 긴 휴
지를 설정하여 읽고, 반대로 행이 지나치게 길어지면 그 행을 빨리 읽어
기본 음보에 맞춘다. 음보율의 가장 큰 문제는 이렇게 낭독자가 음량의 길
이를 마음대로 조절할 수 있다는 데 있다. 이를테면 「청노루」의 1연은 2음
보로 하여 '머언 산/ 청운사// 낡은/ 기와집'으로 끊을 수 있고, '머언 산/
청운사/ 낡은 기와집'와 같이 3음보로 분석할 수 있다. 음보의 구획은 분석
자의 주관적 자의가 개입될 여지가 많다는 데에 문제가 있다.

운율을 음보율로 재단하기 난감한 데에는 판독자의 주관 외에 현대시
그 자체의 성격도 한몫한다. 현대시는 정형화된 율격에 치중하지 않기 때
문에 음보율이 엄격하게 적용되는 경우는 드물다. 오늘날의 자유시는 3음
보나 4음보 같은 고정된 율격에 갖지 않으며, 음수율이나 음보율과 같은
외형률에 의존하지 않는다. 특히 산문시는 율격에서 완전히 이탈된 느낌을
준다. 따라서 기존의 운율 혹은 율격이라는 용어로써는 현대시의 음악성을

---

48) 김종길은 음수율에 주목하여 2·3조의 반복과 변이로 이 작품을 분석한 바 있다. 그의
설명에 따르면, 3연의 "속잎 피어나는"과 5연의 "도는/ 구름"에서 '속'과 '도'는 각각
장음으로 발음되어 3·2조로 곧 2·3조를 뒤집어 놓은 변조가 된다. "피어"는 2박자로
빨리 낭송됨으로써 청노루가 빨리 내려오는 느낌을 주고, "도는/ 구름"은 두 행으로 나
뉘져 실제 청노루 눈에 구름이 도는 듯한 인상을 준다(김종길, 「시의 언어」, 앞의 책,
30~31면). 하지만 그의 이론대로라면 이 시는 1, 2연에서 느리게 읊조리다가 3연에서
갑자기 빨리 낭독하고 다시 4, 5연에서 느리게 읽어야 하는 어색함이 있다. 이런 상황
은 4음보율의 적용에서도 마찬가지다. 고정된 율격에 맞추기 위해 긴 음절의 어휘를 짧
은 음절의 음량으로 읽고, 반대로 짧은 음절을 길게 읽는 것은 자연스런 시 읽기를 방
해한다.

온당하게 규명하지 못한다.

운율은 시를 운문으로 존재하게 하며, 다른 구성 요소들과 결합하여 시적 효과를 갖는다. 시에는 노래와 같은 음악적 성질이 있으나 노래는 아니다. 시에는 운율이 두드러지는 시가 있는가 하면 산문시와 같이 운율이 미약한 시도 있다. 운율감이 떨어진다고 해서 시로서 생명이 다하는 것은 아니다. 운율은 어디까지나 비유 등과 함께 시의 성질을 부여하는 요소일 뿐이다.

교과서는 운과 율의 합성된 개념으로 운율을 보는데, 이러한 정의 방식으로는 현대시의 자유로운 속성을 합당하게 설명하지 못한다. 운은 그것이 놓이는 자리에 따라 두운, 요운, 각운으로 구별하는데, 이러한 분류는 실제 작품 감상에서 아무런 의미가 없다. 율격 이론의 하나인 음수율은 예외가 많고, 음보율은 자의적 주관이 개입할 우려가 있다. 두 운율론은 외형상 드러나는 규칙성을 중시하기 때문에 불규칙인 성향이 강한 현대시에는 맞지 않다. 따라서 음수율과 음보율은 시의 운율을 결정하는 절대적인 척도가 아닌 하나의 이론으로 보아야 한다.

현대시의 운율로 치부되는 내재율은 그 개념이나 유래가 불명확한 용어다. 숨어 있는 개성적인 리듬이라는 말 자체가 내재율에 대한 다양한 접근을 열어놓아 학습자를 혼란스럽게 한다. 따라서 내재율을 외형률과 구분하여 현대 자유시의 운율로 보는 관점은 재고되어야 하며, 내재율이라는 용어에 매여 있기보다는 작품에서 구문의 조직이나 분행이 어떤 효과를 갖는지 살피는 것이 바람직할 것이다.

넓은 개념에서 운율은 언어에 의해 구체화된 소리의 조직이다. 이때 소리는 말을 이루는 모든 성분들을 포함한다. 분행과 분연 및 이에 따른 휴지, 문장부호의 사용, 문자의 형태와 배열 등도 작품의 의미와 정서에 기여할 때 운율로 작용한다. 소리 현상들의 전반에서 리듬을 정의하면 운이나 율격의 규칙성 그리고 자유시의 불규칙성을 모두 포용할 수 있다. 운율을 운과 율로 못박아두면 시를 밀폐된 울타리에 가두고, 과거의 관념으로 현대시를 품평하는 잘못을 범할 수 있다. 따라서 운율은 명칭이 갖는 허울에서 벗어나 시의 본질적인 특성을 이해하는 측면에서 접근해야 할 것이다.

2 운율의 교수·학습

시는 작가의 생각과 감정을 운율이 있는 언어로 압축하여 표현한 문학이다. 이것은 시에 대한 교과서적인 정의다. 시를 정의할 때 운율은 빠짐없이 등장한다. 시는 전체적으로 리듬에 의존하여 창작된다는 점에서 소설, 수필 등과 같은 산문 문학과 구별된다. 운율이 시에서만 나타나는 고유 현상은 아니지만, 어떤 작품을 시라고 할 때 시로 보는 근거가 된다. 언어에 음악적 리듬을 부여하여 의미를 되살리고, 말소리의 아름다움을 독자에게 전하는 것은 운율의 자리다.

그러나 현장에서 운율의 교수·학습은 운율이 갖는 역할이나 중요성에 발맞추지 못하고 있다. 시 교육에서 운율은 아직까지도 운(韻)과 율격(律格)의 합성 명사로 내재율과 외형률로 나뉜다는 설명으로 거의 공식화되어 있다. 고등학교 국어 책에 실린 김소월의 「진달래꽃」에서, 교사는 3음보, 7·5조의 음수율, '다'의 각운 등의 운율을 추출한다. 친절한 교사는 빗금을 그어 가며 3음보의 율격을 확인해 주고, 고려 속요인 '가시리'나 '아리랑'이라는 민요와 비교하며 3음보가 민요조임을 일러준다. 젊은 교사는 대중가요를 들려주며 시의 음악성을 지적하거나 시를 산문으로 풀이해 이 둘의 차이점으로 시의 운율을 설명하기도 한다. 어떤 교사는 아예 운율을 빼먹기도 한다.

학계에서는 오랫동안 운율에 대해 매달렸지만 아직까지도 합의점에 이르지 못하고 있다. 그간의 운율 연구는 서구의 이론에 경도되어 한국시 고유의 특질을 온당하게 살피지 못하였고, 학자마다 견해가 달랐다. 문학교실에서는 운율에 대한 단편적인 지식을 전수받고, 그 이론에 맞춰 작품에서 운율을 도려내는 작업이 이루어졌다. 그래서 학생들은 교과서나 학습서의 설명에서 시에 운율이 있다는 것을 인지하면서도 정작 시 감상에선 운율을 느끼지 못한다.

시 교육에선 운율에 대한 이론적 설명보다는 시어의 언어적 특성으로 운율을 지도하는 것이 중요하다.[49] 그동안 현장에서 운율 교육은 지나치게 용어의 개념에 짓눌러 실질적인 문학 감상을 도외시하였다. 여기서는 운과 율이라는 개념보다 소리의 구조라는 언어적 특성에 주목한다. 소리의 규칙적이고 반복적인 양상에 국한하지 않고 시에 미학적으로 조직된 모든 소리의 요소들을 운율로 본다.[50]

이 글은 운율론이 분류학이기보다는 미학이 되어야 하고, 시 일반론보다는 작품론이 되어야 한다[51]는 관점에서 개별 작품을 중심으로 운율이 작품에서 어떤 효과를 갖는지 살핀다. 운율이 시에 미치는 영향으로 음악적 효과, 감각적 효과, 정서적 효과, 시적 효과 등을 제시한다. 그리고 이 운율의 효과를 중심으로 시의 운율을 어떻게 가르쳐야 할지 그 해법을 찾고자 한다.

---

49) 윤여탁·최미숙·유영희, 『시와 함께 배우는 시론』, 태학사, 2002, 86~87면 참조.
50) 중등학교의 시 교실에서는 운율을 협의의 개념으로 보고 있다. 운율을 운과 율의 합성으로 보며 전자는 두운, 요운, 각운 등으로 나누고, 후자는 고저율, 장단율, 강약률, 음보율 등으로 세분화하기도 한다. 그러나 이러한 운율 이론은 분명한 한계가 있고, 무엇보다 현대시의 불규칙적이고 자유로운 성격을 수렴하지 못한다는 데에 결점이 있다. 그러므로 시의 운율은 소리의 질서와 조직이라는 넓은 개념으로 바라볼 필요가 있다.
51) 김창원, 「운율을 어떻게 가르칠 것인가」, 김은전 외, 『현대시교육론』, 시와시학사, 1996, 268면.

(1) 운율의 효과

❶ 음악적 효과

운율은 기본적으로 같은 소리를 반복하는 데에서 생긴다. 시는 음운, 음절, 단어, 구절, 행, 연 등을 비롯하여 통사 구조, 단어군, 글자 수 등을 반복하여 운율을 형성한다. 반복은 시의 리듬을 생성하는 근원이며, 음악적 효과를 자아내는 바탕이 된다. 이런 점에서 시는 음악적 성질을 갖는다. 7차 고등학교 국어 교과서는 시의 아름다움을 실현하는 요소로 음악성, 형상성, 함축성 등의 세 가지를 드는데, 음악성에 대해 아래와 같이 개괄한다.[52]

> ■음악성 : 시어가 잘 다듬어진 형태 속에서 운율과 같은 음악적 자질을
> 최대한 발현할 때 시의 아름다움이 실현된다.

글에서 "운율과 같은 음악적 자질"은 맞는 말이지만, 운율이 어떤 점에서 음악적 자질을 갖는지는 알 수 없다. 시에 음악성이 있다는 것은, 일차적으로 음악이 갖는 특성을 시라는 문학이 갖는다는 것을 말한다. 이때 음악이 갖는 특성은 리듬을 두고 이른 것이다. 음악에서 리듬은 음표의 장단, 음의 센 여림, 음색(音色), 템포 등으로 진행되는 일련의 과정이다. 실제 연주에서는 음향과 박자로 음악의 리듬이 생성된다. 문학에서의 리듬은 이러한 음악의 리듬에 따라 갈 수 없다. 하지만 음악에서 보여주는 음의 규칙적인 연속이나 질서감은 언어의 조형으로 흉내 낼 수 있다.

시는 특정한 소리를 규칙적으로 반복하여 음악이 갖는 효과를 갖는다. 음절 수를 조정하고 호흡의 길이를 일정하게 하여 음악에서 말하는 박자

---

52) 서울대학교 국어교육연구소 편, 『고등학교 국어(하)』, 두산, 2002, 238면.

를 조성한다. 이렇게 리듬에 맞추어 언어를 배치하면 노래와 같이 율독하기 좋고, 내용을 기억하는 데에도 수월해진다. 의미의 빠른 숙지와 전파는 시의 리듬이 갖는 대표적 기능이다. 리듬은 언어의 효과적인 이해와 표현 외에 부가적으로 말의 가락에 맞춰 읊조리는 미적 쾌감을 준다. 다음의 시는 이러한 점에서 음악적 효과를 잘 구현한 시라 할 수 있다.

> 가시내두 가시내두 가시내두 가시내두
> 콩 밭 속으로만 작구 다라나고
> 울타리는 막우 자빠트려 노코
> 오라고 오라고 오라고만 그러면
>
> 사랑 사랑의 석류꽃 낭기 낭기
> 하누바람 이랑 별이 모두 웃습네요
> 풋풋한 山노루 떼 언덕마다 한 마릿식
> 개고리는 개고리와 머구리는 머구리와
>
> 구비구비 江물은 西天으로 흘러나려……
>
> 땅에 긴긴 입맞춤은 오오 몸서리친
> 쑥니풀 질근질근 이빨을 히허여케
> 즘생스런 우슴은 달드라 달드라 우름가치
> 달드라

— 서정주, 「입맞춤」(1941)

　이 시는 석류꽃이 핀 어느 시골을 배경으로 남녀가 벌이는 입맞춤을 시화하고 있다. 별이 보이고 바람이 불어오는 어느 밤에 남녀가 콩밭 주위에 누워 달콤하고 진한 키스를 나눈다. 1~3연은 키스하는 정황이고, 4연은 입을 맞춘 남성 화자의 감정 표현이다. 한 행은 4음보의 규칙적인 율격으로 구성하고, 주로 3음절 내지 4음절의 어휘를 사용한다. 어휘에서, '가시내두', '오라고', '사랑', '낭기', '개고리', '머고리', '달드라' 등의 말들을 반복한다. 질서정연한 시행의 배치와 단어의 반복은 화자의 가쁜 숨결에 맞는 속도감 있는 리듬을 형성하고 육체적 사랑의 환희를 나타낸다. 1연에서 1행의 "가시내두 가시내두 가시내두 가시내두"는 반복이 갖는 음악적인 율동감로 인해 독자가 마치 가시내가 되어 화자의 목소리를 듣는 듯한 느낌을 준다. 가시내는 '계집애'에 대한 속어지만 화자는 이 말을 네 번이나 되풀이하면서 가시내의 성적 유희에 이끌려가는 즐거움을 넌지시 나타낸다.

2연은 가시내와 입을 맞추는 상황에서 화자가 보고 들은 자연물이 나열된다. 화자는 자신의 사랑이 붉고 탐스런 석류꽃이나 서쪽에서 선선히 불어오는 하늬바람 그리고 자신의 눈에 비치는 별보다도 좋은 것이라 여긴다. 5행의 "사랑 사랑의 석류꽃 낭기 낭기"는 가시내가 저돌적으로 키스를 한 순간 느낀 화자의 마음을 보여준다. 특별한 의미를 있다기보다는 입맞춤의 전율감을 'ㅇ'음의 반복으로 표현하고 있다. 시인이 나무를 '낭기'라 한 것은 '사랑'의 'ㅇ'음에 맞추기 위한 배려로 보인다. 'ㅇ'음은 발음하기 쉬운 好調音(euphony)로 그것의 반복은 화자의 즐거운 기분을 말해준다. 화자의 성적인 쾌감은 개굴개굴 울어대며 짝짓기 하는 개구리의 교미로 이어진다. "개고리는 개고리와 머구리는 머구리와"에서 '머구리'는 개구리 혹은 개구리 중 참개구리를 지칭하는 방언이다. 이 시 구절은 유성음으로 결합된 '리' 음절을 일정한 위치에 놓고, 동일한 어구를 반복한다. 그리하여 흥겨운 음악성을 부여하고, 화자의 도취된 기분을 효과적으로 전달한다.53)

---

53) 이남호, 『서정주의 화사집을 읽는다』, 열림원, 2003, 51면 참조.

　2연까지 흥분된 감정은, 한 행으로 처리하여 긴 휴지를 갖는 3연에서 가라앉는다. "구비구비 강물은 서천으로 흘러나려……"는 음질이 부드러운 유음과 여운을 남기는 말줄임표로 빠른 호흡의 템포를 늦추고, 강물이 유유히 흘러가는 모습을 재현한다. 강물이 서쪽 하늘로 흘러가는 형상은 입맞춤이 시간적으로 길게 이어졌음을 말해주는 한편 성적 쾌감의 절정에서 사정된 후의 나른하고 몽롱한 화자의 의식을 보여준다.

　화자는 너무나 갑작스럽게 일어난 이 날의 일을 잊지 못한다. 4연은 화자가 가시내와의 정사를 상기하며 그 때의 기분에 젖어드는 것을 표현한다. 이 연에서 한 음절의 말을 두 음절로 확장시킨 "긴 긴"과 "오오"는 이러한 감정을 잘 보여준다. 4연에서 두드러진 'ㅊ', 'ㅋ', 'ㅍ', 'ㅃ', 'ㅆ' 등의 거칠고 센 음들은 이들의 육체적 접촉이 격렬했음을 간접적으로 암시한다. 그러면서 'ㄹ'이 반복되는 '달드라'라는 단어를 통해 화자는 그녀와의 정사가 달콤하고 황홀했음을 표출한다. "즘생스런 우슴은 달드라 달드라 우름가치 달드라"에서 '우슴'과 '우름'을 연결시킨 것은 웃는 것인지 우는 것인지 알 수조차 없는 고조된 성적 흥분 상태를 잘 전달한다. 화자는 입맞춤이 끝난 이후에도 그 황홀경에서 좀처럼 벗어나지 못하고 있는 것이다.[54]

　서정주의 「입맞춤」은 운율이 두드러지는 시다. 어휘의 반복, 통사구조의 반복과 변조, 자·모음의 배치, 4음보의 규칙적인 율격, 음절의 확장 등의 음성조직이 뜻을 압도해 시의 의미와 정서를 이끌어간다. 때문에 작품의 뜻이 파악하기도 전에 율독하는 순간 소리의 아름다운 선율이 강하게 와닿는다.[55]

---

54) 이남호, 앞의 책, 52면.

55) 고형진은 김소월의 「진달래꽃」, 「가는 길」 등의 시를 살피면서 소리 자질의 아름다움에 주목한 바 있다. 그는 김소월을 우리말의 소리 조직을 잘 살려낸 시인으로 보며, 소월의 시는 소리 자질의 강력한 호소력으로 뜻을 파악하기 이전 낭송되는 순간에 시의 아

❷ 정서적 효과

현대시는 기본적으로 행과 연을 운율적 요소로 한다. 산문은 줄글로서 전언이 계속 이어지나 시는 한 행을 짧게 구성하며 행을 나눈다. 행을 나누지 않는 산문시의 경우, 한 덩이의 토막글로 이루어지고 보통 3면 이상의 지면을 차지하지 않는다. 크게 보면 산문시는 한 개의 연으로 이루어진 시라 할 수 있다. 시는 음절수와 음보를 조절하여 행을 구성하고, 이 행을 편성하여 연을 갖춘다.

현대시에서 행과 연은 의미의 단위이며 리듬의 단위다. 특히 시행은 시 전개의 기본 단위로 의미와 리듬이 합치하여 일정한 패턴을 보여준다. 이때의 리듬은 행 그 자체에서 생기기보다는 행 사이의 휴지(休止)를 통해 생성된다. 시에서 호흡의 조절은 물론 의미의 배분은 행간의 휴지를 통해 이루어진다. 행과 행 사이의 휴지는 한 행 안의 음보 사이의 휴지보다 길고, 연과 연 사이의 휴지는 행 사이의 휴지보다 길다. 시인은 휴지의 성질을 이용해 호흡을 조절하고 시의 의미를 단속한다. 분행과 분연으로 인한 휴지 또한 리듬의 장치로 기능한다. 이 리듬은 명백한 형식적인 운율로 드러나지 않고 숨어 있기 때문에 독자의 심리적인 지각에 의해서만 감지된다.56) 독자는 분행이나 분연으로 인한 휴지에서 호흡을 일시적으로 중단함으로써 행 사이에 드러나지 않은 의미나 정서의 흐름을 읽게 된다. 시에서 행간의 휴지는 빈 공간으로 끝나지 않고 하나의 기호로 작용하여 의미를 전달한다. 휴지를 동반하는 분행은 의미를 함축하며 정서적 효과를 갖는다.

름다움이 호소된다고 평한다. 고형진, 「소월 시의 운에 대한 연구」, 『외국문학 연구』 16호, 외국문학연구소, 2004, 9~26면.

56) 이러한 시의 음악적 특징을 내재율로 기술하기도 한다. 내재율은 명백한 형식적 운율이 아니라 숨어있는 심리적인 리듬이다. 내재율은 극히 개인적이고 주관적이어서 체계화하기 어려운 면이 있지만, 어떠한 언어적 요소들이 하나의 리듬 장치로 기능하여 리듬의 효과를 자아낸다. 황정산, 앞의 논문, 49~50면.

    ① 나 보기가 역겨워 가실 때에는 말없이 고이 보내 드리우리다.

    ② 나 보기가 역겨워 가실 때에는
      말없이 고이 보내 드리우리다.

    ③ 나 보기가 역겨워
      가실 때에는
      말없이 고이 보내 드리우리다.

— 김소월, 「진달래꽃」의 1연

인용된 예문들은 똑같은 전언인데, ③만 시의 일부다. ①은 일반적인 산문 진술로 내가 싫어서 간다면 그냥 고이 보내 주겠다는 정보를 전달한다. ②는 두 행을 같은 길이로 맞추어 시각적으로 안정된 형태미를 보여준다. 하지만 임을 보내는 화자의 안타까운 마음을 담기에는 부족하다. ③은 세 행으로 나누고 각 행의 길이가 불규칙적이라는 점에서 ②와 차이가 있다. 여기에는 시인이 의도한 바가 있다. 음보의 분할로 이 시의 독자는 1행의 '역겨워'와 2행에서 '가실 때에는'이라는 구절 뒤에서 휴지를 두고 읽게 된다. 따라서 휴지 바로 앞의 말은 어쩔 수 없이 시간을 들이며 되새기게 된다.

'역겹다'라는 말에는 '구토할 정도로 속에 거슬린다'는 뜻이 있다. 이 시어는 작품에서 느낄 수 있는 사랑의 마음과는 어울리지 않는다. 그럼에도 시인은 '역겨워'를 의도적으로 내세워 '정말로 내가 싫다면'이라는 의미를 부각시킨다. 2행의 "가실 때에는"의 경우, 행을 한 음보로 구성하여 사랑하는 임이 자신의 곁을 떠나감을 강조하여 이별의 현재 상황이 믿기지 않는다는 화자의 안타까움을 표시한다. 3행의 "말없이 고이 보내 드리우리다"는 행을 나누지 않고 한 줄로 서술하는데, 이는 산문같이 자연스럽게 읽히도록 하여 임을 편하게 보내 주겠다는 의사를 나타낸다. 심각한 정도에 비춰보면 3행은 앞의 1, 2행과는 사뭇 대조적이다. 화자는 3행의 어떻게 하겠다는 진술보다는 1, 2행의 가정의 상황에 무게 중심을 두어, '임이 진짜로 나를 싫지 않다면 내 곁에 있어 달라'는 간곡한 메시지를 임에게 전한다.

김소월의 「진달래꽃」은 이별에 직면한 화자의 심정을 순수한 우리말과 섬세한 언어의 조직으로 나타내고 있다. 이 점에서 이 시는 리듬을 잘 살려 쓴 시라 할 수 있다. 오늘날의 현대시는 김소월의 시에서 보듯 휴지를 통한 분행이 리듬을 만들고, 함축된 의미와 정서를 나타내는 구실을 한다. 운율이 갖는 정서적 효과는 분행뿐만 아니라 구문의 배열 방식이나 종결 어미의 형태에서도 나타난다.

① 질마재 上歌手의 노랫소리는 답답하면 열두 발 상무를 젓고, 따분하면 어깨에 고깔 쓴 중을 세우고, 또 喪輿면 喪輿머리에 뙤약볕 같은 놋쇠 요령 흔들며, 이승과 저승에 뻗쳤습니다.

② 그렇지만, 그 소리를 안 하는 어느 아침에 보니까 上歌手는 뒤깐 똥오줌 항아리에서 똥오줌 거름을 옮겨 내고 있었는데요. 왜, 거, 있지 않아, 하늘의 별과 달도 언제나 잘 비치는 우리네 똥오줌 항아리, 비가 오나 눈이 오나 지붕도 앗세 작파해 버린 우리네 그 참 재미있는 똥오줌 항아리, 거길 明鏡으로 해 망건 밑에 염발질을 열심히 하고 서 있었습니다. 망건 밑으로 흘러내린 머리털들을 망건 속으로 보기좋게 밀어넣어 올리는 쇠 뿔 염발질을 점잖게 하고 있어요.

③ 明鏡도 이만큼은 특별나고 기름져서 이승 저승에 두루 무성하던 그 노랫소리는 나온 것 아닐까요?

— 서정주, 「上歌手의 소리」

형태 면에서 사설시조의 초·중·종장의 형태와 흡사한 시는 크게 세 개의 이야기 토막으로 나뉜다. 화자는 질마재 상가수의 노랫소리를 간단히 소개한 뒤, 상가수가 노래하지 않을 때의 범상치 않은 행동을 묘사한다. 이어 상가수의 노랫소리에 대해 화자 나름의 판단을 표출한다. 노래를 하지 않을 때 똥오줌 거름을 나르고, 똥오줌 항아리로 쇠뿔 염발질을 한다는 내용이, 노랫소리가 이승과 저승에 두루 무성한 것에 대한 구체적인 근거가 된다.

이 작품은 이렇게 논리적인 인과관계에 따라 시상이 전개된다. 하지만 대상에 대한 의식은 이성적 논리에서 벗어나 상상의 세계에 닿고 있다. 인간의 노랫소리가 이승과 저승을 뻗친다든가 달과 별이 늘 비치는 똥오줌 항아리가 지붕을 아주 작파해 버린다는 내용은 매우 시적인 발상이다.

또한 이 시는 구문 배열이 일반 산문과는 차이가 있다. ①의 문장은 문장 성분의 호응 관계가 어그러진 비문이다. ①에서 '뻗쳤습니다.'에 대한 주어를 '질마재 상가수의 노랫소리'로 보더라고 '답답하면', '젓고', '세우고', '상여면', '흔들며' 등의 술어에 대한 주어는 빠져 있다. 그럼에도 이 비문들은 시적 에너지를 지니며 통용된다. 인물의 개별적인 행동에 대한 주어를 누락하여, 행동의 주체자인 '상가수'보다는 첫 문단의 주어부가 되는 "질마재 상가수의 노랫소리"에 독자의 이목을 집중시킨다. "상가수의 소리"라는 제목이 말하듯 노랫소리는 이 시의 중심내용이 된다.

이 시의 일관된 주제의식은 ③에서도 엿볼 수 있다. 여기서 화자는 상가수의 노랫소리가 어떻게 이승과 저승에 두루 무성할 수 있는지 그 이유를 밝힌다. 화자는 "명경도 이만큼은 특별나고 기름져서" 그렇다고 본다. 명경은 다름 아닌 똥오줌 항아리다. 똥오줌의 거름이 대지를 풍요롭게 만든다는 점을 의식하면 '명경이 기름지다'는 진술도 수용된다.

이 시의 비문은 리듬의 차원에서도 해명이 가능하다. 화자는 상가수를 잘 아는 사람으로 곁에 누군가 있다고 가정하듯 이야기를 들려준다. ②에서 "왜, 거, 있지 않아"라는 구절은 화자가 어떤 상대와 대화를 나누고 있다는 것을 단적으로 말해준다. 구어체의 문장은 맥락을 중시하는 경향이 있어 때로 규범적인 문법의 질서에서 이탈하기도 한다. 그런데 그의 어법은 독특하다. ①은 "질마재 상가수 노랫소리는~이승과 저승에 뻗쳤습니다"라는 긴 문장에서, '~면 ~고(며)'라는 가정형 문장 구조를 반복하며 율동감을 얻는다. 화자는 '-고'나 '-며'의 연결어미를 사용하여 상가수의 행동을 나열하고, '-습니다'라는 높임형 종결어미로 문장을 끝맺는다. 경어법은 ②에서도 사용되는데, 여기서는 ①에서 사용된 장문의 격식체 문장으로 채워지지 않는다.

ⓐ 그렇지만, 그 소리를 안 하는 어느 아침에 보니까 上歌手는 뒤깐 똥오줌 항아리에서 똥오줌 거름을 옮겨 내고 있었는데요.
ⓑ 왜, 거, 있지 않아,
ⓒ 하늘의 별과 달도 언제나 잘 비치는 우리네 똥오줌 항아리,
ⓓ 비가 오나 눈이 오나 지붕도 앗세 작파해 버린 우리네 그 참 재미있는 똥오줌 항아리,
ⓔ 거길 明鏡으로 해 망건 밑에 염발질을 열심히 하고 서 있었습니다.
ⓕ 망건 밑으로 흘러내린 머리털들을 망건 속으로 보기좋게 밀어넣어 올리는 쇠뿔 염발질을 점잖게 하고 있어요.

②는 제시된 것과 같이 장문과 단문을 번갈아 쓰고, ⓐ, ⓕ와 같이 '요'가 붙는 해요체의 문장이나 ⓑ의 "왜, 거, 있지 않아,"와 같은 잉여적 표현을 사용한다. 뿐만 아니라 ⓒ와 ⓓ와 같이, '똥오줌 항아리'이라는 특정 단어를 뒤에 놓고 이를 수식하는 문장 형태를 되풀이한다. 그리고는 다시 '있었습니다'라는 높임형의 격식을 차린다. 서정주의 「상가수의 소리」는 문장 형태를 다양화하여 일반 산문의 문장이 갖는 단조로움을 극복하고, 리듬감을 갖는다. '-ㅂ니다'의 합쇼체, '-요'의 해요체, '-아'의 해체 등의 여러 문장 형식을 채용하고, 단문과 장문 또는 그 중간형의 문장을 사용하

여 시의 의미를 매끄럽게 전달한다. 그래서 이 시는 산문의 형태이지만 막힘없이 읽힌다. 시인은 쉼표를 적절히 써 낭독자의 호흡을 조절하게 하는 배려도 잊지 않는다.

이 같은 문장의 입체화는 정서적 효과가 있다. 시에는 상가수에 대한 화자의 애정과 존경이 깔려 있다. 똥, 오줌이나 나르는 천한 사내를 높임 표현으로 대한다는 그 자체가 상가수에 대한 예우57)다. 상가수에 대한 화자의 감정은 다양한 구문의 사용으로 표현된다. 이야기의 문을 여는 ①은, 들뜨지 않은 감정의 상태에서 차분한 목소리로 상가수를 소개한다. 그러나 대화체의 어법이 두드러지는 ②에서는 정서의 변화가 보인다. 이 부분에서 화자는 흥분한다. 해요체(ⓐ)로 시작해서 해체(ⓑ), 명사형 종결(ⓒ, ⓓ), 합쇼체(ⓔ) 등의 변환을 거쳐 해요체(ⓕ)로 끝맺는 문장의 다변화는, 화자와 청자 간의 거리가 좁혀지고 있음을 말해준다. 특히 ⓑ의 "왜, 거, 있지 않아," ⓒ의 "우리네 똥오줌 항아리", ⓓ의 "우리네 그 참 재미있는 똥오줌 항아리" 등의 구절은 화자가 상가수에 대해 말하면서도 스스로 신이 나 있음을 보여준다. 하지만 흥분된 마음은 ⓔ의 경어법과 ⓕ의 해요체로 다소 이완된다.

그리고 ③에서 들뜬 감정을 추스르고 상가수에 대한 애정 어린 감정을 해요체의 의문형의 문장으로 표시한다. 화자는 저승에까지 두루 무성하던 노랫소리가 명경에서 나왔다고 단정적으로 말하지 않고 의문형으로 돌려 말함으로써 감정을 조율한다. 여기에는 속세인에 대한 질책이 담겨 있다.

---

57) 서정주의 「상가수의 노래」는 상가수에 대한 애정에서 창작되었다고 볼 수 있는 근거가 많다. 이는 높임 표현뿐만 아니라 내용에서도 알 수 있다. 이 시에는 상가수의 물건인 똥오줌 항아리에 대한 찬사가 있다. 똥오줌 항아리에 하늘의 별과 달빛으로 빛나고, 그 것이 맑은 거울로 탄생한다는 내용은 신비스런 경외감까지 들게 한다. 그리고 이 시의 주인공인 '상가수(上歌手)'는 '상머슴'을 연상시키지만, 작품의 내용으로 보아 '가수 중에서 상(上)'이라는 뜻으로 노래를 잘 하는 사람을 가리킨다고 볼 수 있다.

사람들은 똥을 나르는 상가수를 더럽고 천한 사람으로 보지만 그는 남들의 시선에 아랑곳하지 않고 자신의 일을 천명으로 알고 늘 몸과 마음을 단정히 한다. 일반 사람들은 상가수보다 나은 조건에 있으면서도 도무지 이만큼의 경지에 따라가지 못한다. 화자는 이런 생각을 의문형의 문장으로 돌려 말한다.

김소월의 「진달래꽃」, 서정주의 「상가수의 노래」에서 보듯, 현대시는 행갈이와 구문의 배열이 운율을 만들고 화자의 함축된 정서를 전달한다. 고전시가와 같은 규칙적인 율격은 아니지만, 오늘의 자유시는 행을 나누고 문장을 잇고 끝맺는 방식에 따라 리듬을 형성한다. 이때 생성된 리듬은 심리적인 정서를 유발할 뿐만 아니라 이를 강화하며 정서의 흐름을 지배하기도 한다.

❸ 감각적 효과

> 당콩밥에 가지냉국의 저녁을 먹고 나서
> 바가지꽃 하이얀 지붕에 박각시 주락시 붕붕 날아오면
> 집은 안팎 문을 횅하니 열젖기고
> 인간들은 모두 뒷등성으로 올라 멍석자리를 하고 바람을 쐬이는데
> 풀밭에는 어느새 하이얀 대림질감들이 한불 널리고
> 돌우래며 팟중이 산옆이 들썩하니 울어댄다
> 이리하여 한울에 별이 잔콩 마당같고
> 강낭밭에 이슬이 비 오듯 하는 밤이 된다.

— 백석, 「박각시 오는 저녁」(1938)

백석의 위 시는 분행으로 인한 음률성은 미약하다. 굳이 음보로 나눈다면 4음보의 율격으로 끊어 읽을 수 있으나 억지스러움이 있다. 산문적 서술로 이어가고 있고, 행마다 음의 길이가 다르다. 통사적 분단은 동일한

음의 길이로 적절하게 분할되었을 때 자연스럽고 율동적인 것으로 느껴진다58) 의미를 고려하여 행을 나누나, 이 시의 분행은 의미에 큰 영향을 미치지 못한다.

이 시에서의 운율은 분행보다는 특정한 음운의 반복, 곧 운(韻)에서 찾아진다. 시인은 '당콩밥', '가지냉국', '붕붕', '잔콩', '강낭밭' 등의 시어에서 의도적으로 'ㅇ'음을 되풀이한다. 울림소리인 'ㅇ'은 부드럽게 낼 수 있는 소리로 율독하기에 좋을 뿐만 아니라 친근하고 흥겨운 분위기를 조성한다. 2행의 경우, '박꽃'이라는 일반적인 말 대신에 '바가지꽃'을 사용하는데, 이 시어는 '하이얀', '박각시', '주락시' 등에 있는 'ㅏ'음과 상응한다. 'ㅏ'음은 'ㅇ'음과 마찬가지로 발음기관의 장애를 받지 않는 울림소리이면서 양성모음으로서 밝고 산뜻한 어감을 준다.

언어에 대한 시인의 각별한 애정은 시어의 선별에서도 나타난다. 생명의 모습과 소리를 '붕붕', '횅하니', '열젖기고', '들썩하니' 등의 우리말로 절묘하게 표현한다. 박각시와 주락시가 그냥 날아드는 것이 아니라 '붕붕' 날아들고, 사람들이 문을 열 때는 조금이 아니라 '횅하니' 열어 젖긴다. 돌우래며 팟중이 같은 벌레들은 세상이 '들썩하니' 울어댄다. 백석의 「박각시 오는 저녁」은 감각적이고 참신한 시어를 사용하여 실제로 나방들이 날아들고, 벌레들이 크게 울어대는 듯한 실감을 준다. 시인은 소리를 선별, 활용하여 감각적인 효과를 불러일으키고 있다.

운율 현상은 감각기관에 의해 감지된다. 일차적으로는 문자의 배열이 시각적으로 전달되고 그 다음 기호 체계라는 인식에서 벗어나 음성적 차원으로의 인식이 가능하다.59) 의사소통 경로 상 독자는 먼저 눈으로 작품을 접하고 글자를 한자씩 순차적으로 읽는다. 이때 감지되는 어떤 소리는 형

---

58) 황정산, 「정지용 시의 운율론적 연구」, 『순천향어문논문집』 5집, 1988, 335면.
59) 이승복, 『우리 시의 운율 체계와 기능』, 보고사, 1995, 45면 참고.

상을 그려내고, 어떤 경우에는 실제로 소리를 듣는 것과 느낌을 준다. 시
는 간결한 말로 경제적인 효과를 누리기 때문에 어떤 양식의 글보다 소리
의 활용도에 의존하는 바가 크다. 다음의 서정주 시는 소리가 시각적 효과
와 청각적 효과를 나타내고 있다.

> 괜, 찬, 타, ……
> 괜, 찬, 타, ……
> 괜, 찬, 타, ……
> 괜, 찬, 타, ……
> 수부룩이 내려오는 눈발속에서는
> 까투리 매추래기 새끼들도 깃들이어 오는 소리. ……
> 괜찬타, ……괜찬타, ……괜찬타, ……괜찬타, ……
> 폭으은히 내려오는 눈발속에서는
> 낯이 붉은 *處女*아이들도 깃들이어 오는 소리. ……
>
> 울고
> 웃고
> 수구리고
> 새파라니 얼어서
> *運命*들이 모두다 안끼어 드는 소리. ……
>
> 큰놈에겐 큰 눈물 자죽, 작은놈에겐 작은 웃음 흔적,
> 큰이얘기 작은이얘기들이 오부룩이 도란그리며 안끼어 오는 소리. ……
>
> 괜찬타, ……
> 괜찬타, ……
> 괜찬타, ……
> 괜찬타, ……
>
> 끊임없이 내리는 눈발속에서는

山도 山도 靑山도 안끼어 드는 소리. ……

— 서정주, 「내리는 눈발 속에서는」(1955)

이 시는 온통 소리에 집중되어 있다. '괜찬타……'를 반복하며 "눈발속
에는 ＿＿＿소리"라는 문장 구조를 되풀이한다. '괜찬타……'의 반복은 시
각과 청각의 감각을 불러일으킨다. '괜찬타' 뒤에 붙은 줄임표(……)는 눈
내리는 현상을 시각적으로 재현하는 데에 기여한다. 시인은 '괜찮다'라는
원래의 말을 피하고 말소리의 특질과 작품의 의미를 고려해 '괜찬타'라는
소리 말을 쓴다. 'ㅊ'과 'ㅌ'의 음은 그 소리가 시원스럽고 깨끗해 순백의
눈이 내리는 설경과 조화를 이루며 서정적인 작품 분위기를 돋운다. 끝음
절에 놓인 '타'는 말소리가 종소리의 음향처럼 멀리 퍼져나가는 듯한 음성
적 효과가 있다.

이 작품은 '괜찮다'를 세 가지의 형태로 사용한다. 먼저 1연을 보면 '괜
찮다'를 수직적으로 배열한 것과 수평적으로 배열한 것이 눈에 띈다. 앞의
것은 화자가 정면을 바라보며 위에서 아래로 눈이 내리는 모습을 포착한
것이고, 뒤의 것은 지상에 눈이 펼쳐진 모습에 화자의 시선이 모인 것이라
볼 수 있다. 그런데 전자는 "괜, 찬, 타,……"와 같이 음절마다 쉼표를 찍
어 주목된다. 이는 글자를 한자씩 끊어 읽도록 하여 빠른 호흡의 전개를
방해한다. 이로 생긴 완만한 리듬은 평온한 정서를 환기하고, 눈이 이제
막 천천히 내려오고 있음을 일러준다.

한편 4연에서는 '괜찮다'가 쉼표 없이 수직적으로 되풀이된다. 이것은 5
연의 '끊임없이'라는 말과 연관지어 볼 때 눈의 양이 증가하고 있음을 말
해준다. 천천히 내려오던 눈이 점점이 많아지고 눈발이 세진다. 새 새끼와
사람의 운명과 크고 작은 얘기들에 이어, 청산도 굵어진 눈발 속에 금세
안기어 든다.

독자는 시인의 언어적 마력으로 함박눈이 내리는 풍경으로 인도된다. 시인은 언어로써 눈을 내린다. 이 시에 가득 찬 'ㅣ'모음은 눈 내리는 형상이다. '소리', '수부룩이', '까투리', '매추래기', '폭으은히', '깃들이어', '안끼어', '끊임없이' 등에서 'ㅣ'모음을 찾을 수 있는데, 그 음운의 시각적인 모양새가 눈 내리는 하강적 이미지와 부합해 눈발이 날리는 모습을 은연중에 느끼게 한다. 이것은 리듬이 조성한 시각적인 효과다.

운율의 감각적 효과는 소리의 어울림이 만들어내는 감각적 재현이다. 시에서 사물에 대한 감각적 경험을 불러일으키는 것은 이미지의 역할이다. 시는 시어와 시어의 결합으로 어떤 대상이 갖는 시각, 청각, 촉각 등의 감각을 생동감 있게 구체적으로 표현한다. 시의 이미지는 선택 관계에 있는 어휘들을 결합 관계 속에서 알맞게 배열함으로써 표현된다. 또한 시는 음운이 지닌 음성적 자질을 이용해 분산되어 있는 낱낱의 소리를 어울리게 하여 운율을 만들고 우리의 감각을 자극한다.

❹ 시적 효과

언어는 소리와 의미의 결합체다. 언어의 형식면에서 볼 때, 시는 소리의 연속이요 소리의 구조다.[60] 음운, 음절, 단어, 어절, 문장 등의 문법적인 단위는 물론 문장부호, 행과 연의 배치 등에 이르기까지 시에 표기된 모든 것은 시의 소리로 작용한다. 구조주의 언어학자인 소쉬르는 언어를 기호들의 체계로 보며, 각각 기호는 기호 표현(signifiant, 記標)과 기호 내용(signifie, 記意)으로 구성된다고 지적한다. 시는 시니피앙의 연속체다. 그러나 시는 단순한 소리의 구조가 아니다. 간결한 양식 속에 각각의 소리는 수직적으로나 수평적으로나 최상의 선택으로 이루어져 있다. 시에서는 의미와 소리

---

60) 김준오, 앞의 책, 134면.

두 요소가 최대한의 효과를 발휘할 수 있도록 배려되어 있다. 시는 의미뿐만 아니라 소리를 예술적으로 조직한 구조물이다.[61]

시는 기호의 내용보다도 기호 표현의 에너지로 홀로 서면서 우리의 주의력을 당긴다.[62] 야곱슨의 이론을 빌리면, 의사소통이 메시지 자체에 초점을 둘 때 그것은 시적 기능이 된다.[63] 그는 발화가 메시지 그 자체를 지향할 때 시적 기능이 지배적이라고 본다. 일상 언어에서는 기의가 우리의 주의를 끌지만, 문학 언어 특히 시의 언어에서는 기호 내용 못지않게 기호 표현이 각별한 주의를 끈다. 기의 이상으로 기표에 주의가 집중되도록 배려된 것이 시 언어다.[64] 시는 소리의 선택, 변형, 창조 등으로 기표를 도드라지게 나타낸다.

시인이 특별히 고려한 기표는 소리의 조형이라는 점에서 운율로 작용하며 시적 기능을 수행한다. 시적 기능은 기표의 형태와 그것의 견인력에서 찾을 수 있다. 앞서 소개된 백석의 시와 서정주의 시는 선별된 시어가 기호의 자체의 특성을 돋보이게 한다. 백석의 「박각시 오는 저녁」에서 '박각시', '주락시', '돌우래', '팟중이' 등의 시어들은 생소하지만 말의 반짝임

---

61) 이형기, 『시란 무엇인가』, 한국문연, 1993, 203면.
62) 유종호, 『시란 무엇인가』, 민음사, 1995, 37면.
63) Roman Jacobson, 신문수 편역 『문학 속의 언어학』, 문학과지성사, 1997, 54~61면.
러시아 형식주의자의 한 사람인 언어학자 로만 야콥슨은 언어 전달에 필요한 요소를 6가지로 제시한다. 의사소통 행위에는 발신자, 수신자, 발신자와 수신자 사이에 오가는 傳言(message), 그 전언을 이해할 수 있게 하는 약호 체계(code), 발신자와 수신자 간의 물리적 회로 및 심리적 연결이 되는 접촉(contact), 그 전언이 가리키는 관련 상황(context) 등이 관여한다. 이들 요소 중 무엇이 우위를 차지하느냐에 따라 언어는 감정 표출적 기능, 능동적 기능, 시적 기능, 메타언어적 기능, 친교 기능, 지시 기능 등이 강조된다. 표로 정리하면 다음과 같다.

	관련 상황 [지시 기능]	
발신자	전언　　　[시적 기능]	수신자
[감정 표출적 기능]	접촉　　　[친교 기능]	[능동적 기능]
	약호체계　[메타언어적 기능]	

64) 유종호, 앞의 책, 35면.

과 울림의 매력이 있다. 시인은 낯설지만 참신한 시어를 찾아내고, 그것을 소리의 어울림과 문맥을 고려하여 제 자리에 놓는다. 그래서 시는 말뜻보다는 소리가 선행하고, 소리의 결이 아름답다는 인상을 준다. 이것은 분명히 소리의 효과 곧 운율의 효과다.

서정주의 「입맞춤」은 화자의 육성을 거침없이 표출하며, 의도적으로 표준어의 어법을 무시한다. '개고리,' '하누바람', '쑥니풀', '히허여케' 등과 같이 원래의 말을 두고 임의로 바꿔 쓰며, '낭기', '즘생' 등의 옛말을 인용하기도 한다. 심지어 '다라나고', '노코', '우름가치' 등과 같이 말을 소리나는 대로 표기하기도 한다.

이 시는 성애에 빠져 있는 시골 사내가 중심이 되어 그의 입말과 감정으로 진술된다. 그래서 표현은 이성의 제어를 거부하고, 육감적이고 도발적이다. "개고리는 개고리와 머구리는 머구리와"라는 구절은 이러한 증후가 농후하다. 화자는 개구리들의 자연스런 교미를 통해 자신이 행한 성교가 자연스런 본능의 발산임을 드러낸다. 여기서 시인은 '리'라는 부드러운 음질을 가진 시어를 의도적으로 나열하는데, 이는 남녀의 성교를 속되게 이르는 '빠구리'와 소리의 결이 비슷하다.

이 작품이 외설적인 내용으로 되어 있지만 외설스럽지 않은 것은 시인의 탁월한 언어 구사력 때문이다. "즘생스런 우슴은 달드라 달드라 우름가치/ 달드라"라는 구절도 한 예다. 이 시행은 '짐승같은 웃음은 달더라 달더라 울음같이 달더라'가 바른 문장이다. 비문은 정상적인 문장보다도 'ㅡ' 모음이 눈에 띈다. 'ㅡ'음은 입이 옆으로 쩍 벌어지는 모습을 떠올리게 하며, 특히 유음의 음질을 잘 살려낸 '우름가치'에서 마치 화자의 입에 침이 고여 흐르는 듯한 장면을 환기한다. 이는 화자의 잊을 수 없는 성적 쾌감의 기분과 관련된다.

서정주의 「입맞춤」은 기표가 갖는 소리 자질을 최대한 활용하여 화자의 마음 깊이 웅크리고 있는 감정을 비상하게 들춰낸다. 「내려오는 눈발 속에서는」라는 시에선 '수부룩이', '폭으은히', '오부록이' 등의 생소한 어휘가 시적 효과를 갖는다. 이들 시어는 4음절로 되어 있고 'ㅣ'모음으로 끝나는 특징이 있으나 사전에서는 찾아볼 수 없다. 이는 시인이 나름대로 소리를 변형한 것이다. 소리의 변형이 시인 개인의 주관에 따른 것이지만 부자연스럽지 않다. 그 말소리가 곱고 평온한 느낌을 주어 눈물 자국이 성한 이들을 포근히 감싸준다. 이것은 운율의 시적 효과가 빚은 결과다.

(2) 운율 교수·학습의 방향

시는 언어의 보물 창고다. 시인에 의해 갈고 다듬어진 시어는 운율로 탄생한다. 운율은 시를 이루는 내밀한 예술장치이면서 우리말에 대한 세공이다. 시인은 작은 음운에서 구문에 이르기까지 의미에 알맞은 소리를 찾고, 그 소리로 아름다운 예술작품을 창작한다. 운율이 뛰어난 작품은 언어의 선택과 결합이 자연스러워 편하게 읽힌다. 또한 한국인에게 익숙하고 정다운 우리말을 잘 살려 써 모국어의 멋과 아름다움을 유감없이 발휘한다. 교사는 좋은 소리로 울리는 시를 학습자에게 풍부하게 제공하여 이들이 우리말에 관심을 갖고 우리말을 바르게 사용하도록 지도해야 한다. 언어에 대한 존중과 바른 말의 사용은 문학교육의 중요한 내용이 된다.

시의 리듬을 지도하기 위해선 우선 운율이 두드러지는 시를 교수·학습의 제재로 해야 한다. 시에는 각양각색의 성향을 띤 작품들이 있어 운율이 두드러지는 시가 있는 반면 운율이 미약하지만 시 정신이 돋보이는 시가 있다. 음률성이 떨어지는 시를 대상으로 시의 리듬을 억지로 추출해내는 것은 큰 의미가 없다. 운율을 지도하기 위해선 운율이 두드러진 시를 선별하고 이 작품의 실질적인 감상을 통해 학생들이 운율을 이해하고 느낄 수 있도록 해야 한다.

학습자는 소리의 조직이 특별한 시를 감상함으로써 우리말의 미감을 맛볼 수 있다. 학생들이 배우는 것은 리듬 그 자체가 아니다. 시를 보다 잘 이해하기 위해 리듬의 개념과 효과를 공부하는 것이다. 리듬은 시의 의미나 정서와 무관하게 자립적으로 존재하지 않는다. 리듬이 시의 의미를 압도하는 경우가 있으나, 이는 드물며 설사 그러하더라도 리듬은 의미나 정서와 연관되어 있다. 소리와 의미의 유기적인 결합은 시가 갖추어야 할 필수 덕목이다. 따라서 운율 그 자체에 집착하기보다 작품의 의미를 이해하고 이런 바탕에서 의미와 리듬과의 연관성을 살펴야 한다. 실제 작품 감상을 통해 말뜻과 정서가 리듬과 절묘하게 일치하는 것을 실감할 때 독자는 시의 아름다움과 시를 읽는 즐거움을 느끼게 될 것이다.

시는 압축하여 표현한다는 장르의 특성상 소리의 선별에 민감하다. 시인은 예술적 효과를 고려해 내용에 잘 어울리는 형식을 택하고, 소리의 변형과 창조로 개성적인 기표를 만들어 낸다. 그러므로 운율에 대한 교수·학습은 무엇보다 소리에 대한 경청에서 시작되어야 한다. 시인이 구연하는 소리를 잘 듣는 일은 독자가 시와 교류하기 위한 첫걸음이 된다. 시의 운율을 느끼기 위해선 마음뿐만 아니라 귀를 열어두는 자세가 필요하다. 시의 소리를 귀담아 듣는 일은 다름 아닌 작품을 충실히 읽는 일이다. 시의 언어가 낯설고 참신하거나 혹은 언어를 배열하는 방식이 색다르다고 판단될 경우, 독자는 그것이 작품에서 어떤 효과를 갖는지 유심히 살펴본다.

빗방울이 개나리 울타리에 솝─솝─솝─솝 떨어진다

빗방울이 어린 모과나무 가지에 롭─롭─롭─롭 떨어진다

빗방울이 무성한 수국 잎에 톱─톱─톱─톱 떨어진다

빗방울이 잔디밭에 홉—홉—홉—홉 떨어진다

빗방울이 현관 앞 강아지 머리에 돕—돕—돕—돕 떨어진다

— 오규원, 「빗방울」(2008)

이 시는 문장 구조의 반복과 소리의 창조로 운율이 두드러진다. 동일한 문장 구조 속에서 '빗방울이~떨어진다'는 것을 되풀이하면서 말에 음악적인 리듬을 부여한다. '숍숍', '롭롭', '톱톱', '홉홉', '돕돕' 등의 청량한 빗소리는 언어가 갖는 참신함으로 독자의 이목을 사로잡는다. 이들 말은 일반인의 무딘 감각으로썬 도저히 들을 수 없다. 하지만 시인은 깊은 시심과 소리에 대한 예민한 감각으로 다양한 빗소리를 듣는다. "숍—숍—숍—숍", "롭—롭—롭—롭" 등과 같은 음성 상징어는 빗방울이 사물에 부딪히며 나는 소리를 생동감 있게 표현하여 감각적인 효과를 자아낸다. 이때 사용된 줄표(—)는 많은 비가 세차게 내리지 않고, 약한 빗줄기가 사선을 치듯 내려오는 모습을 시각적으로 보여준다. 빗방울은 개나리 울타리, 나무 가지, 꽃잎, 잔디밭, 강아지 머리 등에 떨어지며 다양한 소리를 낸다. 빗방울이 떨어지는 곳은 번잡하지 않는 자연 공간이다. 이곳에 빗방울이 튀기며 나는 자연의 소리는 작품을 정적(靜寂)인 세계로 이끌고 독자의 마음을 적신다.

운율은 예술적 효과를 위해 시인이 의도한 소리의 질서다. 시의 리듬은 소리의 섬세한 조직으로 음악적 효과를 비롯해 감각적 효과, 정서적 효과, 시적 효과 등을 나타낸다. 말의 반복은 리듬을 형성하여 내용의 전달과 기억에 용이하며 말의 가락에 따라 읊조리는 즐거움을 준다. 특정 소리의 배치와 조직은 대상의 모습을 시각적으로 재현하고, 독자로 하여금 소리를 엿듣게 하는 실감을 준다. 이것은 소리의 음성적 자질이 발현하는 시각적, 청각적 효과다. 오늘날 현대시는 행 사이의 여백을 이용해 리듬을 생성하

기도 한다. 이 리듬은 드러나지 않는 내적인 리듬으로 뜻을 나타내며 정서적 효과를 갖는다. 또 시의 운율은 기표에 대한 세공으로 시적 기능을 한다. 시어에 따라서는 그 의미가 인지되지 않을 정도로 모호하고 낯선 것이 있다. 하지만 기표의 생소하고 신선함이 작품의 분위기와 정서를 돋우며, 독자의 주의력을 끌기도 한다. 이 같은 시적 효과는 시의 언어가 빚어내는 운율의 효과다.

운율 교육은 운율의 효과를 실질적인 작품 감상을 통해 알게 하는 것이며, 모국어의 섬세함과 아름다움에 눈뜨게 하는 교육이다. 교사는 학생들에게 소리와 뜻이 잘 조응된 시를 제시하고, 그 작품을 반복해 읽혀 시의 말맛과 우리말의 아름다움을 느끼도록 해야 한다. 시 읽기에서 '리듬 찾기'에만 몰두할 경우, 시 수업은 지식을 습득하기 위한 분석으로 일관되며, 시의 세계를 자기화하는 작품 감상과는 점점 멀어진다. 운율 교육에선 소리의 질서를 살피고, 소리가 작품의 정서나 의미와 어떤 관련성이 있는지 아는 것이 중요하다.

따라서 시를 대하는 학습자는 작품을 눈으로도 읽고, 소리 내어 읽어야한다. 묵독은 작품을 정독하기 위한 것이고, 음독은 시의 말맛을 느끼기위해서다. 시에서의 음독은 일반 글 읽기처럼 줄줄 읽지 않고, 어느 정도 가락을 타면서 읊조리며 읽는 방식이라는 점에서 '낭송(朗誦)'이라 말을 쓴다. 낭송은 말에 대해 존중감을 갖게 하고, 인간 내면에 아름다운 소리를 내장하는 교육적 효과가 있다. 하지만 일정한 규정을 두어 시 낭송을 강화할 경우, 작품 이해와는 별개로 겉멋을 부리는 발성이나 남을 의식한 말하기 훈련으로 끝날 수 있다. 따라서 교사는 학생들이 인위적으로 소리를 변조하지 않고 언어의 결에 따라 자연스럽게 낭송하도록 지도해야 한다. 운율 교육에서는 작품의 의미와 분위기를 고려하여 여러 번 읊조려보고, 학습자 스스로 시의 말맛을 느껴보는 자세가 필요하다.

제 4 장

시의 화자

성탄제(聖誕祭) 오장환

산 밑까지 내려온 어두운 숲에
몰이꾼의 날카로운 소리는 들려오고,
쫓기는 사슴이
눈 위에 흘린 따뜻한 핏방울.

골짜기와 비탈을 따라 내리며
넓은 언덕에
밤 이슥히 횃불은 꺼지지 않는다.

뭇짐승들의 등 뒤를 쫓아
며칠씩 산속에 잠자는 포수와 사냥개,
나어린 사슴은 보았다
오늘도 몰이꾼이 메고 오는
표범과 늑대.

어미의 상처를 입에 대고 핥으며
어린 사슴이 생각하는 것
그는
어두운 골짝에 잠에도 잠들 줄 모르며 솟는 샘과
깊은 골을 넘어 눈 속에 하얀 꽃 피는 약초.

아슬한 참으로 아슬한 곳에서 쇠북소리 울린다.
죽은 이로 하여금
죽은 이를 묻게 하라.

길이 돌아가는 사슴의
두 뺨에는
맑은 이슬이 내리고
눈 위엔 아직도 따뜻한 핏방울……

— 『조선일보』(1939. 10. 24.), 『나 사는 곳』(1947)

1 이 작품에 나타나는 화자는 어떤 점에서 특별한지 말해 봅니다.

2 이 작품에서 시인이 보여주고자 하는 것은 무엇일까?

3 이 작품이 갖는 시의 개성에 대해 말해 봅니다.

4 화자는 대상과의 미적 거리를 어떻게 확보하고 있는지 살펴봅니다.

5 시에서 화자가 어떤 점에서 중요한지 이 작품을 예를 들어 설명해 봅니다.

1 화자의 의미

시 읽기에서 독자가 대면하는 상대는 시인이 아니라 시인의 목소리를 하고 있는 화자다. 시의 화자(persona)[1]는 소설의 서술자(narrator)와 마찬가지로 어떤 이야기를 들려주는 사람이다. 하지만 두 장르의 특징이 다르듯, 화자와 서술자는 구분된다. 일정한 사건을 전개하는 소설에서 서술자는 사건을 진행하며 인물의 행동과 심리는 드러내는 역할을 한다. 반면 정서 표현을 위주로 하는 시에서는 화자가 주관적인 감정을 표출하는 데에 중점을 둔다. 세계를 주관화하는 서정 장르의 특성상 시의 화자는 그가 생각하고 느끼는 바를 생생하게 들려준다.

화자는 운율, 비유 등과 함께 시를 구성하는 요소다. 화자의 선택에 따라 작품의 내용과 표현 방식은 달라진다. 시인이 성인이 아닌 아이를 화자로 할 경우, 동심으로 바라는 세상이 그려지고 그 표현에서도 아이의 순진

---

1) 퍼소나(persona)는 배우의 가면을 의미하는 라틴어 퍼소나도(personando)에서 유래한 연극 용어다. 처음엔 연극에서 배우가 쓰는 가면, 배우의 역할 등의 의미로 쓰이다가 차츰 어떤 뚜렷한 인물 혹은 개성을 가리키게 되었다. 연극의 가면은 얼굴을 숨기거나 변장하는 장치가 아니라 얼굴을 명확하게 드러내는 목적으로 사용되었다. 더구나 양식화된 가면으로서의 퍼소나는 예술가의 태도나 인생관 등과 같이 얼굴 표정으로 나타낼 수 없는 것을 상징하거나 대변한다. 퍼소나는 이제 연극의 가면만을 가리키는 전문 용어가 아니다. 그것은 희곡의 인물뿐만 아니라 시, 소설의 인물, 특히 시, 소설의 일인칭 화자를 가리킨다. 김준오, 앞의 책, 282~283면.

함이 묻어나게 된다. 연군지정을 노래한 정철의 가사가 남성 화자가 아닌 여성화자로 되어 있는 것도 화자가 갖는 효과를 고려한 것이다. 시에서 다루는 내용은 화자의 눈과 입을 통해 전달된다. 시인은 작품의 정서와 시적 상황에 맞는 화자를 택하여 생각과 감정을 효과적으로 전달한다.

시인은 대개의 경우 자신의 목소리를 그대로 전하지만, 특별한 예술적 효과를 위해 화자를 바꾸거나 은폐하기도 한다. 그래서 시의 화자는 시인과 일치하기도 하고, 그렇지 않기도 한다. 시가 하나의 창조물인 이상 시인과 화자는 동일시할 수 없다는 관점에서는 실제 시인과 작품 속의 화자를 엄격히 구별한다. 그러나 화자를 시인과 별개라는 말은 모든 시에 두루 적용되지 않는다. 시인의 의도에 따라 화자가 꾸며질 수도 있지만, 작품 속의 화자는 실제의 시인과 일치하기도 한다.

어느 해 봄이던가, 머언 옛날입니다.
나는 어느 친척의 부인을 모시고 城 안 동백꽃 나무 그늘에 와있었습니다.
부인은 그 호화로운 꽃들을 피운 하늘의 부분이 어딘가를
아시기나 하는 듯이 앉아계시고, 나를 풀밭위에 흥근한 洛花가 안쓰러워 주워 모아서는 부인의 펼쳐든 치마폭에 갖다놓았습니다.
쉬임없이 그 짓을 되풀이하였습니다.

그 뒤 나는 年年히 抒情詩를 썼습니다만 그것은 모두가 그때 그 꽃들을 주워다가 드리던— 그 마음과 별로 다름이 없었습니다.

그러나 인제 웬일인지 나는 이것을 받아줄 이가 땅 위엔 아무도 없음을 봅니다.
내가 주워 모은 꽃들은 제절로 내 손에서 땅 우에 떨어져 구을고 또 그런 마음으로밖에는 나는 내 詩를 쓸 수가 없습니다.

— 「나의 시」, 『서정주 시선』(1955)

서정주의 「나의 시」는 제목과 본문에서 '나'라는 화자를 내세운다. 나는 먼 옛날 어느 친척 부인에게 꽃을 갖다 바치는 마음으로 서정시를 썼다고 토로한다. 부인은 "호화로운 꽃들을 피운 하늘의 부분"이 어디인지를 아는 듯 동백꽃의 그늘에 앉아 계시고, 나는 떨어진 꽃잎이 안쓰러워 부인의 치마폭에 갖다 놓는다. 나에게 부인은 찬미의 대상이 되며, 천상의 존재처럼 신성시된다. 부인에 대한 나의 추종은 신비스럽고 동화적인 분위기를 자아내어 부인은 물론 나의 존재까지 의심케 만든다.

그러나 두 인물을 시인이 꾸며낸 허구라고 함부로 내몰 수 없다. 전반부에서 부인이 다소 미화되기는 하였지만, 후반부는 나의 순수한 마음을 그대로 보여준다. 문장의 끝을 시종일관 '-입니다'라는 높임 표현으로 종결짓는 어법은 이 시의 진실성을 더해준다. 전에는 꽃을 사랑하는 사람에게 꽃을 드리는 마음으로 서정시를 썼는데, 이제는 꽃을 받아줄 이가 없어 예전의 그런 마음으로 시를 쓸 수 없다고 시인은 솔직히 고백한다. 이런 진실한 마음은 내용의 진위 여부와 관계없이 시인의 체험과 생각으로 간주된다. 그래서 「나의 시」의 나는 시인과 동일시되는 자전적 화자로 판단된다.

시론에서 시의 화자는 '자전적 화자'와 '허구적 화자'로 구분되기도 한다.[2] 전자는 화자가 시인과 동일시되는 시인 시점의 화자며, 후자는 시인에 의해 창조된 화자로 시인과는 일치하지 않는다. 유성호 교수는 윤동주의 「서시」 등을 자전적 화자가 행하는 자아성찰로 보고, 서정주의 「자화상」을 허구적 화자가 들려주는 보편적 생의 체험의 작품이라 규정한다. 또 정지용의 「유리창」에 대해 자전적 화자와 허구적 화자의 결합을 통해 개별적인 진정성과 보편적 감동을 보여주고 있다고 설명한다.

---

2) '자전적 화자'와 '허구적 화자'에 대한 명칭은 윤석산, 유성호 등이 지적한 바 있다. 윤석산, 『현대시학』, 세미, 1996, 116~118면. 유성호, 「화자의 양상에 따른 시 교육의 여러 층위」, 『문학교육학』 10호, 2002, 167~215면.

시에서 허구적 화자에 대한 판별은 무엇보다 내용의 진위 여부를 근거로 한다. 연구자는 서정주의 「자화상」의 내용이 작가의 전기적 사실과 일치하지 않는다는 데에서 허구적 화자를 지적한다. 작품에 나오는 종인 아버지, 늙은 할머니, 가난한 어머니, 바다에 나가 실종된 외할아버지 등의 가계는 서정주 개인사와 일치 않는다는 것이다. 「유리창」의 경우, 자식을 잃은 부모가 유리창에 어린 '차고 슬픈 것'을 정성스레 녹이고 닦아 결국 '산새'로 날려 보내는 제의적 과정을 보여 준다는 점에서 자전적이고 허구적인 화자의 양면을 읽는다.

그런데 두 작품에서 허구적 화자에 대한 시각은 다소 차이가 있다. 전자는 시인의 삶의 이력과 다르다는 데에서, 그리고 후자는 작품의 내용이 현실적으로 수용될 수 없다는 점에서 허구성을 살핀다. 작가의 체험과 상상력에 창작되는 문학은 어느 갈래를 따질 것 없이 허구(虛構)의 세계를 다룬다. 이런 점에서 서정주의 「자화상」이나 정지용의 「유리창」은 모두 작가의 손에 의해 창작된 허구적 화자를 내세운다고 볼 수 있다. 윤동주의 「서시」에서 독자는 자아성찰로 일관하는 화자의 고백을 들을 수 있다. 이때의 화자는 명백히 시인과 동일시되는 자전적 화자다. 그렇지만 시인이 스스로 반성한 내용을 절실하게 표현하기 위해 '나'를 화자로 채용하고 나가 관심을 갖는 자연물을 이용했다고 보면 이 시의 화자는 허구적 화자가 된다.

기존의 화자 연구는 화자와 청자가 시인과 밀착되어 있거나 시인의 실제적 인격성과 잘 어울리는 화자의 유형을 설정하는가 하면, 시의 화자를 '창조된 극적 개성'으로 보아 시인의 경험적 자아와 철저히 분리시키는 입장도 있다. 시인은 자신의 경험에서 얻은 생각과 감정을 그대로 표현하기도 하고, 때에 따라서는 의도를 가지고 자신의 체험을 상상력에 의해 변용시키기도 한다. 그렇기 때문에 작품 속의 화자는 시인과 일치하기도 하고, 그렇지 않기도 한다. 만약 화자를 시인과 동일시하면 개성론이 되고, 별개

로 보면 몰개성론이 된다. 개성론의 시는 고백적이고 자전적이나, 몰개성론의 시는 허구적이고 극적이다.3)

시의 화자는 탈을 쓴 시인의 대리인으로서 시인의 실제 삶과 다른 모습을 보일 수 있다. 하지만 작품 속의 화자가 시인과 꼭 불일치한다고는 볼 수는 없다. 이육사, 윤동주 시인 등의 작품은 대개 화자가 시인과 일치하는 모습을 보여준다. 따라서 화자를 완전한 허구의 산물이나 혹은 시인 그 자신으로 단정하기는 어렵다. 시를 창작할 때 상상력을 발휘해서 허구적으로 꾸민다 해도 그것은 시인이 자기 경험을 바탕으로 재구성한 것에 불과하며, 이와 반대로 사실대로 쓴다 해도 경험이나 생각을 작품의 구조의 목적에 맞추어 수정한 것에 불과하기 때문이다. 이런 점에서 화자는 시인 자신의 반영도 허구적 존재도 아닌 절충적 존재에 해당한다고 볼 수 있다.4)

시인과 밀착된 혹은 허구화된 화자이든 시인의 입장에선 시적 장치로 이용될 수 있는, 가능한 다양한 허구적 인물 가운데 하나인 것이다. 결국 화자는 시적 진실성을 효과적으로 전달하기 위해 시인의 창조적 계획에 의해 선택된 하나의 장치인 것이다.5) 따라서 시에서 화자를 논의할 때에는 근본적으로 허구라는 문학의 속성을 전제로 하고, 허구화된 정도의 차이에서 접근할 필요가 있다.

시인은 자신의 목소리를 그대로 유지하면서도 자신의 인격과 동떨어진 가상의 인물을 발화의 주체로 내세우기도 한다. 이에 시의 화자는 시인과의 가까운 정도에 따라 '원형 화자'와 '변형 화자'로 나누어 볼 수 있다. 원형 화자는 시인의 육성을 그대로 보존하고 있는 화자이고, 변형 화자는

---

3) 몰개성론의 입장에서는 시적 화자가 제재에 대한 태도를 표명하기 위해 창조된 극적 개성이기 때문에 시는 어디까지나 허구적이고 극적이라고 본다. 김준오, 앞의 책, 282면 참조.
4) 윤석산, 『현대시학』, 새미, 1996, 106~107면.
5) 장도준, 앞의 책, 195면.

그 목소리가 변조된 화자다. 전자는 시인이 현재의 시점(時點)에서 어떤 대상을 바라보며 느낀 것을 자신의 목소리로 말한다. 이에 반해 후자는 시인과 다른 성의 화자나 아이의 목소리, 혹은 제 삼자의 극화된 목소리로 발화되며, 시간적으로는 아주 먼 과거로 되돌아가기도 한다. 독자는 시에 쓰인 어휘나 화자의 어조, 내용의 진정성 등을 근거로 하여 원형 화자와 변형 화자를 구분할 수 있다. 그런데 어떤 작품에서는 원형 화자와 변형 화자가 동시에 나타나기도 한다.

> 나보고 명절날 신으라고 아버지가 사다 주신 내 신발은 나는 먼 바다로 흘러내리는 개울물에서 장난하고 놀다가 그만 떠내려 보내 버리고 말았습니다. 아마 내 이 신발은 벌써 邊山 콧등 밑의 개 안을 벗어나서 이 세상의 온갖 바닷가를 내 대신 굽이치며 돌아다니고 있을 것입니다.
>
> 아버지는 이어서 그것 대신의 신발을 또 한 켤레 사다가 신겨 주시긴 했습니다만, 그러나 이것은 어디까지나 대용품일 뿐, 그 대용품을 신고 명절을 맞이해야 했었습니다.
>
> 그래, 내가 스스로 내 신발을 사 신게 된 뒤에도 예순이 다 된 지금까지 나는 아직 대용품으로 신발을 사 신는 습관을 고치치 못한 그대로 있습니다.
>
> — 「신발」, 『질마재 神話』(1975)

세 단락으로 짜여져 있는 이 시는 아동 화자를 내세우는데, 단락 별로 화자가 조금씩 변이되는 모습을 보인다. 1단락(나보고~것입니다)은 아동의 화자가 나타나면서 아버지가 명절날 사준 신발을 잃어버린 그 때의 일을 재현한다. 나는 아버지가 사준 신발을 가지고 놀다가 개울물에 빠뜨리고 만다. "그만 떠내려 보내 버리고 말았습니다."라는 구절과 '잃어버린 신발이 내 대신 바닷가를 굽이치고 돌아다녔을 것'이라는 화자의 추측은, 소중한 물건을 잃어버린 아이의 안타까운 심정을 나타낸다.

2단락(아버지는~했었습니다)에서는 1단락의 아동 화자가 성인화자로 변모한다. 이를 알 수 있는 말이 "대용품"이다. 이 어휘는 어린 아이가 흔히 쓰는 말이 아니다. 나는 아버지가 새로 사준 신을 잃어버린 신발에 대한 대용품으로 여기는데, 이때의 화자는 과거를 회상하며 아련한 추억에 젖어드는 성인의 입장에 있다. 그래서 이 단락에서는 아동화자가 성인 화자로 바뀌면서 두 화자의 음영이 공존한다.

3단락(그래~있습니다)은 온전한 성인 화자가 나타나 현재 자신의 상황과 심정을 표현한다. 그는 예순의 나이가 된 지금까지도 대용품을 신고 있다고 말하며, 아버지가 처음으로 사다 준 신발에 대한 애틋한 그리움을 나타낸다.

서정주의 「신발」에서 화자인 '나'는 아동 화자, 아동화자와 성인 화자의 양면을 지닌 이중적 화자, 성인 화자 등 세 목소리를 지닌다. 이 시는 어린 아이를 화자로 하여 변형 화자를 시도했지만, 환골탈태(換骨奪胎)에 가까운 완벽한 성형은 이루지 못했다. '신발'에 대한 추억 이면에 환갑의 나이가 되어서도 잊지 못하는 아버지가 강한 그리움의 실체로 드리워져 있기 때문이다.

> 내가 여름 학질에 여러 직 앓아 영 못쓰게 되면 아버지는 나를 업어다가 산과 바다와 들녘과 마을로 통하는 외진 네 갈림길에 놓인 널찍한 바위 위에다 얹어 버려두었습니다. 빨가벗은 내 등때기에다간 복숭아 푸른 잎을 밥풀로 짓이겨 붙여 놓고, "꼼짝말고 가만히 엎드려 있어. 움직이다 복사잎이 떨어지는 때는 너는 영 낫지 못하고 만다"고 하셨습니다.
>
> 누가 그 눈을 깜짝깜짝 몇 천 번쯤 깜짝거릴 동안쯤 나는 그 뜨겁고도 오슬오슬 추운 바위와 하늘 사이에 다붙어 엎드려서 위아랫니를 이어 맞부딪치며 들들들들 떨고 있었습니다. 그래, 그게 뜸할 때쯤 되어 아버지는 다시 나타나서 홑이불에 나를 둘둘 말아 업어 갔습니다.
>
> 그래서 나는 다시 고스란히 성하게 산 이이가 되었습니다.

— 서정주, 「내가 여름 학질에 여러 직 앓아 영 못쓰게 되면」(1975)

이 작품도 「신발」과 마찬가지로 어린 시절에 겪었던 일을 시화하고 있다. 여름날 학질을 앓고 있을 때 아버지는 길가의 널찍한 바위에 나를 눕혀놓고 등에 복숭아의 푸른 잎을 밥풀로 붙인다. 아버지는 움직이지 말라고 당부하며 사라졌다가, 한참 만에 돌아와 들들 떨었던 나를 홑이불에 말아 업고 내려간다. 이렇게 하여 나는 학질을 치유하고 성한 산 아이가 된다. 이 시에서 생생한 과거의 체험담을 들려주는 '나'는 이 시의 화자로 시인과 동일시되는 인물이다. 그러나 화자인 나가 현재 상황의 시인이 아니다. 시인은 시간을 거슬러 어린 시절로 돌아가 그때 일어난 일을 들추어낸다.

이 시는 성인인 시인이 지난날의 경험을 회고하는 내용으로 되어 있지만, 어린 아이가 그의 생각과 감정이 드러내는 방식을 취한다. 말하자면 이 작품은 아이가 주체가 되는 아이의 이야기다. 시인은 예전의 아이로 되돌아가 그 때 있었던 일을 들려준다. 그래서 아동 화자로 설정된 '나'는 시인의 원형을 지키고 있는 변형 화자라고 말할 수 있다. 앞의 「신발」이 원형 화자를 다듬어 변형 화자를 시도한 것이라면, 이 작품은 변형 화자를 성공적으로 창조한 경우가 된다. 변형화자라고 해도 이 화자는 시인과 밀착되어 있다.

시인 ········· 원형 화자 ········· 변형 화자

도식에서 보듯, 변형화자는 시인과 멀리 떨어져 있는 것은 사실이나, 시인과 어떤 식으로든 교섭한다. 아무리 화자가 제 모습을 달리하더라도 시인의 얼굴을 감쪽같이 속이지는 못한다. 변형 화자도 시인의 생각을 대변하는 대리인의 역할을 하지만, 그 또한 시인이 선택한 하나의 탈에 지나지 않는다. 그는 설정된 상황에 맞게 변장하여 시인의 얼굴을 감추고, 시인의

본 목소리가 아닌 다른 목소리나 타자의 목소리로 발화한다. 다음의 시는 변형화자를 극단적으로 이용한 경우다.

> 햇볕 아늑하고/ 永遠도 잘 보이는 날
> 우리 데이트는 인젠 이렇게 해야지—
>
> 내가 어느 절간에 가 佛供을 하면
> 그대는 어디 돌塔에 기대어/ 한 낮잠 잘 주무시고,
>
> 그대 좋은 낮잠의 賞으로/ 나는 내 숲팔찌나 한 짝
> 그대 자는 가슴 위에 벗어서 얹어 놓고,
>
> 그리곤 그대 깨어 나가던
> 시원한 바다 하나/ 우리 둘 사이에 두어야지.
>
> —우리 데이트는 인제 이렇게 하지.
> 햇볕 아늑하고/ 永遠도 잘 보이는 날.
>
> — 「우리 데이트는 – 선덕여왕의 말씀 2」, 『서정주 문학전집』(1972)

이 시는 신라의 지귀 설화를 재구성한 것이다. 문헌6)에 전하는 바에 의하면, 선덕여왕의 아름다움을 사모한 지귀가 불공을 드리러 온다는 여왕을 기다리다가 잠이 드는데, 이를 본 여왕은 그의 가슴에 팔찌를 놓고 간다. 잠에서 깬 지귀는 여왕에 대한 사모의 정이 불타올라 몸을 태우고 화귀가 된다. 불길이 온 마을을 뒤덮자 선덕여왕은 직접 주사(呪詞)를 지어 불길을 잠재운다. 그 내용은 '지귀가 마음에 불이 나 몸을 태워 화귀가 되었네. 창

---

6) '지귀설화'는 고려 초의 설화집인 박인량(朴寅亮)의 『수이전(殊異傳)』에 「심화요탑(心火繞塔)」이라는 제목으로 실렸던 것으로, 지금은 『대동운부군옥(大東韻府群玉)』 권20과 『삼국유사(三國遺事)』에 수록되어 전한다. 설화에 수록된 한시의 내용은 다음과 같다. "志鬼心中火/ 燒身變火神/ 流移滄海外/ 不見不相親" 황패강, 『신라불교설화연구』, 일지사, 1975.

해 밖에 내쫓아 보지도 친하지도 말지어다'였다.

이 주문이 서정주에 의해 재탄생된다. 설화에서 여왕은 자신을 흠모하던 미천한 신분의 사내에게 온정을 베푼다. 그러나 백성들에게 해를 끼칠 정도로 사회적 물의를 일으키자 이에 적극 대응한다. 화마를 잠재우기 위한 선덕여왕의 주술은 대단히 위협적이다. 온 거리를 불바다로 만들었던 지귀는 여왕의 뜻을 받들고 물러난다. 하지만 시에서는 이런 위협은 보이지 않는다. 이 시는 왕의 신분을 넘어 사랑에 빠진 한 여인이 사내에게 영원한 사랑을 고백하는 형식을 취한다. 화자인 '나'는 고이 잠든 그대의 가슴에 금팔찌 한 짝 얹어 놓고, 그리고 우리 둘 사이에 시원한 바다 하나를 두자고 말한다. 여왕은 아늑하고 영원한 사랑을 꿈꾼다. 설화에서는 상사병으로 불귀신이 된 지귀가 이 시에서는 선덕여왕의 데이트를 받는 행복을 누린다.

시인은 주체할 수 없는 지귀의 불같은 사랑을 안타까워하면서도 타인을 위해하는 맹목적인 사랑에 충고의 메시지를 던진다. 남녀의 사랑은 서로를 위하는 순수한 마음으로 충만되어야 하며, 쉽게 끝나는 그런 사랑이 아닌 오래도록 변하지 않는 사랑이어야 함을 이른다. 이 시에서 화자는 여왕의 목소리를 지닌 변형화자다. 그러나 탈바꿈한 화자의 밑바탕에는 시인의 의식이 자리 잡고 있다. 변형화자는 시인의 가면이면서 시인의 얼굴인 것이다.

2 화자의 유형

최근의 화자 연구 논문은 시에 나타난 화자를 몇 가지로 유형화하는 경향이 있다. 시적 담화의 기본 골격을 '화자 → 메시지 → 청자'라는 삼자 관계에서 살피면서, 중시되는 그 지향점에 따라 흔히 화자 지향형, 청자 지향형, 화제 지향형으로 나눈다. 화자 지향형은 화자 중심의 발화로 화자가 '나'가 되며 화자 자신의 정조를 주관적으로 드러내는 양상을 띤다. 청자 지향형은 청자 중심의 발화로 청자에게 명령, 권고하거나 애원하고 호소하는 양상을 띤다. 화제 지향형은 화자, 청자보다 화제 그 자체를 중시하여 사실을 보고·전달하는 객관적인 발화 양상을 보인다.

> ① 나 하늘로 돌아가리라.
> 새벽빛 와 닿으면 스러지는
> 이슬 더불어 손에 손을 잡고,
>
> 나 하늘로 돌아가리라.
> 노을빛 함께 단 둘이서
> 기슭에서 놀다가 구름 손짓하며는,
>
> 나 하늘로 돌아가리라.
> 아름다운 이 세상 소풍 끝내는 날,

가서, 아름다웠더라고 말하리라……

— 천상병, 「귀천」

② 향단아 그넷줄을 밀어라
머언 바다로/ 배를 내어 밀듯이,/ 향단아.

이 다소곳이 흔들리는 수양버들나무와
벼갯모에 놓이듯 한 풀꽃더미로부터
자잘한 나비 새끼 꾀꼬리들로부터
아주 내어밀듯이, 향단아.

— 서정주, 「추천사」 일부

③ 新婦는 초록 저고리 다홍치마로 겨우 귀밑머리만 풀리운 채 新郎하고 첫날밤을 아직 앉아 있었는데, 新郎이 그만 오줌이 급해져서 냉큼 일어나 달려가는 바람에 옷자락이 문 돌쩌귀에 걸렸습니다. 그것을 신랑은 생각이 또 급해서 제 新婦가 음탕해서 그 새를 못 참아서 뒤에서 손으로 잡아당기는 거라고, 그렇게만 알고 뒤도 안 돌알보고 나가 버렸습니다. 문 돌쩌귀에 걸린 옷자락이 찢어진 채로 오줌 누곤 못 쓰겠다며 달아나 버렸습니다.
그러고 나선 四十年인가 五十년이 지나간 뒤에 뜻밖에 딴 볼일이 생겨 이 新婦네 집 옆을 지나가다가 그래도 잠시 궁금해서 新婦방 문을 열고 들여다보니 新婦는 귀밑머리만 풀린 첫날밤 모양 그대로 초록 저고리 다홍치마로 아직도 고스란히 앉아 있었습니다. 안스러운 생각이 들어 그 어깨를 어루만지니 그때서야 매운재가 되어 폭삭 내려 앉아 버렸습니다. 초록재와 다홍재로 내려앉아 버렸습니다.

— 서정주, 「신부」

기존의 연구에 따르면, ①은 청자가 배제되고 1인칭 화자인 '나'가 부각되는 화자 지향형이다. "나 죽으면 하늘로 돌아가리라"라는 화자 개인의 주관적 생각을 표현하고 있다. ②는 청자 지향형으로 청자가 설정되고, 화자가 그 청자를 향하여 발언한다. 고소설인『춘향전』을 모티브로 하고 있는 이 작품은 화자인 춘향이 청자인 '향단'을 향해 그넷줄을 밀어라고 명령한다. 이 같은 청자 지향형은 화자가 2인칭 대상에게 무엇인가 명령하거나 요청하는 성향이 있어 '2인칭 지향형'이라고도 한다.

③은 설화의 내용을 시화한 것[7]으로 혼인 첫날밤에 생긴 오해로 인해 신부가 수십 년 동안 첫날밤 모양 그대로 앉아 있어야 했고, 신랑의 손길이 닿고서야 재가 되어 내려앉았다는 이야기다. 이 시는 작중 인물인 신랑과 신부에 읽힌 슬픈 이야기를 작품 밖의 화자가 서술하고 있는 작품으로 화자나 청자보다 화제가 부각되고 있다. 이때의 화제는 작품에서 제시되고 있는 시적 대상으로 사람이나 사물 혹은 사건, 상황 등을 일컫는다. 화제 지향형은 '그', '그것', '무엇'에 대한 정보를 제공하려는 데 목적을 두기 때문에 '3인칭 지향형'의 특성을 갖는다.

화자 지향형, 청자 지향형, 화제 지향형 등의 분류는 시의 담화적 특성을 이해하는 데 도움을 주며, 작품을 해석할 때 참고할 수 있다. 하지만 이 세 유형은 작품 전체에 일괄적으로 적용할 수 있는 보편적인 방법론이 되지 못한다. 표면상 드러나는 화자와 청자의 존재 유무에 따라 화자를 구분하는 만큼 그 기준이 너무 형식적이고 획일적일 뿐만 아니라 서정 장르라는 시의 특성에 부합하지 않는다. 시는 화자가 일방적으로 우위에 서서 세계를 자아화하는 주관적인 장르다. 따라서 화자의 발언이 청자에게로 향하더라도 화자의 정서 표출이 두드러지고, 독백적인 어조마저 나타나면서 화자 지향을 보여준다.

---

7)『질마재신화』(1975)에 실린 서정주의「신부」는, 경북 영양 일월산에 있는 황씨 부인 사당에 전하는 전설을 채용하고 작품으로, 시의 내용은 전설로 내려오고 있는 설화의 세계다.

어머님, 나는 별 하나에 아름다운 말 한 마디씩 불러 봅니다. 소학교 때 책상을 같이 했던 아이들의 이름과 패, 경, 옥, 이런 이국 소녀들의 이름과, 벌써 아기 어머니 된 계집애들의 이름과 가난한 이웃 사람들의 이름과, 비둘기, 강아지, 토끼, 노새, 노루, '프랑시스 잼', '라이너 마리아 릴케', 이런 시인의 이름을 불러봅니다.

이네들은 너무나 멀리 있습니다.
별이 아스라이 멀 듯이.

어머님,/ 그리고 당신은 멀리 북간도에 계십니다.

나는 무엇인지 그리워
이 많은 별빛이 내린 언덕 위에
내 이름자를 써 보고,
흙으로 덮어 버리었습니다.

— 윤동주, 「별 헤는 밤」 일부

　화자의 유형으로 보면, 위의 두 시는 청자 지향형에 속한다. 윤동주의 「별헤는 밤」에서 화자인 '나'는 청자인 '어머니'에게 자신의 심정을 토로한다. 청자가 분명히 드러난다는 점에서 이 작품은 청자 지향형이라 볼 수 있다. 그러나 이 시에선 청자 지향의 지령적인 면은 크게 부각되지 않는다. 단지 화자 자신의 내면세계를 청자인 어머니에게 하소연하고 있는 인상을 준다.[8] 화자와 청자가 드러나 있을 뿐이지 화자가 청자에게 어떤 행동을 요구하지 않는다. 따라서 이 작품은 청자가 분명히 드러나지만 화자 지향형에 가깝다고 볼 수 있다. 청자를 설정해 놓고 있지만 화자의 정서 표출이 두드러지고, 독백적 어조마저 나타나면서 화자 지향의 특성이 두드러진다.

---

8) 이해웅, 「윤동주 시의 담화 구조 연구」, 『어문학교육』 20집, 1998, 18면.

엄밀히 말해, 시는 청자가 중요하지 않은 화자 중심의 장르라 할 수 있다. 시의 화자는 발언하는 입장이고, 청자는 언제나 화자의 말을 엿듣는 입장이다. 시에서의 의미와 분위기는 화자의 태도에 의해 지배되고, 청자의 입장이나 태도는 화자의 말하는 방법에 의해 결정된다. 때문에 시에서 청자는 화자에게 심리적으로 종속되고, 화자의 정서와 태도에 걸맞은 인물로 동화되기 마련이다.9) 이런 점을 고려한다면 청자 지향형은 청자가 나타날 뿐 화자 지향형과 크게 다르지 않다. 그래서 최근 화자의 연구는 청자를 배제하고, 시에서 화자가 나타나는 양상에 초점을 둔다.

이숭원은 화자를 시인이 직접 화자로 나서서 자신의 생각과 감정을 드러내는 '시인 화자', '우리'를 내세우는 '복수 화자', 다른 사람을 화자로 내세워 간접적으로 의사를 전하는 '허구적 화자', 대상을 객관적으로 제시하는 '중립적 화자' 등 네 화자로 나눈다.10) 박용찬은 작품에서 화자가 나타나는 방식으로 전면화, 관찰화·은닉화, 배역화 등 세 경우를 든다.11) 전면화의 경우 '시인 화자'가 나타나고, 관찰화·은닉화의 경우 중립적 화자가 등장한다. 배역화는 창작 주체와는 다른 제 3의 배역을 설정하여 시적 화자의 목소리를 타자화하는 방법이다. 이 경우, 허구적 인물을 등장시켜 그의 입장에서 사건이나 정황을 그려낸다. 두 연구자가 분류한 화자의 항목은 그 명칭에서 차이가 있을 뿐 크게 다르지 않다. 이들은 작품에서 화자의 특징을 실질적으로 탐색하지만, 단일한 분류 기준을 마련하지 못한 채 자의적으로 화자를 나눈다. 장도준은 기준을 제시하며 화자를 다음과 같이 세밀하게 분류한다.12)

---

9) 백운복, 『시의 이론과 비평』, 태학사, 1997, 124면. 장도준, 앞의 책, 190면 참조.
10) 이숭원, 「백석 시의 화자의 어조 연구」, 『한국시학연구』 1호, 한국시학회, 1998, 250~256면.
11) 박용찬, 「시적 화자의 변이양상에 대한 연구」, 『국어교육연구』 29집, 1997, 79~104면.
12) 장도준, 앞의 책, 185~210면.

　　1) 표면에 나타나는 현상적 화자
　　　① 허구적 주체로서의 화자
　　　② 시인의 시점을 한 화자
　　　③ 허구적 객체로서의 화자
　　2) 표면에 나타나지 않는 함축적 화자
　　　① 함축적 시인의 시각
　　　② 객관 제시형

　이 분류는 시인화자, 허구적 화자, 중립적 화자에서 "허구적 객체로서의 화자"와 "함축적 시인의 시각"이 추가된다. 장도준은 서정주의 「추천사」를 예로 들면서 이 시의 화자는 시인의 시점을 하지 않으며 허구적 주체자로서의 입장에도 있지 못하고, 독자는 시인이 조종하는 춘향의 발언을 듣게 된다고 말한다. 이 시는 화자가 '나' 곧 춘향으로 되어 있어 향단에게 나를 밀어 올려 달라고 청하는 춘향의 말은 1인칭 화자의 진술이 된다. 따라서 이 시의 화자는 객체가 아닌 주체로서 화자의 역할을 한다. 연구자는 박목월의 「불국사」를 함축적 화자의 존재까지 소멸되어 있다고 보는데, 화자는 작품에서 드러나지 않을 뿐, 관찰자의 입장에서 그 대상을 바라보고 있다. 따라서 이 시에서 화자가 소멸된 것이 아니라 감추어져 있다고 보아야 한다.

　시에서 화자를 인정하는 한, 작품에서 화자가 드러나느냐 그렇지 않느냐 하는 것은 큰 의미가 없다. 작품에서 새로운 인물을 화자로 내세우지 않는다면, 시는 1인칭 화자의 발화로 보아도 무방하다. 그런데 작품에 따라서는 화자의 실체를 파악하기 어려운 것이 있다. 어떤 장면을 묘사하거나 사건을 객관적으로 서술하는 시의 경우, 화자의 주관적인 정서는 직접적으로 노출되지 않는다. 이숭원 교수는 이런 화자를 '중립적 화자'로 명명한다.[13]

---

13) 이숭원, 앞의 논문, 251~256면.

'중립'은 작품 개입에서의 화자의 중립으로 화자가 관찰한 내용에 대해 관여하지 않는다는 것을 뜻한다.

그런데 분류 기준을 놓고 볼 때 이 중립적 화자의 위치는 애매하다. 화자를 시인과 일치하느냐를 따지는 '자전적 / 허구적 화자'의 분류에서는 중립적 화자가 소속될 자리가 마땅치 않다. 중립적 화자는 자전적 화자나 허구적 화자와 함께 동일 선상에 놓고 비교할 만한 성질의 것이 되지 못한다. 중립은 작품의 객관성뿐만 아니라 화자와 시적 대상 간의 관계를 함유하고 있기 때문이다. 화자가 대상에 대해 갖는 관계는 시점(視點, point of view)의 문제가 된다.

시점은 소설에서 '서술의 초점(focus of narration)'을 가리키는 문학 용어다. 브룩스와 워렌은 1943년에 발간된 『소설의 이해』에서 작가가 어떤 각도에서 사건을 서술하느냐 하는 서술의 초점을 시점으로 보고, 서술자는 이야기의 내부에 있느냐 그렇지 않느냐에 따라 1인칭과 3인칭으로 나눈다.[14] 그리고 사건에 대한 내적 / 외적 분석에 따라 네 개의 시점으로 구분한다. 오늘날 흔히 언급되는 1인칭 주인공 시점, 1인칭 관찰자 시점, 3인칭 관찰자 시점, 전지적 작가 시점 등은 이들의 이론에서 가져온 것이다. 이 네 가지 시점은 소설 작품을 분석하고 이해하는데 유용하게 쓰인다. 하지만 소설의 시점은 네 시점만으로 충당되지 않을 만큼 훨씬 많고, 작품에

---

14) Cleanth Brooks, Robert Penn Warren, *Understanding Fiction*, Englewood Cliffs : Prentice-Hall, 1979, p.174.

구 분	사건에 대한 내적 분석	사건의 외적 분석
1인칭(이야기 내의 서술자)	1) 주인공이 자신의 이야기를 한다.	2) 부차적 인물이 중심인물의 이야기를 말한다.
3인칭(이야기 내 인물이 아닌 서술자)	3) 분석적이며 전지적인 서술자가 생각과 감정을 넣어 이야기한다.	4) 익명의 존재인 작가가 서술자가 되어 관찰자로서 이야기한다.

따라서는 하나의 고정된 시점을 갖지 않는다.[15] 여러 개의 시점이 잘 구분
되지 않은 채로 뒤섞여 있는 모습은 시에서도 찾아볼 수 있다.

> 어디서
> 어디 한 오백리쯤 남쪽 바닷가에서
> 동백꽃 봉우리 새로 물드는 소리…….
>
> 그건 아푼 것인가,
> 아푼 것인가,
>
> 동백꽃 봉우리가 다하지 못한 몸짓
> 바닷물이 받아서 웅얼거리는 소리…….
> 제일 깊은 데 가서는 아닌게 아니라
> 그렇게 하고 있는 소리…….
>
> 攝氏 二度의 새초롬한 바람은 알아듣고
> 목청 돋구는 李花中仙*이처럼
> 伽倻琴 찡 줄의 청을 고추 세운다.
> *李花中仙 : 解放前의 女性國唱

— 서정주, 「봄치위」, 『현대문학』 88호(1962. 4.)

이 시는 봄 추위에 대한 느낌을 풍부한 상상력과 감각적 언어로 형상화
하고 있다. 섭씨 이도의 차가운 봄날에 화자는 저멀리 남쪽 바닷가에서
동백꽃 봉우리가 물드는 소리와 바닷물이 웅얼거리는 소리를 듣고, 바람
이 가야금 줄을 고추 세우는 모습을 본다. 물론 이것은 사물의 깊은 천착
에 오는 감각적 현상이다. 예민한 감각과 움트는 감정으로 인해 시인은
작품에 개입한다. 1연의 "어디 한 오백리쯤", 2연의 "그건 아푼것인가,/

---

15) 오탁번·이남호, 『서사의 이해』, 고려대학교 출판부, 2001, 191면.

아푼것인가", 3연의 "제일 깊은 데 가서는 아닌게 아니라 그렇게 하고 있는 소리", 4연의 "새로촘한 바람은 알아듣고" 등이 그 예이다. 이 시는 이면적 화자를 통해 대상을 객관적으로 묘사하면서도 직접적으로 의사를 표현한다. 대상에 대한 내적 분석과 외적 분석이 동시에 이루어지고 있다는 점에서 이 작품은 브룩스와 워렌이 언급한 하나의 시점으로는 설명할 수 없다.

시에서 시점 적용의 난처함은 화자의 위치에서도 나타난다. 소설에서는 작중인물과 이들에 대한 서술방식을 통해 화자가 작품 내에 혹은 밖에 있는지 확인할 수 있다. 하지만 시는 주관적인 독백의 형식을 띠고 있어 1인칭과 3인칭의 구별은 무리가 따른다. 「봄치위」는 화자가 작품 밖에서 대상을 관찰하는 듯하면서도 작품 내부에 개입한다. 이 시는 화자인 나가 주인공이 되어 자신의 체험과 생각을 나타낸다. 화자가 차가운 봄 날씨에서 '동백꽃 봉우리의 소리'를 상상하고, 여기에서 '바닷물의 소리', '바람의 움직임'으로 연쇄적으로 이어나간 것은 외부의 대상이 자아의 의식과 감정 속에서 즉자적으로 융합되었음을 말해준다. 자아와 세계가 융합되는 현상은 서정 장르의 기본 특징이다.

시는 서사 양식과 달리 시점이 번갈아 이동하지 않는다. 헤르나디는 서정 양식을 시인 자신이나 또는 특정 화자의 사적 시점에서 표명되는 내적 독백이라고 정의한다.16) 서사 양식은 작가가 주석적 시점에서 사건 전개나 행위를 직접 서술하거나 혹은 작가의 주석적 개입 없이 인물의 쌍방적 시점에서 행위나 사건을 묘사한다. 그는 전자를 '주석적 말하기(authorial telling)', 그리고 후자를 '몰개성적 보이기(impersonating showing)'이라 한다. 서정 양식은 세계를 자아화하여 주관적인 정서를 드러낸다는 점에서 서사

---

16) Paul, Hernadi, *Beyond Genre*, Cornell University Press, 1972, pp.182~203. 고형진, 「1920-30년대시의 서사지향성과 시적 구조」, 고려대학교 박사학위논문, 1991, 19면 재인용.

양식과 근본적으로 다르지만, 담화 방식의 측면에서 서사 양식과 마찬가지로 화자가 개입하는 '말하기'와 화자가 잠적하는 '보이기'의 두 방식 사이를 오간다.

따라 시의 화자는, 화자가 작품에 관여하는 정도에 따라서 분류할 수 있다. 필자는 화자가 작품에 적극적으로 관여하는 화자를 '전지적 화자'로 그리고 작품 개입을 자제하는 화자를 '중립적 화자'로 둔다. 한편 두 화자의 성격이 두루 나타나는 화자를 '복합적 화자'로 다루고자 한다.17)

이 세 화자의 시는 화자의 태도와 서술 내용, 언어 표현 방식 등에서 차이가 있다. 전지적 화자는 작품에 개입하여 대상을 주도적으로 이끌어 가며 자신의 주관적인 생각이나 감정을 드러낸다. 화자가 추측하고 판단하고 다짐한 것이 주된 내용이 되며, 서술적이고 설명적인 언어를 주로 사용한다. 중립적 화자는 대상을 이끌어가기보다는 관망하는 편이며, 그 대상에 대해 직접 관여하지 않는다. 이 화자는 바라보는 태도를 취해 대상에 대한 정서적 반응을 억제하고 관찰하는 대상을 부각시킨다. 따라서 화자가 바라보는 인물의 행위나 외양, 자연의 정경이나 사물의 모습이 작품의 내용을 이루며, 객관적이고 묘사적인 언어를 주로 사용한다. 복합적 화자는 어느 쪽이 우세하든 두 화자의 성향이 한 작품에 나타난다.

---

17) 이러한 화자의 구분이 시의 화자를 일반화할 수 있다고 보지는 않는다. 어떤 화자 이론이든 개별 작품의 모두를 충족시키지 못하며, 이론에 맞지 않는 예외나 모호한 경우는 꼭 있기 마련이다. 화자의 분류는 시 전체를 통괄하기 어려운 점이 있으며, 비판의 여지가 있다. 화자의 유형화는 시의 담화적 특성을 이해하는 데에는 도움을 주지만, 그것이 작품의 내용이나 표현과 별개로 진행될 때에는 화자가 시에서 갖는 위치나 중요성은 그 분류 속에서 사라진다. 이 글은 시를 이해하는 하나의 시각으로 화자가 시의 내용이나 시적 표현에 작용하는 의미를 구명함으로써 시를 바르게 이해할 수 있어야 한다는 관점을 취한다.

3 화자와 미적 거리

거리(距離)는 예술 작품의 창작이나 감상에서 중요한 비평 개념이다. 1912년 영국의 심리학자인 에드워드 블로흐(Edward Bullough)는 바다의 짙은 안개라는 자연 현상의 감상을 예로 들면서 대상을 인식하기 위한 태도로 '심리적 거리(psychical distance)'라는 개념을 도입하였다. 바다의 안개 속에서 안개의 다양한 모습을 바라보면서 느끼는 즐거운 경험들을 일상적 경험과는 다른 미적 경험으로 파악하여 그것을 심리적 거리의 효과로 설명하였다. 미적 경험은 대상을 바라보는 자아로부터 그 대상을 분리시킴으로써 획득되는 것이라고 보았다. 말하자면 감상자가 대상과 분리되어 자기 멸각(滅却)의 심리적 거리를 유지할 때, 예술 작품의 참된 의미와 가치를 인식하게 된다는 것이다.

거리 또는 분리는 예술의 감상에 필수적인 미적 태도다. 거리는 예술 작품의 미적 가치를 제대로 향수하기 위한 마음 상태이기 때문에 미적 거리, 심미적 거리(aesthetic distance)라고도 한다.[18] 그러나 블로흐가 말하는 거리는 예술 작품을 감상하기 위한 '수용의 거리'로서 '표현의 거리'와는 개념의 차이가 있다. 거리는 단지 대상을 어떤 입장에서 받아들이느냐 하는

---

18) 김준오, 앞의 책, 329면.

'수용의 거리'만 있는 게 아니다. 작가 역시 현실에서 사물들을 받아들여 문학적 담화의 화제로 삼는다는 점을 고려할 때, 대상을 어떻게 표현하느냐 하는 '표현의 거리'가 중요시된다.[19]

시에서 거리는 시인 혹은 화자가 제재로 삼는 대상에 대해 어떠한 심리적 태도를 갖는가에 따라 결정된다. 모든 시는 알게 모르게 시인과 대상 사이에 거리 의식이 존재하기 마련이며, 시인은 예술적 효과를 위해 적절한 거리를 유지하기 위한 장치를 의도하게 된다.[20] 시인의 거리 감각은 자신의 감정이나 정서를 양식화하는 과정에서 대상에 대해 어느 정도의 거리를 유지하느냐에 따라 생겨난다.[21] 곧 화자가 대상에 대해 갖는 감정의 정도에 따라 화자와 대상 간의 거리가 결정되는 것이다. 화자와 대상이 서로 밀착되어 화자의 주관적인 감정이 노출되면 '가까운 거리'가 형성되고, 반대로 화자와 대상이 분리되어 감정이 억제되면 '먼 거리'가 형성된다.

그러므로 거리 조정에서 한 극단은 부족한 거리 조정과 지나친 거리 조정이다.[22] 이에 따라 시에서 거리는 지나친 거리, 부족한 거리, 적절한 거리 등으로 살펴볼 수 있다. 부족한 거리 조정은 대상에 대한 시인의 심리적 거리가 아주 짧은 경우다. 시인이 자기 감정을 양식화하지 않고 직접 발화하는 절규의 형태가 부족한 거리 조정이다. 지나친 거리 조정은 시인이 제재에 대해 지나치게 심리적 거리를 두어 정서 표출을 억제한다. 따라

---

19) 윤석산, 앞의 책, 298면.
20) 시인은 여러 예술 장치를 사용하여 자신의 작품이 독자에게 심미적으로 향수되도록 거리를 설정하게 된다. 표현의 거리를 논한 다이치(D. Daiach)의 설명에 의하면, 시인은 작품을 쓸 때 독자가 어떤 거리에서 받아들일 것인가를 결정할 수 있도록 작품 안에서 수용의 방향과 체계를 미리 암시적으로 설정해 놓는다. 그것은 작품의 여러 장치, 예컨대 리듬, 어조, 이미지, 시어 등 작품 구조에서부터 세부조직에 이르기까지 모든 요소에 설정해 둔다. 윤석산, 앞의 책, 298~299면.
21) 김현자, 「박목월 시의 감각과 미적거리」, 『한국시의 감각과 미적거리』, 문학과지성사, 1997, 11면.
22) 김준오, 앞의 책, 334~338면.

서 모든 시는 부족한 거리 조정과 지나친 거리 조정의 양 극단 사이에 존재한다고 볼 수 있다.

시에서 거리를 논할 때, 작품의 '객관성'이 문제되기도 한다. 화자의 정서가 작품에서 드러나느냐 그렇지 않느냐에 따라 거리가 짧고 멀다고 말할 수 있기 때문이다. 시인의 주관이 거의 드러나지 않는다면 그 시는 객관성이 두드러지고, 거리상으로는 먼 거리의 작품이 된다. 그러나 어떤 작품을 두고 '객관적이다'고 단정하기는 쉽지 않다. 정지용의 「유리창」이나 백석의 「여승」을 두고 감정이 절제되고 화자의 태도가 객관적이다[23]고 보는 견해가 있다. 하지만 두 작품은 감정을 노출한다는 점에서 객관적이기보다는 주관적이라고 할 수 있다. 다만 감정을 드러내는 방식이 직접적이지 않고 완곡하게 돌려 말한다는 점에서 감정을 절제하고 거리 조정을 성공적으로 이끈 작품이라 할 수 있다.

시인은 예술적 효과를 위해 바람직한 거리 조정에 심혈을 기울인다.[24] 작품이 현실로부터 너무 떨어지면 가까우면 보편적 공감을 상실하여 독자는 작품을 예술로서 즐길 수 없게 된다. 그래서 시인은 독자가 작품을 심미적으로 수용하도록 지나치게 멀거나 너무 가깝지 않도록 거리를 조정한다. 여기서의 거리는 화자의 대상에 대한 몰입 정도를 조율하는 표현상의 거리며, 독자의 반응과 참여를 조정하는 미적 거리다.

---

23) 이남호는 정지용의 「유리창」을 해석하면서 이 작품에서 나타난 화자의 태도가 결코 객관적이지 않음을 다음과 같이 설명한다. "객관적 태도라 함은, 대상에 대한 주관적 판단이나 감정을 배제하고 그것을 있는 그대로 인식하고 드러내려는 태도를 뜻한다. 이 시의 전반부에서는 화자의 태도가 어느 정도 객관적이라고 말할 수 있을 것 같다. 그러나 후반부에서 외로운 황홀한 심사라든가 마지막 행의 감탄적 어법을 보면 화자의 태도가 객관적이라고 말하기는 어려울 것 같다. 또 화자의 태도가 꼭 객관적이어야만 이 시에 나타난 감정 절제를 설명할 수 있는 것도 아니다. 「유리창」이 보여주는 감정의 절제는, 화자의 객관적 태도에서 비롯된다기보다는 완곡법 혹은 돌려 말하기 기법에서 비롯된다." 이남호, 앞의 책(2001), 95~96면.
24) 김준오, 앞의 책, 337면.

시는 특수한 담화의 형태로 언어로 구성되며, 그 언어는 시인이 설정한 화자에 의해 발화된다.[25] 따라서 시의 미적 거리는 발화자의 언어에 의해 결정된다고 볼 수 있다. 화자가 어떤 언어로 어떻게 말하느냐에 따라 화자와 대상 간의 거리는 물론 작품과 독자 간의 거리가 달라진다. 다이치에 의하면, 시 그 자체는 언어와 리듬, 어조, 이미지, 형태 등의 여러 예술적 장치에 의해 독자가 그 시를 심미적으로 향수하도록, 곧 감상에 필요한 어떤 거리를 스스로 결정하도록 하는 하나의 암시적 방향 체계를 마련한다.[26]

> 내 마음 속 우리 님의 고운 눈썹을
> 즈믄 밤의 꿈으로 맑게 씻어서
> 하늘에다 옮기어 심어 놨더니
> 동지 섣달 나르는 매서운 새가
> 그걸 알고 시늉하며 비끼어 가네

— 「동천」(1968)

이 시는 '나'라는 화자가 말도 안 되는 소리를 태연스럽게 하고 있다. 임의 눈썹을 즈믄 밤의 꿈으로 깨끗이 씻어서 하늘에 옮겨 놓았다고 한다. 화자는 통상적으로는 해야 할 말을 과감히 생략하고 자신의 생각을 직접적으로 밝히기보다는 사물에 빗대어 돌려 말한다. 그는 임에 대한 그리움으로 추운 겨울 하늘에 떠 있는 그믐달을 유심히 바라보다가 달 주변으로 새가 지나가는 것을 목도한다. 이러한 정황을 화자는 돌려 말한다.

화자는 사랑의 간곡한 마음을 "우리 님의 고운 눈썹", "즈믄 밤의 꿈",

---

25) 김준오, 앞의 책, 284면 참조.
26) Alex Preminger, *Princeton Encyclopedia of Poetry and Poetics*, Princeton University Press, 1974, 6면. 김준오, 앞의 책, 331면 참조

"동지 섣달", "매서운 새" 등의 시구에 응축시켜 표현한다. 이 시에서 '눈썹'은 화자가 애타게 그리워하는 임의 눈썹이며, 눈썹 모양을 한 초승달의 은유다. 동천에 심어 놓은 "우리 님의 고운 눈썹"은 사모의 정이 집약된 형체다.27) 임에 대한 사랑의 깊이는 "즈믄 밤의 꿈"으로 나타난다. 꿈속에서도 잊지 못하는 사모의 열정은 화자의 하루하루를 천년의 긴 시간으로 만들어 놓는다. 화자는 임으로 표상되는 눈썹을 정성어린 사랑의 마음으로 겨울 하늘에 심어 놓는다. 임에 대한 사랑의 마음은 아무도 모르는 나만의 비밀스러운 것이다. 화자의 지고지순한 사랑을 아는지 동지섣달을 나는 새가 비끼어 간다. 이 새는 길고 긴 겨울밤의 추위도 외로움도 모르는 "매서운 새"다. 하지만 초승달에 담긴 사랑의 의미를 감지하고는 못 본체 조용히 지나간다.

「동천」의 화자는 임에 대한 연모의 정과 사랑의 절대성을 나타내고자 하지만 이를 직접적으로 발설하지 않는다. 세 마디의 말이 규칙적으로 반복하는 안정된 형태를 갖추고, 인물 행위와 정경을 객관적으로 묘사한다. 시각적 이미지로 그림을 보는 듯한 회화적 영상미를 조성한다. 그리고 화자의 정서를 함축하는 시어를 선별하고, 내면의 심정을 사물에 투영시켜 표현한다. 이 시는 이러한 예술적 기법으로 미적 거리를 유지하고, 독자의 관습화된 의식을 자극하여 사랑의 의미를 새롭게 인식하게 한다.

시의 미적 거리는 화자의 선택과 관련된다. 어떤 화자를 내세우느냐에 따라 작품의 미적 거리에 대한 성취는 달라진다. 전지적 화자, 중립적 화자, 복합적 화자 등이 나타나는 미당의 시를 대상으로 이들 작품이 미적 거리를 어떻게 확보하고 있는지 살펴본다.

---

27) 박호영, 『서정주』, 건국대학교출판부, 2003, 136면.

① 禪雲寺 고랑으로
　禪雲寺 동백꽃을 보러 갔더니
　동백꽃은 아직 일러 피지 않았고
　막걸릿집 여자의 육자백이 가락에
　작년 것만 오히려 남았읍디다.
　그것도 목이 쉬여 남았습디다.

—「禪雲寺 洞口」, 『동천』(1968)

② 바닷속에서 전복따파는 濟州海女도
　제일좋은건 님오시는날 따다주려고
　물속바위에 붙은그대로 남겨둔단다.
　詩의전복도 제일좋은건 거기두어라.
　다캐어내도 허전하여서 헤매이리오?
　바다에두고 바다바래여 詩人인 것을……

—「詩論」, 『떠돌이의 시』(1976)

　두 작품의 화자는 전지적 화자로 말하기 방식(telling)을 통해 시인의 체험과 견해를 전한다. ①은 선운사에 간 화자가 동백꽃을 보지 못했다는 체험담을 들려주고 있으며, ②는 '詩'라는 대상에 대해 시인이 생각하고 있는 것을 나타낸다. 이들 작품과 같이 전지적 화자가 나타나는 시는 화자가 사적인 체험이나 주관적 생각을 그대로 표현한다. 언어 사용에서도 묘사적 문장보다는 서술적 문장을 구사한다. 독백의 형태로 가청화하는 진술의 방식은 자칫 사변적이거나 관념적인 주관으로 전락할 수 있다. 하지만 두 시는 개성적인 언어 사용 방식으로 전지적 화자의 결점을 보완하고 화자와 대상 간에 적정한 거리를 갖는다.

　①은 작품의 앞에서 "선운사"를 두 번 반복하여 다른 곳도 아닌 선운사에 피어 있는 동백꽃에 화자가 매혹되어 있음을 알려주고, 끝에서 "남았습

디다.”라는 말을 되풀이하여 보고 싶어 했던 동백꽃을 보지 못한 아쉬움을 드러낸다. 언어의 효율적 배치를 통한 감정 표현은 이 시의 장점이다. 화자는 아무런 관련이 없는 동백꽃을 목이 쉰 막걸리집 여자와 관련짓는다. 꽃은 보지는 못했지만 막걸리집 여자의 육자배기의 가락으로 “목이 쉰” 동백꽃이 재생된다. 애잔한 잡가를 목이 쉬도록 부르는 주막집 여인은 다름 아닌 동백의 모습이다. 이 시에서 찬 겨울을 견디며 봉우리 져 있는 동백나무는, 신산한 삶을 살아온 작부와 동일시된다.

②의 화자는 덜 익은 생각으로 시를 아무렇게나 쓰는 이들에게 조언하는데, 이를 직접적으로 말하지 않고 해녀가 따는 전복에 빗대어 표현한다. 제주 해녀가 좋은 전복은 임에게 주러 그대로 남겨두듯 시인이 좋은 시를 쓰려면 내면의 밑바닥에 닿을 정도로 오랜 시간의 사유가 있어야 한다는 것이다. 독자에게 내놓을 “시의 전복”은 깊은 사유와 성찰로 건져 올린 언어의 결정체이어야 함을 화자는 이른다. 「시론」은 말하기 방식에 의존하고 있으면서도 구체적인 상황과 적절한 비유를 들어 표현의 묘미를 살린다. 시인이 내놓는 시의 전복은 우리들의 의식 밑바닥에 자리 잡고 있는 상투적인 의미 체계에 신선한 충격과 깨달음을 준다.

전체 6행으로 이루어진 이 시는 형태상 독특한 구조를 보인다. 5음절의 단어군을 만들어 이것을 세 마디씩 반복한다. 통사적 분단을 고려하고 있으나 한 무리의 단어군은 5음절에 맞추기 위해 띄어쓰기를 하지 않는다. 또한 3행씩 양분하여 두 개의 큰 의미 단락을 이루고 있다. 앞의 1~3행이 ‘해녀의 전복’이야기라면, 뒤의 4~6행은 ‘시인의 전복’이야기다. 「시론」은 이렇게 언어의 조직을 통해 형태적 질서감에 부여하는데, 이것은 언어의 질서의식을 강조하려는, 시인의 암시적인 전언으로 볼 수 있다. 결국 이 작품은 시의 내용과 형식에 관한 서정주의 시론이 된다. 시인은 전능한 신의 입장에서 대상에 대한 지배권을 가지면서도 그 권능을 함부로 쓰지 않는다. 직접적으로 서술하면서도 언어의 교묘한 배치와 상황에 맞는 적절한 비유를 통해 표현의 선명성을 높이고 의사를 암시적으로 전달한다. 직접적인 서술과 간접적인 비유의 조응은 화자가 대상에 감정적으로 매몰되는 것을 차단하는 구실을 한다.

> 열대여섯 살짜리 소년이 작약(芍藥)꽃을 한아름 자전거(自轉車) 뒤에다 실어 끌고 이조(李朝)의 낡은 먹기와집 골목을 지나가면서 연계(軟鷄) 같은 소리로 꽃사라고 외치오. 세계에서 제일 잘 물들여진 옥색(玉色)의 공기 속에 그 소리의 맥(脈)이 담기오. 그 뒤에서 꽃을 찾는 아주머니가 백지(白紙)의 창(窓)을 열고 꽃장수 꽃장수 일루 와요 불러도 통 못 알아듣고 꽃 사려 少年은 그냥 열심히 외치고만 가오. 먹기와집들이 다 끝나는 언덕 위에 올라서선 작약(芍藥)꽃 앞자리에 냉큼 올라타서 방울을 울리며 내달아 가오.

— 「한양호일(漢陽好日)」, 『동천』(1968)

이 시는 화자가 잠적하며 하나의 정경을 생생하게 묘사하고 있다. 화자는 작품에서 물러나 꽃을 파는 소년과 꽃을 사려는 아주머니의 모습을 그려낸다. 이 시의 화자는 작품에 개입하지 않아 중립적 화자로 볼 수 있다.[28] 중립적 화자가 나타나는 시는, 화자가 감정을 배제한 채 관찰한 내

---

28) 중립적 화자는 감정을 숨기고 보이기(showing)의 방식으로 대상을 드러내기 때문에 작품의 객관성과 신뢰성을 보장받는다. 이 화자는 화자와 대상 간의 관계에서 서로 통합되지 않고 따로 떨어져 있다. 한 자리에 있으면서도 심리적으로는 떨어져 있는 화자의 모습은 중립적 화자의 일반적 특징이다. 하지만 이 경우도 화자의 정서가 완전히 배제되는 것은 아니다. 시인은 세계를 자기의 개성에 따라 주관화하므로 시 속에 표현된 사물은 주관적으로 윤색된 세계라 할 수 있다(김준오, 앞의 책, 340~341면 참조). 시에 사용되는 언어는 사물을 그대로 지시하기보다는 문맥에 기대어 정서를 환기하는 목적으로 주로 쓰인다. 이 때문에 시에서 정서를 완전히 덜어낸 중립은 찾아보기 어렵다. 따라서 화자의 분류에서 중립은 작품 표면상에서의 중립을 의미한다. 중립적 화자는 대상에 대해 이렇다 저렇다는 언급은 피하고, 특정 장면이나 상황을 절제된 언어로 보여준다.

용만을 전경화하여 독자와의 소통을 어렵게 하기도 한다. 이에 시인은 화자와 대상 간의 소원한 거리를 좁힐 수 있는 방법을 찾는다.

「한양호일(漢陽好日)」은 주관적 정서가 묻어나는 이미지를 반복하여 화자의 감정과 태도를 나타낸다. 화자는 소년이 꽃을 사라고 외치는 목소리를 "연계(軟鷄) 같은 소리"로 받아들이고, "세계에서 제일 잘 물들여진 玉色의 공기"에서 "그 소리의 맥"을 느낀다. 이러한 비유적 이미지는 대상에 대한 화자의 상쾌한 기분과 호감을 말해준다. 호감의 감정은 반복되는 종결어미에서도 엿보인다. 화자는 각 문장을 어감이 강한 '-오'라는 어미로 종결지어 명랑한 시적 분위기를 조성하고 제목이 말하는 '서울의 어느 좋은 날'에 대한 느낌을 표현한다.

전지적 화자는 화자가 작품의 내용을 전적으로 이끌어가기 때문에 개인의 주관에 사로잡힐 우려가 있다. 중립적 화자는 감정의 지나친 배제로 독자와 단절될 수도 있다. 두 화자의 이 같은 맹점은 자연스레 전지적 화자와 중립적 화자의 결합을 유도한다. 복합적 화자는 별도로 어떤 예술적 장치를 쓰지 않더라도 두 화자의 결합이 적절한 거리를 형성한다. 하지만 이 화자는 예술적 효과를 위해 무엇을 보이고 어떤 것을 말해야 할지 신중히 해야 한다. 앞서 소개한 「봄치위」, 「동천」 등은 복합적 화자가 나타나는 대표적인 사례로 전지적 화자의 말하기 방식과 중립적 화자의 보이기 방식을 구사한다. 앞의 시는 부분적으로 화자가 감정을 토로하면서도 감각적 이미지로써 감정의 지나친 노출을 제어한다. 뒤의 시는 '나'라는 표면적 화자가 대상을 주도해 가면서도 보이기의 방식을 취해 인물의 행위와 화자가 관찰한 내용을 드러내고 있다. 아래의 시도 이러한 복합적 화자의 특징이 두드러진다.

애기는 방에 든 햇살을 보고

끼끽낄 꽃웃음 혼자 웃는다.
햇살엔 애기만 혼자서 아는
우스운 얘기가 들어 있는가.

애기는 기어가는 개미를 보고
또 한번 끼낄낄 웃음을 편다.
개미네 허리에도 애기만 아는
배꼽 웃길 얘기가 들어 있는가.

애기는 어둔 밤 이불 속에서
자면서도 끼낄낄 혼자 웃는다.
잠에도 꿈에도 애기만 아는
우스운 하늘 얘긴 꽃 펴 있는가.

— 「애기의 웃음」, 『서정주문학전집』(1972)

이 시는 아기의 웃는 모습에 대한 묘사와 화자의 추측으로 구성되어 있다. 화자는 작품 밖에서 아기를 관찰하고 그의 생각을 서술한다. 각 연의 1, 2행은 화자인 시인이 애기의 행동에 대해 관찰한 내용이고, 3, 4행은 앞의 두 행에 대한 그의 추측이다. 화자는 방에 든 햇살을 보고 낄낄 웃는 아기의 행동에서 햇살 속에 아기만 아는 우스운 얘기가 있는 것으로 생각한다. 또 기어가는 개미를 보고 웃는 아기의 모습에서 아기만 아는 웃기는 이야기가 있지 않을까 생각한다. 또 이불 속에서 자면서도 낄낄 웃는 아기의 행동을 보며 화자는 아기의 꿈에도 우스운 이야기의 꽃이 핀다고 말한다. 시인은 행을 규칙적으로 배열하면서 객관과 주관의 사이에서 그 어느 한쪽에도 치우치지 않는 균형적인 시각을 유지한다.

① 어머니가 急病이 나서, 나는 三十里 밖에 가서 계시는 아버지한테 알리러 山峽길을 달려갔습니다. 아버지를 모시고 돌아올 때는 맑고 밝은 달

빛에 서리가 오는 쓸쓸키만 한 밤이었는데, 어느새 새벽녘인지 먼 마을에
서 울기 비롯는 교교한 수탉 울음소리도 들려오고 있어, 나는 칩고 외로
워서 아버지의 하얀 무명 두루마기 안으로 들어서서 그의 저고리 한쪽 끝
을 단단히 움켜잡으며 걸어가고 있었습니다. 그러다가는 또 뛰쳐나와서
땅과 하늘에서 일어나고 있는 일들을 두리번거려 보고 듣고 있었습니다.
　② 무성한 갈대밭 위로는 문득 몇십 마린가 기러기 한 떼가 끼르릉 끼
르릉하고 그 소리의 終聲인 'ㅇ' 소리를 여러 개의 種소리의 여운처럼 울
리며 날아가고 있고, 또 내가 걷는 길 밑에 山峽 강물은 남실남실 차 있었
는데, 아버지는 이걸 "참때로구나" 하셨습니다. 바다에 만조 때가 되어서
그 潮流가 山峽의 강물을 떠밀며 몇 十里고 거슬러올라오고 있다는 뜻입
니다.
　③ 그래 나는 어느새인지 치위도 외로움도 잊고, 이 모든 것의 構成은
아주 좋다는 느낌을 갖게 되어 있었습니다. '構成'이라는 그런 漢子單語는
아직 몰랐으니까 그런 말을 써서 그런 건 아니지만요.
　그래서, 이날 밤 내가 느낀 이 構成은 이 뒤에도 내가 사는 데 중요한
標準이 되었습니다. 물론, 이만큼도 못한 것은 싱겁다고요.

—「서리 오는 달밤 길」, 『안 잊히는 일들』(1983)

이 시는 성인의 목소리가 아이의 목소리로 변조되고 있다. 화자는 유년
시절을 회상하며 과거의 자전적 체험을 독자에게 들려준다. 때는 달빛이
환한 겨울밤이다. 나는 어머니가 급병이 나서 아버지 모시고 오는 길에 갈
대밭 위로 문득 기러기 한 떼가 끼르릉 울며 날아가고 바닷물이 산골짜기
로 밀려오는 것을 목격한다. 하늘과 땅에서 동시에 일어난 자연의 기막힌
어울림은 화자에게 아주 좋은 느낌의 '구성'으로 와 닿는다.

이 작품은 '구성'이라는 추상적인 언어기호를 생생하게 드러내기 위해
두 가지 방법을 구사한다. 하나는 대상의 모습을 세밀하게 묘사하는 것이
고, 한 방법은 대상의 특징을 두드러지게 하기 위해 선명한 이미지를 착용
하거나 다른 사물에 빗대어 표현하는 것이다. ①에서 "나는 칩고 외로워서

아버지의 하얀 무명 두루마기 안으로 들어서서 그의 저고리 한쪽 끝을 단단히 움켜잡으며 걸어가고 있었습니다."와 같은 구절은, 상황을 구체적으로 나타내어 문학적 표현의 일면을 잘 보여준다. 시인은 사물이나 체험의 구체적인 질감을 보다 선명하게 드러내기 위해 의도적으로 우회하여 표현한다.[29] 시에서 감춤은 독자의 의식과 감각을 자극하여 오히려 명시적인 발언이 된다. ②에서 끼르릉 하고 우는 기러기의 울음소리는 'ㅇ'의 받침으로 울리는 종소리의 여운으로 치환된다. 이 비유로 길게 내빼는 새의 울음소리가 독자의 귀에 생생히 전해진다.

화자는 전반적으로 말하기의 담화 방식을 취하되, 사실적 묘사에 의한 직접적 방법과 비유적 묘사에 의한 간접적 방법으로 화자의 체험을 생생하게 제시한다. 그래서 복합적 화자의 성격이 두드러진다. 부분적이기는 하지만 화자는 ①, ②에서 상황을 객관적으로 묘사하고 이어 ③에서 과거의 경험에 대한 자신의 의사를 털어 놓는데, 이것을 '구성(構成)'이라는 말로 집약한다. 화자는 어릴 적 자신이 보았던 자연의 조화로움을 구성이라 여기고, 그것이 삶의 표준이 되었다고 이른다. 「서리 오는 달밤 길」은 시인의 개인적 경험이지만 표현의 구체성으로 미적 거리를 확보하고 독자의 감응을 얻는 데에 성공한다.

시 해석에서 중요한 것은, 시인과 화자의 구분이나 현상적 화자나 함축적 화자의 파악이 아니라 어떤 상황에 처한 화자가 무슨 메시지를 어떻게 전하느냐 하는 것이다. 시의 화자는 작품에 개입하여 말하기도 하고, 작품에서 물러나 어떤 상황이나 장면을 보여주기도 한다. 전지적 화자, 중립적 화자, 복합적 화자 등의 유형은 화자가 작품에 관여하는 정도에 따라 나눈

---

29) 이남호, 「시와 시치미」, 『한심한 영혼아』, 민음사, 1986, 11면 참조.

것이다. 전지적 화자는 대상을 주도적으로 이끌어가며 자신이 추측하고 판단하고 다짐한 내용을 주로 설명적 문장으로 서술한다. 중립적 화자는 작품을 관망하는 태도를 취하며, 그가 관찰한 내용을 주로 묘사의 기법으로 보여준다. 복합적 화자는 두 화자의 특징이 함께 나타나는 경우다.

전지적 화자는 작품의 주도권을 전적으로 화자가 쥐고 있어 자아의 내면은 물론 삶의 여러 면을 폭넓게 접근할 수 있다는 데에 이점이 있다. 중립적 화자는 화자 자신의 감정보다는 바라보는 대상을 두드러지게 함으로써 독자의 시선을 끈다. 하지만 화자의 자술(自述)이나 중립이 그 정도가 지나칠 경우에는 화자의 발언은 보편적 공감을 상실하여 독자에게 외면당할 우려가 있다. 이에 시인은 이들 화자가 갖는 단점을 최소화하기 위한 전략으로 한다. 전지적 화자 시의 경우, 언어의 경제적인 배치와 상황에 맞는 적절한 비유로 직접적인 서술의 단점을 보완한다. 중립적 화자는 선별된 시어로 의미를 집약하고 특정한 정서를 환기하는 이미지를 긴밀하게 구성하여 독자와의 단절을 막는다. 복합적 화자는 대상의 구체적 묘사와 감정의 표현을 잘 조화시켜 화자와 대상 사이에 적정한 거리를 유지한다.

거리는 시인의 창조 과정이나 독자의 감상 과정에 모두 수반되는 중요한 요소다. 정서 표현을 목적으로 하는 시인의 입장에서 거리는 정서를 조정하고 작품의 긴밀도를 높이는 장치가 된다. 시를 읽고 정서를 고취하는 독자의 쪽에서는 정제된 작품의 정서를 헤아리고 시의 예술적 가치를 가늠하는 잣대로서 거리가 기능한다. 그러므로 시에서 미적 거리는 시인과 독자의 자연스런 만남과 교류를 이끄는 연결 고리가 된다.

4 화자와 정서

(1) 정서의 의미

시는 정서 표현의 문학이다. 서사가 어떤 사건을 이야기로 표현하는 객관성이 강한 문학이라면 시는 개인의 정서를 표현하는 주관적인 문학이다. 정서(emotion)는 인간의 마음 안에서 일어나는 심리적 상태라는 점에서 감정(feeling)과 별반 차이가 없다. 하지만 정서는 감정의 영역에 속하되 보다 질서화되고 유기적인 모습을 띤 감정이다.[30] 감정은 감각이나 지각에 의해서 촉발된 본능적이고 일차적인 것에 반해서, 정서는 그 일차적인 단계를 넘어선 정제의 단계를 거친다. 시에서도 기쁨, 분노, 슬픔, 즐거움, 사랑, 미움, 고독, 체념 등의 인간의 여러 감정을 다루지만, 이것은 창작의 과정을 거치면서 순화된다. 이 순화된 감정은 다름 아닌 정서이며, 시의 근본적인 바탕이 된다.

작가가 외부 대상에서 느낀 감정을 나름대로 정리·보완하여 표현한 것이 미적 정서다. 미적 정서(aesthetic emotion)는 자극을 받는 순간의 느낌이 아니라 현실을 떠나 의도적으로 취사선택하고 수정한 정서다.[31] 문학에서 강조되는 미적 정서는 일상의 '삶의 정서'와는 구분된다. 우리가 일상생활

---

30) 김대행, 「정서의 본질과 구조」, 김대행 외, 『고려 시가의 정서』, 개문사, 1985, 15~16면.
31) 구인환·구창환, 『문학개론』, 삼지원, 1990, 64면.

에서 경험하는 모든 정서가 문학의 정서가 되지는 않는다.[32) 실제 경험한 정서와 작품에 나타난 정서 간에는 차이가 있다. 이별의 상황에 직면했을 때, 그 순간 느끼는 감정은 삶의 정서이며 문학 이전의 정서다. 하지만 그 것이 시로 표현될 때는 본래의 혼란스럽고 슬픈 마음은 어느 정도 가라앉고, 예술적 객관화의 과정을 통해 다듬어진다. 이때 창작된 작품의 정서가 바로 문학의 미적 정서다.

> 동지(冬至)ㅅ둘 기나긴 밤을 한 허리를 버혀 내어
> 춘풍(春風) 니불 아래 서리서리 너헛다가
> 어론님 오신 날 밤이여든 구뷔구뷔 펴리라.

— 황진이

이 작품은 이별 상황에서 가질 수 있는 인간의 마음을 담고 있다. 화자는 사랑하는 임과 떨어진 채 홀로 긴 겨울밤을 보내야 하는 처지에 있다. 그는 쓸쓸함과 그리움이라는 감정을 참신한 발상과 개성적인 표현으로 나타낸다. 동짓달의 긴 밤을 한 허리를 베어서 따뜻한 이불 아래 서리서리 넣었다가 임이 오신 날 밤 굽이굽이 펴겠다는 것이다. 밤을 베어내고 싶다는 것은 그만큼 화자의 외로움과 그리움이 깊다는 것을 말해준다. 이 시에는 임이 보고 싶다거나 자신이 외롭다는 말은 없다. '기나긴 밤'의 외로움은 '춘풍 이불'로 감싸지면서 화자의 내면의 감정은 은폐된다. 춥고 외로운 밤, 임이 보고 싶은 사랑의 마음이 문학적 양식 속에 표현됨으로써 미적 정서를 갖는다.

시에서 정서는 대상을 어떻게 바라보느냐 하는 인식의 문제이기도 하다. 인식은 개인이 대상을 바라보는 안목이며, 대상의 어떤 측면을 감지하고

---

32) 한명숙, 「문학교육의 정서」, 『청람어문교육』 24집, 청람어문교육학회, 2003, 231~248면 참조.

해석하는 정신적 작용33)이다. 인식되는 대상과 그것을 바라보는 인식 주체 간의 상호 교감 속에서 정서가 유발된다. 황진이의 시조에서 표현된 정서는 대상에 대한 인식에서 나온 것이다. 화자에게 동짓달의 외로운 밤은 얄미운 것이며, 임과 함께 하는 시간만이 의미가 있는 것이다. 겨울밤에 대한 부정적 인식으로 화자는 '밤'이라는 시간적 개념을 마치 자신의 소유물인 양 다루며, 결국에는 춥고 외로운 현재의 시간을 임과 함께 하는 즐거운 시간으로 만들어낸다.

문학의 정서는 주관적 인식의 작용으로 형성되기 때문에 유사한 상황을 보이는 작품일지라도 정서는 개인의 주관에 따라 달리 표현된다. 이별의 상황에서 어떤 이는 슬픔을 참을 수 없어 임에게 돌아오라고 간곡히 호소하기도 하고, 어떤 이는 떠나는 임에게 매달리기보다 오히려 임을 축복하며 마지막까지 아름다운 사랑을 지키려 한다. 또 어떤 이는 이별의 슬픔을 희망으로 전환시켜 다시 만날 것을 다지기도 한다. 이러한 다양한 감정의 폭은 시에 그대로 수용되어 나타난다. 「가시리」, 「서경별곡」 등의 고려가요를 비롯해 김소월의 「진달래꽃」, 한용운의 「님의 침묵」 등의 현대시는 이별이라는 동일한 상황에서 정서가 다양하게 표현되고 있음을 보여준다.

대상에서 느끼는 정서는 한 개인의 여러 작품에서도 다르게 나타나기도 한다. 시인이 처한 현실 상황이 동일하다 하더라도 개별 작품에 나타나는 정서는 동일하지 않다. 삶에 대한 가치관이나 신념은 변하지 않을지라도 한 개인이 사물을 바라보는 시각은 시간의 변화나 인식의 차이로 얼마든지 달라질 수 있다. 1940년을 전후로 창작된 윤동주의 시는 이에 대한 좋은 예가 된다. 그는 시대의 고통을 자기 내면에 끌어들여 놓고 고뇌하는 자아의 모습을 시적으로 승화시켜 표현하였다. 다음의 시 또한 이러한 시

---

33) 염은열, 「대상인식과 내용생성 관계에 대한 표현론적 연구」, 서울대학교 박사학위논문, 1999, 41면 참조.

적 경향을 보이는데, 화자의 정서나 인식 면에서 차이가 있다.[34]

　　① 고향에 돌아온 날 밤에
　　　　내 백골이 따라와 한방에 누웠다.

　　　　어둔 방은 우주로 통하고
　　　　하늘에선가 소리처럼 바람이 불어온다.

　　　　어둠 속에 곱게 풍화작용하는
　　　　백골을 들여다보며
　　　　눈물을 짓는 것이 내가 우는 것이냐
　　　　백골이 우는 것이냐
　　　　아름다운 혼이 우는 것이냐

　　　　지조높은 개는/ 밤을 새워 어둠을 짖는다.

　　　　어둠을 짖는 개는/ 나를 쫓는 것일 게다

　　　　가자 가자/ 쫓기우는 사람처럼 가자
　　　　백골몰래/ 아름다운 또 다른 고향에 가자

―윤동주, 「또 다른 고향」

　　② 파란 녹이 낀 구리 거울 속에
　　　　내 얼굴이 남아 있는 것은
　　　　어느 왕조의 유물이기에

---

34) 윤동주는 시 말미에 창작 날짜를 밝히고 있다. 1941년 9월에 쓴 시로, 이 무렵은 연희
　　전문학교 4학년 여름방학을 끝나고 2학기가 시작될 때다. 시간적으로 보면 방학을 끝
　　내고 서울로 돌아오는 시점에 쓴 것으로 추측된다. 「참회록」은 윤동주가 연희전문학교
　　를 졸업하고 일본 유학을 준비하던 1942년 1월 24일에 쓴 것이다. 이숭원, 앞의 책
　　(2008), 280면, 285면.

이다지 욕될까

나는 나의 참회의 글을 한 줄에 줄이자
─만 이십사 년 일 개월을
　무슨 기쁨을 바라 살아왔던가

내일이나 모레나 그 어느 즐거운 날에
나는 또 한 줄의 참회록을 써야 한다.
─그때 그 젊은 나이에
　왜 그런 부끄런 고백을 했던가

밤이면 밤마다 나의 거울을
손바닥으로 발바닥으로 닦아 보자.

그러면 어느 운석 밑으로 홀로 걸어가는
슬픈 사람의 뒷모양이
거울 속에 나타나온다.

─ 윤동주, 「참회록」

　두 시에는 슬픈 자아상이 드러난다. ①의 화자는 어두운 현실에서 괴로워하는 자신을 들여다보며 눈물짓고, 개라는 동물에게 쫓기는 신세가 된다. ②의 화자는 녹이 낀 낡은 거울을 바라보며 욕된 자신의 모습을 발견하고, 거울에 비친 자신의 얼굴을 "어느 왕조의 유물"이라고 하며 물건 취급하듯 한다. 이러한 화자의 태도는 현실 상황과 자아에 대한 인식에 따른 것이다. 죽음이나 소멸의 이미지를 환기하는 '백골'과 '운석'의 시어는 자아에 대한 부정적 인식을 보여준다.

　①의 화자는 고향에 돌아서 또 다른 고향을 꿈꾼다. 지금의 고향은 풍요롭고 아름답던 예전의 고향이 아닌 것이다. 옛 정취를 잃은 고향에서 그는

백골을 떠올린다. 뼈만 앙상히 남은 백골은 무기력하고 우울한 자아의 표상이다. 개는 이런 자아를 일깨워준다. 개는 밤을 새워 어둠을 짖는 지조가 있는데 반해, 자신에게는 어둠과 맞서는 일관된 신념이나 지조가 없음을 자각한다. 지조 높은 개의 촉구로 그는 용기를 얻고, 부정한 현실을 개척해 나가려 한다. 이전의 나약하고 소심한 자아는 내버려두고, 아름다운 또 다른 고향으로 가자고 그는 스스로에게 다짐한다.

②의 화자는 녹이 낀 구리 거울에 비친 자신의 모습을 보며 욕되다고 느끼고, 욕된 자아에 대한 참회의 행동으로 손바닥과 발바닥으로 거울을 닦을 것을 생각한다. 거울 낀 녹을 제거해야 자신의 모습을 제대로 볼 수 있기 때문에 그는 온 힘과 정성을 기울여 거울을 닦고자 한다.[35] 이런 참회 속에서 그는 부끄럼 없는 순결한 삶의 실천을 위해 기꺼이 목숨을 내놓을 것을 생각하며, 자신이 갈 길을 정한다. 어둠을 밝히는 별은 시인이 추구하는 이상을 나타내는데, 그는 이것의 소멸에까지 염두에 둔다. 이상의 실현이 현실의 벽에서 좌절된다면 떨어지는 별처럼 자신도 사라질 것이라는 것이다.

윤동주의 두 작품은 슬픔을 주된 정조로 하여 자아의 성찰과 내적 갈등을 보여준다는 점에서 공통되지만, 대상을 대하는 태도와 인식에서 차이가 있다. ①의 화자는 성찰을 통해 내면의 괴로움과 슬픔을 견디며, 이상적 공간을 지향한다. ②의 화자는 관념적인 반성이 아니라 과거와 현재의 삶에 대한 참회를 행동으로 보이며, 비극적인 자신의 운명을 예감한다. 앞의 시에서는 '바람'과 '개'가 각성의 매개체로 동원되고 있는데, 이것은 그의 의식 전환이 의존적이고 수동적임을 말해준다. 이에 반해 뒤의 시는 순전히 화자의 주체적인 의지에 따라 사유하며 행동하려 한다. 이 점에서 후자

---

35) 이숭원, 앞의 책(2008), 287면 참조.

는 전자에 비해 현실에 대한 대응이 적극적이고 능동적이라 할 수 있는데, 참회한 것을 다시 참회한 뒤 이를 행동으로 보이고 운석 밑으로 홀로 걸어가려는 시인의 모습은 작품의 분위기를 더욱 무겁고 비장하게 만든다.

시인은 나름의 시각에서 대상을 주관적으로 인식하면서 정서를 언어화한다. 정서는 시 언어를 형성하는 토대가 되며, 독자에게 감동과 공감대를 이끌어내는 주요인이 된다. 따라서 시인은 정서 표현에 각별히 신경 쓰게 된다. 시어 하나뿐만 아니라 리듬, 이미지 등의 장치를 자신이 표현하고자 하는 정서에 부합하도록 절치부심(切齒腐心)한다.

시에서 리듬과 이미지는 정서를 불러일으키는 구실을 하는데, 정서는 근본적으로 리듬과 이미지를 구성하는 중심 원리가 된다. 시인은 자신이 기대하는 정서를 나타내기 위해 리듬을 규칙적으로 사용하기도 하고 변화를 주기도 하며, 이미지를 통해 구체화하기도 하고, 참신한 비유적 표현을 고안하기도 한다. 정서는 이미지, 리듬은 물론 시의 표현기법을 하나로 엮어주는 역할을 하며, 시의 의미를 이룬다. 이것이 시에서 정서를 살펴야 하는 중요한 이유가 된다.

(2) 화자의 상황

정서는 외부적 자극이나 자아의 마음의 움직임이 없이는 일어나지 않는다. 어원적 측면에서 정서(emotion)는 '밖으로'를 뜻하는 'e'와 '움직이다'를 뜻하는 'movere'의 합성어로 분석된다. 정서는 주위의 자극 존재와 반응행위를 하는 유기체의 조건이 함께 작용할 때 정서가 발생된다.[36] 따라서 정서는 자아와 세계의 상호 작용의 관계에서 이해될 수 있다. 시에서 상황은

---

36) 김경희, 『정서란 무엇인가』, 민음사, 1995, 12면.

정서를 유발하는 가장 기본적인 환경 조건이다. 화자는 어떤 상황에서 무엇으로부터 심리적 자극을 받기 마련이다. 시의 정서는 화자와 시적 상황과의 상호 관련 속에서 환기된다.

담화의 한 양식인 시는 극적 상황을 연출한다. 문자 그대로의 극은 아니어도 드라마(drama)의 성격을 지닌다.37) 현실의 가치 있는 체험을 반영하고 창조하는 예술은 드라마이다. 시는 경험의 구체화이고 경험의 의미 있는 형상화라고 볼 때에 극의 관점에서 시를 보는 입장이 가능하다. 작품 표면에 화자가 나타날 수 있고 나타나지 않을 수도 있지만 시는 가상된 화자와 청자가 설정됨으로써 극적인 효과가 발생한다. 그러므로 시를 감상할 때는 특정의 어떤 화자가 가정되어 어떤 상황이 설정되었는가를 정확히 하는 노력이 독자에게 요구된다.38)

긴 산문으로 서술되는 소설의 경우, 대화와 설명을 통해 사건의 전말을 쉽게 파악할 수 있다. 하지만 시의 경우 간결성과 압축성을 본질로 하고 있어 내용 이해가 쉽지가 않다. 그렇기 때문에 화자가 어떤 상황에서 어떤 말을 하는지를 알아야 한다. 시적 상황을 아는 것은 시를 이해하는 기본적인 단초가 된다. 화자가 어떤 상황에 있는지 안다면 시의 함축적 의미를 보다 수월하게 이해할 수 있다. 이런 점에서 시적 상황의 파악은 시 해석의 구심점이 된다.

秋風唯苦吟　　가을 바람에 괴로이 읊나니,
世路少知音　　세상에 나를 알 이 적구나.
窓外三更雨　　창 밖에 밤비 내리는데,
燈前萬里心　　등 앞에 마음은 만 리를 내닫네.

— 최치원, 「추야우중(秋夜雨中)」

---

37) 정재완, 「한국의 현대시와 어조」, 『한국언어문학』 14집, 한국언어문학회, 1976, 4면.
38) 정재완, 위의 논문, 5면.

이 작품의 시간은 바람이 불고 비 내리는 가을밤이다. 화자가 있는 장소는 창이 있는 방이고, 그 방에는 등불이 켜져 있다. 화자는 비바람이 몰아치는 밤에 등불을 바라보며 깊은 생각에 잠기고 있다. 화자는 자신을 알아주는 이 없는 외로움과 소외감으로 괴로워한다. 그는 따로 이야기를 나눌 사람이 없이 등잔을 마주하고, 마음은 저 멀리 만 리 길을 떠돈다고 읊고 있다. 여기서 "萬里心"의 '만 리'는 자신이 있는 곳에서 목적지까지의 공간적 거리를 제시한 것이 아니라 심리적 거리를 표현한 말이다. 이 시어를 통해 화자는 답답하고 울적한 현재의 상황에서 벗어나고 싶은 마음을 나타낸다.

다른 한편에서 볼 때, 이 작품은 자기를 알아주는 벗(知音)이 없다는 것을 탄식하면서 세상에 대한 원망과 함께 지기지우(知己之友)를 바라는 시인의 소망을 표현하고 있다고 할 수 있다. 세상에 자신의 뜻을 펼칠 수 있기를 바라는 마음을 나타낸 것이라 보면 이 시에는 세사에 초연하지 못하는 화자의 번민을 읽을 수 있다. 이런 관점에서 "萬里心"은 마음과 일이 서로 어긋나서 이 세상과는 이미 천리만리 떠나 있는 작자의 심회를 호소한 것으로 이해된다.[39]

시에서 화자가 처한 상황은 작품의 의미와 정서를 형성하는 데에 중요한 역할을 한다. 시적 상황의 파악은 시 한 구절 한 구절을 정밀하게 알아가는 작업은 아니지만, 작품 전체의 의미를 구성하게 한다. 숙련된 독자는

---

39) 창작 시기와 관련해 이 시는 작가 당나라에 있을 때 지었다는 견해와 고국에 돌아와 세상을 등지고 은둔할 때 지었다는 견해가 있다. 시적 상황을 어떻게 파악하느냐에 따라 작품의 의미나 주제는 달라진다. 최치원이 고향을 떠나 당나라에 오랫동안 생활했다는 사실을 염두에 둔다면 만리심은 고향에 대한 간절한 그리움으로 해석할 수 있다. 한편 신라로 돌아온 최치원 자신이 뜻을 펴지 못하고 유랑생활 끝에 가야산에 은거하면서 지은 시라고 보면, 만리심은 자신을 뜻을 알아주는 없는 세상에 대해 느끼는 거리감이라 볼 수 있다. 이에 따라 이 시의 주제는 '고향을 그리는 마음'과 '뜻을 펴지 못한 지식인의 고뇌'로 정리된다. 김병국 외 4인, 『고등학교 문학(상)교사용 지도서』, 한국교육미디어, 2002, 213~214면 참조.

설정된 상황을 중심으로 화자의 정서와 태도를 헤아리고, 작품의 주제를 가늠한다. 다음은 시적상황을 파악하기 위한 질문이다.

① 어떤 화자가 (언제 어디서) 어떤 대상에 관심을 갖고 무엇을 하는가?

② 시적 상황이 실재하는 객관적 상황인가 아니면 재구성된 주관적 상황인가?[40]

①은 시적 상황을 파악하는 데에는 필요한 기본 지식이다. 우선 화자를 찾는다. 작품의 화자가 시인의 목소리를 하고 있는지, 여성인지 남성인지, 소년인지 성인인지를 구분하고 작품의 내용이 전개되는 배경을 살핀다. 시간과 공간의 파악은 화자의 시적 상황을 구체화한다. 시는 사건 전개보다 정서 표현을 위주로 하기 때문에 시간과 공간이 분명하게 드러나는 것은 아니다. 하지만 시 작품에서 더러 시간과 공간이 나타나는 것이 있으므로 이를 이해할 필요가 있다.

그러나 정작 시적 상황에서 중요한 것은 화자가 어떤 대상과의 관계 속에서 무엇을 하느냐 하는 것이다. 이때 대상은 화자가 관심을 가지며 말하는 대상으로 사람일 수도 있고 사물일 수 있다. 청자가 분명히 드러나면 그가 대상이 될 것이며, 화자의 독백이라면 그 화자가 주로 이야기하는 그 무엇이 대상이 될 것이며, 어떤 특정 장면이 묘사되는 시라면 묘사되는 대

---

40) 시가 주관의 산물이라고 볼 때, 제시된 진술은 모순된다. 객관적 상황이든 주관적 상황이든 그것은 시인의 주관에 따른 것이기 때문이다. 객관적 상황이냐 주관적 상황이냐 하는 것은 이미 그러한 사실을 전제로 하고 있다. 두 상황의 차이점은 현실에서 실재하느냐 그렇지 않느냐 하는 것이다. 문학은 허구를 통해 진실을 말하는 담화라고 할 때 두 상황은 모두 허구로서 받아들일 수 있다. 이 또한 인정하면서 그 속에서 시적 상황의 실재(實在) 여부를 따지는 것이다. 시가 드라마가 될 수 있고 극적 상황을 연출한다면, 실재하지 않은 시적 상황 즉 시인의 상상이나 관념으로 재구성된 주관적 상황은 얼마든지 규정될 수 있다고 본다.

상이 작품의 대상이 된다.

시의 화자는 대상과 관계를 맺으며 어떤 행동과 감정을 드러 내보이기 마련이다. 김소월의 「진달래꽃」은 이별의 현재 상황을 보여주고 있는데, 이 작품의 화자는 자신의 곁을 떠나는 임에게 진달래꽃을 뿌리며, 눈물을 감추며 고이 보내드리고자 한다. 이별의 상황에서 화자는 임이 가시는 길에 꽃을 뿌리며 축복하고, 임과의 이별을 수용한다. 한용운의 「님의 침묵」과 같은 작품에선 임과의 결별로 슬퍼하다가 다시 만날 것을 믿으며 임에 대한 영원한 사랑을 다진다.

②는 시적 상황이 제시되는 유형을 이해하는 일이다. 시적 상황은 시인의 의도와 예술적 효과에 따라 설정된 것이다. 시적 상황은 일상의 현실에서 실제로 존재하는 것일 수 있고, 그렇지 않을 수도 있다. 대부분의 시는 시인의 체험에서 오는 객관적 상황이 제시되지만, 때에 따라서는 시인의 상상과 관념에 의해 시적 상황이 창조되기도 한다.

진주장터 생어물전에는
바다밑이 깔리는 해다진 어스름을,

울엄매의 장사 끝에 남은 고기 몇 마리의
빛 발하는 눈깔들이 속절없이
은전만큼 손 안 닿는 한이던가
울엄매야 울엄매,

별밭은 또 그리 멀어
우리 오누이의 머리 맞댄 골방 안 되어
손시리게 떨던가 손시리게 떨던가,

진주남강 맑다 해도

오명 가명
신새벽이나 밤빛에 보는 것을,
울엄매의 마음은 어떠했을꼬,
달빛 받은 옹기전의 옹기들같이
말없이 글썽이고 반짝이던 것인가.

「추억에서」는 현실의 시적 상황이 그대로 제시되고 있다. 제목을 보더라도 작품의 내용이 시인의 과거 추억과 관련됨을 알 수 있다. 화자가 직접 제시되고 있지는 않지만 독백조의 말투를 통해 화자가 시인 자신을 나타낸다. 특히 '–이던가'라는 말에서 화자가 과거의 일을 회상하고 있음을 알 수 있다. 화자가 회상하고 그리워하는 대상은 어머니다. 어머니와 나의 관계가 이야기되고 있는 장소는 과거의 진주장터 생어물전과 오누이가 머리를 맞대고 지내던 골방이다. 이를 배경으로 화자의 이야기가 시작된다. 과거의 나의 어머니는 진주장터에서 생선을 팔았는데, 늘 새벽에 나가 밤 늦게 돌아오시곤 했다. 추운 겨울밤, 나와 누이는 골방에서 손을 떨면서 어머니가 오시기만을 기다렸다. 화자는 이러한 시적 상황을 중심으로 어머니의 모습을 회상한다.

1, 2연에는 어머니가 가족의 생계를 위해 일 나가던 "진주장터 생어물전"의 모습이 제시되고 있다. 해 다질 무렵의 생어물전은 쓸쓸하고 황량한 분위기를 자아낸다. 해가 지도록 다 팔지 못하고 좌판에 남아있는 고기의 '눈깔'들이 은전, 한으로 연결된다. '은전'은 '눈깔'과의 형태적 유사성에서 비유된 것이다.41) 어머니 입장에선 고기를 다 팔아야 하는데 그렇지 못해 은전은 손닿지 않은 돈이 되며, 그것은 한(恨)으로 와 닿는다. 돈과 마찬가지로 한

---

41) 오탁번, 『현대시의 이해』, 나남, 1998, 118면.

또한 언제나 그 끝이 닿지 않아 울엄매에겐 "손 안 닿는 한"이 된다.

　3연은 오누이가 골방에서 어머니를 기다리며 차가운 밤바람에 떨어야 했던 혹독한 가난과 한의 정황을 그리고 있다. 화자는 연탄불조차 지피지 못하는 추운 냉방에서 누이와 머리를 맞대고 손을 떨어야 했다. 애타게 기다리지만 어머니는 오시지 않아 저 멀리 밤하늘의 별을 쳐다볼 뿐이다. 화자에게 그 시절의 밤은 손 시리게 떨 만큼 춥고도 외로운 지독한 밤이었던 것이다.

　'저녁 무렵의 장터 어물전(1연) → 한 많은 어머니의 어물전(2연) → 오누이의 추운 골방 안(3연)'으로의 공간 이동을 보이는 이 시는 4연에 이르러서 울엄매와 화자 간의 가난과 한이 일체감을 이룬다.[42] 그 때는 잘 몰랐지만 자식을 키우는 입장인 된 지금에서야 화자는 그 당시 어머니의 마음이 어떠했는지 절실히 느낀다. 생선을 팔기 위해 새벽에 일 나가 밤늦게 돌아오는 어머니는 진주 남강의 밝은 물빛도 제대로 보지도 못했을 것이다. 화자는 어머니가 달빛 받은 옹기전의 옹기들과 같이 말없이 눈물을 글썽이었을 것이라고 회고한다. 윤이 나는 옹기의 표면에 반사된 달빛은 화자의 슬픈 마음을 더하고, 어머니의 눈물을 떠올리게 한다. 달빛이 비친 옹기는 어머니의 눈물을 드러내는 장치가 된다. 조용히 글썽이는 어머니의 눈물은 자식들을 위해 힘든 일을 마다하지 않는 숭고한 눈물인 것이다.

　박재삼의 「추억에서」는 시인의 가난했던 시절의 회고이며, 어머니의 눈물을 헤아린 애절한 사모곡(思母曲)이다. 자신이 겪었던 현실의 상황을 제시하여 독자에게 사실감을 더하며, 자식을 위하는 어머니의 헌신적인 삶과 눈물이 잔잔한 감동을 준다.

　　유리(琉璃)에 차고 슬픈 것이 어른거린다.
　　열없이 붙어서서 입김을 흐리우니

---

42) 박철희·김시태 편저, 『현대시의 이해』, 탑출판사, 1995, 284면.

길들은 양 언 날개를 파다거린다.
지우고 보고 지우고 보아도
새까만 밤이 밀려나가고 밀려와 부딪치고,
물먹은 별이, 반짝, 보석(寶石)처럼 박힌다.
밤에 홀로 유리를 닦는 것은
외로운 황홀한 심사이어니,
고운 폐혈관(肺血管)이 찢어진 채로
아아, 너는 산새처럼 날아갔구나!

— 정지용, 「유리창 I」

「유리창 I」에 나타난 상황은 앞의 「추억에서」와는 차이가 있다. 이 작품에서도 실재의 상황을 제시되고 있지만, 그것이 전부가 아니다. 화자의 행위와 환각이 상호 연관되면서 표현된다.[43] 화자는 추운 밤에 유리창 앞에 있고, 유리창에 차고 슬픈 것이 어리는 것을 본다. 정황으로 볼 때, 유리창에 어리는 것의 실체는 성에라 볼 수 있다.[44] 성에를 두고 슬픈 것이라 한 것은 화자의 감정이 개입된 결과다. 유리에 비치는 성에를 차고 슬픈 것으로 인식한 화자는 유리창에 다가서고 입김을 흐리운다. 화자는 차가운 성에와 더운 입김이 섞이어 번지는 모습을 새가 언 날개를 파닥거리는 것으로 상상한다. 이는 실제로는 대상이 없는데도 그것이 존재하듯 감각적으로 느끼는 환각(幻覺)이다.

화자는 마치 넋이 나간 사람처럼 창을 계속 지우는 행동을 반복한다. 입김을 지우면 밖이 잘 보이다가도 잠시 지우는 것을 멈추면 다시 밖이 보이

---

43) 최미숙, 「시텍스 해석 원리에 관한 연구」, 서울대학교 석사학위논문, 1993, 34~37면.
44) "차고 슬픈 것"에 대한 기존의 해석은 화자가 유리창을 통해 떠올린 영상이라 보는 것이 일반적이다. 하지만 영상이라 보는 관점은 차고 슬프다는 말의 의미를 설명하지 못한다. 시인의 시적 반응은 어떤 대상에 대해 시인의 정서가 작용한 결과 나타나는 것이라 볼 때, "차고 슬픈 것"의 실체는 '성에'로 짐작된다. 성에는 추운 겨울날 유리창 따위에 김이 서려 서리처럼 허옇게 얼어붙은 것이다.

지 않는다. 그래서 화자에겐 새까만 밤이 밀려나가고 밀려와 부딪치는 듯한 환각에 빠진다. 밤은 깊어가고 화자는 겸연쩍게 창을 닦기만 한다. 그러던 외중에 우연히 창 밖으로 반짝 빛나는 별을 보게 된다. 늦은 밤 홀로 유리 창을 닦으면서 보석과 같이 반짝이는 별을 보며 황홀경에 젖어 들고, 자기 도 모르게 눈물을 흘린다. 눈물이 글썽이는 눈으로 바라보는 별은 마치 별 이 눈물을 머금은 것처럼 착각을 일으킨다. 그래서 "물 먹는 별"이 반짝 빛 나는 별처럼 느껴진다. 겨울밤 홀로 유리창을 닦으며 별을 응시하는 화자는 더할 수 없는 외로움을 느끼며, 그 외로움은 황홀함을 동반한다.45)

끝끝내 감출 수 없는 화자의 감정은 "고운 폐혈관(肺血管)이 찢어진 채로/ 아아, 너는 산새처럼 날아갔구나!"로 표출된다. 이것은 상실감에서 오는 슬 픔의 표현이다. 마지막 두 행에서 알 수 있듯 화자에게 외로움과 슬픔을 준 대상은 '너'다. 산새로 비유된 너는 '폐혈관'이 손상되어 현실에서는 존 재하지 않는다. 화자가 너를 길들은 대상으로 여긴 것으로 보아 너는 오랫 동안 화자의 곁에 가까이 있었음을 말해준다. 화자에게 아주 소중하고 사 랑스러웠던 그는 파닥거리는 새처럼 강렬하게 떠오르다가 날아가 버린다. 이 지점에서 화자의 환각은 끝나고 그간 참아왔던 슬픔이 표출된다.

정지용의 「유리창Ⅰ」은 현실 상황에 화자의 환각이 더하여 사랑하는 사 람을 잃은 슬픔을 아름답고도 눈물겹게 표현하고 있다. 이 시는 시인이 29 세 되던 해, 폐병에 걸려 죽은 아들에 대한 아버지의 비통한 심경을 노래 한 것이라 한다. 정지용은 어린 자식의 죽음 앞에서 아버지로서 어쩌지 못 하는 슬픔을 토로하면서도 시인으로서의 품격을 지키고자 하였다.

---

45) "화자의 감정은 너무 절실하고 짙은 외로움이라서 차라리 황홀하다고 말해야 하는 외 로움일지 모른다. 고통스런 감정이 아주 심할 때, 사람들은 때로 거기서 일종의 자학적 인 쾌감을 얻는 경우가 있다. 좀 다르기 하지만, 아주 심한 슬픔에 빠진 사람이 히죽히 죽 웃는 경우도 있다. 그러므로 외로운 황홀한 심사라는 것도, 너무나 심한 외로움의 어떤 형태라고 짐작해볼 수 있다." 이남호, 앞의 책(2001), 101면.

내가 그의 이름을 불러 주기 전에는
그는 다만
하나의 몸짓에 지나지 않았다.

내가 그의 이름을 불러 주었을 때
그는 나에게로 와서
꽃이 되었다.

내가 그의 이름을 불러 준 것처럼
나의 이 빛깔과 향기(香氣)에 알맞은
누가 나의 이름을 불러 다오.
그에게로 가서 나도
그의 꽃이 되고 싶다.

우리들은 모두
무엇이 되고 싶다.
너는 나에게 나는 너에게
잊혀지지 않는 하나의 눈짓이 되고 싶다.

— 김춘수, 「꽃」

이 시는 '꽃'을 소재로 하고 있으나, 그 꽃은 눈으로 볼 수 있는 자연의 꽃이 아니다. 시인의 관념이 시적 상황으로 제시되고 있다. 화자는 '나'고, 나는 '꽃'에 대해 이야기한다. 내가 그의 이름을 불러 주기 전에는 하나의 몸짓에 지나지 않았는데, 그의 이름을 불러 주었을 때 그는 꽃이 되었다. 내가 그랬던 것처럼 나의 빛깔과 향기에 맞는 이름을 불러주길 바라며, 나아가 우리 모두가 서로에게 잊혀지지 않는 소중한 존재가 되기를 화자는 소망한다.

내용에서 보듯 이 작품은 시인이 머릿속에 있는 관념을 꽃을 통해 표현하고 있다. 화자는 '이름 불러주기'라는 명명(命名) 행위를 통해 자신의 소망을 나타낸다. 이 시에서 명명 행위는 대상과 관계를 맺는 일이며, 대상의 참모습을 인식하는 행위다. 대상은 특정 사람이나 사물에 한정되지 않고 인식하고자 하는 모든 것을 포괄한다. '이름'은 어떤 대상에 대한 명칭이 아니라 그 대상의 모습과 가치를 이해하면서 서로에게 부여해 주는 '진정한 이름'이다. 화자는 상대에게 뿐만 아니라 그 상대가 자기를 제대로 인식해 주기를 바란다. 화자는 어느 한쪽의 일방적인 관계가 아닌 쌍방의 진정한 관계를 원하며, 그러한 관계가 우리 모두에게 확대되기를 바란다. 시인은 틀에 박힌 관습적 관계를 넘어서 사물과 사람 사이, 사람과 사람 사이에 맺어져야 할 진정한 관계를 노래한다.[46]

돌이어라. 나는/ 여기 절정(絶頂).
바다가 바라뵈는 꼭대기에/ 앉아
종일(終日)을 잠잠하는/ 돌이어라.

밀어 올려다 밀어 올려다
나만 혼자 이 꼭지에 앉아 있게 하고
언제였을까.
바다는/ 저리 멀리 저리 멀리/ 달아나 버려

손 흔들어 손 흔들어
불러도 다시 안 올 푸른 물이기
다만 나는/ 귀 쫑겨 파도 소릴/ 아쉬워할 뿐.
눈으로만 먼 파돌/ 어루만진다.

오 돌.
어느 때나 푸른 새로/ 날아오르랴.

46) 김홍규, 앞의 책, 238~239면.

먼 위로 어둑히 짙은 푸르름
온 몸에 속속들이/ 하늘이 와 스미면
어느 때나 다시 뿜는 입김을 받아
푸른 새로 파닥거려/ 날아오르라.

밤이면 달과 별/ 낮이면 햇볕.
바람 비 부딪치고, 흰 눈/ 펄펄 내려
철 따라 이는 것에 피가 감기고,
스며드는 빛깔들/ 아롱지는 빛깔들에/ 혼이 곱는다.

어느 땐들 맑은 날만
있었으랴만,/ 오/ 여기 절정.
바다가 바라뵈는 꼭대기에 앉아.
하늘 먹고 햇볕 먹고
먼 그 언제/ 푸른 새로 날고 지고/ 기다려진다.

— 박두진, 「돌의 노래」, 『거미와 성좌』(1962)

이 시는 전적으로 작가의 상상에 의해 시적 상황이 창조되고 있다. 주관
적 상황이 드러나는 시의 경우, 시상이 전개되어 가는 과정에서 시인이 펼
쳐 보이는 상상의 흐름을 잘 짚어야 한다. 이 작품의 화자는 '돌'로 지칭되
는 나다. 나는 바다가 보이는 산의 꼭대기[絶頂]에 위치해 있다. 돌은 바다
와 가까이 가고자 하나, 바다는 돌을 산의 정상으로 밀어올리고 달아난다.
그래서 돌은 귀로 파도소리를 듣고 눈으로 파도를 어루만지며 아쉬워한다.
1~3연은 돌과 바다와의 조화롭지 못한 관계를 통해 돌이 고독한 존재임
을 나타낸다.

그런데 4~6연에서는 돌이 새가 되어 비상을 꿈꾸는 존재로 그려진다.
바다로부터 멀리 떨어져 고독을 느끼는 돌은 절정 가까운 곳에 있는 천상
의 '하늘'을 인식한다. 돌은 하늘과 관계 속에서 '푸른 새'가 되어 하늘로

비상할 꿈을 꾼다. 하지만 무생명체인 돌의 비상은 쉽게 이루어지지 않는
다. 고통과 시련을 견뎌야 하며, '피'와 '혼'과 같은 생명을 부여받고 아름
다운 영혼의 성숙을 이루어야만 한다. 모진 세월의 인내 속에서 돌은 '피'
가 감기고 빛깔이 스며 '혼'을 가지게 된다. 돌은 바다가 바라보이는 절정
에서의 비상을 위해 하늘과 햇볕을 먹고, 언제고 푸른 새로 날 그 때를 기
다린다.

　시적 상황은 정서와 의미를 효과적으로 전달하기 위한 장치다. 시인은
자신의 체험을 바탕으로 실제로 존재하는 객관적 상황을 보이기도 하고,
현실의 상황에 상상을 가미하며 새로운 시적 상황을 창조하기도 한다. 때
에 따라서는 머리에서 구상한 관념을 토대로 시적 상황을 만들기도 한다.
박재삼의 「추억에서」가 객관적 상황을 제시하고 있다면, 김춘수의 「꽃」과
박두진의 「돌의 노래」는 주관적 상황을 나타내고 있다. 정지용의 「유리창
Ⅰ」에서는 객관적 상황과 주관적 상황이 혼재되어 있다. 독자가 시적 상황
의 유형을 확인하는 일은 화자의 상황을 파악하려는 노력으로 작품을 주
체적으로 감상하는 한 방법이 된다.

(3) 화자의 태도

　모든 담화에는 말하는 이의 태도가 내포되어 있다. 담화는 대상이 되는
사물이나 사건에 대한 화자의 태도나 판단, 감정 등을 표출하여 청자에게
전달한다. 담화에서 이러한 태도나 판단, 감정을 반영하는 것이 어조다.[47]
시를 사람이 사람에게 하는 말인 담화의 한 형식으로 볼 때 어조는 중요하
게 다루어져야 할 개념이다. 시는 특정한 인물이 특정한 어조로 특정한 사

---

47) 김용직 · 장부일, 『현대시론』, 한국방송통신대학교출판부, 1994, 203면.

물에 대하여 특정한 사람에게 하는 말이다.

시론에서 화자의 '태도'는 어조와 관련해 다루어지는데, 어조의 개념을 밝힐 때는 흔히 리차즈와 부룩스의 견해가 인용된다.

① 말하는 이는 듣는 이에 대해서 어떤 태도를 취한다. 말하는 이는 듣는 이와 자신과의 관계를 인정하고 다른 말을 선택하며 말을 다르게 배열하는 것이다. 그가 말하는 어조는 말하는 이의 이 관계의 의식을, 말하는 이가 이야기를 거는 상대에 대해서 자신이 취하는 입장의 의식을 반영한다.

The speaker has ordinarily an attitude to his listener. He chooses or arranges his word differently as his audience varies, in automatic or deliberate recognition to them. The tone of his utterance reflects his awareness of this relation, his sense of how he stand of towards those he is addressing.[48]

② 시의 어조는 주제 내용, 청자, 그리고 때로 그 자신에 대한 화자의 태도를 지시한다.

The tone of poems indicates the speaker's attitude toward his subject and toward his audience, and sometimes toward himself.[49]

Richards는 청자에 대한 화자의 태도를 어조라 보았고, Brooks와 Warren은 이를 좀더 구체적으로 밝히면서 주제 내용이나 청자, 때로는 화자 자신에 대해 갖는 태도를 어조라고 보았다. 의미에서 다소 차이가 있으나 이들은 모두 어조를 화자의 태도로 정의하고 있다.

그러나 냉정하게 말하면, 어조가 곧 화자의 태도라는 등호는 성립하기 어렵다. 어조와 태도는 유의어이지, 동의어가 될 수 없다. 일반적으로 어조

---

48) I.A. Richards, *Pratical Criticism*, London, Routledge Kegan Paul Ltd., 1966, p.181. 리차즈는 시의 의미를 네 가지로 들면서 의미, 감정, 의도 등과 함께 어조를 가리켜 시의 총체적 의미를 형성하는 시적 의미의 하나로 보았다.
49) Brooks, C & Warren R.P, *Understanding Poery*, Holt, Rinehart and Winston, 1976, p.112.

는 화법에서 사용되는 용어로 말하는 사람의 말투, 말씨를 지칭하는 말이다. 전화를 받을 때 쓰는 '여보세요'라는 말은 상대가 누구냐에 따라, 수화자의 기분이 어떠하냐에 따라 그 말씨가 달라진다. 사람의 말씨는 화자와 상대방의 관계, 상대에 대해 취하고 있는 자세 등을 미묘하게 드러낸다. 화법에서의 말씨처럼 화자와 청자가 어떤 관계에 있으며, 화자가 청자의 기분을 어떻게 인식하느냐에 따라 특정한 어조가 형성된다.

영어의 'tone'은 음조, 음색 등의 미묘한 음성적 특질을 가리키는 말이면서 그림의 색조, 농담, 명암 등의 느낌이나 효과를 뜻하기도 하고, 감정의 경향 혹은 기품, 격조, 추세 등을 가리키기도 한다. 때로는 특정의 어조, 말투, 어법 등을 뜻하기도 한다. 우리가 흔히 시의 어조를 말할 때는 실상 이러한 모든 미묘한 표현상의 뉘앙스를 함께 지칭하는 것인 동시에, 특히 시적 화법의 특질인 화자의 태도 표명의 방식을 주로 지칭하는 것이 된다.[50]

시의 어조는 심리적이고 복합적인 개념이다. 어조는 화자의 태도에서 비롯되며, 언어 표현을 통해 화자의 태도를 암시한다. 따라서 태도는 어조를 결정하고, 어조는 태도를 반영한다고 볼 수 있다. 그런데 이 어조는 어떤 독립적 개체가 아니라 여러 시적 요소들이 어우러져서 이루어진 것이다. 어조는 시의 어휘, 리듬, 이미지 등 모든 시적 요소들의 상호작용으로 이루어진다. 어조가 시를 구성하는 모든 요소들이 섞여 조화를 이루어 형성된다고 볼 때, 어조는 모든 시적 요소들의 최종 결과물이라 할 수 있다

시의 어조는 화자의 말투로 간주하고 '여성적 어조', '남성적 어조', '비장한 어조', '애절한 어조' 등과 같이 간단한 용어로 지칭되기도 한다. 하지만 다른 요소들과의 유기적인 관련 속에서 정확히 파악하려면 시의 이미지와 운율은 물론 작품의 정서와 의미, 분위기 등을 헤아려 한다. 하지

---

50) 조창환, 「시의 화자 및 어조의 문제」, 『심상』, 1982. 11, 117면.

만 이런 분석 작업은 학생 독자로서는 그리 쉬운 일이 아니며, 무엇보다 자연스러운 시 감상에 걸림돌이 될 수 있다. 이 글에서는 어조 대신 시 교육의 한 내용으로서 화자의 태도에 대해 탐구하고자 한다.

일반적으로 태도란 어떤 대상에 대한 자기의 생각이나 감정을 나타내는 외적 표현이다.[51] 긍정적·부정적 태도, 적극적·소극적인 태도, 겸손한· 거만한 태도 등에서 보듯 태도는 어떤 상황에서 가지는 생각이나 감정이 행동이나 언어로 표현된 것이다. 태도는 어떤 사물이나 상황 따위를 대하는 자세다.[52] 어떤 상황이 주어졌을 때 사람들은 저마다 일정한 대응 방식을 보여준다. 예를 들어 이별의 상황에서 어떤 이는 헤어짐을 받아들이고 임을 고이 보내고자 하나, 어떤 이는 이별을 거부하며 임이 자신에게 돌아와 줄 것을 간절히 애원하기도 한다. 이러한 태도의 양상은 시 작품에서도 잘 드러난다. 김소월의 「진달래꽃」에 나타난 화자의 태도가 전자의 경우라면, 고려속요인 「서경별곡」은 후자의 경우라 할 수 있다.

시적 담화에서는 화자의 태도가 드러나기 마련이다. 태도는 시가 독자에게 효과를 미치려는 의도를 가진 작가의 표현물이기 때문에 생겨나는 필연적 특성이다.[53] 시인은 자신의 생각과 느낌을 표현하기 위해 특정한 인물을 설정하고, 그 인물이 어떤 상황에서 어떤 대상에게 특정한 태도를 취한다.

① 묏버들 굴히 것거 보내노라 님의 손듸
자시는 창 밧긔 심거 두고 보쇼셔
밤비예 새닙곳 나거든 날인가도 너기쇼셔

---

51) 운평어문연구소편, 『국어사전』, 금성출판사, 1993.
52) 국립국어연구원, 『표준국어대사전』, 두산동아, 1999.
53) 서울대 국어교육연구소, 『국어교육학 사전』, 대교출판, 1999, 741면. 태도는 어떤 사물에 대응하는 자세 혹은 어떤 사물을 대했을 때 동작, 표정 등 외부에 나타난 몸가짐이 기본 어의지만, 미학에서는 미적 대상에 대한 주체의 지각 측면으로 한정하여 쓴다.

② 바룸도 쉬여 넘는 고개 구름이라도 쉬여 넘는 고개
　산진(山陳)이 수진(水陳)이 해동청(海東靑) 보라매라도 다 쉬여 넘는
　고봉(高峰) 장성령(長城領)고개
　그 넘어 님이 왔다ᄒ면 나는 아니 ᄒᆞᆫ 번도 쉬여 넘으리라.

　두 시조는 모두 임과 떨어져 있는 이별의 상황에서 임에 대한 그리움을
표출하고 있다. ①의 경우, 화자는 산버들 가지를 임에게 보내면서 그것을
임의 곁에 두고 행여 밤비에 새 잎이 나면 마치 자신인 양 여겨 달라고 호
소한다. ②는 가정된 하나의 상황에서 화자의 연정을 가식 없이 솔직하게
드러낸다. 화자는 바람도 구름도 쉬어 넘고, 하늘을 잘 난다는 온갖 매들
까지도 다 쉬어 넘는, 높고 험한 장성령 고개라 할지라도 그 너머 임이 왔
다하면 단숨에 넘겠다고 한다.

　그런데 두 작품은 이별의 상황에서 보여주는 태도에는 차이가 있다. ①
의 화자는 자신의 품위를 잃지 않으면서 임에 대한 연정을 은근하게 표현
하고 있다. 나를 잊지 말고 기억해 주기를 바라는 마음을 버들가지에 부쳐
임에게 전한다. ②의 화자는 연모의 감정을 과감하게 표출하고 있다. 저
멀리서 임이 온다는 소식이 있기만 하면 어떤 장애물이 있더라도 한번 쉬
지 않고 임에게 달려가겠다는 의지를 보여준다. 무한정 기다리기보다는 직
접 찾아 가겠다는 저돌적인 자세다. 태도에서 ①의 화자가 소극적이고 내
향적이라면 ②의 화자는 보다 적극적이고 외향적이다.

　시 교실에서 다루어지는 태도는 단순히 목소리의 차원이 아니라 구체적
인 삶의 방식이며, 삶의 자세다. 수사적 기교나 문체의 특성에서 찾고자
하는 태도가 아니라 인간이 보여주는 삶의 자세로서의 태도다. 삶의 자세
로서의 태도는 작품의 내용을 알지 않고서는 파악할 수 없다. 때문에 화자
의 태도는 시 해석의 중요한 근거가 되며, 독자가 작품을 이해한 정도를

확인할 수 있는 평가의 문제가 된다.

> 1. 유치환의 「생명의 서」에서 : 서정적 자아의 태도로 가장 적절한 것은?[54]
>   ① 이상의 세계를 동경한다.
>   ② 현실에 대해 분노하고 있다.
>   ③ 자신을 찾으려고 노력한다.
>   ④ 자신의 처지를 비관하고 있다.
>   ⑤ 현실에서 도피하려 한다.
>
> 2. 윤동주의 「서시」와 유치환의 「바위」에서 : 말하는 사람의 공통적인
>   태도가 아닌 것은?
>   ① 자기의 의지를 다짐하고 있다.
>   ② 삶의 허무함을 극복하려 한다.
>   ③ 자기 성찰의 자세를 보이고 있다.
>   ④ 시련 속에서 신념을 다짐하고 있다.
>   ⑤ 현실에서 오는 번뇌를 이기려 한다.

시 평가에서 묻는 화자의 태도는 삶의 방식이며, 현실 대응 방식이다. 화자의 태도는 곧 인간의 태도로 이 태도는 어떤 문제나 상황에 어떻게 대처하느냐, 내면의 갈등이나 정서를 어떻게 다스리느냐에 따라 이루어진다. 인간의 태도는 외현적 행동으로 나타나기도 하는데, 이 행동은 감정과 같은 심리의 영향을 받는다. 앞의 시조에서 험한 산을 넘어서라도 임을 만나겠다는 화자의 적극적인 태도는 임에 대한 간절한 그리움에 온 것이다. 시에서 화자의 태도는 어떤 상황 속에서 나타나며, 정서와 같은 심리적 특성과 밀접히 관련되어 있다. 따라서 독자는 화자의 태도를 화자의 상황, 정서 등과 함께 복합적으로 이해하는 것이 바람직하다.

---

54) 1은 1994년 대학수학능력평가 언어영역에서 출제된 문제이고, 2는 1995년에 출제된 문제다. 수능에서 화자의 태도는 시의 주요한 평가 문제로서 매년 빠짐없이 출제되고 있다.

　작품의 이해를 위해 화자의 태도는 몇 가지로 구분해 볼 수 있다. 화자의 태도는 긍정 / 부정, 수용 / 거부, 낙관 / 비관, 소극 / 적극, 극복 / 좌절 등 이분법적 사유 방식으로 접근 가능하다. 인간의 삶의 양상만큼이나 다양한 화자의 태도를 몇 가지로 유형화하거나 간단히 도식화하는 것은 합당한 일이 되지 못한다. 하지만 지나치게 양분법으로 몰아가지 않는다면 화자의 태도에 대한 이분법적 접근은 시 읽기나 시 교육에 적절히 활용할 수 있다.

① 푸른 산이 흰 구름을 지니고 살듯
　내 머리 후에는 항상 푸른 하늘이 있다

　하늘을 향하고 산림처럼 두 팔을 드러낸 수 있는 것이 얼마나 숭고
　한 일이냐

　두 다리는 비록 연약하지만 젊은 산맥으로 삼고
　부절히 움직인다는 둥근 지구를 밟았거니……

　푸른 산처럼 든든하게 지구를 디디고 사는 것은 얼마나 기쁜 일이냐

　뼈에 저리도록 생활은 슬퍼도 좋다
　저문 들길에 서서 푸른 별을 바라보자!

　푸른 별을 바라보는 것은 하늘 아래 사는 거룩한 나의 일과이거니……

— 신석정, 「들길에 서서」

② 나와/ 하늘과
　하늘 아래 푸른 산뿐이로다.

　꽃 한 송이 피어 낼 지구도 없고
　새 한 마리 울어 줄 지구도 없고

노루새끼 한 마리 뛰어다닐 지구도 없다.

나와/ 밤과/ 무수한 별뿐이로다.

밀리고 흐르는 게 밤뿐이오,
흘러도 흘러도 검은 밤뿐이로다.
내 마음 둘 곳은 어느 밤 하늘 별이드뇨

— 신석정, 「슬픈 구도(構圖)」

위의 작품들은 한 시인의 작품이지만, 화자의 태도 면에서 차이가 있다. ①의 화자는 생활이 아무리 슬프고 힘들어도 푸른 별을 바라보고 살 것이라는 당찬 의지를 보여준다. 반면 ②의 화자는 그러한 희망이나 의지는 찾아볼 수 없다. 자신이 처한 현실은 꽃 한 송이 피어나지 못하며 새와 노루와 같은 짐승이 마음껏 노닐지 못한다. 화자를 둘러싼 세계는 자연의 평화로움을 찾을 수 없으며 황폐화된 불모지임을 암시한다. 어둠과 절망만이 존재하는 현실이며, 그 현실에 있는 화자는 마음 둘 곳이 전혀 없다. ①의 화자가 삶을 긍정, 낙관하며, 현실을 극복하려 한다면, ②의 화자는 삶을 부정, 비관하며, 현실에 좌절하고 있다.

신석정의 「들길에 서서」와 「슬픈 구도」는 화자의 태도 면에서 양극으로 갈린다. 이들 작품에서 화자의 태도를 비교해 봄으로써 학생들은 인간의 삶의 모습을 인식하게 된다. 어떤 상황이나 대상에 대한 화자의 태도는 화자가 어떤 생각과 감정을 가지고 있는지를 보여 주는 중요한 단서가 된다. 화자가 대상을 긍정적으로 보는지 혹은 부정적으로 대하는지 등을 살핌으로써 독자는 화자의 마음을 이해하게 된다. 어떤 상황이나 대상에 대한 화자의 태도는 작품의 정서 및 주제와 연결된다. 따라서 시에서 화자의 태도를 아는 것은 작품의 정서와 의미를 바르게 이해하는 길이 된다.

제 5 장
시의 말하기 기법

다시 밝는 날에─춘향(春香)의 말 2 서정주

신령님,
처음 내 마음은 수천만 마리
노고지리 우는 날의 아지랭이 같았습니다.
번쩍이는 비늘을 단 고기들이 헤엄치는
초록의 강 물결
어우러져 날으는 아기 구름 같았습니다.

신령님,
그러나 그의 모습으로 어느 날 당신이 내게 오셨을 때
나는 미친 회오리바람이 되었습니다.
쏟아져 내리는 벼랑의 폭포,
쏟아져 내리는 소나기비가 되었습니다.

그러나 신령님,
바닷물이 작은 여울을 마시듯
당신이 다시 그를 데려 가시고
그 훠-ㄴ한 내 마음에
마지막 타는 저녁 노을을 두셨습니다.

신령님,
그리하여 또 한 번 내 위에 밝는 날
이제
산골에 피어나는 도라지꽃 같은
내 마음의 빛깔은 당신의 사랑입니다.

─『서정주 시선』(1956)

1 표현 방식에서 시는 일반 글과 어떤 점에서 다른가?

2 서정주의 「다시 밝는 날에」에서 화자가 말하고 있는 내용은?

3 이 시의 화자는 자신의 심정을 어떻게 말하고 있는가?

4 '비유적 이미지'에 대해 구체적인 사례를 들어 설명해 봅니다.

5 다음의 말하기 방식이 갖는 의미와 그 효과에 대해 살펴봅니다.

    (1) 사물로 나타내며 말하기

    (2) 이미지로 표현하며 말하기

    (3) 대상에 빗대며 말하기

    (4) 본심을 숨기며 말하기

    (5) 대상을 드러내며 말하기

1 사물로 나타내며 말하기[1]

    시는 구체의 언어로써 추상적 관념에 함몰되지 않는다. 시인은 자신이 느끼고 생각한 바를 사물에 기대어 나타내기도 한다. 작품에 제시된 사물은 머릿속의 관념을 대신하며 함축적인 언어로 작용한다. 간결한 언어로 집약된 효과를 거두고자 시인은 생각과 느낌을 사물에 응집시켜 표현한다. 그래서 그가 선택한 사물은 의미 전달과 정서 표현의 도구가 된다. 어떤 사물을 택하고, 그것을 어떻게 배치하느냐 하는 것은 시인의 창작 의도에 따른 전략이라 볼 수 있다.

> ① 내 죽으면 한 개 바위가 되리라.
> 아예 애련(哀憐)에 물들지 않고
> 희로(喜怒)에 움직이지 않고
> 비와 바람에 깎이는 대로
> 억 년 비정(非情)의 함묵(緘默)에
> 안으로 안으로만 채찍질하여
> 드디어 생명도 망각하고

---

[1] 시의 말은 특별하다. 우리가 일상에서 쓰는 말과는 조금 다른 데가 있다. 시는 행을 나누어 시인이 생각하고 느낀 것을 압축적으로 표현한다. 그러다보니 말을 아끼게 되고, 시의 형태에 맞게 효과적인 의사 전달법을 찾는다. 이 글에서는 시의 말하기 방식을 (1) 사물로 나타내며 말하기, (2) 이미지로 표현하며 말하기, (3) 대상에 빗대어 말하기, (4) 본심을 숨기며 말하기, (5) 대상을 드러내며 말하기 등으로 나누어 살펴본다.

흐르는 구름
머언 원뢰(遠雷)
꿈꾸어도 노래하지 않고
두 쪽으로 깨뜨려져도
소리하지 않는 바위가 되리라.

— 유치환, 「바위」

② 푸른 하늘에 닿을 듯이
세월에 불타고 우뚝 남아 서서
차라리 봄도 꽃피진 말아라

낡은 거미집 휘두르고
끝없는 꿈길에 혼자 설레이는
마음은 아예 뉘우침 아니라.

검은 그림자 쓸쓸하면
마침내 호수 속 깊이 거꾸러져
차마 바람도 흔들진 못해라.

— 이육사, 「교목」

두 시는 자연물을 이용하여 시인의 소망과 의지를 나타내고 있다. 시인은 바위가 되고자 하며, 교목같이 살고자 한다. ①에서 시인이 갈망하는 바위는 의지의 결정체로서 초월적인 삶의 경지를 보여준다. 바위는 애련, 희로와 같은 내부의 감정에도 흔들리지 않고, 비와 바람에도 묵묵히 견딘다. 오랜 세월의 침묵 속에서 자신에게 가해지는 고통을 감내하며 종국에는 살아있다는 감각조차 느끼지 못한다. 흐르는 구름에도, 하늘을 울리는 천둥소리에도 전혀 동요하지 않는다. 현실에 대한 초연함으로 꿈이 있어도 겉으로 드러내지 않고, 둘로 쪼개지는 아픔이 있어도 소리 내지 않는다.

시인은 죽으면 이런 바위가 되겠다고 한다.

의지적인 삶의 자세는 ②에서도 나타난다. 시인은 교목을 자신과 동일시하며 교목처럼 올곧게 살겠다는 의지를 표명한다. 교목은 줄기가 곧고 굵으며 높이 자라는 나무다. 푸른 하늘에 닿을 듯이 우뚝 솟아 있는 교목은 봄이 되어도 꽃을 피우지 않는다. 시인은 개인의 영화를 바라지 않으며, 세월의 고통 속에도 신념을 버리지 않고 굳건하게 살고자 한다. 현실이 '낡은 거미집'같이 초라하고 궁핍하여도 추호의 뉘우침 없이 자신이 선택한 길을 가려 한다. 죽음을 각오해야 하는 절망적인 상황이 온다면 구차하게 살지 않고 기꺼이 죽음을 택할 것이다. 시인은 호수에 거꾸러져도 시련과 유혹에는 결코 굴복하지 않겠다고 다짐한다.

인용한 두 작품은 화자의 정서를 자연물에 투영하여 표현하고 있다. 시는 정서의 직접적인 노출을 피하고 정서를 간접적으로 환기한다. 효과적인 표현을 위해 시인은 자신의 생각이나 감정을 있는 그대로 드러내기보다 간접적으로 말한다. 엘리어트는 감정을 직접 드러내는 것보다는 감정을 대신 나타낼 수 있는 일련의 사물, 사건, 상황을 설정하여 간접적으로 드러내는 것이 바람직하다고 주장하였다. 시에서 슬픔이나 기쁨, 애정과 같은 감정을 직접 드러내기보다는 구체적인 사물을 빌려 표현하는데, 이때 동원된 사물이 '객관적 상관물(客觀的 相關物, objective correlative)'이다. 객관적 상관물의 사용은 시인의 생각이나 정서를 드러내기에 알맞도록 나름대로 변용을 거치기 때문에 주관적 감정의 객관화에 기여한다.

> 지당(池塘)에 비 뿌리고 양류(楊柳)에 너 씨인 제
> 사공(沙工)은 어듸 가고 뷘 비만 미엿는고
> 석양(夕陽) **싹** 일흔 굴며기는 오락가락 ᄒ노매
>
> — 조헌

이 작품은 저물 무렵 비 내리는 나루터의 정경을 묘사하고 있다. 날이
저무는 어느 봄날, 연못가에 비가 내린다. 늘어선 버들가지에는 안개가 끼
고, 나루터에는 빈 배 한 척 묶여 있고 갈매기가 난다. 이 시에서 '비 내리
는 연못', '뿌연 기운에 휩싸인 버드나무', '사공 없이 홀로 매여 있는 배',
'짝 잃은 갈매기' 등의 사물들은 쓸쓸하고 호젓한 정서를 환기한다.

특히 '빈 배'와 '짝 잃은 갈매기'는 화자의 감정이 투영된 대상 곧 '객관
적 상관물'로서 화자의 외로운 심정을 나타낸다. 감정을 직접적으로 표현
하지 않았지만 이 시에는 작가가 느끼고 있는 고독과 우수가 느껴진다. 이
것은 시에 동원된 사물들이 간접적으로 작가의 외로운 심정을 충분히 전
달하고 있기 때문이다. 다음의 현대시 역시 묘사된 정경이 화자의 심정을
나타낸다.

> 걸어서 항구(港口)에 도착했다.
> 길게 부는 한지(寒地)의 바람
> 바다 앞의 집들을 흔들고
> 긴 눈 내릴 듯
> 낮게 낮게 비치는 불빛
> 지전(紙錢)에 그려진 반듯한 그림을
> 주머니에 구겨 넣고
> 반쯤 탄 담배를 그림자처럼 꺼 버리고
> 조용한 마음으로
> 배 있는 데로 내려간다.
> 정박(碇泊) 중의 어두운 용골(龍骨)들이
> 모두 고개를 들고
> 항구(港口)의 안을 들여다 보고 있었다.
> 어두운 하늘에는 수삼 개(數三個)의 눈송이
> 하늘의 새들이 따르고 있었다.

— 황동규, 「기항지(寄港地) 1」

이 시는 겨울밤 항구의 풍경을 묘사하고 있다. 황량한 항구의 풍경은 화자의 우울한 마음을 암시한다. 화자는 바람 부는 추운 겨울날 여행 중이며, 어느 항구에 이르렀다. 겨울 여행 중에 닿은 항구의 모습은 쓸쓸하고 을씨년스럽다. 싸늘한 겨울바람은 바다 앞의 집들을 흔들고, 눈 내릴 듯한 날씨에 불빛은 낮게 비친다. 화자는 지전을 주머니에 구겨 넣고, 담배도 피다 말고 배가 있는 곳으로 걸음을 옮긴다. 그리고 그 곳에서 정박 중인 배들이 모두 항구 쪽으로 뱃머리를 향하고 있는 모습을 바라본다. 눈을 들어 바라본 어두운 하늘에는 내릴 듯 말 듯한 눈이 수삼 개 떨어지고, 그 사이로 새들이 난다.

이 시에서 "수삼개의 눈송이"는 눈이 일반적으로 내포하는 순수, 깨끗함 등의 이미지와는 거리가 멀다. 어두운 하늘을 떠다니는 눈송이에서 정처 없이 방황하는 인간의 모습이 연상된다. 하지만 지상에 안착하는 눈의 속성을 상기하면 여기에는 안식을 찾고자 하는 화자의 마음이 내포되어 있다고 할 수 있다. 항구 안을 들여다보는 배의 형상이 편안히 정착하고자 하는 화자의 마음이 반영된 것이라면 지상에 떨어지는 눈 또한 그런 맥락에서 해석할 수 있다. 항해를 끝내고 항구로 돌아와 편히 안식을 취하고 있는 배처럼 화자도 자신의 방랑을 끝내고 현실에 안주하고 싶은 것이다. 이러한 내면 심리를 담고 있는 눈의 이미지는 곧이어 새의 이미지로 나아간다.

화자에게 목격된 새는 눈이 내리는 겨울밤에 유유히 나는 새다. 제목인 '기항지(寄港地)'가 암시하는 것과 같이 새는 삶에 대한 비상이며, 새로운 출발을 의미한다. 화자는 이 새를 통해 비로소 우울한 마음을 정화하고, 정신적 방황을 끝낼 수 있는 여지를 마련한다. 이 시의 마지막 정경은 항구에 도착해서도 밖으로 나가기 힘든 한계를 지닌 인간의 마음을 어루만져주며 위로하는 풍경이었던 것이다.[2] 결국 이 작품에서 배, 눈, 새 등의 사물은 화자의 심정을 간접적으로 말해주는 객관적 상관물로 구실을 한다고 볼 수 있다.

시인이 사용하는 객관적 상관물 중에는 화자의 감정이 그대로 묻어나는 경우가 있다. 자연물과 같은 특정 대상이 화자가 같은 처지에 같은 감정을 지니고 있듯이 표현하는 것을 '감정이입'이라 한다. 가령, 임과 이별하여 슬픔에 빠져 있는 화자가 강물이 울며 흘러간다고 말하거나 새가 운다고 말한다면 이때 '강물'이나 '새'는 화자의 감정을 대신하고 있는 객관적 상관물이면서 감정이입의 대상이 된다.

① 우리는 머리맡에 엎디어/ 있는 대로의 울음을 다아 울었고
　 아버지의 침상 없는 최후의 밤은/ 풀벌레 소리 가득 차 있었다.

— 이용악, 「풀벌레 소리 가득 차 있었다」 일부

② 나는 무엇인지 그리워/ 이 많은 별빛이 내린 언덕 위에
　 이 많은 별빛이 내린 언덕 위에/ 내 이름자를 써 보고,
　 흙으로 덮어 버리었습니다.

　 딴은, 밤을 새워 우는 벌레는
　 부끄러운 이름을 슬퍼하는 까닭입니다.

— 윤동주, 「별헤는 밤」 일부

③ 초롱에 불빛, 지친 밤하늘
　 굽이굽이 은하수물 목이 젖은 새.
　 차마 아니 솟는 가락 눈이 감겨서
　 제 피에 취한 새가 귀촉도歸蜀道 운다.
　 그대 하늘 끝 호올로 가신 임아.

— 서정주, 「귀촉도」 일부

---

2) 황동규, 『나의 시의 빛과 그늘』, 중앙일보사, 1994, 124면.

　인용 시들은 모두 자연물을 통해 화자의 감정을 우회적으로 표현하고 있다. '풀벌레', '벌레', '새' 등의 자연물은 슬픔의 감정이 투영되어 있는 객관적 상관물로 제시되고 있다. 이들 중에서 감정이입이 이루어지고 있는 것은 ②와 ③이다. ①의 '풀벌레'에서는 화자의 감정이 표출되지 않는다. "풀벌레 소리 가득 차 있었다"는 진술은, 침상도 갖추지 못한 채 아버지가 돌아가신 상황과 가족의 슬픔을 고조시킨다. 한편 ②의 '벌레'에는 자신에 대해 부끄러워하고 슬퍼하는 감정이 내포되어 있다. 여기서는 화자와 벌레가 동일시되고 있어 감정이입이 발견된다. ③는 임의 죽음에 대한 슬픔을 새를 통해 드러내고 있는데, 새를 화자와 동일시하면 '제 피에 취한 새'는 '하늘 끝 호올로 가신 임'을 그리워하는 감정이입의 대상이 된다.

　시인이 자신의 감정을 간접적으로 표현하기 위해 끌어들인 대상은 객관적 상관물이 된다. 하지만 객관적 상관물 모두가 감정이입의 대상이 되는 것은 아니다. 화자가 느끼는 정서가 사물에서도 나타나고 화자와 대상이 동일시되면 감정이입이 이루어지지만, 대상에서 감정이 드러나지 않고 정서적으로 화자와 대상이 일치하지 않으면 객관적 상관물이 된다. 곧 객관적 상관물은 감정이입을 포괄하는 상위의 개념인 것이다.

　시인은 사물을 이용해 자신의 감정을 간접적으로 표현한다. 이때의 사물은 감정을 표현하기 위한 매개물이 된다. 시는 본래적으로 암시적이며 함축성을 지니기 때문에 시의 언어는 원래의 뜻 말고 다른 의미를 내포한다. 어떤 대상이 본래 고유의 의미 이외에 다른 의미 영역을 나타낼 때 그것은 '상징'이 된다. 상징은 보이지 않는 정신세계나 관념을 가시적이고 구체적인 심상으로 암시하는 방법이다.

　'상징'은 영어의 'Symbol'을 번역한 말인데, 이것은 희랍어인 '심발레인(Symballein)'을 어원으로 하고 있다. 심발레인은 '짝 맞추다' 뜻하는 동사이며, 그 명사형인 심보론(Symbolon)은 표시, 증표, 기호 등을 뜻한다. 이런 어원적 의미로 보면 상징은 어떤 표시나 증표의 '짝맞춤'에 의해 성립되는 것을 알 수 있다. 짝맞춤은 내세워진 하나가 감추어져 있는 다른 하나를 대신한다고 말 할 수 있는 현상이다. 그렇기 때문에 '짝맞추다'를 어원으로 하는 상징은 그 자체로써 다른 무엇을 지시하거나 대신한다고 할 수 있다. 이것이 상징의 가장 기본적이고 일반적인 의미다.

문학적 용법으로서의 상징은 지시물과 지시 내용이 일대일이 되는 '기호'와는 차원을 달리 한다. 가령 보행자에게 서라고 지시하는 빨간 불의 신호등은 사회적 약속에 의해 그냥 정해진 기호일 뿐이다. 그것이 어째서 그렇게 되는지는 유추적으로 설명할 수 없다. 반면 상징은 지시물과 의미하는 것의 연결 관계를 연상적인 유추로 설명할 수 있는 가능성을 지닌다. '비둘기'가 평화를 상징한다고 할 때, 그렇게 말할 수 있는 근거는 순하게 사람을 따르는 비둘기의 특성에서 비롯된 것이다. 또한 소나무를 절개나 지조의 상징으로 볼 수 있는 것도 사철 늘 푸른 소나무의 특성에서 찾을 수 있다. 곧 상징은 사물과 관념을 연상적으로 결합시키는 정신 활동의 산물이다. 사물의 이면에 숨어 있는 깊은 본질과 의미를 연상 작용과 직관력에 의해 발굴해 내는 고도의 장치가 상징인 것이다.[3]

상징은 원관념과 보조관념과의 관계를 나타낸다는 점에서 은유의 확장으로 보기도 하는데, 은유와는 다르다. 은유가 유추되는 대상끼리 상호 의존성을 가지는 데 비해, 상징은 그 자체로 독자성을 지닌다. 은유는 유추에 의해 서로 다른 원관념과 보조관념을 관련짓지만, 상징은 원관념이 생략된 보조관념만으로 어떤 의미를 나타낸다. 상징은 보조관념과 원관념 사이에서 1대 多의 관계를 가지며 문맥상 여러 의미를 내포한다.

---

[3] 장도준, 앞의 책, 236~237면.

눈은 살아 있다.
떨어진 눈은 살아 있다.
마당 위에 떨어진 눈은 살아 있다.

기침을 하자
젊은 시인(詩人)이여 기침을 하자
눈 위에 대고 기침을 하자
눈더러 보자고 마음 놓고 마음 놓고
기침을 하자

눈은 살아 있다.
죽음을 잊어버린 영혼과 육체를 위하여
눈은 새벽이 지나도록 살아 있다.

기침을 하자
젊은 시인이여 기침을 하자
눈을 바라보며
밤새도록 고인 가슴의 가래라도
마음껏 뱉자

— 김수영, 「눈」, 『문학예술』(1957. 4.)

이 시는 눈이라는 가시적 사물을 통해 정신적 세계를 표현하고 있다는 점에서 상징이 발견된다. 상징은 제시된 보조관념을 통해 생략된 원관념을 찾도록 요구하는 표현이다. 그리고 생략된 그 원관념이 시 전체의 문맥 속에서 암시되며 결정된다. 상징은 언제나 시의 전체적 문맥 속에서만 비로소 온전한 기능을 발휘할 수 있다.[4] 그러므로 독자는 문맥을 따르면서 '눈'의 의미를 해석해야 한다.

---

4) 이형기, 앞의 책, 179면.

　1, 3연에서 보듯 눈은 '살아있는 것'으로 존재한다. 1연에서 눈은 살아 있는 것으로 인식되며, 그러한 눈이 마당 위에 떨어진다. "살아 있다"라는 말이 세 번 씩이나 반복되어 눈이 결코 죽지 않는다는 사실이 강조된다. 떨어진 눈은 '마당 눈에' 떨어진 눈으로 그려져 눈이 닿은 공간이 집중된다. 그 공간은 다름 아닌 작가와 젊은 시인이 살고 있는 현실이다.

　현실이 어떠한지는 구체적으로 드러나지 않지만, 2, 4연을 보면 이 현실은 젊은 시인이 마음껏 기침을 하지 못하는 현실이다. 시인이라면 순수한 영혼과 육체를 꿈꾸며 현실을 정직하게 꾸려가야 함에도, 현실은 젊은 시인을 그렇게 놓아두지 않는다. 현실의 외압으로 시인은 현실을 두려워하며 제 목소리를 내지 못한다. 그렇기 때문에 화자는 눈 위에 대고 마음껏 기침을 하자고 성토한다.

　이 시에서 기침은 가슴에 고인 가래를 내뱉는 행위다. 가래는 몸속에 쌓인 불순물로서 버려져야 할 무가치한 것이다. 행동하지 못하는 수동성이나 진실을 말하지 못하는 나약함, 현실에 대한 두려움 등이 이에 해당한다. 눈은 가래에 반하는 것으로 어떤 현실에서도 소멸되지 않는, 순수하고 고귀한 것이다. 마당에 떨어진 눈은 죽음을 두려워하지 않으며 새벽이 지나도록 살아있다. '눈이 살아있음'은 현재의 상황이라기보다는 시인이 바라는 이상태다. 그는 정의, 순수, 정직 등과 같은 정신적 가치가 세상을 지탱하기를 소망한다.

　김수영의 「눈」은 암울한 시대를 살아가는 시인의 순수하고 정직한 영혼에 대한 갈망이다. 이 시에서 '눈'은 문맥상 순결한 정신, 올곧은 양심, 삶의 진실이나 진리, 결코 굴복하지 않는 정의로움 등을 상징한다. 상징은 원관념이 숨고 보조관념만 제시되어, 그 의미가 다양하게 해석된다. 분명하게 하나의 의미만을 지시하지 않고 다양한 해석이 나올 수 있도록 그 대상을 암시하게 때문에 상징은 다의성(多義性)을 지닌다.

풀이 눕는다
비를 몰아오는 동풍에 나부껴
풀은 눕고
드디어 울었다
날이 흐려서 더 울다가
다시 누웠다

풀이 눕는다
바람보다도 더 빨리 눕는다
바람보다도 더 빨리 울고
바람보다 먼저 일어난다

날이 흐리고 풀이 눕는다
발목까지
발밑까지 눕는다
바람보다 늦게 누워도
바람보다 먼저 일어나고
바람보다 늦게 울어도
바람보다 먼저 웃는다
날이 흐리고 풀뿌리가 눕는다

— 김수영, 「풀」, 『현대문학』(1968. 8)

이 시에서 풀은 민중이며, 비나 바람은 민중을 억압하는 세력이다. 눕고 일어서는 행위와 울고 웃는 행위는, 억압하는 것에 대한 끈질긴 저항을 뜻하는 것으로 보는 것이 기존의 일반적인 해석이다. 이때 이 작품은 단일한 의미로 파악되어 '풀'이 가지는 상징성은 사라지고, 마치 고시조에서 대, 소나무 등이 나오면 절개를 뜻한다고 보는 풍유적(Allegorical) 의미로 파악된다.[5]

알레고리(allegory)는 의미하는 바가 명확하다는 점에서 다의성을 지니는 상징과 구별된다. 상징은 원관념과 보조관념의 관계가 多 : 1이지만 알레고리는 1 : 1이다. 알레고리는 한 개의 보조관념이 한 개의 원관념을 환기한다는 단순성으로 인해 메시지를 즉각적으로 전달할 수 있는 이점이 있다. 그래서 알레고리는 미적 가치보다는 당대의 삶의 문제에 더 무거운 가치를 두며, 역사적·시대적 삶의 의미를 효과적으로 표현하는 데 사용된다.[6] 하지만 알레고리는 처음부터 목적의식을 가지고 시작하기 때문에 독자에게 경직된 반응을 유도하고 폭넓은 사고를 제한한다. 그러므로 독자가 「풀」을 대하면서 기계적으로 풀을 민중으로, 바람을 억압 세력만으로 대응시키는 것은 알레고리적 해석이며, 올바른 시의 감상 태도가 아니다.

독자가 알레고리적 반응에 빠지지 않기 위해서는 먼저 화자가 처한 상황을 파악할 필요가 있다. 「풀」의 화자는 작품에서 물러나 있으며 바람에 흔들리는 풀의 여러 모습들을 관찰하고 있다. 화자의 눈에 들어온 풀은 바람이 불면 심하게 흔들리기도 하고도 땅 밑까지 휘어지기도 한다. 그러다가 잠시 바람이 잠잠해지면 다시 일어서서 가볍게 살랑대기도 한다. 이런 반복적인 풀의 움직임이 묘사되고 있다. 그런데 문제는 2연과 3연의 모순이다. 2연에서 풀은 바람보다 빨리 눕고 또 빨리 우는데, 3연에서는 풀이 바람보다 늦게 눕고 또 늦게 운다. 시인은 풀의 움직임이 바람보다 먼저라고 하기도 하고, 또 바람의 움직임이 풀의 움직임보다 먼저라고 말한다. 이는 풀과 바람 사이에서 목격될 수 있는, 일반적인 자연 현상이 아니다.

우리는 이 작품에서 풀이 지나치게 인간화되어 있다는 사실을 간과해서는 안 된다. 눕고 일어서고 울고 웃는 행위는 풀의 행위가 아니라 모두 인간의 행위다. 인간의 행위를 반복하는 이 시는 풀이라는 소재를 통해 인간

---

5) 양왕용, 앞의 책, 101면.
6) 김준오, 앞의 책, 204면.

의 어떤 점을 보여주려고 했을지도 모른다. 이런 맥락을 수용한다면 이 시는 풀에 대한 인식을 내포하면서도 인간의 삶의 모습에 대한 상징적 표현이 된다.

풀이 인간의 형상이라면 바람은 인간을 힘들게 하는 자극이다. 이 자극은 외부에서 오는 것일 수 있고, 내부에서 일어나는 심리적 갈등이나 번민일 수 있다. 인간은 이러한 시련을 되풀이하기도 하고, 때로는 감당하기 힘든 고통으로 흔들리며 울기도 한다. 그러면서도 자신의 삶을 포기하지 않고 시련에 당당히 맞서기도 한다. 1연이 시련에 흔들리는 인간의 모습이라면 2, 3연은 그 시련에 맞서는 인간의 모습이라 할 수 있다.

1연에서는 '울다'와 '누웠다'가 반복되면서 인간의 고뇌와 연약함이 드러나지만, 2연에서는 이런 좌절의 양상에서 어느 정도 벗어난다. 그리고 3연에서는 앞 두 연에서 보여준 나약한 모습은 극복된다. 이때의 풀은 숱한 시련을 겪으면서 강해진 인간의 모습이다. "바람보다 늦게"라는 말에서 시련이 오랫동안 지속되고 있음을 엿볼 수 있는데, 이는 인간은 그 긴 시련을 버티면서 눕고 울다가 종국에 가서는 웃으며 일어선다는 것을 일러 준다.

각 연은 "풀이 눕는다"라는 말을 반복한다. 특히 "날이 흐리고 풀뿌리가 눕는다"는 마지막 행은, 3연 내용에 비춰볼 때 다소 이질적이다. 누워도 웃고, 울어도 웃는 풀이지만, 여기서는 이런 강인함이나 적극성은 보이지 않는다. 이 행은 의미적으로 첫 행과 연결되면서 시상이 반복·순환되는 효과를 갖는다. 우리 삶에서 시련은 번번이 찾아오는 것이며, 그 속에서 웃고 우는 것이 인생이라는 전언을 담고 있다.

이 작품에서 풀은 인간의 모습이나 속성으로 볼 수 있으며, 나아가 시인 자신의 모습으로 해석할 수도 있다. 그 근거는 시제의 측면에서 찾을 수 있다. 1연에서 과거 시제로 되어 있는 '울었다', '누웠다'는 과거 일어난 일을 나타낸다. 1연이 과거의 시련을 제시하고, 2연이 현재 상황을 나타낸다고 보면 3연은 시인의 신념을 나타낸다고 있다고 볼 수 있다. 3연에서 "바람보다 늦게 누워도/ 바람보다 먼저 일어나고"와 "바람보다 늦게 울어도/ 바람보다 먼저 웃는다"라는 말은 현재 시제로 되어 있지만 '시련이 와도 일어날 것이고, 먼저 웃겠다'는 의지를 함축하고 있다. 이 시는 전체적으로 현재의 시점을 보이나, 각 연에는 과거, 현재, 미래의 삶이 투영되어 있다. 이 점을 감안한다면 3연의 의미는 다음과 같이 추정할 수 있다.

> 내가 예감했던 일이 일어난다. 현실의 두꺼운 벽 앞에 나는 쓰러진다. 내 발목까지 아니 발밑까지 아예 다 누워 버린다. 하지만 나는 끝까지 버틸 것이며, 현실의 고통이 나를 파멸로 몰기 전에 먼저 일어날 것이다. 설사 그 시련과 고통이 길어져도 늦게 울 것이고 먼저 웃을 것이다. 그렇기 때문에 지금의 시련은 두렵지 않다. 나의 전신이 쓰러진다 해도 나는 다시 일어날 것이다.

이 시의 '풀'은 「눈」에서의 '눈'과 마찬가지로 상징적 소재로 문맥상 다양한 의미를 갖는다. 상징은 그 의미가 한 가지만 아니라고 데에 기본 특징이 있다. 이 작품에서 바람에 흔들리며 일어서는 풀은 나약하면서 강인한 민중뿐만 아니라 시인 자신을 포함한 인간 전체로 확대 해석할 수 있다. 또한 이 시는 대상을 움직일 수 있는 동력인 바람보다도 먼저 자신을 움직여 반응하려는 풀의 의식적인 깨어 있음을 통해 자기 자신의 살아 있음을 확인하고자 하는 시인의 의식을 반영하고 있는 작품이라 할 수 있다.[7]

시에서 상징이 고정된 의미를 갖는다면 제 기능을 한다고 볼 수 없다. 상징은 사회 관습적으로 또는 개인의 독창성에 의해 창조적으로 실현된다. 전자를 '관습적 상징' 또는 '대중적 상징'이라 하며, 후자를 '문학적 상징' 혹은 '개인적 상징'이라 한다. 관습적 상징은 비둘기가 평화를 나타내거나

---

7) 권영진, 『한국현대시 해설』, 숭실대학교 출판부, 1993, 282면.

소나무가 절개를 지시하는 것처럼 한 사회 안에서 보편화되어 있는 상징이다. 이 상징은 거의 관습적으로 쓰여서 독자에게 긴장감이나 신선함을 주지 못한다.

개인적 상징은 시 자체의 문맥이나 시인의 독특한 경험에 의해 특별한 의미를 암시한다. 의미의 초점을 중심으로 애매하면서도 광범위한 관념 세계를 지시한다. 그러므로 이러한 상징은 내포의 폭과 환기력이 풍부하여 생동감과 탄력성을 잘 살려내게 된다.[8] 앞에 제시된 김수영의 시의 '눈', '풀'은 모두 개인적·문학적 상징이 된다.

이 밖에도 상징에는 특정 집단에 한정되지 않고 인류 전체에 유사한 의미로 통하는 상징이 있다. 공간적, 시간적 한계를 넘어서 많은 사람들에게 공통적으로 적용되는 상징을 '원형적 상징'이라 한다. 모든 인류에게 '해'나 '빛'은 광명, 희망, 이상 등을 뜻하고, '어둠'은 고통, 절망, 시련 등을 상징한다. 이러한 원형적 상징은 어떤 사물에서 많은 사람들이 공통적으로 인식하는 보편적 의미를 지닌다.

개별적 사물들은 모두가 보편적인 어떤 형을 내포하고 있다. 가령 장미꽃이라 할 때 이것은 근원적으로 꽃이라는 동일한 양상을 지닌다. 원형(原型, archetype)은 어떤 사물에서 인식하는 근원적이고 기본적인 특성이다. 원형은 사물을 바라보고 인식하는 수용자의 의식과 관련된다. 사람들은 같은 유형의 경험을 반복하면서 일정한 정서적 반응을 보이는데, 이것은 특유의 집단적·무의식적 경향을 띤다. 체험의 동질성으로 갖는 인간의 공통된 반응은 문학 작품뿐만 아니라 신화, 꿈, 종교, 풍속 등에서 나타난다.

꿈이나 신화는 보편적 정서의 욕구를 충족시키거나 인간의 문제를 해결하기 위한 간접적 방법으로 상징적 의미를 갖는다. 원형은 결국 어떤 사물

---

8) 장도준, 앞의 책, 258면.

이나 행위를 넘어 다른 관념의 세계를 보여준다는 점에서 보편적 상징이 된다.9) 해, 달, 바람, 물, 강, 바다, 불 등은 원형적 상징 되는 대표적인 자연물이다.

① 公無渡河　　임이여 물을 건너지 마오.
　 公竟渡河　　임은 그예 물을 건너고 말았네
　 墮河而死　　물에 휩쓸려 돌아가시니
　 當奈公何　　임이여 이를 어이할꼬.

― 「공무도하가(公無渡河歌)」

② 저것 봐, 저것 봐,
　 네보담도 내보담도
　 그 기쁜 첫사랑 산골 물 소리가 사라지고
　 그 다음 사랑 끝에 생긴 울음까지 녹아나고
　 이제는 미칠 일 하나로 바다에 다 와 가는,
　 소리 죽은 가을 강을 처음 보것네.

― 박재삼, 「울음이 타는 강」 일부

③ 그러나 지금 우리는
　 불로 만나려 한다.
　 벌써 숯이 된 뼈 하나가
　 세상에 불타는 것들을 쓰다듬고 있나니

　 만 리 밖에서 기다리는 그대여
　 저 불 지난 뒤에
　 흐르는 물로 만나자.

― 강은교, 「우리가 물이 되어」 일부

---

9) 이승훈, 앞의 책, 248면 참조

　이 세 작품은 의미에서 차이가 있기는 하지만, ‘물’이라는 자연물이 원형으로 사용되고 있다. 물은 하나의 원형적 상징으로 죽음, 재생, 정화, 순수, 생명 등의 의미를 담고 있다. 그렇다고 해서 이들 작품의 의미가 모두 동일한 것은 아니다. ①에서 물은 임이 죽은 공간이며, 화자가 슬픔을 이기지 못해 목숨을 끊은 곳이다. 그는 죽어서라도 임을 따르며 사랑을 이어가려 한다. 그래서 이 시에서 물은 죽음과 재생, 충만한 깊이의 사랑 등의 의미를 갖는다.

　②에서 강은 시간의 흐름, 인생의 변화를 나타낸다. 강물이 바다에 이르는 과정은 인생의 변화를 그대로 보여준다. 첫사랑의 기쁨을 내포하는 ‘산골 물소리’이 화자의 젊은 시절이라면, ‘미칠 일 하나로 와 가는 바다’는 젊은 날의 기쁨과 슬픔을 지나온 노년으로 이해된다. 아무 소리 없이 잔잔하게 흘러가는 ‘소리 죽은 강’은, 바다와 연결되면서 삶의 완숙이나 슬픔의 승화라는 보다 큰 의미를 지닌다. 이 시에서는 「공무도하가」와 같이 물이 죽음의 의미로 쓰이지 않는다. 시인은 강의 유유한 흐름에서 삶의 슬픔과 서러움을 포용하면서 살아가는 인생의 모습을 관조하고 있다.

　③의 시는 대립적 성질을 띠는 불과 물의 원형을 통해 생명력이 충만한 세계에 대한 소망을 노래한다. 지금의 우리는 불로 만나려 한다. 불은 모든 것을 태워 숯을 만들어버리는 부정적 존재로서 갈등, 충돌, 파괴, 파멸 등의 뜻을 함유한다. 화자는 불을 지난 뒤에 흐르는 물로서 만나기를 바란다. 물은 정화한다는 특성과 함께 생명을 유지시킨다는 특성이 결합되어 보편적인 호소력을 구현한다.[10] 이 시에서 물은 정화, 포용, 생명력 등을 내포하는 긍정적 이미지로서 만 리 밖에서 기다리고 있는 나와 너를 합일시켜 주는 매개체가 된다.

---

10) 이승훈, 앞의 책, 254면.

시에서 원형적 접근은 보편성과 일반성을 강조한다는 점에서 작품 자체가 제시하는 특수성과 독자적인 미의 세계를 감소시키는 경향이 있다.[11] 시는 저마다의 개성이 있기 때문에 어떤 소재가 원형으로서 보편적 의미가 갖는다고 해도 그것이 그대로 작품의 의미로 이어지지는 않는다. 원형적 상징이든 개인적 상징이든 시는 문맥을 떠나서는 이야기될 수 없다. 문맥에서 독자적 의미를 지니는 것이 상징이다. 그러므로 독자는 시어 앞뒤의 문맥은 물론 전체적 문맥 안에서 그 시어가 갖는 함축적 의미를 파악해야 한다. 시인은 사물을 동원하여 자신이 깨달은 사실을 전달하려 한다. 상징을 통해 전달하고자 하는 내용을 이해하고, 그 의미를 자신의 삶과 현실에 비춰 바라볼 수 있을 때 시의 의미는 삶의 의미로 와 닿는다.

11) 이승훈, 앞의 책, 230면.

2 이미지로 표현하며 말하기

(1) 이미지의 개념

이미지는 시의 본질적인 구성 요소로서 리듬과 함께 시를 구성하는 원리가 된다. 문학에서 이미지는 언제나 독자의 감각에 호소하고, 사물에 대한 감각적 경험을 불러일으킨다. 하나의 어구, 하나의 시행에서 제시된 이미지는 그것을 읽는 독자에게 감각적 체험을 제공하면서, 그 작품에서 시인이 말하고자 하는 바를 생동감 있게 전달한다. 시와 독자, 시인과 독자를 생생하게 매개시켜 주는 것이 이미지이고, 바로 이 점에서 이미지의 중요성이 강조된다.[12]

일상에서 '이미지'라고 할 때 그것은 낱말에서 연상되는 느낌이나 인상을 말한다. 우리는 '바다'라는 어휘에서 넓다, 시원하다, 차갑다 등의 느낌을 가질 수 있는데, 이러한 느낌은 모두 이미지라 할 수 있다. 그러나 시에서 말하는 이미지는 일상에서 말하는 이미지와는 차원을 달리한다. 시에서 이미지는 어휘 개개가 갖는 단일한 심상을 말하지 않는다. 시어와 시어들이 절묘하게 결합되어 시적 효과를 발휘할 때, 이미지로 기능하게 된다. 이미지는 시인의 상상력에 의해 제시되는데, 그것은 하나하나씩 제시되는

---

12) 유종호·최동호 편저, 『시를 어떻게 볼 것인가』, 현대문학, 1995, 224면.

것이 아니라 여러 개의 이미지가 서로 결합하여 나타난다. 시에서의 이미지는 이미지의 묶음이나 이미지의 역동적인 움직임을 말하는 것이지, 언어로 나타난 개개의 것을 이미지라 하지 않는다. 시의 이미지는 이미지들, 이미지군(群)이라는 복수 개념을 가리키며, 이를 다른 말로 '이미저리(imagery)'라 한다. 따라서 시에서 이미지라고 할 때는 복수 개념으로서의 이미저리를 의미한다.

하늘은
풀 그늘 밑에 삿갓 쓰고 사는 버섯을 사랑한다.
모래 속에 문 잠그고 사는 조개를 사랑한다.
그리고 또
두툼한 초가지붕 밑에 호박꽃 초롱 혀고 사는 시인을 사랑한다.

— 백석, 「호박꽃초롱 서시」 2연

이 시의 화자는 하늘이 버섯을, 조개를, 시인을 사랑한다고 말한다. 이때 '버섯', '조개', '시인' 등의 개별 시어들은, 수식하는 말과 결합을 통해 의미를 보강하고, 이미지를 형성한다. 버섯은 풀숲의 응달진 그늘에서 삿갓을 쓴 모양을 하고 있고, 모래에 서식하는 조개는 모래 속에 문을 잠그고 산다. 작품 속의 시인은 초가지붕 밑에서 밤이면 호박꽃 초롱을 켜고 지낸다. 개별 어휘 그 자체로서는 단순히 사물을 지칭하는 할 뿐이지만, 백석은 대상의 모습과 인상을 잘 나타내주는 말들을 가져와 대상을 선명하게 나타낸다. "풀 그늘 밑에 삿갓 쓰고 사는 버섯", "모래 속에 문 잠그고 사는 조개", "두툼한 초가지붕 밑에 호박꽃 초롱 혀고 사는 시인" 등은 이미지가 구사된 좋은 예다.

그렇다면 복수 개념으로서의 이미지는 시가 반드시 갖춰야 할 절대적 요소인가? '예술은 이미지로 사고한다'는 말이 있다. 이미지 없이는 예술은 있을 수 없다는 것, 즉 예술은 이미지를 통하여 생각하는 방법이며, 예술의 목적은 모르는 것 또는 추상적인 것을 아는 것 혹은 구체적 이미지로 제시한다는 것이다. 이미지는 시인의 생각과 감정을 효과적으로 나타내기 위한 중요한 표현기법임에는 틀림없다.

하지만 모든 작품에서 이미지가 전면적으로 나타나는 것은 아니다. 시에는 이미지에 의존하는 시가 있는가 하면, 그렇지 않은 작품도 있다. 가령 김소월의 「진달래꽃」은 사랑의 마음을 '진달래꽃'에 담아 말하고 있으나, 이 작품에서는 이미지가 두드러지지는 않는다. "영변에 약산/ 진달래꽃/ 아름 따다 가실 길에 뿌리오리다."에서 진달래꽃이 붉은 색체를 띤다고 해서 시각적 이미지가 나타난다고 보면, 시에서 제시되는 가시적 사물은 모두 시각적 이미지가 된다. 그러므로 일반적 의미에서의 이미지와 시에서 말하는 문학적 이미지는 구별할 필요가 있다.

(2) 이미지의 유형

이미지는 언어에 의해 마음속에 재현되는 사물의 감각적 영상이다. 문학 작품에서 이미지는 구체적 사물에 의해 얻어지는 직접적 자극이 아니라, 언어라는 간접적 자극을 통해 얻어지는 감각 현상이다. 시의 이미지는 마치 눈으로 보는 듯 떠오르게 하고, 귀로 듣는 듯하게 하고, 그리고 냄새를 느끼는 것처럼, 맛보는 것처럼, 혹은 피부로 접촉되는 듯한 느낌을 준다. 언어가 환기하는 감각적 체험을 중시하는 이런 이미지를 흔히 '감각적 이미지' 혹은 '심리적 이미지'라 이른다. 감각적 이미지에는 시각, 청각, 후각, 미각, 촉각, 공감적 심상 등이 있다.

ⓐ넓은 벌 동쪽 끝으로

옛이야기 지줄대는 실개천이 휘돌아 나가고,
ⓑ얼룩백이 황소가
해설피 금빛 게으른 울음을 우는 곳.
──그 곳이 차마 꿈엔들 잊힐 리야.

ⓒ질화로에 재가 식어지면,
ⓓ비인 밭에 밤바람 소리 말을 달리고,
엷은 졸음에 겨운 늙으신 아버지가
짚베개를 돋워 고이시는 곳.
──그 곳이 차마 꿈엔들 잊힐 리야.

— 정지용, 「향수」의 1, 2연

이 시는 고향에 대한 그리움의 정서를 이미지로써 표현하고 있다. 화자가 그리워하는 고향에는 실개천이 정겹게 흘러가고, 저물 무렵이면 얼룩백이 황소가 고개를 들고 구슬피 운다. 문밖으로 바람 소리가 들리는 밤이면 아버지는 식어가는 질화로 옆에서 짚베개를 베고 잠을 청한다. 시인은 한가롭고 평화로운 시골의 정경을 시각, 청각, 촉각 등의 감각적 이미지로 나타낸다.

ⓐ에는 시각과 청각의 심상이 보인다. 넓은 벌판 동쪽 끝으로 실개천이 휘돌아가는 모습이 시각적으로 제시되며, ‘옛이야기가 지줄댄다’는 말에서 청각적 심상이 나타나고 있다. 시인은 작은 개천에서 조잘조잘 흐르는 물소리를 옛이야기가 지줄대는 것에 빗대고 있다. ‘지줄대다’는 수다스럽게 지껄인다는 뜻을 지닌 ‘지절대다’의 방언으로 이 시어에는 고향의 실개천에 대한 시인의 정서적 태도가 반영되어 있다.

ⓑ에는 하나의 중심 감각이 다른 감각으로 옮겨가고 있다. “해설피 금빛 게으른 울음”는 청각적 대상인 황소의 울음이 ‘금빛’이라는 시각적 색채로 전이되는 공감각적 비유를 보여준다. 해설피의 의미를 ‘해질 무렵’[13)]으로

보면 뒤의 '금빛'은 해질 무렵의 붉게 타오르는 저녁노을로 해석할 수 있다. "게으른 울음"은 '음-매' 하며 길게 빼는 황소의 울음소리를 표현한 것이다. 느릿하고 유장하면서도 약간 슬픈 느낌이 드는 황소의 울음소리는 평화롭고 한가로운 농촌의 분위기를 형성한다. ⓑ는 노을이 붉게 타오르는 저녁 무렵 들판에서 황소가 느리고 긴 울음을 우는 모습을 감각적으로 묘사하여 평화롭고 아늑한 고향의 모습을 그려낸다.

1연은 ⓐ와 ⓑ는 고향의 외부 풍경을 그리고 있는데, 2연은 화자의 시선이 집 내부에 맞춰져 있다. ⓒ의 "질화로에 재가 식어지면"에는 촉각적 심상이, ⓓ의 "비인 밭에 밤바람 소리 말을 달리고"에는 청각적 심상이 나타난다. 전자는 질화로의 재가 싸늘하게 식어가는 촉각적 이미지를 통해 아버지가 기거하는 방의 모습을 그려내면서 겨울 밤이 깊어가는 시간의 경과를 나타낸다. ⓓ는 문밖에서 들리는 바람소리가 말이 달리는 소리처럼 들린다고 볼 수 있다. 추운 겨울밤 질화로의 재가 식어갈 때, 고향의 주변은 바람 소리만 들릴 만큼 고즈넉하다. 인적이 없는 고요한 밤에 들리는 세찬 바람 소리는 마치 말이 달리는 소리처럼 느껴지는 것이다.

시인은 사물에 대한 인상이나 느낌을 이미지로 나타내는데, 이때 대상에 대한 감각적 반응은 보통 하나의 이미지로 표현된다. ⓒ와 ⓓ가 그러한 예

---

13) '해설피'는 복합적인 뜻을 지닌 시어다. ① 헤프게 슬프게(해피설피), ② 약간 어둡고 낮은 음색으로, ③ 해가 설핏할 때, 해질 무렵 등 세 가지로 의미 유추가 가능하다. "금빛 게으른 울음 우는 곳"의 뒷말과의 자연스런 문맥을 살펴볼 때 '해설피'는 ③의 '해질 무렵'으로 해석할 수 있다. 충청도 지방에선 저녁 무렵에 외출을 하려고 한다든지, 밭이나 논에서 어떤 일을 새로 시작하려고 하면 '해설피 어디가느냐?', 또는 '해 설핏한데 이제 그만 끝내자.'라고 말한다. 이 경우에 '해설피'나 '해설핏하다'는 말은 '해+설핏하다'를 근거로 삼아 그 의미를 해석해야 한다. '설핏하다'는 말은 대부분의 사전에 등재되어 있다. 『국어대사전』에는 '해가 져 밝은 빛이 약하다'로 설명되어 있다. 이렇게 본다면, '해설피'는 '해가 설핏하다'는 말에서 비롯된 합성어임을 알 수 있다. 정지용의 「구성동」이라는 시를 보면, 마지막 연에 '산 그림자도 설핏하면'라는 구절이 나오는데, 이는 해가 지기 시작하여 산그림자가 어둑해지는 순간을 묘사한 것이다. 권영민, 『정지용 시 126편 다시 읽기』, 민음사, 2004, 226~227면.

다. 그런데 ⓐ와 ⓑ는 두 개의 감각이 결합되어 있다. 두 개 이상의 감각을 드러내는 이미지 표현 방법을 '공감각적 심상'이라 한다. 공감각적 표현에서는 한 대상이 갖는 감각이 다른 감각으로 전이된다. ⓑ의 "금빛 게으른 울음"은 소의 울음을 금빛으로 시각화하고 있어 청각이 시각으로 전이되는 양상을 보인다. 그런데 ⓐ의 경우는 서로 다른 영역의 감각이 단순히 나열되고 있을 뿐 감각의 전이는 일어나지 않고 있다. '옛이야기 지줄대는 실개천이 휘돌아나간다'는 말에는 실개천이 휘돌아가는 시각적 모습과 지줄대는 물소리 곧 청각적 심상이 복합되어 있다. 그래서 ⓐ는 공감각적 표현이라기보다는 복합적 감각이 나타난다고 볼 수 있다.

① 술익는 마을마다 타는 저녁놀

— 박목월, 「나그네」

② 분수처럼 흩어지는 푸른 종소리

— 김광균, 「외인촌(外人村)」

③ 꽃처럼 붉은 울음을 밤새 울었다.

— 서정주, 「문둥이」

④ 금(金)으로 타는 태양의 즐거운 울림

— 박남수, 「아침 이미지」

⑤ 새파란 초생달이 시리다.

— 김기림, 「바다와 나비」

①을 제외한 나머지는 모두 감각의 전이가 나타나고 있는 공감각적 표현이다. ①은 후각적 심상의 '술익는 마을'과 시각의 '타는 저녁놀'이 결합

되어 있는 복합 감각이다. ②와 ③은 청각을 시각화한 경우로 '종소리'와 '울음'이라는 청각적 심상이 '푸른', '붉은'이라는 색채어로 표현되고 있다. 이와는 반대로 ④에서는 '금빛의 태양'이 울림이라는 청각으로 나타나고 있어 시각 심상이 청각화되는 공감각적 표현을 엿볼 수 있다. ⑤는 '새파란 초생달'이라는 시각적 대상이 '시리다'는 촉각적 감각으로 표현되어 시각의 촉각화가 이루어지고 있다.

공감각적 표현은 양립할 수 있는 감각을 서로 연결하여 새로운 의미를 창출한다는 점에서 비유로 성립된다. 나타내고자 하는 한 대상 곧 원관념의 감각이 보조관념의 감각으로 전이되기 때문에 공감각은 비유적 이미지로 설명될 수 있다.

일반적으로 시의 이미지는 감각적 이미지, 비유적 이미지, 상징적 이미지 등으로 분류된다. 비유적 이미지는 비유에 의해 형성된 이미지고, 상징적 이미지는 말 그대로 상징의 기법으로 사물의 영상을 드러내는 이미지다. 비유적 이미지와 상징적 이미지는 어떤 표현 방식으로 이미지를 만드느냐에 따라 붙여진 이름이다. 감각적 이미지는 묘사, 비유, 상징 등에 의해서 표현된다는 점에서 이미지의 기본 개념에 속한다고 할 수 있다.

이미지가 시어와 시어의 결합으로 이루어진 감각적 재현이라면, 결합의 원리에 충실한 비유가 제격이다. 비유는 이질적인 두 대상을 연결하여 새로운 뜻과 함께 선명한 인상을 부여한다. 이런 측면에서 비유적 이미지는 이미지의 핵심으로 수용된다. 시의 표현 기법의 하나인 상징은 가시적 대상이 정신적 관념을 내포할 때 쓰는 말이다. 어떤 특정 문맥에서 하나의 시어가 또 다른 의미를 나타내는 것이지 시어들의 조합에 의해 선명한 감각적 인상을 환기하지는 않는다.[14]

---

14) 이남호, 앞의 책(2001), 250면 참고.

폭포는 곧은 절벽을 무서운 기색도 없이 떨어진다.
규정할 수 없는 물결이
무엇을 향하여 떨어진다는 의미도 없이
계절과 주야를 가리지 않고
고매한 정신처럼 쉴사이 없이 떨어진다.

금잔화도 인가도 보이지 않는 밤이 되면
폭포는 곧은 소리를 내며 떨어진다.
곧은 소리는 소리이다
곧은 소리는 곧은
소리를 부른다.

번개와 같이 떨어지는 물방울은
취할 순간조차 마음에 주지 않고
나타(懶惰)와 안정을 뒤집어놓은 듯이
높이도 폭도 없이
떨어진다.

— 김수영, 「폭포」, 『달나라의 장난』(1959)

이 시에서 '폭포'는 상징적 의미를 지닌다. 삶의 자세에 대한 준열한 의지의 표상이며, 나태하고 안일한 삶을 일신시키는 고매한 정신을 의미한다. 작품의 내용을 보면, 폭포는 곧은 절벽을 두려움도 없이 무서운 기세로 떨어지며, 어떤 목적도 시간에도 구애받지 않고 마치 고매한 정신처럼 쉴 새 없이 낙하한다. 금잔화도 인가도 보이지 않는 암흑 같은 밤이면 곧은 소리를 내며 떨어지며, 그 소리는 또 다른 곧은 소리를 부른다. 현실의 게으름과 안일함을 부서 버리듯 거대한 모습으로 마구 떨어진다. 폭포의 형상을 시각과 청각의 측면에서 그려내고 있다는 점에서 이 작품은 이미지가 구사된 시라 볼 수 있다.

하지만 이 시는 폭포의 낙하나 물소리를 생생하게 재현하지는 않는다. 폭포가 소리 내며 떨어지는 모습을 표현하고 있지만 작품 곳곳에 관념적 진술이 깔려 있다. 한 예로 "금잔화도 인가도 보이지 않는 밤" 이라는 상황 설정에서 배후의 관념을 찾아보면 '금잔화'는 아름다움 혹은 그것이 긍정되는 현실, '인가'는 인간다운 세계로 상징될 수 있다. 이러한 것들이 보이지 않는 밤은 결국 인간성이 말살되고 자유가 억압당하는 세계나 현실을 상징한 것이라 볼 수 있다.[15] 이런 현실에서 곧은 소리는 내며 떨어지는 폭포는, 현실에 대응하는 순수하고 곧은 정신을 의미한다.

김수영의 「폭포」는 부정한 현실에서 폭포와 같은 정의와 양심으로 현실에 치열하게 대응할 것을 촉구한다. 시인은 폭포를 단순한 구경거리가 아니라 삶의 자세에 관한 준열한 의지의 전형으로 생각하고, 자기 자신을 포함한 모든 사람들의 안이하고 타협적인 삶을 각성시키는 실천적 행동으로 보는 것이다.[16]

이 시는 폭포를 비롯한 여러 사물들이 상징으로 기능하며 관념을 드러내고 있다. 사물이 내포하는 관념적 의미는 그 자체로 이미지가 될 수 없다. 냉정히 말해 상징적 이미지는 이미지로 표현된 대상이 상징적 의미를 갖는다고 볼 수 있다. 비유적 이미지는 비유의 방식에 의해 이미지를 형성하지만 상징적 이미지는 상징 그 자체로써는 이미지를 만들지 못한다. 따라서 이미지는 우선 묘사적인 경우와 비유적인 경우의 두 가지로 대별된다고 보아야 할 것이다.[17]

---

15) 양왕용, 앞의 책, 202면.
16) 김홍규, 앞의 책, 363면.
17) 김종길, 앞의 책(1998), 73면.

(3) 이미지의 기능

오·오·오·오·오·소리치며 달려가니,
오·오·오·오·오·연달아서 몰아온다.

간밤에 잠 살포시
머언 뇌성이 울더니,

오늘 아침 바다는
포도빛으로 부풀어졌다.

철썩, 처얼썩, 철썩, 처얼썩, 철썩
제비 날아들 듯 물결 사이사이로 춤을 추어.

— 정지용, 「바다」

　이 작품은 감각적 이미지를 활용하여 뇌성이 지나간 아침 바다의 풍경을 그려내고 있다. 1연에서 '오·'라는 말의 반복이 묘한 감각적 인상을 준다.[18] 이것은 파도가 밀려갔다가 밀려오는 모양을 시각적으로 보여 주는 동시에 경쾌하고 세찬 파도 소리를 들려준다. 1행이 뭍에서 바다 쪽으로 물결이 밀려드는 모습이라면 2행은 파도가 뭍으로 몰려오는 모습이다.

　2연은 바닷가에서 천둥치는 것을 단순하게 표현하고 있다. 간밤에 바다는 살포시 잠이 들까 했는데,[19] 천둥소리로 한바탕 곤욕을 치렀다는 것을

---

18) "오·오·오·오·오·"는 재미있는 언어 표현이다. '오'는 감탄의 감정을 담고 있는 의성어인데, 시인은 그 옆에 중간점을 찍어 다섯 번 연달아 쓰고 있다. 의성어 '오'를 수사(數詞)적 개념과 일치시키고 있다. 이 구절은 발음을 해보면, 입안이 오므려지면서 발성되어 마치 작은 원이 엉기어 도르르 굴러가는 느낌을 준다.

19) 2연의 1행은 행동의 주체가 불명확하다. 표면상 살포시 잠이 든 주체는 화자이지만, 이 시가 바다에 관한 시며, 화자가 대상과 일정한 거리를 유지하고 있고, 4연에서 파도가 의인화되어 있다는 점 등에서 잠이 든 주체는 바다로 볼 수 있다.

마치 대수로운 일인 양 시치미 떼며 말한다.

3연은 뇌성이 지나간 아침 바다의 모습을 묘사하고 있다. 태풍이 지나가거나 천둥소리가 있은 다음의 바다는 물빛이 예전보다 더 짙은 쪽빛으로 변하고, 수면은 빵을 오븐에 구운 것처럼 부풀어진다. 시인은 이를 "포도빛으로 부풀어졌다"라는 시각적 이미지로 표현한다.

4연은 세차게 파도치는 모습을 "철썩, 처얼썩"이라는 의성어로 재현하고 있다. 거대한 파도가 모래벌 가까이로 와서는 흰 물보라를 일으키며 부서진다. 이것을 되풀이하는 바다의 정경은 마치 스텝을 밟으며 춤을 추는 것처럼 보이며, 상쾌한 바다의 기운에 육지의 제비가 흥에 겨워 날아들 듯하다.

시인의 눈에 비친 바다의 모습은 싱그럽고 생기가 넘친다. 정지용의 「바다」는 시각과 청각적 심상을 이용해 파도치는 아침 바다의 모습을 생동감 있게 표현하고 있다. 이미지는 기본적으로 관념이나 사물을 구체적으로 생생하게 나타낸다. 시는 할 말만 압축적으로 전하기 때문에 생각하고 느끼는 바를 그대로 표출하지 않는다. 관념이나 정서의 직접적인 표출은 여과되기 마련인데, 이 과정에서 이미지가 구사된다. 이미지는 인간의 주관적인 심리나 감각을 구체화시키는 기능을 한다. 시는 이미지를 통해 표현의 구체성을 높임으로써 감정을 절제하고 긴장성을 획득한다.

이미지는 정서를 환기하며 의미를 전달한다. 이미지는 리듬, 어조 등과 함께 정서를 환기하는 역할을 한다.[20] 시에서는 어떤 이미지든 정서를 동반한다. 시인에 의해 선택된 이미지는 그가 어떤 대상에서 느끼고 생각하

---

20) 김준오는 이미지의 기능을 의미 전달과 정서 환기에 있다고 본다. 이미지는 정서를 환기할 때 직접성을 획득한다. 이미지가 의미를 전달하고 인간, 사물, 사건 등의 제재를 지시하고 있는 한, 이미지는 이런 지시적 수단으로서의 간접성의 신세를 면치 못한다. 하지만 이미지가 정서를 환기할 때, 지시적 기능의 수단이던 이미지가 자립성과 독립성을 획득한다. 김준오, 앞의 책, 163면.

는 것을 대신한다. 직접적으로 정서를 표현하는 것은 아니지만 인간의 감
각에 기초하는 이미지는 정서를 불러일으킨다. 시는 개개의 이미지들을 유
기적으로 조합하여 의미와 정서를 전달하며, 작품의 분위기를 조성한다.

아무도 그에게 수심을 일러 준 일이 없기에
흰 나비는 도무지 바다가 무섭지 않다.

靑무우밭인가 해서 내려갔다가는
어린 날개가 물결에 절어서
공주처럼 지쳐서 돌아온다

三月달 바다가 꽃이 피지 않아서 서글픈
나비 허리에 새파란 초생달이 시리다

— 김기림, 「바다와 나비」, 『여성』(1939. 4.)

이 시는 나비와 바다가 묘사하고 있는 작품으로 나비가 바다를 청무밭
으로 잘못 알고 갔다가 지쳐서 돌아오는 장면을 이미지로 그려내고 있다.
바다의 깊이를 알지 못하는 나비가 바닷물에 날개를 적시고, 초생달이 떠
있는 바다 위를 힘겹게 날며 돌아간다. 이 작품은 거대한 바다와 대비되
는 흰 나비의 설정으로 정서를 유발한다. 바다라는 공간은 가냘픈 날개를
지닌 나비가 근접할 수 있는 곳이 아니다. 세찬 바닷바람과 물결은 나비
의 생명을 위협한다. 바다 세계를 알지 못하는 나비는 물결에 절어서 연
약한 공주처럼 지쳐서 돌아온다. 나비가 겪는 시련은 연민의 감정을 불러
일으킨다.

'나비'에는 새로운 세계를 동경하는 인간의 모습이 투영되어 있다. 나비
의 모험과 시련은, 순진한 호기심과 동경으로 길을 잘못 들어 시련을 겪게
되는 인간의 삶과 관련지을 수 있다. 흰 나비가 낭만적인 꿈을 안고 찾아

간 바다는 꽃이 피지 않는 불모지며, 냉혹한 현실 세계다. 아무것도 모르고 바다에 갔다가 여린 날개를 소금물에 절은 채 되돌아가는 나비를 시인은 안쓰러운 마음으로 바라본다. 바다에 꽃이 피지 않아 서글프다는 것, 나비 허리에 초생달이 시리다는 것은 시인의 주관적 인식과 상상력에 따른 표현이다. 이런 점에서 보면 바다로 간 나비는 낯선 현실 세계에서 좌절한 시인의 모습으로 읽을 수 있다. '나비 허리'에 '새파란 초생달'이 겹쳐진 이미지를 표현하고 있는 3연은, 물결에 절은 불쌍한 나비의 모습을 보다 심화하여 보여주며, 시인의 좌절과 아픔을 나타난다.

이미지는 독자에게 감각적 체험을 제공하며, 상상하는 즐거움을 준다. 대상의 구체화, 의미의 전달, 정서의 환기 및 분위기 조성 등은 작품 내에서 이미지가 갖는 기능이다. 시의 이미지는 시를 읽은 독자에게 심리적 영향을 미치기도 한다. 이미지는 언어를 통해 우리의 마음속에 감각을 재생시킨다. 시인은 체험한 것을 그대로 서술하거나 설명하는 것이 아니라 하나의 구체적인 형상으로 나타낸다. 그래서 이미지는 시인의 실제적 또는 상상적 경험을 독자로 하여금 간접 경험하게 한다. 상상의 작용에 의해 형성된 이미지는 독자의 상상력을 유발시켜 상상하는 즐거움을 준다.

시골에 와서 오랜만에
우물을 긷는다.

자, 그럼 떠나라. 내 손이 풀어준
두레박이 몇 길 어둠을 따라 落下하는 동안
나도 즐겁게 줄을 따라 뛰어들었다.

(첨벙!)
잠시 후 탄탄한 물의 살갗을 퉁기는
소리의 반향이 울려오고

하얗게 번쩍이는 물의 비늘들이 어둠을 안고 굽이치자
전신에 생기를 띤 우물은
두레박과 하나가 되며 몸을 섞었다.

물은 두레박을 먹고
두레박은 물을 먹고
그리고 두레박이 소리없이 물밑으로 흘러들어가자,

나는 서늘한 감촉을 흡수하는 한 마리 가을벌레처럼
푸르게 싱그럽게
몸을 떨었다.

— 이수익, 「우물긷기」

　이 시가 주는 문학의 큰 가치는 체험의 즐거움이다. 어떤 깨달음을 주지는 않지만, 경험하기 어려운 것을 상상으로 체험해 볼 수 있는 즐거움을 준다. 특별한 경험이 주는 신선한 즐거움은 일상생활에서만 얻을 수 있는 것은 아니다. 시인은 나무로 만든 바가지 하나가 우물 속으로 투하되기까지의 과정을 섬세한 언어 감각으로 표현한다. 1연과 5연이 액자의 틀이라면 2, 3, 4연은 액자가 담고 있는 그림이다. 2연은 줄이 달린 두레박을 내리는 장면을, 3연은 두레박이 물이 닿는 순간의 장면을 감각적으로 묘사하고 있다. 4연은 두레박이 물 깊숙이 가라앉는 장면을 보여준다. 두레박과 동일시되어 누린 쾌감을 시인은 "서늘한 감촉을 흡수하는 한 마리 가을벌레처럼/ 푸르게 싱그럽게 몸을 떨었다"라고 표현한다.

　두레박으로 물을 긷는 일은 수돗물이 귀한 예전의 시골에서 흔히 접할 수 있던 것이었다. 오늘의 학습자에게는 거리가 있는 생활 풍경이지만, 긴 줄이 달린 나무바가지를 어둡고 깊은 우물 안으로 던져 물을 담아 들어 올리는 일을 상상하는 그 자체만으로도 오래된 미래를 경험할 수 있는 하나의 즐거운 문학 체험이 된다.

　시에서 이미지는 시적 언어의 특성을 규정하는 중요한 요소로서 생각과 정서를 구체적으로 나타내준다. 시인은 사물에 대한 느낌을 이미지로 나타내어 정서와 의미를 효과적으로 전달하고 작품의 예술성을 높인다. 시에서 관념적이고 추상적인 것이 개성적이고 구체적인 것으로 그려지고, 독특한 의미를 지니게 되는 것은 바로 이미지를 통해서다. 시인은 자신이 지각하고 인식한 것을 이미지로 나타내고, 독자는 이미지로 표현된 구체적인 형상을 떠올려 봄으로써 시인의 생각과 감정을 공유한다.

　시 교실에서 이미지에 대한 학습은, 이미지라는 개별 지식을 습득하기 위해서 아니라 작품의 세계를 바르게 감상하기 위함이다. 따라서 학습자는 이미지의 유형을 기계적으로 파악하기보다는 이미지로 나타내고 있는 대상을 떠올려 보고, 이미지 표현이 환기하는 감각과 정서를 체험하는 데에 중점을 둔다. 이미지는 시를 추상에 빠지지 않게 하며, 독자에게 상상의 즐거움을 준다. 그러므로 시의 이미지는 학습자들이 외워야 할 지식이 아니라 상상하며 느껴야 할 차원에서 다루어야 한다.

3 대상에 빗대며 말하기

　시는 직설적으로 말하는 것을 꺼린다. 시는 말하고자 하는 내용을 직접 드러내지 않고 의도적으로 우회하여 드러내는 언어 양식이다.[21] 시인은 좀처럼 정곡을 찔러 말하려 하지 않는다. 이리저리 말을 돌리거나 아예 어떤 말은 생략해버리거나 일상적 어법에 벗어나 엉뚱한 표현을 써서 독자들의 즉각적인 이해를 지연시킨다. 그러나 이러한 시인의 심술스런 조작은 사물이나 체험의 구체적인 질감을 보다 선명하게 전달하기 위한 노력이다. 시는 짧은 말로써 사물이나 체험을 구체적이고 생생하게 나타내고자 하기 때문에 직접적으로 말하기보다는 우회하여 말한다.

　빗대어 말하기는 돌려 말하는 시의 대표적인 표현 방식이다. 시는 어떤 대상의 특성을 분명하게 말하기 위해 다른 사물을 가져와 이 둘을 관련짓는데, 이를 흔히 비유라 한다. 비유는 나타내고자 하는 관념이나 사물을 직접 설명하지 않고 그것과 관련이 있는 다른 사물에 빗대어 말하는 방식이다.

　　잎이 지면/ 겨울나무들은 이내/ 악기가 된다.
　　하늘에 걸린 음표에 맞춰/ 바람의 손끝에서 우는/ 악기.

---

21) 이남호, 앞의 책(1986), 11~12면.

나무만은 아니다.
계곡의 물소리를 들어 보아라.
얼음장 밑으로 공명하면서
바위에 부딪혀 흐르는 물도/ 음악이다.

윗가지에서는 고음이,
아랫가지에서는 저음이 울리는 나무는/ 현악기,
큰 바위에서는 강음이
작은 바위에서는 약음이 울리는 계곡은/ 관악기.

— 오세영, 「음악」 일부

　이 시는 겨울 자연의 아름다움을 예리한 감각과 섬세한 관찰로 담아내고 있다. 시인이 포착하고 있는 것은 겨울산의 나무와 계곡이다. 잎이 다 떨어져 앙상한 나뭇가지만 남은 나무를 "하늘에 걸린 음표"로 나타내고, 나뭇가지를 스치는 바람을 "바람의 손끝"에 빗댄다. 바람은 나뭇가지를 스치며 소리를 낸다. 얼음장을 울리며 바위에 부딪혀 흐르는 계곡도 소리를 낸다. 바람과 계곡의 소리는 자연이 인간에게 들려주는 아름다운 음악이다. 시인은 고음과 저음을 내는 겨울나무를 줄을 타는 '현악기'로, 그리고 강음과 약음을 내는 계곡은 입으로 부는 '관악기'로 나타낸다. 이렇게 하여 싸늘하고 고즈넉한 자연의 공간은 악기의 소리로 가득 차게 된다.
　오세영의 「음악」에서 구사되고 있는 표현 기법은 '비유(譬喩)'다. "나무는 현악기", "계곡은 관악기" 등과 같이 비유는 서로 관련이 없는 대상을 연결하여 정서를 환기하고 새로운 의미를 생성한다. '나무'와 '계곡'은 본래 나타내고자 원관념이고, '현악기'와 '관악기'는 이를 인상적으로 드러내기 위해 가져온 사물이다. 이 사물은 원관념 자체로는 또렷이 나타낼 수 없는 의미를 선명하게 드러내는 보조관념이다. 이 보조관념의 선택이 비유의 깊이와 효과를 결정한다.

　비유는 원관념과 보조관념의 결합으로 이루어진다. 원관념과 보조관념은 본래 서로 관련이 없지만 동일한 선상에 함께 놓임으로써 동질의 유사성이 발견된다. 서로 이질적인 것에서 같거나 비슷한 성질을 찾아내어 원관념의 특징과 이에 대한 정서적 느낌을 구체적으로 나타낸다.

　빗대어 말하는 비유의 방식에는 은유, 직유, 의인, 활유 등이 있다. 은유는 연결어를 사용하지 않고 서로 다른 대상을 연결하여 의미를 암시하는 표현 방식이다. 직유는 '-같이', '-처럼', '-듯' 등과 같은 연결어를 사용하여 원관념과 보조관념을 직접적으로 관련짓는다. 일차적으로 연결어의 사용 유무가 은유와 직유를 구분 짓는다. 가령 '한 다발의 장미와 같은 구름'이라고 말하면 직유가 되지만, '구름은 한 다발의 장미'라고 하면 은유가 된다. 'A는 B' 혹은 'A의 B'는 은유의 일반적인 유형이다.

　　하늘은 바다,
　　끝없이 넓고 푸른 바다.

　　구름은 조각배.

　　바람이 사공 되어
　　노를 젓는다.

— 최계락, 「하늘」

　이 시는 전형적인 은유의 방식을 구사하고 있다. 시인은 하늘을 바다에, 구름을 조각배에, 바람을 사공에 빗댄다. 서로 다른 사물이지만 하늘은 끝없이 넓은 푸른 바다로 연결된다. 바다와 같은 하늘에 떠다니는 구름은 바다 위를 지나는 작은 조각배가 된다. 구름을 움직이게 하는 바람은 조각배를 젓는 사공으로 기능한다. 간결한 동시이지만, 이 작품은 은유적 사고에 의한 상상으로 하얀 구름이 떠다니는 파란 하늘의 모습을 잘 표현하고 있다.

> 내 마음은 한 폭의 기(旗)
> 보는 이 없는 시공(時空)
> 없는 것 모양 걸려 왔더니라.
>
> 스스로의
> 혼란과 열기를 이기지 못해
> 눈 오는 네거리에 나서면,
>
> 눈길 위에
> 연기처럼 덮여 오는 편안한 그늘이여,
> 마음의 기(旗)는
> 눈의 음악이나 듣고 있는가.

— 김남조, 「정념(情念)의 기」 일부

이 작품은 앞의 시와는 달리 마음이라는 추상적인 관념이 구체적 사물에 비유되고 있다. "내 마음은 한 폭의 기(旗)", "마음의 기(旗)"에서 '기'는 나의 마음의 상태를 나타내기 위한 보조관념이다. 깃발은 그 누구도 있는 것의 존재조차 느끼지 못할 정도로 없는 모양 걸려 있다. 이 시에서 은유로 연결된 기는 화자의 외롭고 우울한 내면을 나타내는 매개어로 사용되고 있다. 화자는 정신적 방황 속에서 눈 오는 거리를 걸으며 마음의 평안을 찾는데, 눈이 주는 평안함과 위로를 "눈의 음악"으로 나타낸다. 이 구절은 'A의 B'라는 은유의 형식으로 '음악'이 '눈'의 보조관념이 되고 있다.

김남조의 「정념(情念)의 기」에서는 은유 외 직유가 구사되고 있다. "연기처럼 덮여 오는 편안한 그늘"이 그것이다. 시인은 편안한 그늘로 와 닿는 눈의 이미지를 '연기'라는 사물을 가져와 표현한다. 직유는 두 대상의 어떤 특성이 같다는 것을 직접적으로 나타내기 때문에 함축하는 의미가 은유에 비해 분명하다. 비유의 한 방식이면서도 말의 뜻을 보충하는 차원에서 사용된다는 점에서 직유는 기능적이라 할 수 있다. 그렇기 때문에 이 기법은 주어진 상황에 맞는 보조관념의 사용이 중요하다.

> ① 산꿩도 섧게 울은 슬픈 날이 있었다.
> 산절의 마당귀에 여인의 머리오리가 눈물방울과 같이 떨어진 날이
> 있었다.
>
> — 백석, 「여승」의 4연

> ② 내 첫사랑도 그 길 위에서 조약돌처럼 집었다가 조약돌처럼
> 잃어버렸다.
>
> — 김기림, 「길」의 2연

> ③ 겨울나무와 바람
> 머리채 긴 바람들은 투명한 빨래처럼
> 진종일 가지 끝에 걸려
> 나무도 바람도/ 혼자가 아닌 게 된다.
>
> — 김남조, 「설일」의 1연

인용 구절들은 모두 직유에 의해 의미를 강화하고 있다. ①은 여인의 머리카락이 떨어지는 것을 '눈물방울'에 빗대어 머리털이 잘리는 것을 부각시킨다. 눈물방울이라는 보조관념에는 여승을 대하는 화자의 안타까운 마음이 담겨 있다.

②에서는 첫사랑과의 만남과 헤어짐이 '조약돌'이라는 사물에 연결되고

있다. "조약돌처럼 집었다가 조약돌처럼/ 잃어버렸다."는 것은 첫사랑을 쉽게 만났다가 쉽게 헤어졌다는 것을 함축한다. 조약돌을 줍고 잃어버린 주체의 행위에서 보면, 이 구절은 조약돌을 잘 간직하지 못해서 잃어버린 것처럼 자신의 잘못으로 이별을 초래했다는 의미로 해석된다.

③은 겨울나무와 바람의 공존을 감각적으로 형상화하여 인간은 외롭지 않다는 전언을 전달한다. 바람이라는 비가시적인 대상을 '투명한 빨래'에 빗대어 가지 끝에 부는 바람을 구체적으로 실감나게 표현한다. 투명한 빨래를 통해 나뭇가지에 바람이 있다는 것을 보여줌으로써 '나무도 바람도 혼자가 아닌 게 된다'는 사실을 드러낸다.

시에서 보조관념으로 가져온 '눈물방울', '조약돌', '빨래' 등의 사물은 원관념의 의미를 보충해줄 뿐만 아니라 시인의 정서를 드러내는 데에 일정한 구실을 한다. 시인은 사물이든 사람이든 자신이 대하는 대상과 교감을 나누며 이를 언어로 표현한다. 자아와 세계의 융합을 꾀하는 과정에서 사물은 생명성을 부여받으며 사람과 같은 인격체로 다루어진다. 사람이 아닌 대상이 사람처럼 표현되는 것이 의인의 기법이다. 의인은 서로 다른 대상을 관련짓고 있어 비유의 한 방법이 된다. 의인과 비슷한 수사로 활유(活喩)가 있는데, 이 표현 기법은 무생물에 생물적 특성을 부여하여 살아있는 생물처럼 나타내는 방법이다. 둘의 관계를 놓고 보면, 활유의 기법은 의인을 포함하는 상위 개념이 된다.

    ④ 나무들이 실오라기 하나 걸치지 않고 서서
      하늘을 향해 길게 팔을 내뻗고 있다
      밤이면 메마른 손끝에 아름다운 별빛을 받아
      드러낸 몸통에서 흙속에 박은 뿌리까지
      그것으로 말끔히 씻어내려는 것이겠지

                         — 신경림, 「나목」 일부

⑤ 어둠은 새를 낳고, 돌을/ 낳고, 꽃을 낳는다
아침이면,/ 어둠은 온갖 물상을 돌려주지만
스스로는 땅위에 굴복한다.

— 박남수, 「아침 이미지」 일부

④에서 표현되고 있는 대상은 헐벗은 겨울나무 곧 나목(裸木)이다. 이 나무는 실오라기 하나 걸치지 않고 하늘을 팔을 내뻗고 있다. '드러낸 몸통'과 '길게 내뻗은 팔'에서 나무는 의인화된 존재임을 알 수 있다. ⑤에서 의인화된 대상은 '어둠'이다. 이 시에서 어둠은 새, 돌, 꽃 등을 낳는 존재가 되고 있다. 낳는 행위는 생명체의 행위로 어둠이 생명을 잉태하는 대상이 될 수 없다. 시인은 활유의 기법으로 '어둠'이라는 무생명의 대상에 생명성을 부여하고, 아침의 이미지를 담아낸다. "아침이면 어둠은 온갖 물상을 돌려주지만 스스로는 땅위에 굴복한다"는 것은, 아침이 밝아 오면서 어둠에 묻혀 있던 사물들이 백일하에 드러난다는 것을 표현한 것이다.

은유, 직유, 의인 등의 비유의 기법은 유추에 의한 유사성의 발견을 기본 원리로 한다. 유추는 서로 비슷한 점을 비교하여 하나의 사물에서 다른 사물을 추리하는 것이다. 다른 사물이지만 두 대상이 지닌 특성에서 공통점을 추정해 내는 추리가 유추(類推)이다. 김광균의 「추일서정」에서 "日光의 폭포"는 유추에 의해 형성된 비유의 예다. '일광'과 '폭포'는 관련이 없는 각각의 자연물이지만 서로 연결되고 있다. 두 대상은 위에서 밑으로 쏟아진다는 하강의 이미지를 공통적으로 환기한다. 비유는 이질적인 사물에서 유사한 의미를 찾아 원관념과 보조관념을 연결함으로써 성립된다.

춘산에 눈 녹인 바롬 건듯 불고 간 듸 업다.
져근덧 비러다가 마리 우희 불니고져.

귀 밋터 히묵은 서리롤 녹여 볼가 ㅎ노라.

— 우탁

　이 작품에선 '백발'이라는 대상이 '눈'과 '서리'에 비유되고 있다. 화자는 봄산을 대하면서 눈 녹인 봄바람을 떠올린다. 흰 빛의 유사성으로 하얀 눈은 흰 머리털과 자연스럽게 연결된다. 눈이 녹은 춘산은 백발이 없는 머리의 상태 곧 젊은 시절을 나타낸다. 봄바람은 산에 쌓인 잔설을 녹이고 금세 지나 가버린다. "건듯 불고 간 듸 업다"는 말에는 자신의 젊음이 눈 깜짝할 사이에 지나감에 대한 허망함이 담겨 있다. 화자는 봄바람을 빌려다가 자신의 머리에 불게 하고자 하며, 귀 밑에 해묵은 서리를 녹여 볼까 한다. 귀밑에 '해묵은 서리'는 하얗게 센 머리털의 비유다. 서리 역시 눈과 마찬가지로 백발과 색채가 유사하다는 데에서 가져온 보조관념이다. 눈과 서리는 따듯한 봄바람으로 사라질 수 있는 대상으로 이들 사물에는 몸은 늙었지만 마음만큼은 젊음을 유지하려는 화자의 여유로움이 함축되어 있다.

　비유는 유사성의 원리에 의해 이질적인 두 대상을 서로 관련짓고, 대상의 의미를 다른 대상에 전이시켜 새로운 의미를 형성한다. 앞서 예로 든 "일광의 폭포"는 '일광'이 갖는 의미가 '폭포'의 의미로 옮겨져 새로운 표현을 만든 것이다. 비유의 또 하나의 원리는 전이(轉移)다. 아리스토텔레스가 은유를 적절한 의미로 전이된 말로 본 것이나 은유의 서양 어원이 전이의 의미를 담고 있는 것에서 그 근본 원리를 확인할 수 있다.[22]

---

22) 은유는 어떤 뜻을 다른 쪽으로 옮겨가는 전이(轉移)의 뜻을 가진다. 은유를 뜻하는 메타포(metaphor)는 그리스어인 메타(meta, 너머, 건너편에)와 페레인(perein, 나르다, 옮기다)이라는 말이 결합하여 생긴 것이다. 어원상 은유는, 한 곳의 짐을 건너편으로 옮기는 것처럼 한 대상의 의미를 다른 의미로 옮기는 수사법을 가리킨다. 김욱동, 『수사학이란 무엇인가』, 민음사, 2002, 91면 참조.

개 한 마리
감나무에 묶여
하늘을 본다
까치밥 몇 개가 남아 있다
새가 쪼아 먹은 감은 신발
바람이 신어보고
달빛이 신어보고
소리 없이 내려와
불빛 없는 집
등불

— 박형준, 「빈집」 일부

시골 빈집의 밤 풍경을 그리고 있는 시다. 빈집에는 감나무가 있고, 감나무에 묶인 개 한 마리가 하늘을 본다. 시인은 몇 개 남아 있는 감을 '신발'로, '등불'로 비유한다. 이들 사물 간에는 아무런 관련성이 없지만 감은 바람과 달의 신발로 전이된다. 공중에 있는 까치밥으로 남아있는 감 열매는 늘 바람을 맞고 달빛을 받는다. 바람과 달빛이 신어본다는 것은 말이 되지 않지만, 사람들이 신는 신발과 발의 관계처럼 바람과 달빛은 감과 떨어질 수 없는 관계를 만든다. '신발'은 일체감을 부여하고 빈집의 분위기를 쇄신시킨다. 바람과 달빛의 신이 되는 감은, 불빛 없는 집에 밝은 '등불'이 된다. 감에서 신발로, 등불로의 전이는 어둡고 적막한 공간을 밝고 따뜻한 공간으로 변모시킨다.

예술의 기법으로서의 비유는 대상 간에 의미의 전이가 이루어질 때 성취된다. 두 사물의 결합으로 의미를 창출하는 비유에서는 유사성 못지않게 차이성도 중요한 고려의 대상이 된다. 비유는 사물 간의 필연적인 관계를 바탕으로 형성되지만 이들 간에 관련의 정도가 적을수록 긴장감이 생기고 표현의 참신성을 얻는다. 말하자면 예술성을 인정받는 시적 비유는 이질성

속에서 유사성이 발견되는 경우라 할 수 있다.

　　어느 머언 곳의 그리운 소식이기에
　　이 한 밤 소리없이 흩날리느뇨

　　처마 끝에 호롱불 여위어 가며
　　서글픈 옛 자췬 양 흰 눈이 내려

　　하이얀 입김 절로 가슴이 메어
　　마음 허공에 등불을 켜고
　　내 홀로 밤깊어 뜰에 내리면

　　머언 곳에 여인의 옷벗는 소리.

— 김광균, 「설야(雪夜)」 일부

　이 시는 한밤에 내리는 눈을 "그리운 소식", "서글픈 옛 자취", "여인의 옷 벗는 소리" 등에 빗대어 말한다. 앞의 둘은 '눈'이라는 자연 소재에서 쉽게 찾을 수 있고, 주관적인 감정을 드러낸다는 점에서 긴장성이 떨어진다. 반면 "여인의 옷 벗는 소리"는 전혀 어울리지 못할 것 같은 대상들이 연결됨으로써 그것 사이에 전혀 짐작하지 못했던 놀라운 유사성이 드러나 참신한 비유로 작용한다. 이 표현은 눈 내리는 소리와 모습의 공감적인 형상으로 관능적이면서도 청순함을 잃지 않은, 탁월한 낭만적 이미지라 할 수 있다.[23] 눈이 소복소복 쌓이는 모습에서 여인이 옷 벗는 소리를 연상하기란 쉽지가 않다. 시인의 예민한 감각의 촉수가 절묘한 비유를 만든 것이다.

　시에서 긴장성을 가진 좋은 비유가 되기 위해선 원관념과 보조관념의

---

23) 권영진, 앞의 책, 107면.

거리가 멀어야 한다. 원관념과 보조관념간의 거리가 너무 가까울 경우에
두 힘 사이의 탄력은 상실되어 긴장이 생기지 않는다. 반대로 거리가 지나
치게 떨어져서 상호작용할 수 없을 때에도 또한 긴장은 생길 수 없다. 긴
장은 원관념과 보조관념 사이의 관계가 적절하면서도 두 힘이 서로 팽팽
하게 유지될 때에 생긴다.

> 나의 하나님
> 사랑하는 나의 하나님, 당신은/ 늙은 비애다.
> 푸줏간에 걸린 커다란 살점이다.
> 시인 릴케가 만난
> 슬라브 여자의 마음속에 갈앉은/ 놋쇠 항아리다.
> 손바닥에 못을 박아 죽일 수도 없고 죽지도 않는
> 사랑하는 나의 하나님, 당신은 또
> 대낮에도 옷을 벗는 여리디 여린/ 순결이다.
> 삼월에/젊은 느릅나무 잎새에서 이는/ 연둣빛 바람이다.
>
> — 김춘수, 「나의 하나님」

이 시는 A는 B라는 은유의 방식을 통해 종교적 대상이 되는 '하나님'을
새롭게 조명하고 있다. 우리가 신성시하고 거룩하게 여기는 하나님을 시인
은 "늙은 비애", "푸줏간에 걸린 커다란 살점", "놋쇠 항아리", "여린 순
결", "연두빛 바람" 등으로 표현하고 있다. 이것들은 하나님에 대한 일반
적인 통념에서 벗어나 있다. 시인에게 하나님은 비애와 연민의 대상이다.
묵중한 삶의 무게를 느끼게 하는 존재이면서도 순결함과 가벼움, 청신함의
이미지를 지닌 대상이다. 이렇게 당돌하게 연결된 이미지들의 결합은 작품
내 긴장감을 높이고, 독자에게 신선한 충격을 준다.

참신한 비유는 단지 참신한 표현에 그치는 것이 아니다. 그것은 대상에
대한 참신한 인식을 드러낸다.[24) 하나님을 "푸줏간에 걸린 커다란 살점"이

나 "놋쇠 항아리"로 비유했을 때, 하나님은 예전에 우리가 알고 있는 모습과 달리 늙고 초라한 존재로 창조된다. 여기서 하나님은 많은 사람들의 신봉을 받는 절대적 존재가 아니라 인간적인 면모를 지닌 '나의 하나님'으로 인식되고 있다. 이러한 개인적 인식은 지금까지 세상에 드러나지 않았던 어느 측면을 새롭게 드러낸 것이라 할 수 있다. 이런 점에서 참신한 비유는 사물의 재발견이라고 할 수 있으며, 문학의 중요한 부분이 된다.

요컨대, 다른 대상에 빗대어 말하는 비유는 유추를 통한 유사성의 발견과 그 발견의 결과 한 대상의 의미를 다른 대상에 전이시켜 표현하는 것을 근본 원리로 한다. 비유는 대상 간에 의미의 전이의 정도나 이질성이 클수록 긴장성을 가지며 참신한 표현이 된다. 참신한 비유는 일상적 언어로부터 일탈이며, 낯선 세계에 대한 낯설고 새로운 인식의 결과다.

시는 비유의 방식으로 낯설게 말하지만 주위의 사물을 새롭게 인식하게 만든다. 눈으로 볼 수 없는 관념의 세계를 구체화하고, 사물의 표면과 이면을 생생하게 나타낸다. 시 감상에서는 비유의 수사적 개념이나 종류를 파악하기보다는 그것의 효과를 실질적으로 느껴보는 것이 중요하다. 시인이 비유적 표현을 구사하기 위해 가져온 사물이 무엇이며, 원관념과 보조관념 사이에는 어떤 관련이 있는지 살펴야 한다. 둘 사이의 필연적인 유사성을 파악할 때 독자는 비유의 묘미를 느끼며, 언어 예술로서의 시의 면모를 실감하게 된다.

---

24) 이남호, 앞의 책, 2001, 116~117면.

4 본심을 숨기며 말하기

　시에서 본심을 숨기며 말하는 기법으로는 반어와 역설이 대표적이다. 이 둘은 화법 기술의 하나면서도 현대 문학에서 중요한 수사적 장치로 사용되고 있다. 반어와 역설은 직접적으로 말하기보다 본심을 숨겨 말함으로써 의미를 강조한다. 본 마음을 은폐하고 뒤집어 표현하는 것은 세계에 대한 냉철한 인식을 전제로 하며, 궁극적으로는 숨겨진 진실이나 진리를 추구하는 일이 된다.

　반어와 역설은 두 개의 문맥을 전제하여 그 둘 사이의 관계, 긴장, 대립, 마찰 등을 이용한다는 점에서 공통된다.[25] 반어는 진술 자체에는 모순이 없으나 진술된 언어와 숨겨진 의미 사이에 서로 모순되고 상충되는 데에 반해 역설적 표현은 진술 자체에 모순이 생긴다. 반어가 상반된 표현이라면, 역설이 어긋난 표현이다. 반어는 뜻을 강조하거나 비꼬기 위해서 실제와는 반대로 말한다. 역설은 표현된 말 그 자체는 논리적으로 모순되지만 시적 진실이나 진리를 내포한다. 다음의 시는 반어 혹은 역설을 구사하고 있다.

---

25) 이희중, 「역설과 아이러니, 현대적 표현의 수단」, 『시창작이란 무엇인가』, 화남, 2003, 51면.

① 나 보기가 역겨워
　가실 때에는
　죽어도 아니 눈물 흘리오리다.

— 김소월, 「진달래꽃」의 4연

② 먼 훗날 당신이 찾으시면
　그때에 내 말이 "잊었노라"

　당신이 속으로 나무라면
　"무척 그리다가 잊었노라"

　그래도 당신이 나무라면
　"믿기지 않아서 잊었노라"

　오늘도 어제도 아니 잊고
　먼 훗날 그 때에 "잊었노라"

— 김소월, 「먼 후일」

「진달래꽃」의 화자는 임에게 자신이 역겨워 떠난다 해도 눈물을 흘리지 않겠다고 말한다. 이는 일반적인 상식적인 통념과는 어긋난다. 사랑하는 사람과 헤어질 때 슬퍼서 눈물을 흘리는 것이 인지상정이라고 본다면 인용된 시 구절은 상식을 의도적으로 거스르고 있다. 즉 역설적 표현이 되는 것이다. 그런데 "죽어도 아니 눈물 흘리오리다"라는 것을 말 그대로 '눈물을 흘리지 않는 것'으로 받아들이지 않고 '눈물을 흘릴 것으로' 뒤집어 본다면 이때는 역설이 아니라 반어가 된다. 곧 사랑의 언술이 속마음과는 다르게 표출되었다고 보면 반어가 성립한다. 화자는 사랑하는 임과 이별 상황에 놓였지만 꼿꼿한 자존심으로 임에게 떠나지 말라고 말하지 못한다. 그저 속으로 눈물을 삼키며 자신의 진의를 헤아려 주기를 바랄 뿐이다. 이렇게 본 마음과 상반된 진술을 하여 자신의 의도를 강조하는 것이 반어적 표현의 특징이다.

「먼후일」 또한 자신의 본 마음과는 다르게 표현한다는 점에서 반어가 사용되었다고 할 수 있다. 표면상으로는 당신을 잊겠노라고 반복해 말하지만, 그것은 진심이 아니다. 잊는 것이 과거나 현재의 시점이 아니라 먼 훗날의 일로 되어 있어 이 시를 읽는 독자는 화자가 임을 잊지 못할 것으로 이해된다. "잊었노라"의 반복은 '잊을 수 없노라'의 반복이 되는 것이다. 그런데 이 작품에서는 상황이 다분히 모순된다는 점에서 반어뿐 아니라 역설도 찾을 수 있다. 임이 부재하는 '어제'와 '오늘'엔 임을 잊지 않고 있다가 임이 찾아 올 때에 이미 임을 잊어버리겠다는 화자의 태도는 분명히 모순적이다.26) 독자는 이 모순된 발언에서 사랑의 진실을 엿보게 된다.

(1) 반대로 말하기

반어는 반대로 말하는 방식이다. 반어(反語)의 영어인 아이러니(irony)는 변장, 은폐의 뜻을 지니는 그리스어인 '에이로네이아(eroneia)'에서 나온 말이다. 고대 희곡에서는 에이론(Eiron)이라는 인물과 그와 짝이 되는 대조 인물인 알라존(Alazon)이 주인공으로 등장하는 내용이 있다. 에이런은 약자이지만 겸손하고 현명하다. 알라존은 강자이지만 자만스럽고 우둔하다. 이 양자의 대결에서 겉으로 드러난 상황은 강자인 알라존의 승리가 확실한 것처럼 보이지만 끝에 가서는 상황을 역전시켜 에이론이 싸움의 승자가된다. 에이론은 막판의 승리를 위해 자신의 슬기로움과 영리함을 감추고 남들 보기에는 자신이 패배한 것처럼 시침을 떼고 위장한다.

---

26) 김준오, 앞의 책, 322면.

아이러니에는 두 개의 퍼스나인 에이런의 시점과 알라존의 시점이 공존하고 있는 셈이다.[27] 원칙적으로 알라존은 표면에 있고, 에이런은 뒤에 숨어 있다. 표면에 나타난 알라존의 목소리는 시인이 전적으로 공감하지 않는 것이며, 이면에 숨어 있는 알라존이 시인의 목소리가 된다. 이런 이중성은 '속임수에 의한 비판'이다. 표면에 나타난 퍼소나의 시점을 가면으로 하여 이면에 숨은 퍼소나가 현실을 비판하는 것이 반어의 기법이다.

아이러니는 크게 언어적 아이러니와 구조적 아이러니로 나뉜다. 언어적 아이러니는 가장 일반적 의미의 반어로 표현된 의미와 그 속에 숨겨진 참뜻과는 어긋난다. 이 반어는 시는 물론 일상적인 언어 행위에서 자주 쓰인다. 태풍이 몰아치는 험악한 날을 두고 '날씨 한 번 좋다'고 말하든가 꼴찌를 한 자식의 성적표를 보며 아버지가 '성적 잘 받았다'고 말하는 것 이 모두가 언어적 아이러니에 속한다. 일상에서도 흔하게 쓰는 이 반어는 시에서도 효과적으로 구사된다.

> 1
> 내 그대를 생각함은 항상 그대가 앉아 있는 배경에서 해가 지고 바람이 부는 일처럼 사소한 일일 것이나 언젠가 그대가 한없이 괴로움 속을 헤매일 때에 오랫동안 전해 오던 그 사소함으로 그대를 불러 보리라.

> 2
> 진실로 진실로 내가 그대를 사랑하는 까닭은 내 나의 사랑을 한없이 잇닿은 그 기다림으로 바꾸어 버린 데 있었다. 밤이 들면서 골짜기엔 눈이 퍼붓기 시작했다. 내 사랑도 어디쯤에선 반드시 그칠 것을 믿는다. 다만 그 때 내 기다림의 자세를 생각하는 것뿐이다. 그 동안에 눈이 그치고 꽃이 피어나고 낙엽이 떨어지고 또 눈이 퍼붓고 할 것을 믿는다.

> ― 황동규, 「즐거운 편지」

---

27) 김준오, 앞의 책, 307~308면.

이 시는 연시(戀詩)다. 기다림의 자세로 변치 않는 영원한 사랑을 노래한다. 1연에서 화자는 그대를 생각하는 것이 사소한 것이라 여기며, 그대가 괴로워할 때에도 사소함으로 그대를 불러 본다고 한다. 하지만 이 사소함은 '하찮고 별 볼일 없다'는 지시적·표면적 의미를 갖지 않는다. 2연의 내용을 본다면 1연의 '사소함'은 반어적 표현임을 알 수 있다. 화자가 그대를 사랑한 것은 다른 이유가 있어서가 아니라 끝없는 기다림 즉 그 사람에 대한 변함없는 사랑 때문이다. 한 밤에 내린 눈이 멈추듯 사랑도 언젠가는 끝날지 모르지만, 나는 그대를 기다리며 영원한 사랑을 다짐한다. 꽃이 피고, 낙엽이 지고, 눈이 내리며 계속 순환하는 자연현상처럼 화자는 기다림으로 승화된 내 사랑 또한 영원할 것이라 믿는다.

2연의 내용을 볼 때, "사소함"은 '소중함'으로 해석된다. 해가 지고 바람 부는 일은 일상에서 계속 반복되는 것이어서 일반 사람들에게는 크게 지각되지 않는다. 자신의 사랑이 해가 지고 바람 부는 일처럼 사소한 것은 반복되는 자연 현상과 같기 때문이다. 괴로우나 슬프나 그대를 연모하는 것이 나의 되풀이 되는 일상이므로 사소한 것이 된다. 화자에게 사소한 일은 즐거운 것이며, 그래서 이 시는 상대에게 자신의 사랑하는 마음을 전하는 즐거운 편지가 된다.

황동규의 「즐거운 편지」에서 보듯 언어적 아이러니는 '표현된 것'과 '의미하는 것'의 상충에서 시적 긴장이 발생한다. 이면에 숨겨진 참뜻과 대조되는 발언은 우리의 삶에서 가려져 있는 진실을 밝히는 데에 유용하게 사용된다. 시인은 본심을 숨기는 반어적 표현을 통해 삶의 진실을 말하며, 부조리한 현실을 비판하기도 한다. 다음의 시는 반어의 기법이 비판적 의도의 표현 수단으로 사용되고 있다.

아이들이 큰 소리로 책을 읽는다.
나는 물끄러미 그 소리를 듣고 있다.
한 아이가 소리내어 책을 읽으면
딴 아이도 따라서 책을 읽는다.
청아한 목소리로 꾸밈없는 목소리로
"아니다 아니다!" 하고 읽으니
"아니다 아니다!" 따라서 읽는다.
"그렇다 그렇다!" 하고 읽으니
"그렇다 그렇다!" 따라서 읽는다.
외우기도 좋아라 하급반 교과서
활자도 커다랗고 읽기에도 좋아라.
목소리도 하나도 흐트러지지 않고
한 아이가 읽는 대로 따라 읽는다.

이 봄날 쓸쓸한 우리들의 책 읽기여
우리나라 아이들의 목청들이여.

— 김명수, 「하급반 교과서」

이 작품에는 두 개의 목소리가 존재한다. 표면의 알라존과 이면의 에이런의 목소리다. 작품 표면에는 교사의 지시에 따라 큰 목소리로 열심히 따라 읽는 아이들의 순진한 모습이 드러난다. 그러나 이것은 위장된 가면이다. 시인의 위장술이었음은 후반부에서 노출된다. 큰소리 내며 읽는 아이들의 책읽기는 쓸쓸한 우리들의 모습이다.

이 시의 제목은 '하급반 교과서'다. 하급반은 상급반에 있지 못하는 아이들, 공부를 못하는 아이들이 모인 반이다. 교사는 학습 능력이 떨어지는 아이들을 모아 놓고 아주 쉬운 내용을 반복적으로 주입시킨다. 아이들은 교사가 '아니다'라고 하면 '아니다'라고 하고, '그렇다'고 하면 '그렇다'고 대답한다. 시인은 비뚤어진 교육 현실을 꼬집으면서도 부조리한 당시 사회

를 비판한다. 힘 있는 권력자에게 휘둘려 제 목소리를 내지 못하고, 어쩔
수 없이 시키면 시키는 대로 해야 하는 억압적인 사회 분위기를 꼬집는다.
　김명수의 시는 아이러니가 작품 전체적 구조를 통해서 나타나는데, 이것
이 구조적 아이러니다. 언어적 아이러니가 시의 행이나 연을 통해 작품에
서 부분적인 표현으로 나타나는 데 반해, 구조적 아이러니는 부분이 아니
라 작품 전체에서 일관되게 작용하며, 작품의 구성 원리가 된다. 다음에
제시된 작품 또한 구조적 아이러니가 나타난다.[28]

> 영화가 시작하기 전에 우리는
> 일제히 일어나 애국가를 경청한다.
> 삼천리 화려 강산의
> 을숙도에서 일정한 군(群)을 이루며
> 갈대숲을 이룩하는 흰 새떼들이
> 자기들끼리 끼룩거리면서
> 자기들끼리 낄낄대면서
> 일렬 이열 삼렬 횡대로 자기들의 세상을
> 이 세상에서 떼어 메고
> 이 세상 밖 어디론가 날아간다.
> 우리도 우리들끼리
> 낄낄대면서/ 깔죽대면서
> 우리의 대열을 이루며

28) 구조적 아이러니는 상황적 아이러니와 극적 아이러니로 구분되기도 하는데, 전자는 작
품 속에서 어떤 사건이나 상황이 아이러니를 만드는 경우다. 후자는 연극에서처럼 주인
공이 작가와 관객이 잘 알고 있거나 주인공의 행위가 자신이 의도한 것과는 상반되는
결과를 빚는 사건 구조를 통해 생기는 아이러니다. 상황적 아이러니와 극적 아이러니
모두가 아이러니를 담고 있으면서 일련의 사건 구조를 갖는다는 점에서나 시보다 서사
문학에 주로 쓰인다는 점 등을 미루어 볼 때 양자의 경계선이 불분명하게 나타날 때가
많다. 이 글에서는 이 둘을 구분하기보다 언어적 아이러니와 대응되는 총체적 개념으로
'구조적 아이러니'를 사용한다. 조태일, 『시창작을 위한 시론』, 나남출판, 1994, 203면
참조.

한 세상 떼어 메고
이 세상 밖 어디론가 날아갔으면
하는데 대한 사람 대한으로
길이 보전하세로
각각 자기 자리에 앉는다.
주저앉는다.

— 황지우, 「새들도 세상을 뜨는구나」(1983)

이 시 또한 「하급반의 교과서」와 마찬가지로 시 전체가 하나의 아이러니를 보여주며, 사회 현실을 풍자한다. 작품의 화자인 우리는 영화를 보기에 앞서 애국가를 경청해야 한다. 영화를 즐기러 간 사람이 암흑 속에서 차렷 자세를 하고 마치 엄숙한 의식을 거행하는 것처럼 애국가를 들어야 하는 것 그 자체가 아이러니다. 이런 아이러니한 삶의 현장은 1980년대의 군사 정권의 강압에서 나온 것이다.

군사 정권의 폭압적인 정치로 화자는 애국가를 들어야 하지만 거기에는 관심도 없고, 극장의 대형 화면만 무심히 바라볼 뿐이다. 화면에는 을숙도의 흰 새들이 자기들끼리 낄낄거리며 무리지어 어디론가 날아간다. 화자는 이 영상을 보며 우리도 대열을 이루어 세상 밖으로 날아갔으면 한다. 마음 같아서는 이 세상으로부터 멀리 떠났으면 하지만, 대한민국의 국민으로 이 땅을 버리지도 못한다. 우리는 소망하면서도 새들처럼 세상을 뜨지 못한다는 것을 잘 안다. 이 세상에서 자신이 할 수 있는 일은 투항이 아니라면 명령에 따르는 것이므로 애국가가 끝나는 순간 자리에 모두 앉는다. 애국가의 끝 구절인 "대한 사람 대한으로 길이 보전하세"는 희망의 메시지를 담고 있지만, 이 작품에선 아이러니가 음울한 분위기를 자아내고, "주저앉는다"라는 말에서 알 수 있듯 극도의 좌절감을 보여준다.

아이러니는 '말한 것'과 '의미하는 것' 사이에서 긴장, 대조 혹은 갈등을 수반하며 이중적인 의미를 내포한다. 이런 이중성으로 풍부하고 강렬한 의미를 전달할 수 있다는 점에서 반어적 표현은 시의 매력적인 요소가 된다. 시에서 아이러니는 의미 강조와 현실 비판의 기능을 갖는다. 본뜻과 달리 반대로 말함으로써 의미를 강조하는 효과를 갖는다. 김소월의 「먼후일」과 황동규의 「즐거운 편지」에서 화자는 겉보기에는 임을 가볍게 대하는 듯하지만, 실상은 임을 그리워하며 사랑하고 있다. 본래 전달하고자 하는 마음을 감춤으로써 역으로 진심을 강조하는 것은 반어의 중요한 기능이다. 김명수의 「하급반 교과서」와 황지우의 「새들도 세상을 뜨는구나」는 반어의 기법으로 부정적 세계를 드러내면서 현실을 비판한다. 현실을 긍정하는 것이 아니라 오히려 비꼬고 비판하고 있다는 것을 인식한 독자는 자신이 살고 있는 시대를 되돌아보며, 정의롭고 진실한 삶을 모색한다.

(2) 모순되게 말하기

역설(逆說, paradox)은 논리상 모순되는 의미를 갖는 진술이다. 역설을 가리키는 영어의 'paradox(패러독스)'는 'para(초월, 위반)＋doxa(의견, 견해)'의 합성어다. 패러독스의 어원에 보듯 역설은 상식적인 말에서 어긋난 것임을 알 수 있다. 역설은 "겉으로 보기에는 명백히 모순되고 부조리한 듯하지만 표면적인 논리를 떠나 자세히 생각하면 근거가 확실하든가 진실한 진술 또는 정황"[29]을 말한다.

우리가 일상에서 흔히 쓰는 '좋아 죽겠다', '미운 사람', '아름다운 악마' 등은 역설적 표현인데, 이들은 언뜻 보기엔 말이 되지 않지만 그 속에는 말하는 사람의 상대에 애정이 담겨 있다. 일상의 역설적 표현은 상대의 주

---

29) 이상섭, 앞의 책, 243면.

의력을 환기시키고 상대에게 자신의 마음을 전하는데 도움을 주지만 말버릇처럼 흔하게 쓰여 경이감을 주지 못한다. 시에서 역설은 관습적으로 당연시되었던 사물이나 관념의 관계를 재정립시켜 독자들에게 경이감을 준다. 표현의 매력과 효과를 높이는 장치가 된다는 점에서 역설은 시 말하기의 한 방법이 된다.

프레밍거는 『시학사전』에서 역설을 크게 모순어법(oxymoron)과 구조적 역설(structual paradox)로 구분하였다.[30) 전자는 시의 부분적인 표현으로 진술상 말이 모순되는 역설이다. 모순어법은 옥시모론의 번역어이다. 옥시모론은 연관성이 희박하거나 서로 모순된 의미를 결합하여 독특한 효과를 내는 기법으로 시에 자주 사용된다.[31) 유치환 시인은 「깃발」이라는 시에서 깃발을 "소리없는 아우성"이라고 하였는데, 이는 전형적인 모순어법의 예다. 소리없는 아우성은 존재할 수 없는데도 그렇게 표현함으로써 배의 깃대에 묶인 깃발이 조용히 역동적으로 휘날리는 모습을 연상시킨다. 구조적 역설은 부분적인 표현을 통해 나타나는 역설이 아니라 시 전체 구조에 나타나는 일련의 사건 형태로서 '상황의 역설'이라고도 한다.

휠라이트는 역설을 표층적 역설, 심층적 역설, 시적 역설 등으로 나눈다.[32) 표층적 역설은 프레밍거가 말한 모순어법이다. 한 문맥 안에서 같이 사용될 수 없는 말들을 결합시켜 나타낸다. 심층적 역설은 종교적 진리와 같이 신비스럽고 초월적인 진리를 나타내는 데에 주로 사용되는 역설이다. 이 역설은 표현에 담긴 내용 자체가 논리적으로 설명이 불가능한 경우가 많은데, 특히 종교적 진술 가운데 상식적으로 이해할 수 없는 사물의 본질이나 우주의 섭리가 시의 문맥에 수용될 때 심층적 역설로 설명할 수 있다.

---

30) Alex Preminger, Alex Preminger, *Encyclopedia of Poetry and Poetics*, Princeton University Press, 1965, p.598.
31) 이남호, 앞의 책(2001), 101면.
32) Philip Wheelwright, *The Burning Fountain*, Indiana University Press, 1959, pp.70~73.

한용운의 「알 수 없어요」에 표현된 '타고 남은 재가 기름이 됩니다'라는 구절이 이에 속한다. 소멸된 것이 다시 생성될 수 있다는 뜻을 지닌 이 역설은 불교의 윤회사상을 바탕으로 존재의 의미에 관한 초월적인 진리를 담고 있다. 시적 역설은 시의 구조 전체에 나타내는 역설로 진술 자체가 앞 뒤 모순되는 것이 아니라 진술과 상황 사이에서 명백한 모순이 나타난다.[33]

프레밍거의 역설의 분류 방식에 대응시켜 보면, 표층적 역설은 모순어법이며, 시적 역설은 구조적 역설이 된다. 용어의 개념대로라면 심층적 역설은 우리 시에서 흔하게 찾아볼 수 있는 것이 아니다. 이 역설은 부분적인 표현으로 나타난다는 점에서는 모순어법과 공통점을 지닌다. 그래서 시에서 역설은 크게 부분적으로 나타나는 모순어법과 시 전체에서 나타나는 구조적 역설로 정리할 수 있다.

역설이 무엇인지 아는 것은 시의 특성을 이해하는 데에 도움이 된다. 하지만 역설의 개념과 유형에 대한 파악이 시 읽기의 향상을 가져다주지는 않는다. 학습자는 역설적 표현 그 자체에 매몰되기보다는 역설에 담긴 화자의 마음과 사물을 바라보는 인식의 태도를 이해하는 것이 중요하다. 실질적인 작품 감상을 통해 역설적 표현이 작품의 내용과 구조에 어떤 영향을 미치는지를 살펴야 한다.

> 나는 기다리고 있을 테요
> 찬란한 슬픔의 봄
>
> — 김영랑, 「모란이 피기까지」 일부

---

33) 시적 역설은 근본적으로 용어 지정에서 문제가 있다. 이는 시적 역설이 작품에서 전면적으로 관여하고 있다는 점에서 표층적 역설, 심층적 역설과 차별성을 둔 것 같다. 하지만 시에서 부분적으로 역설이 쓰인 것은 시적 역설로 설명이 가능하다. 가령, 한용운의 「님의 침묵」에서 "님은 갔지만 나는 님은 보내지 아니하였습니다"라는 구절은 이별의 상황에서 희망을 노래하는 상황의 역전이 드러난다는 점에서는 시적 역설로 볼 수 있다. 그만큼 시적 역설은 적용되는 범위가 넓고 모호한 부분이 있다.

밤에 홀로 유리를 닦는 것은
<u>외로운 황홀한</u> 심사이어니

— 정지용, 「유리창」 일부

두 볼에 흐르는 빛이/ 정작으로 <u>고와서 서러워라.</u>

— 조지훈, 「승무」 일부

역설은 나타내고자 하는 말을 축약하여 밀도 있게 표현하기 때문에 화자의 미묘한 감정을 드러내는 데에 효과적이다. 위의 시 구절들은 이른바 '모순어법'으로서 정상적인 논리로는 말이 되지 않지만, 어떤 특이한 감정을 병치적으로 나열하여 화자의 내밀한 심정을 표현한다. 역설은 모순되거나 양립할 수 없는 요소들을 동시에 결합하고 융합한다. 이치상으로 본다면 슬픈 것이 찬란할 수는 없는 것이고, 외로운데 황홀할 수는 없다. 하지만 역설에서는 찬란한 슬픔을, 외로운 황홀을 합당하게 설명해준다. 대상의 부재로 현실 상황은 슬프고 외롭지만 그 대상을 기다리며 그리워할 수 있다는 점에서 슬픔은 찬란함이 되며, 외로움은 황홀함이 된다.

시인은 역설적 표현을 통해 인식한 대상을 절대화하기도 한다. 역설은 불가능한 것을 가능한 것으로 변화시키는 힘이 있다. 정상적인 논리를 거슬러 강력한 힘을 얻고, 화자의 생각과 의지대로 대상을 이끌어 간다. 다소 과장적이고 미화된 부분이 있으나, 모순된 말의 이면에는 화자의 진실한 마음을 담고 있다는 점에서 역설의 위력이 발휘된다.

그리고 역설은 화자가 처한 부정적인 상황을 개선하는 데에 작용한다. 역설은 논리와 상식을 뛰어 넘고, 상황을 전환시킨다. 여기에는 화자의 신념과 깨달음과 같은 정신적 차원이 개입된다. 다음에 제시된 시 구절들은 모두 이별의 상황을 보여주지만, 화자의 성숙된 인식으로 헤어짐의 슬픔을 제어하고, 절망을 희망으로 전이시킨다.

아아, 님은 갔지마는 나는 님을 보내지 아니하였습니다.

— 한용운, 「님의 침묵」 일부

분분한 낙화……
결별이 이룩하는 축복에 싸여
지금은 가야 할 때

— 이형기, 「낙화」 일부

우리들의 사랑을 위하여서는
이별이, 이별이 있어야 하네

— 서정주, 「견우의 노래」 일부

역설은 모순(矛盾) 속에 진실을 담고 있는 진술이다. 모든 방패를 다 뚫는 창과 모든 창을 다 막을 수 있는 방패 이 둘의 조화로운 만남은 있을 수 없다. 그런데 시에서는 이와 같은 모순의 개념을 적용하기 어려울 때가 있다. 역설은 용인될 수 없는 말의 결합을 전제하지만, 브룩스가 언급한 대로 시를 역설의 언어로 보면, 문학의 수사(修辭)로서 역설의 의미는 모호해진다. 더구나 말의 모순에 대한 판단이 단순히 개인의 주관에 따라 결정될 때에는 역설적 표현에 대한 판명은 더욱 어려워진다.

매운 계절의 채찍에 갈겨
마침내 북방(北方)으로 휩쓸려 오다.

하늘도 그만 지쳐 끝난 고원(高原)
서릿발 칼날진 그 위에 서다.

어데가 무릎을 꿇어야 하나
한 발 재겨 디딜 곳조차 없다.

이러매 눈 감아 생각해 볼 밖에
겨울은 강철로 된 무지갠가 보다.

— 이육사, 「절정」, 『문장』(1940)

　이육사의 「절정」은 일제 강점기라는 억압적인 상황에서 시인이 보여준 비범한 정신적 경지 때문에 문학사적 가치를 인정받고 있다. 이 작품의 화자는 고통의 극한 상황에 몰리면서도 정신만은 잃지 않으려 한다. 그는 혹독한 시련으로 북방에까지 쫓기고, 더 이상 나아갈 수 없는 고원에 이르게 된다. 앞에 내다보이는 하늘조차 지쳐 끝난 것처럼 와 닿으며, 자신 발에 밟히는 차가운 서리는 칼날이 선 것처럼 날카롭게 느껴진다. 곧 쓰러질 것만 같지만 무릎을 꿇지도 못한다. 그 어디에도 그가 의지하거나 쉴 만 한 곳은 없다. 하지만 그는 한 발을 옮겨 디딜 곳조차 없는 현실에 굴복하지 않는다. 북방까지 휩쓸려오며 최후까지 맞서온 그의 자존심과 신념이 이를 허락하지 않는다. 화자는 눈을 감고 깊은 생각에 잠긴다. 그는 자신이 처한 극한 상황을 '강철로 된 무지개'로 인식하며 암담한 현실을 초극하려 한다. 고통을 감내는 비장한 인간의 모습은 "겨울은 강철로 된 무지갠가 보다"라는 끝행에서 절정을 이룬다.

　이 시에서 마지막 구절은 넓은 의미 공간을 지니고 있어 해석의 논란거리가 되고 있는데, 교육 현장에선 역설의 개념으로 명확히 정리된다.

　① 특히 '겨울은 강철로 된 무지개'라는 은유는 겨울의 차가움·비정함과 그와 대조되는 무지개의 황홀함이 결합된 역설적 표현으로서, 절망적 상황을 초극하려하려는 의지를 효과적으로 드러내고 있다.[34]

② “겨울은 강철로 된 무지갠가 보다.”라는 시구는 은유(겨울=무지개),
상징(겨울, 강철,무지개),역설(강철로 된 무지개)의 수사법이 구사되고 있
다. (…중략…) ‘무지개’는 강철과는 다른 속성을 지닌 것이다. 즉 희망적
이고 정신적인 아름다운 세계, 극단적인 절망에서도 삶의 의미를 주는 존
재로 해석된다. 따라서 겨울은 단지 죽음과 소멸만이 아닌 재생을 내포하
고 있는 세계이다.35)

①은 ‘겨울은 강철로 된 무지개’가 역설적 표현이라고 말한다. ‘겨울’과
‘무지개’라는 대립적인 이미지를 가진 시어가 결합되어 있다는 것이 그 이
유다. 하지만 이것은 바른 설명이 되지 못한다. 서로 다른 속성을 지닌 말
들을 연결 짓는 것은 비유, 은유의 방식이다. 이 구절에서 ‘무지개’는 ‘겨
울’의 의미를 부여하기 위한 보조관념이 된다. 따라서 이 시에서 겨울과
무지개의 결합은 역설적 표현이 아닌 비유의 기법에 따른 결과로 보아야
한다.

②는 ‘강철로 된 무지개’를 역설적 표현으로 본다. 수식어와 피수식어가
모순어법으로 되어 있다는 것이다. 주어진 문맥에서 ‘강철’과 ‘무지개’는
서로 모순된 내포적 의미를 갖는다. ‘강철’은 차가운 광물의 성질에서 암
담하고 절망적인 현실을 읽을 수 있다. ‘무지개’는 아름다운 색채와 천상
적 이미지에서 삶의 희망, 환희, 비약 등의 의미를 찾을 수 있다. 교과서는
이렇게 모순된 시어들이 서로 충돌하고 있다는 점에서 역설을 지적한다.
곧 ②는 낱낱의 시어가 환기하는 이미지나 정서에 중점을 두고 역설을 이
른다.

하지만 ‘강철로 된 무지개’를 시어들이 모순 관계에 있는 역설적 표현이
라고 한다면, 시에 사용된 예술적 기법은 모두 역설로 설명할 수 있다. 가

---

34) 김윤식 외 4인, 앞의 책, 203면.
35) 한계전 외 4인, 『고등학교 문학(상), 교사용 지도서』, 블랙박스, 2003, 278면.

령 "매운 계절"이나 "그 하늘도 그만 지쳐 끝난 고원"은 상식적으로 말이 되지 않고 나름대로 함축적인 의미를 지니고 있어 역설이 된다. 과학의 세계에서 '강철로 된 무지개'는 이치에 맞지 않는 불합리한 진술이다. 시 언어를 과학적 진술에 반하는 의사진술(擬似陳述)로 보면 비유나 역설은 이에 대한 하위 요소가 된다. 그래서 이질적인 성질을 지닌 말들의 단순 결합이 역설인지 비유인지 모호해진다.

이 작품에서 굳이 역설을 언급한다면 구조적 역설을 찾아볼 수 있다. 이 역설은 진술 그 자체가 어긋난 것이 아니라 진술과 이것이 가리키는 상황 사이에서 모순이 생긴다. 북방으로 쫓기어 서릿발 칼날진 곳에 서 있어야 하는 상황에서 환희의 무지개를 본다는 것은 그 자체가 모순이다. 그러나 '강철로 된 무지개'라는 하나의 구절만 놓고 볼 때, 이것은 '무지개'를 원관념으로 하고, '강철'을 보조관념으로 하는 비유가 된다.

그런데 이때의 비유는 어색하고 서투르다.36) 비유는 서로 관련이 없는 대상을 연결함으로써 유사한 속성을 지니며 새로운 의미를 창출한다. 대상 간에 의미의 간격이 크면 클수록 긴장이 생기며, 참신한 비유가 된다. '강철로 된 무지개'는 각각 다른 의미를 지닌 시어를 조화롭게 융합시키지 못하고 있다. 시인은 한 대상의 의미를 다른 대상에 전이시켜 새로운 의미를 형성하는 언어적 과정에서 치열함을 보이지 못했다.

작품의 완결성으로 보자면 「절정」의 한계는 분명하다. 비유는 서툴고 추상적인 심경만 간단하게 제시되고 있다. 다만 비극적 상황의 극점에 이르러 오히려 달관하는 고결한 정신을 간결하고 안정된 형식과 힘 있고 절도 있는 어조 속에서 통합하고 있다는 점에서 이 시는 높이 평가할 수

---

36) 이남호는 '겨울은 강철로 된 무지개'라는 구절을 수사학적으로 어색하고 서투른 표현으로 본다. 강철과 무지개는 서로 결합하지 못하고 따로 따로 의미를 지니고 있어 성공적인 비유나 상징이 되지 못하며, 꿈보다 해몽이 좋았던 것이지 시 자체가 훌륭한 것은 아니다. 이남호, 『문학의 위족 1 : 시론』, 민음사, 1990, 50면.

있다.37) 따라서 시 수업에서는 역설의 수사를 파악하는 데에 에너지를 소비하기보다는 이러한 작품의 가치를 살펴보는 데에 중점을 두어야 할 것이다.

교육 현장에서 교사는 학생들에게 여러 예를 들어가며 역설이 무엇인지를 힘주어 설명한다. 교수·학습 자료가 되는 교과서는 물론 문제집에서도 역설적 표현이 강조된다. 평가38)에서 완전히 자유로울 수 없는 교사는 반어와 대비시켜 학생들에게 역설을 가르친다. 그러나 시 감상에서 어떤 표현이 역설이냐 아니냐 하는 것은 그렇게 중요하지 않다. 작품을 우선하지 않고 문학용어의 개념에 집착하는 일은 시를 바르게 감상하는 데에 장애가 된다. 수사적 기교에 대한 지나친 몰입은 부분과 전체를 아우르는 균형적인 감각을 잃게 하고, 근본적으로는 학습자의 시 읽기를 그르치게 한다.

작품을 제대로 이해하지 못한 상황에서 '이러한 점에서 이것은 역설이고, 저것은 반어다', '역설에는 이러한 예가 있다'는 식의 주입은 불필요하다. 문학 지식이 학생들의 실질적인 작품 감상에 전이될 수 없는 것이라면 그것은 시험 대비용으로 암기해야 할 정보에 지나지 않는다. 학습자가 시의 말하기 방식을 익히는 것은 시의 속성을 이해하고, 작품을 바르게 감상하기 위해서다.

---

37) 이남호, 앞의 책, 1990, 52~53면.
38) 계획적이고 의도적인 제도권의 교육 안에서는 학습내용의 선별은 피할 수 없다. 시를 가르치기 위해서는 학생들이 배울 내용을 선정해야 하는데, 이는 시를 제대로 평가하기 위해서도 필요하다. 객관성을 보장받아야 하는 평가에선 확실한 답이 있는 문제가 출제된다. 시 영역에서는 화자의 정서, 태도, 시어나 구절의 함축적 의미, 전체적 의미, 표현 기법 등을 평가 항목으로 삼는다. 이에 교사는 문학교육의 본질적인 목적은 뒤로 하고 시험에 출제되는 항목에 맞춰 수업내용을 정하기도 한다.

5 대상을 드러내며 말하기

① 이화우(梨花雨) 훗뿌릴 제 울며 잡고 이별한 님,
　　추풍낙엽(秋風落葉)에 저도 날 성각는가
　　천리(千里)에 외로운 꿈만 오락가락 ㅎ노매

— 계랑

② 가을바람 산들산들 강물은 넘실넘실
　　고개 돌려 하늘 보니 생각 아득하여라.
　　쓸쓸하다, 나의 임 멀리 떨어졌으니
　　강가의 난초는 누구 위한 향기뇨

　　秋風溺溺水洋洋(추강닉닉수양양)
　　廻首長空思渺茫(회수장공사묘망)
　　恨恨美人隔千里(한한미인격천리)
　　江邊蘭芷爲誰香(강변난지위수향)

— 김부식, 「임진유감(臨津有感)」

　　두 고전 작품은 가을날 느끼는 애상적 정조를 바탕으로 임과 헤어진 외로운 심정을 읊고 있다. 낙엽이나 난초와 같은 자연물에 의탁하기도 하지만, 자신의 감정을 꾸밈없이 토로한다. 특별한 수사를 구사하지 않고 생각과 감정을 솔직하게 드러내는 말하기 방식은 고전시뿐만 아니라 현대시에서도 사용된다. 대상을 드러내며 말하기는 억지로 돌려 말하지 않고 직접적으로 표현하기 때문에 의사 전달이 쉬우며, 청자 입장에서도 화자의 말을 어렵지 않게 이해할 수 있다. 시인은 독자와의 원활한 소통을 위해 진술, 묘사, 서술 등의 방법을 사용하여 대상을 드러내기도 한다.

> 어릴 적엔 떨어지는 감꽃을 셌지
> 전쟁 통엔 죽은 병사들의 머리를 세고
> 지금은 엄지에 침을 발라 돈을 세지
> 그런데 훗날엔 무엇을 셀까 몰라
>
> — 김준태, 「감꽃」

「감꽃」은 시인의 목소리로 자신의 생각을 그대로 나타내고 있다. 시인은 네 줄의 짧은 시행으로 과거와 현재의 삶을 되돌아보면서 회의적 시각에서 미래의 삶을 투시한다. 어릴 때 감꽃을 세던 아름다운 꿈을 다 잃어버리고, 전쟁의 참혹함에 허덕이는 젊은 시절을 지나 지금은 돈에 매달리며 물질적인 삶을 살고 있다는 인식이 이 시의 중심을 이룬다.[39]

이 시에는 감꽃, 병사들의 머리, 돈 등의 사물로써 함축적 의미를 전달하나, 전체적으로 진술의 방식에 의존하고 있다. 오규원은 시적 언술의 특징을 묘사와 진술이라는 두 개의 수사학적 용어로 설명한다. 묘사는 정서적 등가물을 동원하여 가시화하는 언술의 형식이고, 진술은 등가물의 유무와 관계없이 느낌 또는 깨달음 그 자체를 고백적으로 선언적으로 가청화하는 양식이다. 전자는 시인의 개입을 최대한 억제하고 대상의 구체적 재현에 몰두한다. 후자는 보여줄 수 있기보다는 들려 줄 수 있는 어떤 것에

---

[39] 이남호, 앞의 책(1986), 70면 참조.

관심을 가지고 이를 해명하는 데에 중점을 둔다. 시적 묘사가 가시적·제시적·감각적이라면, 시적 진술은 가청적(可聽的)·고백적·해석적 성향을 띤다.40)

    머리 위 바구니엔
    구공탄 일곱 개
    손에는 얼간 조기 세 마리

    붉은 석양 햇빛을 등에 이고
    빙글빙글 언덕 위로 올라가는 여인

— 권환, 「미소」

    파도야 어쩌란 말이냐.
    파도야 어쩌란 말이냐.
    임은 물같이 까딱 않는데
    파도야 어쩌란 말이냐.
    날 어쩌란 말이냐.

— 유치환, 「그리움」

  권환의 「미소」는 묘사의 방식을 쓰고 있다. 묘사는 사물이나 자연 현상의 감각적 특성을 지배적 인상을 중심으로 표현한다. 묘사는 시인의 주관적 개입을 최대한 억제하고 대상의 재현에 주력하는데, 이 시에서 묘사되고 있는 대상은 언덕 위로 올라가는 한 여인이다. 날이 저무는 무렵 여인은 머리에 연탄 일곱 개를 이고, 손에는 조기 세 마리를 들고 귀가하고 있다. 시인은 이 장면을 인상적으로 그려내고 있다.
  시에서 묘사는 포착된 어떤 특정 장면을 언어로 드러내고자 하기 때문

---

40) 오규원, 앞의 책, 131~133면.

에 생략을 감행할 수밖에 없다. 많은 것을 자세하게 말하기보다는 인상적인 장면을 중심으로 대상의 모습을 생생하게 보여준다. 이에 따라 묘사의 방식은 자동적으로 이미지를 동반하며, 회화성에 의존하게 된다. 묘사는 현시(顯示)를 축으로 하는 언술 형식이므로 형상화된 모든 대상의 세계는 언제나 회화성을 공통으로 갖는다.[41] 이에 반해 진술은 대상의 재현이나 시각적 제시에 관심을 두지 않는다. 어떤 대상에 대해 시인이 생각하고 느끼는 것을 표출하는 데에 초점을 둔다. 유치환의 「그리움」은 파도에 호소하는 형식을 빌려 사랑하는 사람에 대한 애달픈 마음을 드러내고 있다. 진술된 내용에는 화자가 사랑하는 임이 자기를 전혀 몰라주는 데에 대한 서운함이 담겨 있다. 시에서 진술의 방식은 감정을 사실적으로 표현하는 데에 가장 정직한 방법이 된다.

> ① 아이들 몽당연필이나
> 깎아주면서
> 아이들 철없는 인사나 받아가면서
> 한 세상 억울한 생각도 없이
> 살다 갈 수 있다면
> 시골 아이들 손톱이나 깎아주면서
> 때 묻고 흙 묻은 발이나
> 씻어주면서 그렇게
> 살다 갈 수 있다면
>
> — 나태주, 「국민학교 선생님」

> ② 세 살 때 돌아가신 할머니가
> 하나도 생각나지 않지만

---

41) 오규원, 앞의 책, 94면.

어버이날이면 아빠에게 거짓말을 한다
―할머니 얼굴이 다 생각나요

오늘 밤 꿈에 할머니가 나타나서
우리 아빠 눈물을 씻어주면 좋겠다.

― 오탁번, 「어버이날」

인용 시들은 시인의 얼굴을 한 화자가 나타나며, 독백적 진술[42]로써 자신의 소망을 말하고 있다. ①의 화자는 초등학교 선생님으로서, 그는 어린 아이들을 위하면서 순수하게 세상을 살기를 바란다. ②의 경우, 성인이 아닌 어린 아이가 화자로 되어 있다. 할머니의 생각에 눈물을 흘리는 아버지를 위하는 아이의 착하고 고운 마음이 드러난다. 두 작품은 비유나 상징과 같은 시적 장치를 사용하지 않고 시인의 생각을 그대로 나타내고 있다. 이 점에서 진술하며 말하기는 '무기교의 기교'라 할 수 있다. 하지만 시에서 사용된 진술의 방식은 시 양식의 규범과 질서를 따르기 때문에 일반적인 산문의 그것과는 차이가 있다.

넓은 의미에서 보면 모든 유형의 글은 언어를 빌려 자신의 생각을 기술한다는 점에서 진술에 의존한다고 할 수 있다. 시의 경우 압축된 형식 속에서 진술되는 것이며, 시는 리듬, 어조 등의 미적 의장에 의해 최대한 효과를 내도록 선택된 세부들이 긴밀히 조직된다는 점에서 독자성을 갖는다. 시인은 일반 언어를 사용하면서도 독자의 입장에서 보면 산문의 언어 현상과는 달리 시의 언어 현상이 특수한 심리적 구조나 반응에 기여하도록

---

[42] 오규원은 시적 진술을 독백적 진술, 권유적 진술, 해석적 진술 등의 세 가지로 나눈다. 독백적 진술은 스스로가 시적 대상이 되어 반성하고 기원하는 형태이고, 권유적 진술은 자기의 주장을 불특정 개인 또는 다수에게 적극 동조를 요청하는 형태이다. 해석적 진술에서는 어떤 대상에 대한 시인 나름의 해석과 비판이 나타난다. 그 어느 것이든 시인의 깨달음을 토로하는 형태이므로 내성적 자각의 성격을 띤다. 오규원, 앞의 책, 134면.

사용한다.43) 설사 작품의 처음부터 끝까지 진술로 일관하더라도 그것은 시 장르 안에서의 진술이기 때문에 산문의 서술과는 구분된다. 그래서 시에서의 진술은 시적 진술이 된다.

　시인은 묘사나 진술의 방법 외에 서술의 방식을 통해 말하고자 하는 것을 드러내기도 한다. 시의 한 표현 방법으로 사용되는 서술은, 어떤 일이나 사건이 전개되는 과정을 기술한다는 점에서 서사적 성격이 강하다.44) 진술은 보통 'statement'으로 번역되지만, 서술은 'narration'에 가까운 말이다. 어원적으로 보면 'narration'은 라틴어에서 '연결시키다'는 의미를 지닌다. 이 서술은 일련의 사건들을 인과관계에 의해 연결시키는 것을 주요 목적으로 하는 담론 형식이다.45) 좁은 의미에서 서술은 인물의 행위나 어떤 사건을 시간의 흐름에 따라 기술하는 것을 말한다. 다음 시들은 이와 같은 방식으로 시상을 전개하고 있다.

　　① 작년 1월 7일
　　　나는 형 종문이가 위독하는 전달을 받았다
　　　추운 새벽이었다
　　　골목길을 내려가고 있었다
　　　허술한 차림의 사람이 다가왔다
　　　한미병원을 찾는다고 했다
　　　그 병원에서 두 딸아이가 죽었다고 한다

---

43) 김준오, 앞의 책, 78면.
44) 사실 '서술'은 시보다 서사 이론에 맞는 개념이라 할 수 있다. 서술은 소설에서 행동과 사건을 설명해주는 부분이다. 대개 사건이나 그 진행 과정을 실감할 수 있도록 쓰려고 할 때 취해지는 산문 담화법(prose discourse)이다. 송현호, 『한국현대소설의 이해』, 민지사, 1992, 88면 참조.
45) 서술은 행위나 사건의 의미 있는 연결을 글로 쓴 것이라는 점에서, 신화·전설·민담·소설 등의 문학은 물론 역사를 기술하는 데에도 중요한 장치로 동원된다. 또한 신문이나 방송의 뉴스는 물론 어떤 인물의 전기를 쓰는 데도 사용된다. 서울대학교 국어교육연구소, 『국어교육학사전』, 대교출판, 1999, 411면.

부여에서 왔다고 한다
연탄가스 중독이라고 한다
나이는 스물둘, 열아홉
함께 가며 주고받은 몇 마디였다
시체실 불이 켜져 있었다
관리실에서 성명들을 확인하였다
어서 들어 가보라고 한즉
조금 있다가 본다고 하였다.

— 김종삼, 「장편(掌篇)」

② 조선 총독부가 있을 때
청계川邊 10전 均一床 밥집 문턱엔
거지소녀가 거지장님 어버이를
이끌고 와 서 있었다
주인 영감이 소리를 질렀으나
태연하였다

어린 소녀는 어버이의 생일이라고
10전 짜리 두 개를 보였다.

— 김종삼, 「장편(掌篇)2」

김종삼의 두 작품은 제목이 말하듯 하나의 짧은 이야기다. ①과 ②는 앞의 작품들과 달리 시간과 공간이 분명하게 제시되며, 특정 인물을 중심으로 이들의 행위를 보여준다. 전자는 연탄가스로 두 딸아이를 잃은 사내의 슬픈 사연을 담담하게 전한다. 후자는 한 거지소녀가 장님 아버지를 모시고 밥집에 갔다가 겪은 일을 드러내고 있다. 하지만 두 시는 모두 자신의 감정을 표출하지 않고 대상과 일정한 거리를 두고 있다.

두 시는 화자의 감정을 억제하고, 관찰자의 입장에서 외부의 사건을 다룬다. 서술의 방식으로 서민의 삶의 단면을 효과적으로 제시하며, 시적 긴장을 형성하고 있다. 그런데 「장편(掌篇)2」는 순수하게 서술로만 일관하지 않는다. 하나의 이야기를 지니면서도 인물에 대한 묘사가 이루어지고 있다. 묘사는 사물이나 자연 현상의 감각적 특성을 지배적 인상을 중심으로 표현하는 방식이다. 시인은 주관적 개입을 최대한 억제하고 그 대상에 집중하며 대상의 모습을 도드라지게 나타낸다. 그런데 작품에 따라서는 서술과 묘사가 뒤섞여 이를 분간하기 어려운 경우가 있다. 다음은 이러한 예다.

> 차디찬 아침인데
> 묘향산행(妙香山行) 승합자동차는 텅하니 비어서
> 나이 어린 계집아이 하나가 오른다
> 옛말속같이 진진초록 새 저고리를 입고
> 손잔등이 밭고랑처럼 몹시도 터졌다
> 계집아이는 자성(慈城)으로 간다고 하는데
> 자성(慈城)은 예서 삼백오십리 묘향산 백오십리
> 묘향산 어디메서 삼촌이 산다고 한다
> 쌔하얗게 얼은 자동차 유리창 밖에
> 내지인(內地人) 주재소장 같은 어른과 어린아이 둘이 내임을 낸다
> 계집아이는 운다 느끼며 운다
> 텅 비인 차 안 한구석에서 어느 한 사람도 눈을 씻는다
> 계집아이는 몇 해고 내지인 주재소장 집에서
> 밥을 짓고 걸레를 치고 아이보개를 하면서
> 이렇게 추운 아침에도 손이 꽁꽁 얼어서
> 찬물에 걸레를 쳤을 것이다.
>
> — 백석, 「팔원」

　「팔원」은 백석의 기행시 가운데 하나로 여행 중에 마주친 장면이 묘사되고 있다. 묘사의 중심 대상은 어린 여자아이이다. 이 시는 화자가 작품에

서 물러나 있고, 자동차에 계집아이가 오르는 장면을 위주로 표현되고 있다. 최두석은 이 점에 주목하여 이 작품의 주된 표현 방법을 묘사로 본다.46)

묘사가 사물의 외형이나 인상에 충실하려고 한다면, 서사적 개념으로서의 서술은 어떤 사건과 그 사건의 시간적 추이에 대한 관심에 충실한 방법이다. 원칙적으로 서사는 시간의 흐름에 따른 사건의 전개를 다루는 반면, 묘사는 이러한 시간 흐름에는 무관심하며, 공간적 측면에 더 관심을 갖는다. 서술과 묘사 중 어느 것이 우세하느냐에 따라 시는 서술시와 묘사시로 범주화할 수 있다. 묘사시가 대상과 대상의 특질을 다룬다면, 서술시는 삶의 과정과 조건을 다룬다. 묘사시는 이미지가 지배소가 되지만, 서술시에는 사건이 지배소가 된다.47)

「팔원」은 대상을 묘사하면서도 사건의 추이에 따라 사건이 전개되어 서술시로서의 특징을 보인다. 이 작품은 서사가 문맥의 흐름을 주도하며, 어린 계집아이가 사건의 중심에 놓여 있다. 자동차 유리에 서리가 끼는 아주 추운 날, 새 저고리를 곱게 차려 입은 아이는 주재소장 같은 어른과 아이의 배웅을 받으며 자성으로 가려 한다. 손잔등이 터져 있는 계집아이는 작별이 아쉬운지 눈물을 흘린다. 화자는 이런 정황을 살피며 이 아이가 내지인 주재소장 집에서 허드렛일을 하며 고생했을 것이라고 추측한다. 여기서 보이는 '과거의 추측'은, 시간의 역전이 나타나는 '서사'의 한 특징이라 할 수 있다.

---

46) 최두석은 백석의 「팔원」을 묘사시 차원에서 다루면서 당대의 민족 현실을 드러낸 작품으로 본다. "텅빈 차 안 한 구석에서 어느 한 사람도 눈을 씻는다"와 같은 시구도 묘사의 한 부분으로 인정한다. 주체의 슬픈 감정을 객관적 묘사 속에 은근하게 묻어 두고 있는 바, 그것은 비관적인 정서를 누르고 객관적인 현실을 부각시키려는 창작 태도가 투영된 결과라는 것이다. 최두석, 『시와 리얼리즘』, 창작과비평사, 1996, 79~80면.
47) 김준오, 앞의 책, 100면.

백석의 이 시는 구체적 인물을 중심으로 사건을 서술하며, 시간의 역전을 보이는 서사적 구성을 갖추고 있다. 이 점에서 완전하지는 않지만 서술의 방식을 구사하고 있는 서술시로 볼 수 있다. 서술시라는 말에는 '이야기'라는 내용적 측면과 '서술'이라는 방법적 측면이 포함되어 있다. 서술시에서 이야기와 서술은 시인이 적절한 시적 효과를 획득하기 위해 채용하는 서정 장르의 한 장치가 된다. 그래서 서술시는 하나의 이야기를 서술의 방식으로 표현하는 '이야기 시'로 규정되기도 한다.

이야기 시는 이야기를 전달하는 화자가 있으며, 시간의 흐름에 따라 인물의 행위가 펼쳐진다. 이것은 서사의 특징이나 서정시에도 활용된다. 서술 혹은 서사는 본질적으로 서정시, 혹은 서사시 두 장르에 두루 나타나는 표현 양식상의 명칭이다.[48] 소설이나 희곡의 플롯과 같이 완결된 형식은 아니래도 서정시는 일정한 줄거리를 가지고 사건을 전개할 수 있다. 하지만 서술시에서 이야기는 서사 장르에서의 이야기와 달리 시인의 주관이 반영되어 있는 함축적 이야기다.[49]

신부는 초록 저고리 다홍치마로 겨우 귀밑머리만 풀리운 채 신랑하고 첫날밤을 아직 앉아 있었는데, 신랑이 그만 오줌이 급해져서 냉큼 일어나 달려가는 바람에 옷자락이 문돌쩌귀에 걸렸습니다. 그것을 신랑은 생각이 또 급해서 제 신부가 음탕해서 그 새를 못 참아서 뒤에서 손으로 잡아당기는 거라고, 그렇게만 알고 뒤도 안 돌아보고 나가 버렸습니다. 문돌쩌귀에 걸린 옷자락이 찢어진 채로 오줌 누곤 못 쓰겠다며 달아나 버렸습니다.
그러고 나서 사삽 년인가 오십년이 지나간 뒤에 뜻밖에 딴 볼일이 생겨

48) 김준오는 서술시를 장르 개념이 아니라 형식 개념으로 파악하여, 서술시가 서정시에도 서사시에도 존재할 수 있다고 본다. 서술시는 이야기를 서술 형식을 통하여 형상화한 시를 말한다. 넓은 개념으로 서술시는 서술적 서정시뿐만 아니라 서사시, 서사민요도 포함한다. 그래서 서술시는 서정시 계열에도 서사시 계열에도 귀속시킬 수 있다. 김준오, 『한국 현대 장르 비평론』, 문학과지성사, 1990, 181면.
49) 고현철, 「서술시의 소통구조 연구」, 『한국문학논총』 제21집, 한국문학회, 1997, 292면.

이 신부네 집 옆을 지나가다가 그래도 잠시 궁금해서 신부방 문을 열고
들여다보니 신부는 귀밑머리만 풀린 첫날밤 모양 그대로 초록 저고리 다
홍치마로 아직도 고스란히 앉아 있었습니다. 안쓰러운 생각이 들어 그 어
깨를 가서 어루만지니 그때서야 매운 재가 되어 폭삭 내려 앉아 버렸습니
다. 초록 재와 다홍 재로 내려앉아 버렸습니다.

— 서정주, 「신부」

이 작품은 황씨부인당 전설을 소재로 한 것으로 한 편의 옛이야기를
서사의 방식으로 풀어내고 있다. 전설의 내용을 요약하면, 신혼 초야에
신랑이 뒷간에 다녀오다가 신방 문에 비친 칼 그림자를 황씨녀를 좋아하
던 다른 사내의 것으로 오해하고 달아난다. 신부는 첫날밤의 모습 그대
로 신랑을 기다리다가 한을 안고 죽는다. 그 후에야 이 사실을 안 신랑은
자신의 잘못을 뉘우치고 사당을 지어 봉양하는데, 그때서야 시신이 삭아
없어진다.

전설은 원한을 품고 죽으면 주검이 삭을 수도 없고 눈도 감지 못한다는
속신을 담고 있으며, 신랑의 오해에서 빚은 신부의 비극적인 종말을 보여
준다. 신랑이 오해한 내용에 대해서는 다소 차이가 있으나 시는 원전의 줄
거리를 충실하게 반영하고 있다. 「신부」는 처음과 중간과 끝이 완결된 이
야기 구조를 갖추고 있다. 이 점에서 이 시는 전형적인 서사 양식의 특징
을 지닌 이야기로 볼 수 있다.

시인은 압축된 이야기 속에서 주관적 정서를 표현한다. 처음부터 줄곧
객관적인 사건 세계를 이끌어가다가 끝에서 ‘내려앉는 재’를 통해 신부에
대해 느끼는 안타까운 마음을 나타낸다. 4, 50년이란 긴 세월 동안 신랑
만을 기다려온 신부는 신랑을 만나고서야 재로 내려앉는다. ‘매운 재’, ‘초
록 재’, ‘다홍 재’ 등에는 시인의 주관이 개입되어 있다. 시인은 매운 재를
통해 인고의 세월을 보내면서 쌓인 신부의 원한을 보여주면서 사려 깊지

못한 신랑의 행동을 꼬집는다. 그런데 이 매운 재는 신랑의 손이 닿자 초록 재와 다홍 재로 변해 버린다. 초록 재와 다홍 재는 신부의 원한이 해소되고 신랑의 오해가 풀림을 말해준다. 비록 죽어 재가 되었지만 신부의 마음만큼은 초록 저고리와 다홍치마를 입었던 예전의 모습처럼 아름다웠음을 보여준다. 「신부」는 함축적 이야기로서 끝부분에서의 시적 변용을 통해 산문이 아닌 시로서의 충분한 미학적 자질을 획득하고 있다.[50]

이상에서 살핀 진술, 묘사, 서술 등의 표현 방식은 시인이 보고 듣고 생각한 것을 나타내는 데에 쓰인다. 진술은 생각과 감정을 그대로 나타내며, 묘사는 관찰한 대상을 드러낸다. 서술은 객관화된 이야기로 인물의 행위나 사건을 드러낸다. 서술의 방식은 자신의 감정을 후면으로 감추고, 인물의 행위를 중심으로 이야기를 풀어간다는 점에서 진술과 다르고, 나타내고자 하는 대상을 전면에 내세워 시적 효과를 얻는다는 점에서는 묘사와 유사하다. 시인은 자신이 체험한 것을 효과적으로 나타내기 위해 적절한 언술 양식을 활용한다. 대상을 드러내며 말하기는 작품의 진정성을 확보하고 삶의 모습을 진실하게 표현하려는 의사소통 방식이다.

---

50) 고형진, 『현대시의 서사 지향성과 미적 구조』, 시와시학사, 2003, 169면 참조.

제 6 장
시의 현실과 작가 읽기

껍데기는 가라 신동엽

껍데기는 가라.
4월도 알맹이만 남고
껍데기는 가라.

껍데기는 가라.
동학년 곰나루의 그 아우성만 살고
껍데기는 가라.

그리하여, 다시
껍데기는 가라.
이곳에선 두 가슴과 그 곳까지 내논
아사달 아사녀가
중립의 초례청 앞에 서서
부끄럼 빛내며
맞절할지니

껍데기는 가라.
한라에서 백두까지
향그러운 흙가슴만 남고
그, 모오든 쇠붙이는 가라.

— 『52인 시집』(1967)

1 이 시에서 시인이 말하고자 하는 것은?

2 '껍데기'가 담고 있는 의미는?

3 시 해석에서 외적 정보가 필요한 부분은?

4 3연의 "중립의 초례청"은 어떤 의미로 보는 것이 좋을까?

5 작가의 현실과 관련지어 작품의 의미를 해석해 봅시다.

1 역사주의 비평에서의 시 읽기

시적 담화에서 작가와 현실은 작품 밖에 있는 외적인 요소다. 담화의 전달 구조를 본다면, 시는 작품 내 화자와 청자 간에 이루어지는 의사소통을 중심으로 고찰하는 것이 효과적이며, 시인, 독자, 현실 등은 부분적으로 고려될 수밖에 없다.[1] 문학이 어떤 사회에서 어떤 작가의 표현물이라는 사실을 염두에 둔다면 시 읽기에서 시인의 삶과 그가 살고 있는 현실은 도외시될 수 없다. 하나의 문학 작품은 작가의 삶, 현실의 상황이 투영되어 탄생되는 것이다. 이 때문에 시인과 현실은 창작과 수용에 영향을 미치는 요인이 된다.

에이브럼즈는 예술 작품의 전체 상황을 구성하는 네 요소로 작품(work), 세계(universe), 예술가(artist), 청중(audience)을 설정하고, 작품과 각 요소와의 관계에 의해 문학을 보는 관점이 구분된다고 설명하였다.[2] 비평가는 이들 중에서 어느 하나로부터 예술작품의 가치를 판단하는 주요 기준뿐만 아니라, 예술 작품을 정의하고, 분류하고, 분석하는 주요 범주를 끌어내는 경향이 있다. 따라서 작품의 의미나 가치는 원용하는 비평의 좌표에 따라 달라

---

1) 이상옥, 『시적 담화 체계 연구』, 보고사, 1997, 12면 참조.
2) 장도준, 「현대시의 기호소통론적 이해와 시 교육의 반성」, 『어문학』 68호, 1999, 255~259면.

진다. 그는 모방론(Mimetic Theories), 효용론(Pragmatic Theories), 표현론(Expresive Theories) 객관론(Objective Theories) 등의 네 이론을 개진하며, 각 관점에서 활약한 서구의 비평가들을 소개하였다.[3]

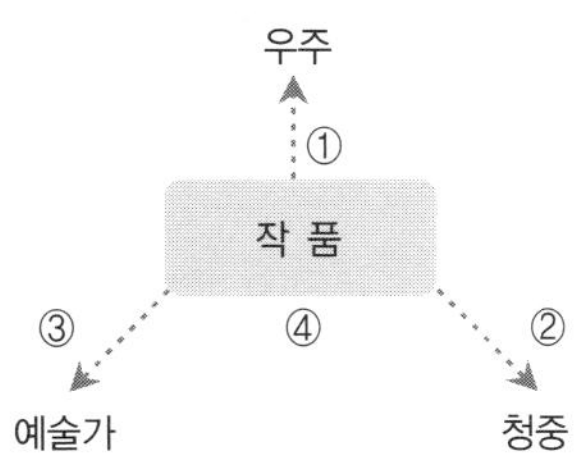

일반적으로 문학의 접근 방식은 이들 네 요소 중 어디에 중점을 두느냐에 따라 모방론(반영론), 효용론(수용론), 표현론, 객관론(존재론, 구조론) 등으로 나뉜다. 모방론은 작품에 반영된 세계를 중심으로 하는 관점(①)이고, 효용론은 작품이 독자에게 미치는 영향을 중시하는 관점(②)이다. 표현론은 작품을 예술가 자신의 표현으로 보는 관점(③)이며, 객관론은 작품 그 자체만을 중시하는 관점(④)이다. 다음은 네 관점에서 윤동주의 「서시」를 평한 것이다.

죽는 날까지 하늘을 우러러
한 점 부끄럼이 없기를,
잎새에 이는 바람에도
나는 괴로워했다.

---

3) M. H Abrams, *The mirror and the lamp*, New York : Oxford University Press, 1953. 3~29면. 에이브럼즈는 글의 서두에서 문학을 예술가에 역점을 두는 기존의 관점이 어떻게 진전되고 성취되었는가 살피는 데에 기본 의도가 있다고 밝히고, 고대의 그리스의 모방설, 18세기 전반에 계속된 실용설, 영국 낭만주의 비평의 표현설, 19세기 전후로 부각된 객관적 이론 등의 순으로 비평론을 전개하였다.

별을 노래하는 마음으로
모든 죽어 가는 것을 사랑해야지
그리고 나한테 주어진 길을
걸어 가야겠다.

오늘 밤에도 별이 바람에 스치운다.

— 윤동주, 「서시」

① 당시의 현실과 관련지어 보면, "오늘 밤에도 별이 바람에 스치운다" 라는 구절에서 '밤'은 암담한 식민지 현실을 나타내며, '바람'은 식민지 상황과 같은 외부에서 오는 현실적 시련을 의미한다.

② 「서시」는 부끄럼 없는 삶을 지향하는 시인의 순결한 삶의 태도는 오늘을 살아가는 우리에게 감동과 함께 삶의 진정한 가치를 깨닫게 해 준다.

③ 독실한 기독교 집안에서 내면세계를 다져온 시인의 생애를 비춰볼 때, 이 시에 담긴 부끄러움은 기독교적 속죄 의식과 관련이 있다.

④ 이 시는 도덕적 순결성과 섬세한 어조가 순수한 우리말을 통해 잘 드러난 작품이다. 과거, 현재, 미래의 역시간적 구성으로 자기 양심 앞에 조금도 부끄럽지 않게 살려는 화자의 소망을 형상화하고 있다.

인용 글에서 ①은 시인이 살았던 현실을 중심으로 작품을 해석한 것이고, ②는 작품을 받아들이는 독자를 중심에 놓고 시의 가치를 살핀 것이다. ③은 작가의 전기적 사실에 비춰 작품의 의미를 되새긴 것이고, ④는 작품 그 자체에서 시를 분석한 것이다. 말하자면 각 진술은 반영론, 효용론, 표현론, 객관론 등의 관점에서 작품을 접근한 것이다.

네 관점 중 ④의 관점은 문학은 스스로 긴밀한 내적 유기성과 자족성을 갖고 있는 독자적 존재로 인정한다. 존재론에서의 문학 비평은 문학과 외부 현실을 분리해야 문학 작품을 있는 그대로, 객관적으로 연구하는 것이 가능하다는 전제를 갖고 있기 때문에 '객관적 비평'이라고도 한다. 객관적 혹은 존재론적 관점은 작품이 갖고 있는 내적 요소들, 형식이나 구조적 측면의 규명, 문학 언어가 갖고 있는 속성들의 규명에 주된 관심을 기울인다.[4]

존재론에서는 시를 세계의 모방이나 독자에게 주는 효과나 시인의 정신의 반영으로 보는 대신에, 고유한 내적 원리를 가지고 있는 독립적이고 자율적인 실체로 이해하고 접근한다. 이처럼 작품의 가치 판단 기준을 작품 자체에서 찾는 것을 '내재적 비평'이라 하고, 반면 그 기준을 작가, 독자, 현실 등과 같이 작품 외부의 차원에서 찾는 것을 '외재적 비평'이라 한다.[5]

외재적 비평에서 모방론과 표현론은 '시는 시인이 체험한 삶과 정신이 농축된 텍스트'로 본다. 이런 입장을 기반으로 한 시 교육은 시를 통해 시인의 삶과 정신을 읽는 것에 중점을 둔다. 시인의 개인적 생애와 시대적 삶의 관계를 고려해 작품에서 시인의 삶과 정신을 재구성하는 방법을 '역사·전기 비평'이라 한다. 이 읽기 방식은 역사적인 비평 방법과 전기적 비평 방법을 합성한 것으로, 흔히 '역사주의 비평'이라고도 한다. 역사주의 비평은 작품의 역사적 배경, 사회적 환경, 작가의 전기적 사실 등 작품 외적 조건을 작품 이해에 관련시켜 다루는 비평 방식이다. 이 방식에서는 원전 확정 작업, 작가의 전기 연구, 작가의 평판과 영향 관계, 시대적 배경,

---

4) 김광길·심원섭, 앞의 책, 24~25면 참조.
5) 르네 월렉은 문학 연구의 방법으로 내재적 접근과 외재적 접근을 든다. 전자는 문학 그 자체의 석과 분석을 중시하며, 반면 후자는 작품의 외적인 환경요인에 관심을 갖고 작품을 연구한다. Rene Wellek, Austin Warren, *Theory of Literature*, 이경수 역, 『문학의 이론』, 문예출판사, 1987.

문학사의 문제, 언어의 역사성, 문학 특유의 관습과 전통 등을 다룬다.

역사주의 비평은 작품을 작가의 내면과 그 삶의 가치 세계, 그리고 작가의 시대와 아울러 가장 폭넓게, 심도 있게 연구할 수 있는 방법이다. 그러나 이 방법에 의거한 연구는 그것이 부정적인 방향으로 향할 경우, 인간 삶에 대한 가치판단의 세계를 제시하는 경향과 관계가 적은 방향으로 흐를 가능성이 있다. 곧 작품의 이해와 직접적 관계가 없는 전기적 사실을 나열하든가, 인간 심리의 일반적 현상을 규명하기 위한 보조 자료로 문학을 본다든가, 작품과 직접적 관련이 적은 주변적 사실을 나열하든가 하는 식으로 진행될 가능성도 있다는 것이다.[6] 작가의 생애와 현실을 토대로 한 시의 해석은 무엇보다 작품의 실질적 의미에서 이탈할 우려가 있다.

① 김소월의 「초혼」과 관련하여
이 시는 우리 민족이 조국을 상실한 일제 강점기를 시대적 배경으로 한다. 임은 잃어버린 조국이며, 임을 부르는 행위는 상실된 조국을 되찾으려는 염원과 이상으로 볼 수도 있다. 임을 부르는 애절한 통곡의 목소리는 일제 대한 항거의 소리며, '선체로 돌이 되어도' 끝끝내 버릴 수 없는 민족애의 열정과 의지를 담고 있다.[7]

② 한용운의 「님의 침묵」과 관련하여
"님은 갔습니다. 아아, 사랑하는 나의 님은 갔습니다."로 시작되는 「님의 침묵」은 '님'이 누구냐로 많은 논란이 벌어지기도 하지만, 독립 정신으로 일관한 그의 생애에 비추어 그것은 잃어버린 '조국'이라고 보아야 적합할 것이다. 그러한 추측이 추측의 타당성은 이 시의 마지막 부분, 즉 "아아, 님은 갔지마는 나는 님을 보내지 아니하였습니다./ 제 곡조를 못 이기는 사랑의 노래는 님의 침묵을 휩싸고 돕니다"에서 찾아 볼 수가 있다. '님은 갔다'고 객관적인 현실을 긍정하면서도 '나는 님을 보내지 아니

---

6) 김광길 · 심원섭, 앞의 책, 89면.
7) 오세영 외 7인, 『고등학교 문학(상) 교사용 지도서』, 대한교과서, 2002, 52면.

하였다'라고 하여 주관적인 의지로서 '님은 자기와 함께 있음'을 강조하고 그 '님'을 붙들고 사랑의 노래를 읊는 시인의 애국심을 거듭 확인하고 있다. 하지만 '님'을 반드시 시대 상황과만 연결시킬 수는 없다. 그가 부처였다는 점을 고려해 보면 '님'은 '부처'일 수도 있으며, 좀더 넓혀서 보편적으로 해석해 보면 '절대자'로 볼 수도 있다. 이런 다양성은 이 시를 더욱 돋보이게 하는 요소이기도 하다.[8]

두 해설은 모두 역사·전기의 비평의 사례다. ①은 작품이 씌어진 시기를 고려하여, 「초혼」이 국권 회복의 의지를 담은 시로 볼 수 있다고 밝히고 있다. ②는 작품의 창작 시기와 작가의 전기적 사실에 비춰 「님의 침묵」의 시적 대상이 되는 '임'이 잃어버린 조국, 부처(절대자)로 해석할 수 있음을 지적한다. 이는 충분히 가정할 수 있는 해석이다. 하지만 이것이 그대로 작품의 주제와 의도로 연결되는 것은 아니다. 시인과 관련된 사실 정보가 작품의 부분적 의미까지 모두 충족시키지는 못한다. 독자가 얻은 외적 정보는 작품에 대한 개괄적인 설명은 가능하게 하지만 시 구절 하나하나 투명하게 해명하지 못한다.

다양한 시각에서의 작품 접근은 권장되어야 한다. 외적 정보와 작품을 관계 짓는 일은, 작가나 현실에 비추어 작품을 해석할 수 있고, 문학 작품에 접근하는 방법이 다양하다는 점을 일러준다는 점에서 교육적 가치가 있다. 하지만 이것은 작품 그 자체에 대한 충실한 해석이 있은 다음에 따라올 일이다. 작품을 꼼꼼하게 읽지 않은 상태에서 시인의 이력을 근거로 해서 의미를 추정하는 일은 완전한 해석이 되지 못한다. 빈자리에 맞는 의미를 발견했다고 해도 그것은 허술한 해석이 되기 쉽다. 작가의 전기적 사실이나 시대 상황이 적절히 고려될 수 있다. 그렇지 않고 시인의 생애와

---

8) 김윤식 외 4인, 앞의 책, 226면. 제시된 내용은 '작품의 개관'이란 부분에서 발췌한 것이다.

그가 살던 시대를 작품과 무작정 대응시키는 일은 바람직하지 못하다.

여승은 합장(合掌)하고 절을 했다
가지취의 내음새가 났다
쓸쓸한 낯이 옛날같이 늙었다
나는 불경처럼 서러워졌다

평안도의 어늬 산 깊은 금덤판
나는 파리한 여인에게서 옥수수를 샀다
여인은 나 어린 딸아이를 따리며 가을밤같이 차게 울었다

섶벌같이 나아간 지아비 기다려 십 년(十年)이 갔다
지아비는 돌아오지 않고
어린 딸은 도라지꽃이 좋아 돌무덤으로 갔다

산(山)꿩도 설게 울은 슬픈 날이 있었다
산(山)절의 마당귀에 女人의 머리오리가 눈물방울과 같이
떨어진 날이 있었다

— 백석, 「여승」, 『사슴』(1936)

이 시는 반영론의 관점에서 서사성을 함유한 리얼리즘 시로 보기도 한
다. 삶의 근거를 빼앗긴 식민지 농민의 실상이 불과 열두 행의 짧은 시에
집약적으로 표현되어 있다는 것이다.[9] 하지만 이 시는 여승이 된 한 여인
이 삶에 맞춰져 있을 뿐, 식민지 농민의 참상을 구체적으로 보여줄 지아비
의 삶은 거의 제시되어 있지 않다. 또한 이 시에는 백석의 다른 시에 비해
화자의 감정이 두드러지게 노출되고 있다.[10]

---

9) 최두석, 「리얼리즘의 시정신」, 『실천문학』 봄호, 1990, 357면.
10) 이숭원, 「백석시의 화자와 어조 연구」, 『한국시학연구』 1호, 1998, 260~261면.

사실 「여승」은 인간의 삶의 모습을 잘 담고 있어 문학과 삶과의 관계를 이해하는 데에 좋은 예가 된다. 이 시는 여자 스님이 된 한 여인을 중심으로 십년 동안 집나가 있는 남편과 죽은 어린 딸을 이야기한다. 한 여인의 비극적인 삶을 담고 있다는 데에는 이견이 없다. 하지만 이를 특정 시대의 민족의 삶으로 확대하여 해석하는 태도는 적절치 못하다.

「여승」이 일제의 식민지 수탈로 인해 파괴된 가족 공동체의 모습을 드러내고 있다는 입장에서는 발표된 시대가 1930년대이고, 이 시에는 한 여인의 궁핍한 삶이 담겨 있으므로 식민지 시대의 민중의 삶을 표현하고 있다고 본다. 이러한 논리는 시의 내용을 작품의 외적 조건에 억지로 끌어들여 '견강부회(牽强附會)'의 모순을 범한다. 그러므로 백석의 「여승」을 두고, 1930년대의 민중들의 궁핍한 생활상을 적절하게 표현했다든가, 식민지 시대의 수탈로 인한 가족 공동체의 해체를 주제로 삼고 있다는 주장은 신중해야 한다. 식민지 시대에 창작되었고, 그 시대의 작품으로서 주인공의 비참한 생활상이 드러났다고 해서 당대 현실을 전형적으로 보여 준다고 단언할 수는 없다.

문학 연구의 궁극적인 목적이나 그 본질은 어디까지나 작품이 펼쳐 보여주는 가치와 미의 세계를 어떻게 규명하느냐에 있다. 그 어떤 문학 연구 방법이든 간에 문학의 본질적 세계와 무관하게 진행된 것은 문학 연구에 필요한 부수적인 세계이지 중심적인 세계는 될 수 없다. 독자가 시를 감상할 때, 직접적으로 대면하는 것은 시인과 시대와 같은 외적 상황이 아니라 작품이다.

독자가 작품에서 시인의 삶의 이력이나 시대의 상황을 읽어 내기란 쉽지 않다. 사실 작가는 자신이 직면한 현실을 문학을 통해 전달해야 할 의무를 갖지 않으며, 또한 그것을 독자에게 강요할 수도 없다. 시가 다룰 수 있는 내용은 시인의 관심과 가치관에 따라 무한히 넓고 다양하다. 모든 시들이 냉철한 현실 인식과 역사의식을 가지고 부조리한 사회 현실을 문제 삼지 않는다. 일제 침략기에 창작된 많은 명시들이 일제의 탄압으로 괴로워하는 민중의 삶을 그려내고 있는 것은 아니다. 현실을 직시하며 민족의 삶을 재현한 시에 더 높은 가치를 부여한다면 박목월의 「나그네」, 「청노루」 등의 고답적인 작품들은 파기(破棄)의 대상이 되고 만다.

작품 내에서 정보가 주어지지 않는 한, 독자는 원천적으로 작가의 이력이나 그가 살았던 시대에 대해서는 알지 못한다. 문학교육 현장에선 작품 외적 정보는 대개의 경우 교사에게 의존하고 있다. 학생들이 윤동주의 시를 감상할 때, 그의 생애와 시대적 상황을 스스로 알기란 어렵다. 그렇기 때문에 문학 교사는 윤동주가 어떤 환경에서 성장했는지, 그의 시에서 드러나는 부끄럼의 정서가 어디에서 연유하는지를 학생들에게 일러 준다. 시 교실에서 시인의 삶과 시대와 관련한 배경 지식은 교사의 지시와 설명이 아니면 외부의 자료의 도움을 받아 의해 습득되는 것이 일반적이다.

독자가 직접 작가의 전기적 사실과 시대를 찾아볼 수 있겠지만, 그것은 시 연구를 업으로 하는 학자가 할 일이지 학생 독자가 할 일은 아니다. 엄밀히 말해, 문학 감상에서는 시인과 현실은 저 밖에 있는 것이고, 작품 對 독자로서만 존재하는 것이다. 그렇다 해서 외재적 접근 방법은 교육 현장에서 불필요한 것만은 아니다. 작품 자체만 중시하는 비평 외에도 작가, 현실을 중시하는 역사주의 비평 역시 작품을 해석하는 한 방법으로 의미를 가진다. 우리가 윤동주 시를 감상함에 있어, 그의 현실과 생애를 제쳐두고 작품이 주는 전언에만 천착할 수도 있겠지만 그의 순결한 삶을 살펴봄으로써 보다 큰 감동을 받을 수 있다.

윤동주는 매우 조용하고 내면적인 성격의 소유자였다. 그가 15세 때까지 생활한 명동촌의 삶에서 평화와 화해를 지향하는 본래적인 자아를 형성한다.11) 시인은 아름답고 순수하고 평화로운 화해의 세계에서 사랑으로 살려고 하지만 현실적 자아는 이를 허락하지 않는다. 일제의 핍박으로 온 민족이 도탄에 빠져 있는데 자기 혼자서 아름다운 세계를 추구할 수는 없었다. 더구나 일본 제국주의를 용서와 사랑으로 순화시켜 시대의 어둠을 해결한다는 것은 도저히 상상조차 할 수 없는 일이었다. 사랑의 실천이 아니라 증오와 대립의 실천이 요구되었던 것이다. 시대적 양심을 지켜야 한다는 각오와 당위가 준엄하다 하더라도, 아름다운 화해의 세계를 포기하고 증오와 대립의 세계로 나아가야 함은 윤동주로서는 수락하기 어려운 일이었다. 아름다운 화해와 사랑의 세계를 마음에 두면서도 그 반대인 증오와 대립의 세계로 나아갈 수밖에 없다는 이율배반적인 인식이 윤동주 시 세계의 바탕을 이루고 있다.

　　윤동주의 시를 이해하기 위해서는 윤동주가 어떤 성격의 인간인지 먼저 이해해야 한다. 윤동주는 매우 내면적이고 서정적이고 순수한 인간이었다. 그는 하늘과 별과 바람과 바람을 사랑했으며, 조화와 평화의 동화적 세계를 동경하고 그 속에서 살고자 했다. 심지어는 원수까지도 사랑하며 살고자 했다. 그래서 민족의 적을 미워하고 그들이 싸우는 것에 대해서도 괴로워했다. 그만큼 그는 순수한 영혼을 지닌 인간이었다. 그러나 민족의 현실은 그를 그런 동화적 세계 속에 살도록 내버려두지 않았다. 민족의

11) 윤동주는 1917년 12월 30일 두만강 저쪽 북간도 명동촌에서 태어나, 한 사람의 시인으로서 100여 편의 시와 동시, 그리고 몇 편의 산문을 남겨놓고, 1945년 2월 16일 일본의 후구오카 형무소에서 29세의 젊은 나이로 죽었다. 이남호의 연구에 따르면, 윤동주가 태어난 명동촌은 외삼촌 김약연 선생이 일찍이 이 지방에 이주해 들어와 개척한 지역으로 교육과 종교, 독립 운동 등에 걸쳐 간도 지방의 한인교포 사회에서 신문화운동이 남달리 활발했던 곳이다. 1910년에는 조부 윤하현이 기독교 장로교에 입교하여 윤동주가 태어날 무렵에 장로직을 맡게 되는데, 윤동주가 태어나자마자 유아 세례를 받게 하였다. 부친 윤영석은 북경과 동경에 유학한 바가 있고, 윤동주가 태어날 무렵 명동 소학교에서 교편을 잡았다. 윤동주는 1917년 출생에서부터 명동 소학교를 졸업하는 1931년까지 명동촌에서 살았는데, 가정환경과 명동촌과 명동 소학교의 분위기 등으로 보아 어린 시절의 윤동주는 평화롭고 아름다운 화해의 세계에서 성장했다고 할 수 있으며, 명동촌의 아름다운 풍광이 윤동주의 서정적 체험의 원형이 되었을 가능성이 높다. 이남호, 앞의 논문, 23~24면.

현실을 점차 인식해 나가면서, 그는 갈등을 겪었다. 민족의 현실에 책임감을 느낌에 따라, 그는 동화의 세계, 순수의 세계를 포기해야만 했기 때문이다. 순수의 세계에서는 원수까지도 사랑으로 포용할 수 있는데, 현실의 세계에서는 민족의 적을 미워해야 하고 또 그들과 폭력으로 싸워야 하기 때문이었다. 민족을 위해서 사랑과 순수를 포기해야만 한다는 것, 이것이 오랫동안 윤동주라는 너무나 순수한 인간을 괴롭힌 문제였다. 이 갈등이 해결되지 않고는 민족을 위한 어떤 행동이나 결단으로도 나아갈 수가 없었다. 그러다가 윤동주는 사랑과 순수의 일시적 포기와 민족적 행위가 정당하다는 인식 또는 사랑과 순수를 일시적으로 포기해야 하는 슬픔을 겪을 수밖에 없다는 인식에 도달하게 된다. 이러한 갈등이 윤동주의 시를 탄생시킨 모태였다. (…중략…)

　「참회록」은 민족의 현실을 책임지기 위해 최고의 가치로 추구하던 사랑과 순수의 세계를 일시적으로 포기해야 했던 순결한 영혼의 참회를 보여준다. 윤동주는 「참회록」에서 단순히 망국민으로 살아온 삶만을 참회하는 것이 아니라, 민족을 위해 사랑과 순수를 일시적 포기할 수밖에 없었던 것에 대해 참회하고 있다.[12]

위의 비평은 문학이 시대의 산물이고 작가의 거울이라는 사실을 명료하게 보여준다. 윤동주의 시는 순결한 영혼의 흔적과 치열한 시대적 고뇌의 흔적을 하나의 느낌으로 전달해준다. 그래서 그의 시 연구에서 '아름다운 서정성'과 '치열한 시대적 고뇌'는 분리되지 않는다. 윤동주의 시는 순결하고 정직한 영혼이 가혹한 시대에 처하여 갈등과 고통에 처하지만 끊임없는 자아 성찰로 마침내는 내면적 완성에 도달하게 되는 과정을 보여주는데, 이러한 사례는 우리 정신사에서 그 유례를 찾아보기 힘든 것이다.[13]

많은 유명한 작품들이 윤동주 시와 같은 높은 정신세계를 보여주지는 않는다. 더구나 모든 시가 당대의 사회문제를 다루고 시대 의식을 드러내

---

12) 이남호, 앞의 책(2001), 84~86면.
13) 이남호, 앞의 논문, 107면.

지는 않는다. 작가의 생애를 잘 알아야 작품을 잘 해석할 수 있는 것도 아니다. 작가의 삶과 현실이 시 창작에 어떤 식으로든 영향을 주겠지만 그 영향의 정도는 시인마다, 작품마다 다르다. 그러므로 연구가 아니 시 감상에서는 작가와 현실을 읽어야 하는 상황은 한정될 수밖에 없다.

이남호 교수가 윤동주의 생애와 시대를 통해 작품에 담긴 의도를 파악할 수 있었던 것은 그만큼 이유가 있다. 윤동주 시인의 경우, 독자를 전혀 염두에 두지 않고 일기를 쓰듯 자신의 내면적 고뇌를 써갔고, 작품의 화자는 자신의 목소리와 일치한다. 그래서 그의 전 작품들은 한 편의 긴 시로서 읽을 수 있으며, 시인의 솔직한 심경을 엿볼 수 있다. 윤동주는 1939년경부터 일제에 의해 체포될 무렵까지 일관된 문제로 고뇌했으며, 이 시기의 시는 한편의 장시로 읽혀질 수 있을 만치 일관된 갈등의 전개양상을 보여준다. 그의 개개 작품은 완결성이 부족하여 자립적이고 자족적인 의미 공간을 구축하지 못하고 있다.14) 이 때문에 윤동주의 시는 그 작품만 보고 최소한의 완결된 의미 파악이 쉽지가 않다. 이런 이유로 그의 정신세계와 시대 환경에 대한 재구성이 필요했던 것이다.

연구의 장에서 역사주의 비평은 모든 시인의 작품에 적용될 수 있으나, 시 읽기나 교육의 장에서는 특정한 시대의 특정한 시인에 한해 유효한 것으로 보인다. 문학은 현실에서 벗어날 수 없고, 작가와 떼어놓을 수는 없다. 하나의 작품은 그 시대, 그 사회에서 살아가는 작가의 창조품이기 때

---

14) 윤동주의 개개의 작품은 완결되지 못하다. 윤동주의 시가 얼핏 볼 때 그 의미 공간이 매우 넓어 해석의 가능성이 풍부한 것 같지만, 그의 시는 자족적이고 자립적인 의미 공간을 구축하고 있지 못하고 있다. 그래서 윤동주의 시는 '시적 애매성'이 풍부한 것이 아니라, 시의 의미 공간이 허술한 것이라 말할 수 있다. 시 한 편 한 편이 자족적이고 자립적인 의미 공간을 구축하지 못하고, 의미의 비약, 극히 개인적인 비유, 비자립적인 의미 공간을 보여주는 것은 윤동주 시의 결점이라 할 수 있다. 윤동주 시는 의미 공간의 완결성이 부족하기 때문에 독자들은 그의 시를 소재로 의미를 만들어내어서는 안되고, 시인의 삶과 전체 시 세계를 참고로 하여 시인의 의도를 찾아내어야 한다(이남호, 앞의 논문, 16~22면 참조).

문이다. 그래서 모든 문학 작품은 역사·전기적 접근이 가능한 것이다. 하지만 시 교실에서 모든 작품을 작가의 생애와 그가 살았던 시대와 관련지어 작품의 의미를 살필 수 없다. 그렇게 할 수도 없지만, 이런 상황이 벌어진다면 시 수업은 '문학 감상'이라는 본래의 목적에서 벗어나 역사 교육이나 가치관 교육으로 전락할 수 있다.

2 고전시가의 현실 및 작가 읽기

고전시가도 우리 시의 영역에 있으며, 문학교육의 자료가 된다. 오늘날의 현대시는 시대의 연속성 위에서 이루어진 것이며, 과거 자산이 축적되어 형성된 것이다. 현대시와 고전시는 별개가 아니며 이 모두는 우리의 시이며, 우리 민족의 생활상과 사유 방식을 담고 있다. 하지만 고전시가는 작가 계층, 세계관, 언어 관습, 장르의 형식 등에서 현대시와 차이가 있어 작품 이해에 어려움이 있다.

고전문학은 오늘날로부터 역사적·문화적으로 멀리 떨어진 시대의 것이기 때문에 그것을 이해하는 데에는 원전 해독과 주석을 비롯한 지식, 정보의 요구량이 많다. 이 '전제적 요구'가 교육 활동의 심리적·시간적 여유를 압도할 경우, 정작 중요한 목표인 문학 체험과 이해를 위축되거나 증발해 버리기 마련이다.15) 그러나 이런 이유로 오늘날의 문학과 같이 고전시가를 창출·수용된 시대의 역사성으로부터 분리해서 '작품 그 자체'로서만 이해하는 것도 올바른 감상법이라 할 수 없다. 그것은 고전시가가 갖는 특수성이나 개별성을 인정하지 않는 행위다.

고전문학(古典文學)을 '후대에 모범이 될만한 우리 조상의 삶의 기록'이라

---

15) 김흥규, 「고전문학교육과 역사적 원근법」, 『한국의 고전문학과 비평의 성찰』, 고려대학교 출판부, 2002, 307면.

고 정의했을 때, 고전시가(古典詩歌)는 운문 성격의 서정적 세계를 노래한 고전문학이라 할 수 있다.[16] 고대가요, 향가, 고려속요, 경기체가, 악장, 한시, 고시조, 가사 등이 그것이다. 이들 시가 문학은 정형화된 형식을 갖추고 압축된 언어로 서정 세계를 표현하고 있다. 고려 속요 이전의 시가들은 한문으로 기록되어 있으며, 고대가요와 향가는 배경 설화가 있으며 그 속에 한역되어 전한다. 고려의 속요와 조선 후기의 사설시조, 평민 가사 등을 제외하고는 대부분의 고전시가 작품은 글을 깨친 귀족 계급이 창작 계층이다. 조선의 시가의 경우, 유교적 이데올로기를 신봉하는 양반 사대부가 작가이며, 이들은 문인이면서 정치가로서 정치권력에 개입하고 있다. 그래서 사대부의 작품들은 그들의 공통된 의식을 표출하며, 당대의 정치 현실과 어떤 식으로든 관련을 맺고 있다.

이러한 개별적 특성을 고려해 볼 때, 고전시가를 현대의 시각으로 작품 자체만을 놓고 해석하는 것은 바른 태도가 아니다. 고전문학을 그 시대의 역사성으로부터 떼어내어 초시간적 객체로 본다든가, 역사적 원근법 없이 현재화하는 것은 온당하지 못하며, 적어도 고전문학을 읽고 가르치는 뜻에 부합하는 접근 방법일 수는 없다.

김흥규는 고전문학 교육을 메마른 고증학과 지식주의의 압도로부터 벗어나게 하는 것, 그러면서도 고전문학의 역사성이 학습자의 문학 이해와 성장에 의미 있는 요소로서 체험되도록 하는 것 이 두 가지 요구 사이에 고전문학 교육의 핵심적 과제가 있다고 보고, 고전문학의 타자성에 대해 제 3의 접근 방식으로 '역사적 원근법'을 제시한다.[17] 고전문학을 그 시대

---

16) 이유지, 「고려속요 지도의 방향에 관한 연구」, 『이화교육논총』 5권, 이화여자대학교, 1994, 99~100면.
17) 김흥규, 앞의 책, 308~312면. 김흥규 교수는 고전문학이 오늘날의 독자와 연구자들이 갖는 거리감을 '타자(他者)의 문학'으로 설명한 바 있다. 그에 따르면, 사회 구조, 생활 양식, 세계관, 가치관 문학적 관습 등이 현저하게 다른 시대의 문학이기에, 그 시대가

적・문화적 지평과 더불어 이해하고 가르친다는 전제에서 고전문학 속에 체현된 인간 경험과 그 표현의 동질성(근접성), 시대적 차이, 그리고 과거로부터 현재에 이르는 변화 속에서의 역사적 연계성의 이해를 추구해야 한다는 것이다. 다음은 그가 제시한 고전문학 작품의 수용에 관여하는 지적, 정서적 활동의 층위다.

> ① 텍스트에 대한 書誌的 이해, 판단
> ② 텍스트 언어 해독
> ③ 장르적 관습, 장치, 특성의 이해
> ④ 작품과 관련된 사회적・문화적 요인, 환경 및 작가에 관한 이해
> ⑤ 작품에 대한 느낌, 심미적 반응의 형성
> ⑥ 작품 해석
> ⑦ 작품에 대한 소감, 평가

현대문학 작품을 읽는 경우 ①에서 ④까지의 과정들은 생략되거나, 독자가 그런 과정을 통과한다는 의식이 거의 없을 만큼 투명하게 받아들여지거나, 대체로 간략하게 처리된다. 고전문학은 이와 달리 ①, ②, ③, ④의 과정 모두에 걸쳐서 오늘날 독자들과 격절되어 있다. ①, ②의 단계는 물론이거니와 ③, ④의 단계도 적절한 도움이나 교육 없이 일반 독자 및 학생들이 손쉽게 넘어가지는 못한다. 정작 문학 이해의 핵심이라 할 ⑤, ⑥, ⑦의 과정으로 진입하기 전에 이 네 가지 단계를 거쳐야 한다.

그러나 이러한 일곱 가지 층위가 그가 지적한 대로 문학 텍스트의 수용에 명료하게 작용한다고 볼 수 없으며, 열거한 순서대로의 일회적 진행으

오늘의 시대에 대해서 타자인 것처럼 문학 또한 그러한 것이다. 다만 외국 문학의 타자성에 비해 중요한 차이는 고전문학이 '오늘날의 우리와 역사적으로 연결되어 있는 타자'라는 점이다. 우리 고전문학은 오늘날의 한국 문학에 대해 시대적・사회적・문화적 층위의 어떤 부분에서 '타자'로서의 의미를 갖고 있으며, 그 점이 바로 교육을 통해 체험되고 소화되어야 할 중요한 가치다.

로 작품 수용 행위가 일어나는 것도 아니다. 수업의 현장에서나 실제 작품의 이해과정에서는, 여러 단계의 비중이 가변적이며, 순환적 과정을 거치면서 서로를 보완하는 것이 보통이다. 또한 위의 도식은 작품의 외적 조건을 강조하면서 작품을 꼼꼼히 읽는 것을 간과하고 있다.

문학교육이란 기본적으로 작품 읽기로부터 시작하여 출발하여 작품 읽기의 문제로 귀결된다고 해도 과언이 아니다. 문학교육의 성패는 작품 읽기의 활성화에 달려 있다. 다루는 작품이 현대문학이든 고전문학이든 가장 우선시해야 하는 것은 작품 그 자체다. 처음부터 무작정 작품을 사회적·문화적 배경과 관련짓거나 문학사에 들먹이는 것은 지식의 주입에 지나지 않는다. 우리가 문학 작품을 읽는 것은 어떤 지식을 습득하기 위해서가 아니라 작품에 담겨 있는 사상과 감정을 통해 삶에 대관 깨달음과 즐거움을 체득하게 위해서다.

문학 감상자는 표현된 말의 뜻을 살피면서 작품 전체를 논리적으로 규명하는 데에 초점을 둬야 한다. 작품의 깊은 이해를 위해 당대의 현실과 문화, 작가의 전기적 사실이나 창작 동기 등을 고려해 볼 수 있다. 여기서는 사설시조의 작품을 예로 하여 고전시가 읽기의 한 방향을 제시한다. 그리고 고전시를 읽는 과정으로 (1) 언어 해독을 통한 내용의 사실적 이해, (2) 의문점 해결을 통한 작품의 해석, (3) 장르적 특성, 작가 및 작가 현실에 대한 이해, (4) 작품에 대한 반응 등을 제시한다.

> 두터비 프리를 물고 두험 우희 치드라 안자
> 것넌산 브라보니 백송골이 써 잇거늘 가슴이 금즉ᄒ여 풀덕
> 쒸여 내듯다가 두험 아래 쟛바지거고.
> 모쳐라 놀랜 낼식망정 에헐질 번ᄒ쾌라.

(1) 언어 해독을 통한 내용의 사실적 이해

작품에 표현된 말이 무슨 뜻을 담고 있는지 알지 못하면 문학 감상은 이루어질 수 없다. 고전 작품은 현재의 표기와 차이가 있고, 오늘날 잘 쓰지 않는 낯선 어휘들이 많아 학습자의 수준에 맞게 쉽게 해독되어야 한다. 이때 교사는 처음부터 끝까지 해석을 해주기보다는 학생들과 의사를 상호 교환함으로써 이들로 하여금 의미를 추정하게 할 수 있다.[18] 이런 활동은 학습동기를 유발해 학생들이 작품에 몰입할 수 있도록 해준다.

> 두꺼비가 파리를 물고 두엄 위에 치달아 앉아
> 건너 산을 바라보니 백송골이 떠 있어 가슴이 끔찍하여 풀떡
> 뛰어 내달아 두엄 아래에 자빠졌구나
> 다행이구나. 날쌘 나일망정이지 피멍들 뻔했어라

위는 사실적 이해를 위해 작품의 원문을 현대식으로 풀이한 것이다. 학생들은 해독을 통해 작품의 내용을 그대로 수용하게 된다. 이 작품의 주인공은 파리를 물고 있는 두꺼비다. 두꺼비가 두엄에 올아 앉아 자신이 잡아 놓은 파리를 포식하려 하는데, 건너편 산에 자신의 천적인 매가 있는 것을 보고는 얼른 두엄 밑으로 몸을 숨긴다. 그리고는 자신의 민첩한 행동을 자화자찬하면서 안도해 한다.

---

18) 교사는 어휘 지도를 위한 방법으로 질문과 자유 연상의 전략을 활용할 수 있다. 학생들에게 이해되지 않는 부분을 찾아보게 한 다음, 그 말의 의미를 문맥상 어떤 의미를 담고 있는지 물어본다. 학생 독자는 자유 연상과 같이 꼬리에 꼬리를 무는 문답을 통해 의미를 추리하고, 이런 바탕에서 학습자는 자신의 말로 작품의 의미를 풀어본다.

(2) 의문점 해결을 통한 작품의 해석

학생들은 작품의 사실적 이해를 바탕으로 시어의 함축적 의미, 표현 기법, 화자의 시선, 작가의 의도 등을 살핀다. 그리고 다음과 같은 의문점을 제기하면서 작품의 내용과 표현을 따져본다.

> ① 이 작품에서 사용된 표현기법은 뭘까?
> ② 왜 이런 표현 기법을 사용했을까?
> ③ 주인공의 목소리를 느낄 수 있는 부분은 어디일까? 이것은 작품에서 어떤 효과를 가질까?
> ④ 작가가 이 작품을 통해 말하고 싶은 것은 뭘까?[19]

제기된 네 개의 질문에 대해 해답을 찾게 되면, 작품의 구조와 의미는 파악된다. 이 작품은 '두꺼비의 상황(초장) → 두꺼비의 위기(중장) → 두꺼비의 위기 극복(종장)'으로 시상이 전개되고 있다. 그런데 초·중장에서는 화자가 작품 밖에서 관찰자 입장에서 이야기를 객관적으로 전달하다가 종장에서는 '나' 곧 두꺼비가 화자가 되어 자신의 심정을 드러낸다. 이러한 화자의 이동은 특정한 목적의식을 내포하며, 의미 전달의 효과를 높인다. 초·중장에서 사실 상황을 설명하여 독자의 관심을 유발하고, 종장에서 자신의 우스꽝스러운 언행을 보여줌으로써 웃음을 유발한다. 두꺼비 입장에서는 생사가 걸린 중대한 문제인데, 이를 지켜보는 독자 입장에서는 두꺼비가 보여준 희극으로 절박함을 공유하지 못한다. 한마디로 여기서 두꺼비는 빨간 코를 붙이고 어리숙하게 분장한 광대가 되는 것이다. 그렇다면 주

---

19) ④는 작품의 주제의식을 묻고 있다. 학생들은 이와 관련하여 이 작품이 주는 메시지는 뭘까? 백송골을 보고 몸을 얼른 숨긴 백송골의 당당함일까, 기는 놈 위에 나는 놈이 있으니 항상 조심하라는 말일까, 아니면 동물을 통해 인간 세계를 이야기하고 있는 것이 아닐까 하는 등의 의문을 가지면서 작품을 꼼꼼히 읽을 필요가 있다.

인공이 스스로 웃음거리가 되고자 한 것은 무엇 때문일까? 이 의도를 푸는 것이 이 작품 해석의 관건이 된다.

자연계의 먹이 사슬로 본다면, 파리의 포식자는 두꺼비이고, 두꺼비의 포식자는 백송골이 된다. 강한 자가 약한 자를 잡아먹고, 더 강한 자가 강한 자를 잡아먹는 것은 거역할 수 없는 생존의 법칙이다. 작가는 짐승들의 약육강식의 세계가 인간 사회에서도 이루어지고 있음을 직시하고 있다. 인간 사회에서 약자는 강자에게 억눌러 살 수밖에 없고, 그 강자에 의해 한 순간에 죽음을 당할 수도 있다. 작가는 이러한 부조리한 현실을 두꺼비의 언행을 통해 풍자한다.

풍자란 어떤 부정적인 현상을 측면 또는 이면에서 공격하여 그 치부를 드러내 보임으로써 웃음을 자아내게 하는 것이다. 풍자는 당대 사회 또는 역사의 어두운 면에 대한 의미있는 발언이며, 인간의 생존에 대한 절실한 문제를 제기, 고발하면서 그에 대한 새로운 모색과 해결을 구하는 것이다.[20] 교사는 학생들에게 풍자의 기법을 다른 문학 작품이나 일상사에서 예로 보이면서 상세히 설명해 주고, 그것이 현실 인식의 한 방법임을 이해시켜 준다. 그리고 다음과 같은 간단한 도식을 이용해 풍자의 본질을 일깨워 줄 수 있다.

(3) 장르적 특성, 작가 및 작가 현실에 대한 이해

이 작품에서 풍자되고 중심 대상은 두꺼비다. 풍자하려는 실질적인 주체

---

20) 김광순, 『한국고소설사』, 국학자료원, 2001, 71면.

는 작품 밖에 있는 작가이다. 작가는 자신이 말하고자 하는 것을 직접적으로 말하지 않고 왜 동물에 빗대어 말하고자 하는 것일까? 그리고 두꺼비의 실체는 뭘까? 이 물음에 대한 답을 찾아내는 것이 이 작품을 바르게 해석하는 열쇠가 된다. 이때 학생들에게 요구되는 것이 사설시조 장르에 대한 지식이다. 사회적 배경과 관련지어 본 사설시조의 형성, 평시조와 비교해 볼 때의 형식과 내용의 변화, 작가층과 관련지어 본 사설시조의 특징 등은 작품의 의미와 작가의 의도를 파악하는 데에 기여한다. 지식의 인지(認知) 활동은 사전에 과제물로 제시되어 습득될 수 있고, 교사의 설명에 의해 제시될 수 있다. 이 지식들을 동원하여 작품의 의미를 한 번 더 되새겨 보는 것이다.

여기서 유의할 점은 하나의 장르는 기존에 선행한 문학 장르와의 관계 속에서 생성, 변모한다는 것이다. 문학사 교육은 단편화된 사실의 나열이 아니라 하나의 작품, 시기, 혹은 문학적 관습을 둘러싸고 있는 선후 관계에 대한 이해를 포괄 할 수 있도록 구조화될 때 비로소 그 의의를 찾을 수 있다.21) 하나의 문학 현상을 그 시대의 한 시점에서 공시적으로 접근하면서도 개별적 양상의 전·후사를 통시적으로 살펴볼 때, 문학사에 대한 균형적인 시각을 갖출 수 있다. 사설시조는 공시적 관점에서는 조선 후기의 변화 특히 중인, 평민층 작가층의 가담으로 그들의 세계관과 가치관을 담고자 하였고, 그것이 평시조의 변형으로 충족되었다고 볼 수 있다. 통시적 관점에서는 전대의 고려 가요와의 관련성을 살펴볼 수 있다. 고려 가요에 드러나는 격 없는 감정의 자유로운 분출은 사설시조에서도 나타나며, 사설시조의 풍자나 해학을 통한 현실 비판은 현대문학에서도 계승되고 있다.

사설시조 장르의 형성에 관한 공시적·통시적 관점에서의 이해는 실제

---

21) 고영화, 「문학사 교육에서의 장르 지식의 성격에 대하여」, 『선청어문』 28호, 서울대 국어교육연구소, 2001.

작품과 관련지어 이루어져야 한다. 학생들은 작품에서 사설시조가 조선 후기의 변화된 사회를 배경으로 형성되었고, 주로 중인 이하 서민 작가층의 의식과 세계관을 담고 있다는 사실을 이해해야 할 수 있어야 한다. 사설시조 장르에 관한 정보는 다음과 같은 해석의 틀을 제공한다.

1. 임란 이후의 조선 후기는 양반의 권위가 추락하고 서민의 자각이 일던 시대였고, 지배층에 대한 비판이 일어났다. 풍자는 양반을 비판하기 위한 좋은 장치가 된다.

2. 사설시조가 서민에 의해서도 향유되었다는 사실은 풍자대상이 서민 자신이라기보다는 양반 지배층이라는 사실을 알려준다.

3. '파리(약한 자)ー두꺼비(강한 자)ー백송골(더 강한 자)'라는 먹이 사슬을 상기할 때 파리는 서민으로, 백송골은 높은 지위의 양반으로 볼 수 있다. 이를테면 '두꺼비'가 지방 관리라면 '백송골'은 중앙 관리가 되는 셈이다.

4. 이 작품은 짐승의 세계와 다를 바 없는 약육강식의 인간 세계를 표현하고 있는데, 특히 서민들을 파리 목숨처럼 여기는 지방 관리의 착취상과 이중적인 인품을 풍자한다.

(4) 작품에 대한 반응

작품의 내적·외적 정보를 동원하여 작품의 내용과 표현을 심층적으로 이해했다면, 다음엔 이에 대한 반응이 뒤따라야 한다. 작품에 대한 반응은 작품을 분석하고 이해하면서 가지는 해석적 반응이며, 객관적인 준거를 가지고 판단하며 얻은 비판적 반응이다. 단순한 신체적 반응이나 좋다, 나쁘다는 식의 정서적 반응이 아니며, 독자와 작품 사이에서 이루어지는 상호

작용이다. 독자는 작품을 나름대로 평가하고, 작품의 의미를 진지하게 헤아려 볼 때, 작품을 즐길 수 있게 된다. 독자는 이 작품에서 풍자와 같은 표현의 묘미에 매력을 느낄 수 있고, 이 작품이 던지는 메시지를 지금의 현실과 비교해 볼 수 있다.

이 고전 작품은 '오래된 미래'22)로서 오늘날 우리에게 사회의 부조리함과 인간을 바라보는 거울이 된다. 동서고금을 막론하고 어느 사회에서나 상하 또는 주종의 권력 관계가 엄연히 존재한다. 그리고 우리 주변에도 자신의 부나 권력을 이용해 약자를 괴롭거나 이중적인 인간성을 지닌 사람들이 있다. 약자에게는 한없이 강하면서 강자 앞에서는 숨소리도 내지 못하는 비열한 인간이 사회를 썩게 한다. 이 작품은 오늘날 우리 사회를 되돌아보게 하며, 바람직한 사회와 인간의 모습을 모색하게 한다는 점에서 가치가 있다.

고전시가나 현대시는 감상의 텍스트가 되며, 교육적 가치를 지닌다는 점에서 시 교육, 문학교육의 영역에 있게 된다. 작품의 감상을 위해 수행되는 작가의 시대와 삶에 대한 검토는, 인간의 삶과 문학에 대한 총체적 이해를 도와주며, 작품 해석에 최대한의 완결성을 도모하게 한다. 그러나 모든 시 작품이 작가와 현실을 동원해야 만이 완벽한 해석이 가능한 것은 아니다. 문학교육의 현장에서 역사주의적 비평의 적용은 작가의 삶이 작품 해석에 꼭 필요할 때, 시 작품이 현실을 이야기하고 있을 때로 한정되어야 한다. 또한 시인이 직접 자신의 작품에 대해 언급하거나 의도를 밝힐 때는

---

22) '오래된 미래'는 헤레나 노르베리-호지라는 스웨덴 여성학자가 쓴 책(『오래된 매래』, 녹색평론사, 1996)의 제목에서 인용한 말이다. 이 책은 한 유서 깊은 공동체에 대한 생생한 현장 보고와 근대화 과정에 대한 비판적 분석을 통해 오늘날 인류 사회 전체가 직면한 사회적·생태적 위기의 본질을 명료하게 묘사하여 이 분야의 고전적인 필독서로 통하고 있다.

이를 참고할 수 있다.

시 읽기에서 저자나 현실을 찾아가는 방식은 기본적으로 작품에서 출발한다. 작품에서 시인의 삶이나 그가 살고 있는 현실의 모습이 드러나면 작품의 내적 문맥을 통해서 의미를 추정한다. 그리고 작자나 작품에 반영된 시대와 관련된 정보를 바탕으로 재해석을 시도한다. 이로써 독자는 독단적으로 가정했던 사실을 수정하며, 의미를 재구성하게 된다.

시인의 전기적 사실과 사상을 탐구하는 일은 시 연구자들의 몫이다. 시를 가르치는 문학 교사는 그들의 연구 성과에 의존하여 시를 가르치게 된다. 하지만 문학 교사는 학습자의 행동과 자기 확충 과정을 도외시한 채 연구의 결과를 그대로 전달하지 않는다.[23] 시 교육은 시 연구의 도움에 의존할 수밖에 없지만, 학생들을 대상으로 교육을 하는 문학 교사는 시 연구의 결과를 수용하는 데에 있어 그것의 범위와 적정 수준을 정해야 한다.

아름다운 자연을 그리고 있는 시라면 그 자연에 몰입할 수 있는 마음의 여유를 가지게 하고, 삶의 애환을 보여주는 시라면 그런 경험에 동떨어진 학생들에게 공유의 폭을 넓히는 데에 중점을 둔다. 애절한 사랑의 노래라면 화자의 입장에서 그 애절한 심정에 젖어 보는 것이 중요하다. 암흑의 시대에 자신의 안위를 돌보지 않고 처절하게 현실에 부딪히며 고뇌한 시인의 작품이라면 그 시인의 정신을 헤아려 보는 것도 교육적으로 필요하다. 다만 이때 간과해서는 안 될 것은, 작품 자체에서 의미를 바르게 해석하는 활동이 선행되어야 한다는 것이다. 이는 고전시의 감상에서도 똑같이 적용된다.

고전시의 경우, 대부분의 작품은 역사주의적 방법으로 이해하지 않으면 안 된다. 고전 작품을 정확히 해석하기 위해서는 당시의 역사적 사실에 대

---

23) 김인환, 『한국문학이론의 연구』, 을유문화사, 1986, 352면 참조.

한 정확한 정보가 필수적이며, 그러한 토대 위에서 작품의 의미를 재구하는 일이 진행되어야 한다. 고전시 읽기에서는 옛날과 현대라는 시간적 격차를 줄이고 거리감을 해소하는 것이 무엇보다 중요하다. 오늘날과 다른 언어 표기나 난해한 한자어가 현대적 감각으로 풀이되어야 하며, 누구에 의해 어떻게 창작되었는지 시대적·사회적 맥락을 이해해야 한다.24)

고전시가의 교육은 고전 작품에 관한 교육이면서 고전 작품을 통한 교육이어야 한다. 오늘날 교육 현장에서 이루어지는 고전문학 교육이 훈고 주석에 치우치지 않도록 하며, 당대의 삶과 정서를 이해하며, 오늘의 삶을 이해하는 데에 기여해야 한다는 점은 자명하다. 작품의 본질적이고 내재적인 가치를 확인해 보는 동시에 그 작품이 갖는 교육적 가치 즉 도구적이고 외재적인 가치에 대한 고려도 요구된다.25) 고전문학 작품이 현재와 관련이 없다는 생각, 또한 이것이 박물관에 진열된 유품인 것처럼 여기는 생각을 수정하지 않는 한 현재의 고전문학 교육의 모습은 크게 달라지지 않을 것이다.26)

우리가 고전을 배우는 중요한 목적은 그것이 우리의 삶을 대자적으로 바라볼 수 있는 길을 제공한다는 것, 다시 말해서 그것이 현재의 우리에게

---

24) 김풍기, 『한국 고전시가 교육의 역사적 지평』, 월인, 2002, 14면.

25) 한창훈, 「강호시가의 문학교육적 가치에 관한 연구」, 고려대학교 박사학위논문, 2000, 153면.

26) 고광수, 「고전문학 교육의 한 방향」, 『문학교육학』 10호, 한국문학교육학회, 2002. 고광수는 고전문학 교육의 가치를 예술론적 관점, 문화적 관점, 표현론적 관점 등의 세 관점에서 찾고 있다. 예술론적 관점에서 언어활동 속에 담겨 있는 가치관, 세계관, 정서, 미의식 등을 주목하고, 문화적 관점에서는 작품의 내용의 형성에 미친 문화적 맥락, 인간의 심리적 측면 등을 주목한다. 특정한 표현이 있을 때 그 표현의 사회적 문화적 의미를 아는 것은 사회·문화적 환경과 그것에 둘러싸인 인간이 어떻게 상호작용하는지에 대해 이해를 넓힐 수 있을 뿐만 아니라 인간의 삶에 대한 총체적인 이해를 도모한다. 그리고 표현론의 관점에서는 참신한 어휘의 사용, 내용 조직의 원리, 진술 방식 더 나아가서 내용 생성의 원리 등이 고전문학 작품에서 추출할 수 있는 교육의 요소들이다. 이 세 관점에서의 고전시 읽기는 문학에 관한 교육을 중시하는 입장이면서 고전문학을 과거의 역사적 산물로 버려두지 않는 방법이기도 하다.

무엇이 없는지를 비추어 주는 거울이라는 점에서 일차적인 의의를 발견할 수 있다.[27] 고전문학을 현재화하고 생활화하는 데에 가장 근접할 수 있는 현실적인 방법은 고전문학을 통하여 세계와 인간, 그리고 우리 삶에 대한 이해를 배우는 것이다. 이러한 배움이 있을 때 학생들은 인간의 삶과 자신의 삶의 가능성에 대해 모색하게 되고, 나아가 고전문학 교육이 현재의 삶에 의미 있는 교육이 될 수 있다.

[27] 김창원, 「고전문학의 생활화에 관한 하나의 단상」, 『문학교육학』 10호, 한국문학교육학회, 2002.

시 교육의 내용

유리창 정지용

유리에 차고 슬픈 것이 어른거린다.
열없이 붙어 서서 입김을 흐리니
길든 양 언 날개를 파다거린다.
지우고 보고 지우고 보아도
새까만 밤이 밀려나가고 밀려와 부딪히고,
물먹은 별이, 반짝, 보석처럼 박힌다.
밤에 홀로 유리를 닦는 것은
외로운 황홀한 심사이어니,
고운 폐혈관이 찢어진 채로
아아, 너는 산새처럼 날아갔구나!

— 『조선지광』(1930. 1.), 『정지용시집』(1935)

1 이 시의 화자는 어떤 상황에 있는가?

2 시 구절을 근거로 하여 화자의 심정을 말해 봅니다.

3 화자는 자신의 심정을 어떻게 표현하고 있는가?

4 이 작품에서 쉽게 이해되지 않는 시어나 구절을 찾아 문맥에 맞게 해석해 봅니다.

5 이 작품을 예로 하여 시의 교육내용에 대해 말해 봅니다.

1 시 수업내용의 선정 기준

(1) 교육내용의 세 층위

시 수업은 교사가 선정한 교육내용으로 진행되며, 이 교육내용으로 학생들은 시를 배우며 작품이 지닌 가치를 체험한다. 문학교육은 엄밀한 의미에서 문학 작품이 내재하고 있는 가치를 감상의 활동을 통해 실현하는 일이 된다. 좋은 시는 언어에 대한 감각과 사고력을 길러 주며, 정서를 순화하며, 인간과 세계에 대한 이해를 넓혀준다. 학습자와 교사가 만나는 시 교실은 이러한 가치를 탐색하고 생성하는 대표적인 공간이다. 하지만 현실은 부적절한 교육내용의 선정으로 시 읽기의 즐거움과 감동을 앗아가고 있다.

학교 교육에서 다루는 교육내용은 이중적이면서도 복합적인 성격을 띤다. 학생의 입장에서는 교과목을 통해 배워야 할 학습내용이 교육내용이 되는데, 교사의 입장에서는 가르쳐야 할 교수내용이 교육내용이 된다. 이 것은 좁은 개념에서 본 교육내용이다. 교육이 이루어지는 교실 공간에서는, 교사가 가르치고 학생들이 배우는 교수·학습 내용이 실질적인 교육내용이 된다. 넓은 개념에선, 교육과정과 교과서와 같은 문권의 내용이 교육내용이 된다. 국어과 교육내용은 국어과 교육과정의 내용 항목과 이를 반영한 교과서 내용을 이르는 복합적인 개념이다. 여기서 교육과정의 내용 항목이란 교육과정에 진술된 내용이며, 교과서 내용이란 학습목표와 학습 활동, 텍스트의 수준 및 길이 등을 포함하는 개념이다.[1]

따라서 학교교육에서 교육내용은 크게 세 측면에서 살필 수 있다. 국가 수준에서 일차적으로 규정해주는 교육과정과 교육과정의 구현물이 되는 교과서 그리고 교실에서 다루어지는 수업내용이 교육내용이 된다.[2] 그래서 교육내용은 교육과정의 내용, 교과서의 내용, 수업내용 등의 세 층위를 모두 포괄한다.

그런데 국가 수준의 교육과정을 절대시하는 관점에서는 교육과정이나 교과서에 기술되고 있는 진술이 교육내용이 된다. 교육과정이 곧 교육내용 이란 입장을 견지하는 쪽에선 교육과정의 의도와 계획대로 충실하게 실행 되면 교육적 변화를 꾀할 수 있다고 본다. 이러한 신념의 바탕에는 교육과 정이 교과서의 내용을 지배하고, 교육과정의 계획에 따라 만들어진 교과서 가 수업내용을 규제한다는 믿음이 깔려 있다.

그러나 교육내용에서 '교육과정의 내용＝교과서의 내용＝수업내용'과 같이 삼위 일치되는 관계는 현실적으로 불가능하다. 한 치의 오점이 없는 완전무결한 교육과정이 있을 수 없기 때문이다. 교육과정 개발자의 노력과 교육 연구자들의 합의에 의해 완벽에 가까운 교육과정을 제정한다고 하더 라도 교과서의 내용은 교육과정의 내용과 완전히 부합하지 못한다. 교육과 정은 교육목표와 교육내용을 비롯하여 교수·학습 방법, 평가, 운영 등에 대한 지침이나 방향을 제시하는 데에 일차적 소임이 있다. 따라서 내용 진 술에서 포괄적이고 추상적인 특성은 피할 수 없고, 구체적인 교수·학습

---

1) 송현정, 「국어과 교육내용 적정성에 대한 연구」, 『국어교육』 121호, 한국어교육학회, 2006, 40면.
2) 김재춘, 「교육내용의 적정화 : 쟁점과 방향」, 한국교육과정 평가원, 한국교육과정학회, 『교 육내용의 적정화 방안 탐색』, 2004학년도 학술 세미나 자료집, 122면 참조.

내용을 제공하는 데에는 한계가 있다. 교과서는 교육과정의 목표와 내용을 구체화시켜 놓은 공식적인 자료이긴 하지만, 제재를 선택하고 그에 맞는 학습내용을 마련하는 과정에서 교육과정의 진술과는 거리가 있는 내용이 선정되기도 한다.[3] 교과서는 교육과정의 영향 아래에서 교육과정의 내용을 그대로 반영하기도 하지만, 변형해서 반영하기도 한다.

더구나 현장의 교육에서는 교과서의 내용이 곧바로 수업내용이 되지 않는다. 수업에는 교과에 대한 교사의 전문적 식견과 수업 기술, 학습자의 지적 수준과 학습태도, 교재의 구성체제, 대학 입시 등 여러 요인들이 작용한다. 그래서 교사는 여러 정황을 고려해서 교과서에 제시되어 있는 학습 목표뿐만 아니라 그 내용을 재구성하기도 한다.[4]

교육과정의 경시 현상은 어제 오늘의 일이 아니며, 특히 학교의 급이 달라지는 고등학교에서 두드러진다. 전문계 고등학교의 경우, 학습자가 수용할 수 있는 범위 내에서 작품이 선별되며, 필요에 따라서는 가르칠 내용이 과감히 삭제되기도 한다. 그러므로 학교의 교육과정은 국가 수준에서 문서의 양식으로 기획되지만, 실질적인 교육내용은 교사의 수준에서 구성되어 실행된다고 볼 수 있다.

시 교실에서 수업의 재량권은 전적으로 한 개인의 교사에게 있다. 교사는 자신의 판단에 따라 교과서에서 누락된 내용이나 학습활동에서 놓치고 있는 부분을 수업내용으로 삼을 수 있다. 교과서의 내용이 지나치게 많다면 줄이고, 적다면 다른 내용을 첨가할 수 있다. 학습자의 수준을 고려해

---

3) 정혜승, 『국어과 교육과정 실행연구』, 박이정, 2002, 75~76면.
4) 국어교사를 대상으로 한 설문 조사에서 교사가 수업을 하면서 내용을 재구성하여 운영한다는 반응이 61.2%가 나왔다. 내용을 재구성하는 이유로는 교육과정에 제시된 내용이 학생들 수준에 적절하지 않기 때문이거나, 학생들의 흥미와 관심을 고려하고 단원의 내용의 특성을 반영하기 위해서라는 반응이 주를 이루었다. 조용기, 『제7차 교육과정의 현장 운영 실태 분석(Ⅱ)』, 한국교육과정평가원, 2004.

너무 쉽거나 어렵다면 생략할 수도 있다. 그러나 수업내용을 교사의 편의대로 아무렇게나 확장, 축소할 수는 없다. 수업내용을 선정하고 재구성하는 데에도 일정한 원칙이 있어야 한다.[5] 교육내용은 학습자에게 바람직한 학습경험을 제공하고, 교육의 질로 이어지는 교사의 질을 높이는 데에 기여한다. 그래서 교사가 어떤 목적으로, 어떤 내용으로 시를 가르칠 것인지가 중요할 수밖에 없으며, 수업내용을 선정할 때 교사의 자의적 판단을 제어할 수 있는 기준이 절실히 요구된다.

(2) 교육내용의 선정 기준

교육내용의 선정 기준은 Tyler를 위시하여 Taba, Zais 등의 교육과정 연구자들이 제기하였다. Tyler(1949)는 『교육과정과 수업의 기본 원리』에서 교육내용을 학습경험으로 보고, 학습경험을 선정하는 데에 다섯 가지의 일반적 원칙을 제시하였다.[6] 첫째, 학생들이 목표 달성에 포함된 행동을 실행할 수 있는 기회를 주는 학습경험이어야 한다. 둘째, 교육목표에 포함된 행동을 수행함으로써 만족을 느낄 수 있는 학습 경험이어야 한다. 셋째, 학생들이 반응할 수 있는 범위의 학습경험이어야 한다. 넷째, 동일한 교육목표를 하기 위한 여러 학습 경험이 선정되어야 한다. 다섯째, 여러 교육목표를 성취하는 데에 도움을 주는 학습경험이어야 한다.

Taba(1962)는 '조직화된 지식의 체계'를 교육과정의 내용으로 보며, 교육내용을 선정할 때 내용의 타당성과 중요성, 사회적 실재와의 일치, 폭과 깊이의 균형, 광범위한 목적을 위한 대책, 학생들의 경험에 대한 적응과

---

5) 이 원칙은 시의 가치를 생성할 수 있는 원칙이어야 하는데, 이것은 교육내용을 선정하는 준거로써 정할 수 있다.
6) Tyler. R.W. *Basic Principle of Curriculum and Instruction*, The University of Chicago Press, 1945.

학습능력, 학생의 흥미와 욕구에 대한 적절성 등을 고려해야 한다고 주장
하였다.7) Zais(1976)는 교육내용이 갖추어야 할 요건으로 유의미한 것, 타
당한 것, 사회적 적절성을 가진 것, 유용한 것, 교수·학습 가능한 것, 학
습 흥미를 고려한 것 등을 들었다.8) 서울대 교육연구소(1994)에서는 선행
연구를 종합하여 교육과정의 내용을 선정하는 원리로 중요성, 타당성, 유
용성, 학습 가능성, 사회적 관련성 등을 내세웠다.

교육내용의 선정 기준에 대해서는 이렇게 학자들마다 견해가 다르지만,
공통적으로 교육목표와의 관련성, 학습자의 학습 가능성, 중요성 등을 교
육내용을 선정하는 핵심적 준거로 본다. 이들 준거는 국어과 교육내용을
적정화하는 데에 유용한 잣대가 되고 있다. 한국교육과정평가원(2004)은
학습 양, 난이도, 내용의 타당성·교육적 중요도, 위계성 등의 네 기준에
서 국어과 교육과정 및 교과서 내용의 적정성을 분석, 평가하였다.9) 이
연구에서는 ① 교육내용의 분량이 적절한지, ② 교육내용의 수준이 얼마
나 어렵고 쉬운지, 그리고 ③ 교육내용이 타당한 내용인지 또는 교육적으
로 가치 있는 내용인지, ④ 교육내용이 학습자의 학년이나 단계에 맞게
위계적으로 제시되어 있는지 등 네 측면에서 교과서 내용의 적정함을 재
단하였다.

한국교육과정평가원의 연구는, 초등학교에서 고등학교에 이르는 과정에
걸쳐 평가의 준거를 가지고 교육내용의 양과 수준을 검토했다는 점에서
대단히 의미 있는 작업이라고 볼 수 있다. 그러나 교육과정과 교과서에 대
한 이론적 분석이, 학생들이 교실에서 실질로 배우는 학습내용에까지 나아
가지는 못했다. 교과서의 단원 목표가 교육과정의 진술과 부합하는 여부에

---

7) Taba, H. *Curriculum development*, New York : Harcourt, Brace &World, 1962. 이경섭 외
　　역, 『교육과정론』, 형설출판사, 1982, pp.321~349
8) Zais, R. S. *Curriculum : Principles* & foundation, Thomas Y. Crowell. 1976.
9) 송현정, 『국어과 교육내용 적정성 분석 및 평가』, 한국교육과정평가원, 2004.

따라 타당성을 판정하며, 위계성이나 중요도의 판정의 경우, 용어가 갖는 포괄적인 함의에도 불구하고 구체적인 설명이나 과정을 생략하고 연구자의 해석에 따라 개별 단원을 평가했다는 인상을 준다. 이 연구가 교사 집단의 설문 조사를 병행했다고 하나, 그 설문의 내용을 보면 단순히 교육내용이 적정하다고 평가할 수 있는 단원이 무엇인지 묻는 수준에서 머물고 있어 연구의 객관성과 신뢰성을 확보하는 데에는 미흡한 점이 있다.

그럼에도 학습 양, 난이도, 내용의 타당성 또는 교육적 중요도, 위계성 등은 국어과 교육내용을 결정하는 데에 중요한 준거가 된다. 이 글에서 다루는 교육내용이 시 수업내용이라는 점에서 기준의 세부 사항은 시 장르 특성과 문학 수업의 특수성을 고려해 조정한다. 학습 양과 위계성은 난이도와 관련된다는 점에서 이 두 준거는 제외하고,[10] 타당성, 난이도, 중요성, 통합성 등의 네 준거를 시 수업내용을 선정하는 기준으로 제시한다.

통합성은 문학교육이 정의적 교육을 무시할 수 없다는 점을 감안해 추가한 준거다. 통합성은 교과 내에서 고립된 교육내용이 제공되는 것을 지양하고 학습자에게 통합된 교육내용을 제공함으로써 학습자의 발달에 기여한다.[11] 기존의 교육과정 연구에서 통합성은 흔히 교육과정의 내용을 조직하는 준거로 거론되었는데, 본 글에서는 통합성이 교육내용의 배열의 문제만이 아니라 실질적인 내용 항목과 관련된다는 점에서 수업내용 선정의 기준으로 하며, 시의 교육내용으로 인지적 교육내용과 정의적 교육내용을 함께 다루고자 한다.

---

10) 학습자의 요인을 중시하는 난이도는 위계성과 깊이 관련되어 있다. 위계성은 내용을 조직하는 원리로서 교과 내용 간의 연계뿐만 아니라 교과 내용과 학습자의 인지발달 단계와의 관련성을 살핀다. 교육목표를 달성하기 위해서는 교육내용이 선수학습 및 인지발달 단계와 관련되어 조직되어야 한다는 것이다. 그러므로 위계에 맞는 교육내용의 선정을 위해서는 청소년의 인지 발달에 대한 연구가 선행되어야 한다.
11) 서울대학교 교육연구소 편, 『교육학 대백과사전』, 하우동설, 1998.

(3) 시 수업내용의 선정 기준

❶ 타당성

교육은 목적지향적 활동으로 교과교육은 합당한 교육목적을 추구한다. 교육내용은 "교육을 통해 학생들에게 학습시키고자 하는 어떤 의도 즉 교육목표의 구체적 표현"[12]이다. 타당성은 교육내용을 교육목표에 일치시키기 위한 것으로 교육내용을 선정하는 데에 핵심적인 준거가 된다. 교사가 교육목표에 맞는 내용을 선정할 때, 그 교육은 타당성을 인정받고 학습의 효과를 극대화할 수 있다. 따라서 시 수업내용은 시 교육 혹은 문학교육의 목표를 충실히 반영시켜 선정되어야 한다.

시 교육은 일차적으로 학생들이 작품을 바르게 읽고 이해하는 데에 목적을 두며 이를 통해 학습자의 상상력과 감수성을 발달시키고 세계에 대한 이해의 폭을 넓히고자 한다. 최종적으로는 시를 가까이 하는 문학적 문화를 형성하고 자아의 바른 성장을 도모한다. 문학 교육과정은 "문학의 수용과 창작 활동을 통하여 문학 능력을 길러, 자아를 실현하고 문학 문화 발전에 능동적으로 참여하는 바람직한 인간을 기른다"는 전문을 앞세우고, '감수성과 상상력의 계발', '자아의 실현', '세계에 대한 이해', '문학 문화의 발전에 대한 기여' 등을 문학교육의 세부 목표로 둔다.[13]

문학교육의 목표는 어떤 관점과 기준에 따라 접근하느냐에 따라 그 범위가 좁아질 수도 있고 넓어질 수도 있다. 김대행 등은 언어 능력의 증진, 개인의 정신적 성장, 개인적 주체성 확립, 문화 계승과 창조 능력의 증진, 전인적 인간성 함양 등의 다섯 항목을 문학교육의 목표로 본다.[14] 문학교육 연구자들은 문학의 속성에 밀착하여 상상력이나 감수성의 계발을 시

---

12) 이영덕, 『교육의 과정』, 배영사, 1994, 168면.
13) 교육부, 『국어과 교육과정』, 대한교과서, 1997, 151면.
14) 김대행 외 7인, 『문학교육원론』, 서울대학교출판부, 2000, 38~67면.

교육의 목표로 두기도 한다.[15]

　그러나 이러한 문학교육의 이상은 교실 현장에서 제대로 실현되지 못하였다. 기존의 목표들은 문학교육이 지향해야 하는 바를 제시하고 있으나, 수업내용을 견인할 만한 힘을 갖지 못했다. 문학 감상 능력의 신장, 감수성과 상상력의 계발, 개인의 정신적 성장 등과 같은 목표는 문학교육의 핵심적 목표인 것은 사실이나, 그것이 갖는 당위성이 오히려 교육내용의 선별을 방만하게 하였다. 오늘의 중등학교 시 교실은 학습자의 주체적인 감상을 멀리한 채 작품을 분해하고 해독하는 데에 치중하여 문학교육의 목표가 있으되 목표를 상실하는 이율배반을 보이고 있다.

　시 교육의 목표를 구현하기 위해서는 시의 교육적 가치를 분명히 할 수 있는 목표를 정립하고, 그 목표에 맞는 교육내용과 방법을 찾는 일이 급선무다. 하지만 어떤 목표의 진술이든 그것은 타 목표 진술의 내용을 수렴하지 못하는 약점이 있기 마련이고, 관점의 차이로 인해 반론은 피할 수 없다. 따라서 시 수업내용에서 타당성을 확보하려면 시 교육의 목표에 대해 보다 포용적이고 대승적인 시각에서 접근할 필요가 있다.

　시(詩)는 한자의 자원에서 '언어의 사원'이라는 뜻을 지니는데, 시인은 자신이 생각하고 느끼는 바를 언어에 집약시켜 표현한다. 그래서 사유의 결집체인 시를 잘 이해할 때, 독자의 사고도 깊어진다. 이때의 사고는 언어를 매개로 한 사고다. 국어 교과는 타 교과와 달리 언어 그 자체가 교

---

15) 문학교육의 목표를 말할 때, 상상력이나 감수성은 빠지지 않고 언급된다. 구인환 등은 상상력의 세련을 삶의 총체적 체험, 문학적 문화의 고양 등과 함께 문학교육의 목적으로 본다(구인환 외, 앞의 책, 65~97면). 노철은 시 교육의 목적으로 수준 높은 언어교육, 정서적, 지적 통찰력의 증진, 상상력과 감수성의 향상 등 세 가지를 든다(노철, 『시 교육 방법과 실제』, 보고사, 2002, 11면). 상상력의 계발은 교육과정에서도 찾아볼 수 있다. 5, 6차 교육과정은 미적 감수성과 상상력을 기르게 하는 것을 문학교육의 목표로 명시하고 있다. 7차 교육과정은 "문학 작품의 수용과 창작활동을 함으로써 문학적 감수성과 상상력을 기른다."는 것을 문학 교과의 세부 목표로 둔다. 교육부, 앞의 책, 같은 면.

수·학습의 직접적 대상이 되기 때문에 언어를 바탕으로 학습자의 사고력을 증진하는 데에 주력한다. 이것은 시 교육을 비롯한 문학교육에서도 마찬가지다. 문학의 영역은 읽기의 정신적 과정에서 상상력, 언어에 대한 미적 감수성 등과 같은 정의적 사고에 치중한 바가 있어 비문학 영역과는 차별된다. 그러나 정의적 사고가 사고의 한 면을 이루고, 인지적 사고와 상호 교류한다는 점을 고려한다면, 문학교육의 목적도 사고력 신장의 측면에서 논할 수 있다.[16]

어떤 글의 읽기든 독자가 글의 의미를 재구성하려면 사고의 힘에 의존해야 한다. 독자가 내용을 파악하는 데에는 어휘 능력, 사실적 이해능력, 추리적 사고력, 비판적 사고력 등의 정신 작용이 수반된다. 특히 시는 언어의 섬세한 조직으로 이루어져 있고, 내용과 표현이 응결되어 있어 작품을 이해하는 데에는 상당한 정신적 에너지가 소요된다. 한 편의 시를 오롯이 이해하려면 기본적으로 어휘의 뜻을 정확히 알고 시가 전달하는 정보를 사실 그대로 수용하고, 추리력과 상상력을 동원해 행은 물론 행간에 숨겨진 의미를 재구성해야 한다. 시인의 상상력이 작품의 시상을 이끌어가는 경우, 독자도 상상력을 가동하여 상상의 경로를 추적할 수 있어야 한다.

시 읽기에는 이해나 추리와 같은 인지적 사고는 물론 상상력, 미적 판단 등과 같은 정의적 사고가 관여하기 때문에 시는 학습자의 사고 증진에 목적을 두는 국어교육의 모범적인 자료가 된다. 그러므로 시 수업은 학습자의 사고력을 조장할 있는 내용으로 구성되어야 한다.

❷ 난이도

교육내용의 선정에서 난이도는, 학습자가 학습내용을 받아들일 수 있는

---

16) 이에 대한 대표적인 논저로는 윤여탁의 「시교육과 사고력의 신장」이 있다. 김은전 외, 앞의 책, 25~41면.

지 없는지 그 어려움의 정도를 살피는 준거가 된다. 이 준거는 학습자가 해결할 수 없는 어려운 제재나 과제는 배제한다는 원칙을 담고 있다. 난이도는 학습내용의 질을 측정하며 학습의 실행 여부를 확인하는 데에 중요한 잣대가 된다.

> 이 단원은 고전시가와 현대시 합하여 5편으로 구성되어 있는데, 이 제재의 난이도에 대해서는 다음과 같이 분석된다. 첫째, 이 단원에 나오는 작품을 접하는 시기가 이미 초·중등 교육과정을 통해서 익숙한 제재이며 알고 있는 작품 형식이기 때문에, 10학년 학생들에게 쉬운 교육내용이라고 볼 수 있다. 둘째, 이 단원의 교육내용은 지도 계획상 총 8차시로 구성되어 있고, 시 5편에 대해서는 각각 1차시 분의 지도시간을 할애하고 있는데, 이 단원의 내용은 학습자에게 익숙하고 일반적으로 자주 다루는 작품들이기 때문에 내용에 대한 친숙성이 높다. 이러한 점을 고려할 때 지도기간이 적절하다고 평가된다. 셋째, 이 단원에 나오는 어휘 수준 및 표현을 보면 고등학교 수준의 학습자를 고려할 때 특별히 생소한 표현이 많지 않다. 이와 같이 분석한 결과 이 단원에 제시된 내용의 난이도는 제재의 성격이 친숙하고 어휘 수준이 적합하며, 학습자에게 요구되는 교육 시기와 기간에 적합하여 난이도가 적정한 것으로 평가할 수 있다.[17]

인용 글은 교사들의 설문조사에서 적정한 교육내용이라고 판정받은 단원에 대해 연구자가 그 난이도를 나름대로 분석한 것이다. 통계에 의하면, 응답자 489명 중에서 94명의 고등학교 교사가 국어 교과서 상권에 수록된 6단원의 '노래의 아름다움'이 교과서의 내용 중에서 가장 적정한 것으로 본다. 연구자는 제재가 다루어지는 교육 시기 및 기간, 제재나 어휘가 갖는 친밀성 등을 근거로 하여 교과서에 수록된 시 단원이 교사에게 높은 평점을 받은 것으로 추정한다. 사실 교과서에 수록된 시는 많은 지면을 차지

---

17) 송현정, 앞의 논문, 46면.

않는 간결한 글이어서 한두 시간의 적은 시수로 수업이 가능하다. 장르 특성상 시의 이해가 어려운 점이 있으나 「진달래꽃」, 「유리창」, 「광야」 등의 명시는 그런대로 분명한 의미 구조를 지니고 있어 고등학생의 수준에서 이해될 수 있는 작품들이다.

학생들은 6단원에서 현대시를 배우기 이전 「청산별곡」과 「어부사시사」이라는 두 편의 고전시가를 학습한다. 학습자가 이 작품들을 제대로 이해하려면 낯선 표기 방식과 생소한 한자어를 해독해야 한다. 「청산별곡」에는 한자어가 거의 사용되고 있지 않지만 고어에 대한 주해와 여러 의미 해석이 감상을 짓누른다. 「어부사시사」의 경우, 학습자가 잘 알지 못하는 한자어가 의미 파악에 걸림돌이 된다. 교과서에 나와 있는 어휘의 뜻풀이를 시 구절에 하나하나 대응시켜 가는 과정에서 학생들은 이 단원이 추구하는 문학의 아름다움을 놓치기도 한다.

난이도를 '주어진 시간 내에 학습자가 학습할 수 있는 정도'로 정의한다면, 두 작품은 난이도를 잘 조정한 것이 된다. 하지만 이때의 난이도가 주어진 학습목표를 달성했느냐를 따지는 '타당성'의 준거에 충족되지 못한다면 작품의 선정은 적절했다고 볼 수 없다. 난이도를 시간적 근접성이나 학습자와의 친숙도로 판별한다면 교육내용 자체의 질은 평가 대상에서 제외된다. 수업에서는 학생들의 관심을 끌 수 있는 내용이 제공되어야 하겠지만, 그것이 학습자의 사고를 조장하지 못할 때에는 교육의 효과는 기대하기 어렵다. 따라서 난이도에서는 시간 요인뿐만 아니라 학습내용 그리고 학습자의 수준이 알맞게 고려되어야 한다. 시 수업내용은 어느 정도 깊이가 있으면서도 주어진 시간 내에 학습 가능한 것이어야 한다.

- 「가는 길」을 감상하고, 김소월 시의 특징을 말해 보자.
- 김소월의 「먼 후일」을 감상하고, 위에서 말한 김소월 시의 특징이 어

떻게 드러나는지 알아보자.

- 다음은 1학년 때 배운 「돌담에 속삭이는 햇발」이다. 「깃발」과 비교하여 감상해 보고, 1930년대의 순수시와 생명시의 두 경향에 대해 간단히 말해 보자.

위는 모두 중 3국어 교과서에 제시된 학습활동[18]인데, 학습내용의 수준이 학습자의 수준을 뛰어넘고 있어 학습가능성은 희박해 보인다. 한 작품에서 시인의 시 세계를 찾아내는 일은 중학교 3학년 수준에서는 해결하기 어렵다. 두 시를 대상으로 1930년대의 순수시와 생명시의 두 경향에 대해 답하는 것은 교사의 입장에서도 어려운 문제다. 이를 해명하려면 순수시와 생명시에 대한 개념과 그 특징을 명확히 해야 하고, 1930년대 한국시의 흐름을 숙지해야 한다. 그만큼 이 학습활동은 간단히 답할 수 있는 성질의 문제가 아니다.

시 수업내용은 어느 정도의 난이도가 있으면서도 학습자가 스스로 해결할 수 있는 것이어야 한다. 학습자의 지적 수준에 비춰 지나치게 쉽거나 어려우면 학습자의 사고를 촉진시키지 못한다. 교과서는 김소월의 「가는 길」의 학습에서, 여러 진술을 '보기'로 들고, 여기에서 시에 대한 적절한 설명을 골라 각 연의 내용과 표현상 특징을 정리해 보자는 학습활동을 제시하고 있다.[19] 교과서는 "그리움과 망설임이 뒤섞인 상태가 섬세하게 표현되어 있다.", "시간적 배경을 바탕으로 하여 말하는 이의 그리움과 아쉬움을 더욱 절실하게 표현하고 있다." 등과 같은 진술을 제시하고 있으나, 일정한 문학 능력을 요구하는 이런 문제는 중3 학습자가 해결하기는 쉽지 않다.

---

18) 한국교원대학교·고려대학교 국정도서편찬위원회, 「중학교 국어 3-1」, 교육인적자원부, 2003, 228~232면.
19) 한국교원대학교·고려대학교 국정도서편찬위원회, 위의 책, 227면.

김소월의 「가는 길」은 음률성이 뛰어난 작품이다. 이별을 직면한 화자가 임의 곁을 떠나가면서 갖는 내면의 갈등을 함축적인 시어와 섬세한 리듬으로 표현하고 있다. 전체적으로는 3음보의 율격으로 리듬을 형성하면서도 1연과 2연은 한 행에 한 음보씩 두어 길게 읽히도록 해놓고, 3연과 4연은 한 행에 2음보 또는 3음보를 두어 빠르게 읽히도록 하고 있다. 화자의 내면을 표현한 1, 2연을 느린 호흡으로 이끌고 그리고 까마귀와 강물의 자연 정황을 담은 3, 4연은 의도적으로 빠른 템포를 조성하여 이별하기 아쉬워 머뭇거리는 화자의 애틋한 마음을 절묘하게 담아낸다. 또 이 시는 정서 표현을 위해 부드러운 음질의 'ㄹ'을 활용하고, 여운을 두는 쉼표와 말줄임표의 문장부호를 사용해 시적 효과를 더한다.

따라서 이 시는 화자의 미묘한 마음과 모국어의 아름다움에 주목하여 학습자가 이를 체득할 수 있는 방향에서 수업내용이 선정되어야 한다. 교사가 학생들에게 시를 읽고 이해가 되지 부분을 찾게 하거나 각 연 별로 의문점을 제기하여 이를 학습자와 함께 해결해 보는 것도 한 방법이 될 것이다. 다음은 김소월의 「가는 길」에서, 제기할 수 있는 질문이다.

1연 : '그립다 말을 할까 하니 그리워'라는 말에는 어떤 감정 담겨 있을까?
　　　 화자는 이 말을 왜 세 행으로 나누어 말할까?
2연 : '……'에 생략된 말을 시적 상황에 맞게 써 보고, 이 말줄임표가 이
　　　 시에서 어떤 효과가 있는지 말해 보자.
3연 : 까마귀가 지저귀는 이유를 화자는 서산에 해가 지기 때문이라고 본
　　　 다. 여기에는 어떤 의미가 담겨 있을까?
4연 : 강물에 앞강물, 뒷강물이 있을까?, 시인은 왜 이런 표현을 썼을까?
　　　 '흐릅니다'는 말 대신 사용한 '흐릅디다려'는 어떤 효과가 있을까?

❸ 중요성

교육은 개념상으로 모종의 가치가 있는 것이 전달되는 과정이다.[20] 그래서 수업은 의미 있고 중요한 것을 교육내용으로 한다. 중요하지 않은 세부 사항이나 과정이 생략된 지식의 강요는 문학 감상을 저해할 뿐만 아니라 학습자에게 정신적 낭비가 된다. 그러나 시에서 무엇을 중요한 것으로 보고 가르쳐야 할지에 대해서는 쉽게 단정하기 어렵다. 교육내용의 중요도에 대한 판단은 교사의 안목과 주관에 따라 얼마든지 달라질 수 있다. 그러므로 교사의 선입견이나 자의적 판단이 시 수업내용을 선정하는 데에 작용하는 것을 최소화해야 한다. 이를 위해서는 무엇보다 문학의 본질과 작품의 개별적 특성에 대한 이해가 있어야 한다.

문학은 삶을 언어로 표현하여 우리가 살아가는 이야기를 들려준다. 문학 작품은 현실의 삶 속에서 인간이 겪는 문제를 다루며, 이를 통해 숨겨진 삶의 진실을 드러낸다. 시의 경우, 인간의 속마음을 정제된 언어로 표현한다. 시는 하나의 사건보다 어떤 대상에서 느끼는 정서에 집중하기 때문에 소설에 비하면 현실 재현의 정도는 미미하다. 하지만 시는 어떤 특정한 상황에서 인간이 겪는 여러 생각과 감정을 시 특유의 방식으로 전달하여 인간의 내면을 들춰볼 수 있는 거울이 된다.

학생들은 김소월의 「진달래꽃」에서 이별하는 화자의 마음을 이해함으로써 이별의 아픔을 느껴 보고, 나아가 진실한 사랑의 마음을 배우게 된다. 정지용의 「유리창」에서는 자식을 잃은 아버지가 갖는 환상적 체험을 공유함으로써 부모와 자식 간의 애틋한 정을 살피게 된다. 학생들은 시 감상과 학습을 통해 자신이 미처 경험하지 못한 또 다른 삶을 간접 체험하고, 인간과 삶에 대한 인식의 폭을 넓힌다. 시는 인간 심리의 기미와 삶의 세계

---

20) R. S. Peters. 이홍우 역, 『윤리학과 교육』, 교육과학사, 1986, 16면 참조.

의 진실에 대한 통찰력을 길러준다.[21] 인간에 대한 깊은 이해는 단순히 세상에 대해 알아가는 차원에서 그치지 않고 자아의 정신적 성숙에 밑거름이 된다는 점에서 의미가 있다. 그러므로 시 교육은 삶의 질을 고양하는 문학의 가치를 중시하고, 인간에 대한 이해를 지향해야 한다.

시 교육에서 인간에 대한 이해는 작품 내용의 파악을 전제로 한다. 학습자가 작품에 담긴 의미를 수용할 수 있을 때, 인간의 삶에 대한 이해도 깊어진다. 시는 진정성이 있는 삶의 현장과 쉽게 드러내기 어려운 인간의 내면을 시적 언어로 생생하게 나타낸다. 때문에 시의 의미는 달리 말해서 삶의 의미라고 볼 수 있다. 따라서 시의 해석은 의미를 짝 맞추기 위한 해독의 차원을 넘어 타인의 삶을 해석하는 일로 나아가야 한다. 독자가 한 편의 시가 담고 있는 삶을 이해하기 위해서는, 우선 화자가 처한 상황을 알고 그 상황에서 갖는 화자의 심정을 살피고, 그가 대상에 대해 어떤 태도를 취하는지를 알아야 한다. 시에서 시적 상황, 화자의 심리와 태도, 현실 대응 방식 등은 삶의 양태를 알려주는 지표가 되며, 시 수업의 중요한 학습내용이 된다.

시에서 인간의 다양한 삶은 시인의 개성적인 언어로 표현된다. 훌륭한 시는 보편 속에서 개성을 추구하며 저마다의 개성으로 빛난다. 같은 내용의 시라도 운율과 같은 시적 장치에 심혈을 기울이는 시가 있는 반면 비유와 같은 수사를 잘 활용하는 시가 있다. 또 사물을 구체적으로 묘사하는 시가 있는가 하면, 화자의 내면을 표현하거나 당대 현실의 모습을 재현하는 데에 충실한 시가 있다.

교과서에 수록된 시로 예로 들면, 김소월의 「진달래꽃」은 운율이 있는 언어로 화자의 애틋한 사랑의 감정을 표현하고 있으며, 정지용의 「유리창」

---

21) 김종길, 앞의 책, 1998, 8면.

은 운율보다는 선명한 비유적 이미지로써 죽은 자식에 대한 그리움과 상실감을 간접적으로 나타낸다. 이육사의 「광야」는 강한 어조와 상징의 기법을 동원하여 미래에 대한 희망을 노래한다. 함축적 의미를 전달하는 데 있어서 「진달래꽃」은 간결하고 섬세한 언어의 조직에 의존하는 한편, 정지용의 「유리창」은 다른 사물에 빗대어 표현하는 방식을 이용하고, 「광야」는 자연물과 같은 사물에 상징적 의미를 담아 말한다. 이렇게 각 작품들은 시로서의 품성을 지니면서도 개별적 특성을 유감없이 발휘한다. 따라서 이들 시에서 가르칠 내용은 작품의 개성에 따라 조금씩 다를 수밖에 없다. 중요성의 원칙을 염두에 둔다면, 교사는 작품에서 두드러진 시적 특성을 바탕으로 수업내용을 설계해야 할 것이다.

❹ 통합성

오늘의 시 교육은 지식을 위주로 하는 인지적 교육내용으로 채워지고 있다. 가령, 정지용의 「유리창」에서 교사는 유리창이라는 소재가 이승과 저승을 매개하는 구실을 하고, '날개', '물먹은 별', '산새' 등이 죽은 아이에 대한 영상을 비유적으로 표현한 것이라고 말하며, '외로운 황홀한 심사'는 역설법의 대표적인 예라고 힘주어 설명한다. 그리고 학생들은 교사의 세밀한 설명을 교과서에 촘촘히 받아 적는다. 사유 과정을 무시하고 결과적 지식을 강요하는 교육의 틀에서는 학습자의 감수성은 억압되기 마련이다.

교육은 본질적으로 유의미하고 체계화된 지식을 교육내용으로 하지만, 이것만을 강조하지 않는다. 인성 함양을 추구하는 학교교육에서는, 지식은 물론 지식을 습득하는 필요한 기능, 세계에 대한 인식 태도, 미적·윤리적 판단과 같은 가치 등을 교육내용으로 삼는다. 문학은 인간의 삶과 정신세계를 언어로 질서화하여 인생의 본질을 탐구한다. 이에 문학교육은 인간이 지향하는 진선미(眞善美)의 가치에서 완전히 자유로울 수가 없다. 특히 시는 언어의 쓰임이 어떤 정서를 환기하는 데 중점을 두고, 인생의 희로애락을 섬세하게 표현하고 있어 정의적 자질을 상당히 갖추고 있다고 볼 수 있다.

정의(情意, affect)는 인지, 운동 기능 등과 함께 인간의 성향을 나타내는 한 영역이며, 태도, 정서, 흥미, 신념, 의지, 가치관 및 인성 경향 등을 포함하는 심리적 특성을 말한다.22) 시 교육에서는 정의적 영영과 관련해 아름다움을 감지하고 느낄 수 있는 감수성을 중시한다. 일반적으로 감수성은 사물에 대한 지각 능력을 지칭하는 말로 사전은 '외부 세계의 자극을 받아들이고 느끼는 성질'로 정의한다.23) 문학에서 감수성은 상상력과 함께 문학 창작과 감상을 가능하게 하는 동인이 된다. 시인의 감수성은 예민하고 풍부하다. 그래서 시인은 바람 없는 공중에 수직의 파문을 내며 떨어지는 오동잎을 바라보며, 잎새에 이는 미세한 바람에도 괴로워하기도 한다. 시인의 감수성을 발견한 독자는 일상화된 감각의 틀을 깨고 사물을 새롭게 지각하며 시의 내밀한 아름다움에 매료된다.

감수성은 참신한 언어 표현이나 순화된 정서에서 느낄 수 있는 인간의 정서적 반응이다. 따라서 감수성이 풍부한 독자일수록 작품에 쉽게 반응할 수 있다. 하지만 독자의 감수성은 상상력과 마찬가지로 인간 내면의 잠재

---

22) 서울대 교육연구소 편, 앞의 책, 605면. 7차 교육과정은 정의적 교육과 관련해 '태도'를 독립된 범주로 설정하고 목표를 제시하고 있는데, 여기서의 태도는 흥미, 동기, 습관, 가치 등의 심리적 특성을 포괄한다. 교육과정에서 '태도'의 설정은, 정의적 교육의 중요성을 강조한다는 점에서 의미가 있으나, 교육내용이 될만한 실체를 찾기 어렵다는 점, 여러 정의적 특성 중 상위 개념으로 제시한 점, 선행 연구가 부족한 점 등에서 비판의 여지가 있다. 이 글에서는 시의 정의적 특질이 정서나 감수성과 관련된다고 보고 이에 대해 논한다.
23) 국립국어연구원, 『표준국어대사전』, 두산동아, 1991. 감수성은 이성에 대비되는 개념으로 인간의식의 정서적 성향을 가리킨다. 처음 그것은 사랑, 동정심, 연민 같은 부드러운 감정을 느낄 수 있는 성격을 뜻했고, 이어서 아름다움에 대한 민감한 반응을 보이는 성향을 뜻하게 되었다. 이상섭, 앞의 책, 2003, 13면.

적인 영역으로 가시적으로 드러나지 않으며, 그것의 발달은 오랜 시간의 질적·양적 체험을 요구한다. 몇 편의 좋은 시를 읽고 배웠다고 해서 학생의 감수성이 풍부해지는 것은 아니다. 그렇기 때문에 시라는 텍스트에서 학습자의 감수성을 발현할 수 있는 교육내용을 마련하기는 쉽지 않다.

그러나 시의 정서 교육이 학습자의 인성에 미치는 영향을 간과하지 않는다면 작품 감상을 통해 시인의 감수성과 학습자의 감수성이 조응하는 자리가 마땅히 제공되어야 한다. 시 읽기에서 감수성의 울림은 감정 교감 곧 작품과 독자간의 교감이 있을 때 가능하다. 슬픔을 노래하는 시라면 그 슬픔을 이해하고, 화자의 괴로움을 담고 있는 시라면 독자가 그 고통을 공감할 수 있어야 한다. 학습자가 정지용의 「유리창」에 교감하려면 화자가 겨울밤에 유리창에 입김을 불고 지우는 반복적인 행위를 살피고 외롭고 황홀한 심사에 빠진 화자의 마음을 이해해야 한다. 그리고 정서를 이미지로 전환하는 과정에서 보여준 언어 표현의 아름다움을 감지해야 한다.

시인은 죽은 자식에 대한 사무치는 그리움과 슬픔을 고운 폐혈관이 찢어진 채 날아가는 산새의 이미지로 형상화하고, 절절히 아픈 심정을 절제된 언어와 돌려 말하는 방식으로 표현한다. 이 시에서 정서를 환기하는 시적 언어의 쓰임에 대한 이해와 학습은, 인간에 대한 이해를 도울 뿐만 아니라 학습자의 감수성을 풍부히 할 수 있는 수업내용이 된다. 감수성의 형성과 작용은 언어를 통해 이루어지며 언어를 통해 비로소 소통의 가능성을 얻게 된다.24) 학생들이 정서적 용법으로 사용된 시의 독특한 표현 방식을 주시하고 언어 이면에 담긴 화자의 마음을 깊이 헤아릴 때, 시인의 체험은 학습자의 체험으로 전이된다. 시인의 정서 체험과 동일시하기는 어렵겠지만, 작품의 정서에 공감할 수 있을 때 학습자는 작품의 세계를 이해하

---

24) 최지현, 「시교육과 문화적 감수성」, 김은전 외, 앞의 책, 117면.

고 거기에 감응한다.

　감수성 세련이나 계발은 인상적인 시 구절을 찾거나 시에 대한 피상적인 감상으로는 이루어지지 않는다. 시는 기존의 언어를 재조직하여 막연히 느끼고 있으나 분명히 표현하기 어려운 감정이나 정황을 적확하게 나타낸다. 따라서 사물의 본질을 인과적인 질서에 따라 해석하는 논리적 사고만으로는 시가 함축하고 있는 미묘한 마음의 울림을 읽지 못한다. 그러므로 시 교육에서 인지적 요소는 정의적 요소와 통합적으로 다루어야 한다. 통합의 방식에는 작품에 대한 이해를 중심에 두고, 학습자의 반응이나 느낌을 말하기나 쓰기의 형태로 표현하게 하는 방법이 있다. 정의적 영역은 비가시적이고 주관적인 성향이 있어 이를 확인할 수 있는 기제가 필요한데, 표현 활동은 이에 대한 좋은 방편이 된다. 「유리창」에서 교사가 학생들에게 언어 표현이 뛰어난 부분이나 감동을 주는 부분을 찾아보게 하고, 그 표현에 담긴 화자의 마음을 구체적으로 말하게 할 수 있다. 정서 체험을 위해 겨울밤에 시인이 겪은 체험을 바탕으로 '사랑하는 아들에게'라는 제목으로 편지를 써 보게 할 수도 있다. 교사는 이렇게 읽기의 이해 활동과 말하기, 쓰기의 표현 활동을 통합적으로 운용함으로써 학습자의 이성과 감성의 조화로운 발달을 꾀하게 한다.

　시 수업내용은 교사가 작품을 가르치기 전에 사전에 인식하고 있으며 실제 수업을 통해 실행하려는 교육내용이다. 시 수업에서 교사가 양질의 교육내용을 마련하기 위해서는 타당성, 난이도, 중요성, 통합성 등의 준거를 고려해야 한다. 이 척도에 따라 원칙을 정하면 첫째, 시 수업내용은 학습자의 사고력을 증진할 수 있어야 하며, 둘째, 어느 정도 깊이가 있으면서도 주어진 시간 내에 학습 가능한 것이어야 한다. 셋째, 인간에 대한 이해에 중점을 두면서도 작품의 개별적 특성을 살려낼 수 있는 교육내용이어야 한다. 넷째, 시 수업내용은 인지적 내용과 정의적 내용을 통합적으로 다룰 수 있는 것이어야 한다.

네 준거에 따른 이들 원칙은, 타 원칙과 격절되지 않고 서로 손을 잡고 있다. 한 원칙은 다른 원칙과 맞물려 상호 간에 영향을 주고받는다. 이를 테면 문학의 본질이라 할 수 있는 '인간에 대한 이해'가 정의적 요소를 수렴하고 학습자의 사고를 복돋울 수 있을 때 그것은 적절한 교육내용이 된다. 그러나 이 네 원칙은 시 수업내용을 추출하는 절대적인 척도가 되지 못한다.

시 수업에서 네 가지 원칙의 적용과 세부내용의 선정은 어디까지나 교사의 몫이다. 교사는 난이도를 조정하기 위해 학습자의 수준을 파악해야 하는데, 현장의 교사는 학생을 직접적으로 대면할 수 있어 난이도 측정에 이점이 있다. 교사는 단원 전개에 앞서 진단평가나 형성평가의 결과, 수업 중 학생이 보이는 반응 등을 토대로 학습자의 수준을 헤아릴 수 있다. 그리고 수업내용과 관련해 교사는 작품을 면밀히 분석하여 시의 개별적 특징과 가치를 인식하고 여기서 중요한 학습 요소를 추려낼 수 있다.

이때 인지적 교육내용이 되는 운율, 비유, 역설, 반어, 역설 등의 수사적 지식은 문학 감상이 이루어진 다음 작품의 특징을 설명하고 개괄하는 도구로 활용한다. 정의적 영역에서는, 시에 나타난 화자의 정서와 언어의 쓰임에 중점을 두고 학습자의 감수성을 향상시킬 수 있도록 한다. 세련된 감수성의 유발이나 표현은 작품에 대한 이해를 전제하므로 인지적 교육내용과 조화를 이루게 한다.

2 현대시 정전의 교육내용
— 「님의 침묵」의 교과서 학습활동을 중심으로

(1) 시 정전과 시 교육

학습자에게 교육적으로 적정한 작품을 선정하여 이를 제공하는 일은 문학교육이 맡은 중대한 임무다. 연구자들은 기존의 문학교육의 정전을 검토하고, 교육적 효과를 드러낼 수 있는 텍스트를 선별하는 데에 심혈을 기울인다. 정전의 연구는 궁극적으로 어떤 작품을 어떤 이유로 교과서에 수록할 것인지 대해 답변을 얻고자 한다. 실효성이 있는 논의를 위해서는 학습자와 소통의 폭을 넓힐 수 있는 작품을 찾고, 문학교육의 정전으로 공인된 작품을 현재적 관점에서 검토하는 작업이 요구된다.

공시적 차원에서의 검토는 두 측면에서 접근 가능하다. 우선 정전으로 승인된 작품이 현재의 학생들에게 의미 있는 교육 자료가 되고 있는지를 점검할 수 있다. 기성세대가 불멸의 고전처럼 여기는 작품이 오늘의 학생에게도 그대로 고전이 되는 것은 아니기 때문이다. 과거의 고전은 오늘의 수용자에게 재평가의 대상이 된다. 정전에 대한 검토는 작품 자체의 선정을 문제 삼기도 하지만, 개별 작품에 한정하여 그것의 교육내용에 중점을 두기도 한다. 작품에 대해 무엇을 학습내용으로 하는지 살핌으로써 교과서가 학습자에게 가치 있는 교육내용을 제공하는지 확인할 수 있다.

교과서는 교육과정의 추상적 내용을 자료화하여 학습자에게 구체적인 학습내용을 제공한다. 문학 교과서의 경우, 작품의 원문을 제외하면 교과서의 실질적 내용은 학습활동이 된다. 질문의 형식으로 제시되는 학습활동은 배운 내용을 점검하는 평가의 성격을 지니면서도 학생들이 학습해야 할 내용을 안내하는 구실을 한다. 학습활동은 곧 시 교실에서 학습자가 배우는 교육내용이 된다. 그래서 시의 교육내용에 관심을 갖는 연구자는 교과서에 나와 있는 학습활동에 집중하기도 한다. 학습활동은 단원의 목표와 작품의 특성에 비춰 설정되며, 작품의 교육내용을 집약적으로 보여준다. 이 때문에 교과서의 학습활동은 상이한 시각에서의 비판에 직면하기 쉬운 약점이 있다. 이런 약점은 근거 있는 비판과 실현 가능한 대안으로 보완할 수 있다.

여기서는 고등학교 문학 교과서에서 제시된 학습활동을 중심으로 한용운의 「님의 침묵」의 교육내용을 비판적으로 검토한다. 한용운은 김소월과 함께 1920년대를 대표하는 시인으로서 한국 근대시에서 서정시의 원천을 형성하였다.[25] 이 시기의 시들이 이민족에게 나라를 빼앗긴 슬픔과 울분에 젖어 있을 때, 만해는 당대의 시류에 흡수되지 않고 불교적 상상력을 바탕으로 한 연가풍의 노래로 독자적인 시세계를 구축하였다. 「님의 침묵」은 1926년에 발간된 『님의 침묵』에 수록된 작품으로 그의 대표작으로 평가받고 있다.

님은 갔습니다. 아아, 사랑하는 나의 님은 갔습니다.
푸른 산빛을 깨치고 단풍나무 숲을 향하야 난 작은 길을 걸어서, 차마 떨치고 갔습니다.
황금의 꽃같이 굳고 빛나든 옛 맹서(盟誓)는 차디찬 티끌이 되어서, 한

---

25) 최동호, 「근대시의 전개(1119~1931)」, 오세영 외, 『한국 현대시사』, 민음사, 2007, 25면 참조.

숨의 미풍(微風)에 날아갔습니다.

　날카로운 첫 키스의 추억(追憶)은 나의 운명(運命)의 지침(指針)을 돌려 놓고, 뒷걸음쳐서 사라졌습니다.

　나는 향기로운 님의 말소리에 귀먹고, 꽃다운 님의 얼굴에 눈멀었습니다.

　사랑도 사람의 일이라, 만날 때에 미리 떠날 것을 염려하고 경계하지 아니한 것은 아니지만, 이별은 뜻밖의 일이 되고 놀란 가슴은 새로운 슬픔에 터집니다.

　그러나, 이별을 쓸데없는 눈물의 원천(源泉)을 만들고 마는 것은 스스로 사랑을 깨치는 것인 줄 아는 까닭에, 걷잡을 수 없는 슬픔의 힘을 옮겨서 새 희망(希望)의 정수박이에 들어부었습니다.

　우리는 만날 때에 떠날 것을 염려하는 것과 같이, 떠날 때에 다시 만날 것을 믿습니다.

　아아, 님은 갔지마는 나는 님을 보내지 아니하였습니다.

　제 곡조를 못 이기는 사랑의 노래는 님의 침묵(沈默)을 휩싸고 돕니다.

─「님의 침묵」 전문

이 시는 미적 구조에서만 아니라 교육적으로도 가치가 있다. 「님의 침묵」 은 애정을 거침없이 표현하지만 경어법을 통한 진심어린 고백으로 진실성 을 확보하고, 부정적 현실을 긍정하는 역설적 인식과 돌려 말하는 비유의 기법으로 예술성을 성취하고 있다. 시인이 독립운동가로서 일제의 만행에 적극적으로 대응했다는 점, 시의 내용이 국권 회복의 의지를 담고 있다는 점 등은 학생들의 가치관 교육에 좋은 제재가 된다. 또 이 시는 문학의 접 근 방식에서 작가의 삶과 현실에 비추어 작품을 바라볼 수 있다는 사실을 학습자에게 일러준다.

　그러나 교육 현장은 작품의 내적 가치를 발현하는 데에 어려워하고 있 다. 교사와 학생은 작품 감상에 앞서 임의 다양한 의미, 역설의 수사, 승려 와 독립 운동가로서의 시인의 행적, 불교적 사상관 등의 외적 정보에 휘둘린다.26) 작품 이해에 앞선 지식의 과도한 주입은 문학 감상에서 독자가 가지는 사유의 과정을 앗아 간다. 결과적 지식에 몰두하여 학습자의 감상 과정을 방관하는 시 교육은 학습자에게 시가 어렵다는 고정관념을 부추기고 문학에서 얻을 수 있는 즐거움을 차단한다. 필자는 이러한 교육 현실을 직시하고 「님의 침묵」을 대상으로 시 교육내용의 문제점을 짚어보며, 이 작품에서 학생들에게 가르쳐야 할 내용이 무엇인지를 탐구한다.

(2) 「님의 침묵」의 교육내용

교과서는 개별 교과의 교수·학습 과정을 이끌어가는 교육내용과 방법의 상징체로서, 교육과정의 목표와 내용을 구체화시켜 놓은 공식적인 자료다.27) 그래서 교과서의 전반적인 내용은 교육과정의 문서에 따라 계획된다. 7차 문학 교육과정은 (1) 문학의 본질, (2) 문학의 수용과 창작, (3) 문학과 문화, (4) 문학의 가치화와 태도 등의 네 영역으로 내용 체계를 갖춘다. 문학 교과서는 상·하권으로 분책되어 있는데, 상권은 (1)과 (2), 그리고 하권은 (3)과 (4)의 내용 범주로 되어 있다. 이에 따라 문학 교과서는 문학에 대한 일반 이론을 습득하며, 문학의 수용과 창작 원리를 이해하고, 문화의 관점에서 작품을 살피고, 문학에 대한 바른 태도를 지니는 데에 중점을 둔다.

한용운의 「님의 침묵」은 상권과 하권에 고르게 수록되어 있으며, 18종의 문학 교과서 중 12종의 교과서에 실려 있다.28) 상권에서 이 시는 갈래

---

26) 윤여탁은 교육의 장에서 한용운 시가 어려운 이유에 대해 ① 학습 이전에 제공되어야 할 교육적 전제가 압도한다는 점, ② 비유, 상징체계에 대한 설명이 낯설고 어렵다는 점, ③ 불교라는 종교적 내용을 강요한다는 점 등을 들고 있다. 윤여탁, 「시 감상의 어려움에 대하여－한용운 시를 중심으로」, 『시 교육론』, 태학사, 1996, 116~125면.
27) 한국교육과정평가원, 『교과서 모형 개발 연구』, 아름문화사, 1998, 33면.

별로 작품을 소개하는 '문학의 수용과 창작'의 영역에서 다루어지고 있다.
교과서 별로 주요 학습내용을 정리하면 다음과 같다.

상권	대단원명	중단원명	주요 학습내용	총 문항수
A	문학의 수용과 창작	비유와 상징	비유와 상징의 표현 님의 상징적 의미	3
B	문학 작품의 수용과 창작	언어와 표현	시행의 함축적 의미 역설적 표현, 님의 의미	9
C	문학의 수용과 창작	사랑과 그리움	화자의 태도 역설적 표현	3
D	시의 수용과 창작	시의 본질과 갈래	작품의 구성, 산문시 특성 시 구절의 의미, 님의 의미	10

네 교과서는 중단원명은 달라도 공통적으로 시의 표현 기법, 시상 전개,
시 구절의 함축적 의미 등을 내용으로 하고 있다. 그런데 '시의 표현'에서
보면, 교과서의 세부 내용에는 차이가 있다.

[A]
- '님의 침묵'에서 '님'의 상징적 의미를 다음과 같이 가정할 경우, 시
  의 전체적 의미가 어떻게 달라질지 정리하며 발표해 보자.
- 다음 시에서 '황금'이 의미하는 바가 무엇인지 밝히고, 이를 '님의 침
  묵'에 나타난 '황금'의 비유적 의미와 비교하여 토론해 보자.

[B]
다음에 제시된 경구와 속담은 일상생활에서 널리 사용되는 역설적 표

---

28) 출판사를 나열하면 상권은, 디딤돌(김윤식 외), 두산동아(우한용 외), 한국교육미디어(김
  병국 외), 태성(김상태 외), 청문각(최웅 외), 문원각(한철우 외) 등의 교과서가 있다. 하
  권에는 천재교육(홍신선 외), 민중서림(김창원 외), 교학사(구인환 외), 지학사(권영민
  저), 지학사(박갑수 외), 금성출판사(박경신 외) 등의 출판사가 「님의 침묵」을 수록하고
  있다. 12종 중에서 청문각, 문원각, 금성출판사 등은 이론에 관한 예시문이나 학습활동
  의 지문으로 제시하고 있어 이들 세 교과서는 분석의 대상에서 제외하였다.

현이다. 살아오면서 이와 같은 표현을 적용할 만한 경험이 있었는지 생각
해 보고, 그 경험을 이야기해 보자.

[C]

이 시에서 역설적 표현이 사용된 곳을 찾아 그 의미를 생각해 보자.

[D]

이 시는 사설조의 산문체로 씌어졌다. 정서를 함축으로 표현하고 있는
일반적 서정시와의 차이점을 생각해 보자.

[A]는 시의 비유와 상징이라는 기법에 관심을 갖는데, 나머지 세 교과
서는 역설적 표현이나 서술상의 특징에 관심을 둔다. 후자의 교과서도
'임'의 다양한 의미를 묻는 학습활동을 제시한다는 점에서 상징을 다루고
있다고 볼 수 있으나, 전자의 교과서처럼 "비유와 상징의 표현을 살피면
서 감상해 보자."는 식으로 비유와 상징을 명시적으로 언급하지는 않는다.
임의 의미를 묻는 학습활동을 상징과 관련된 문제로 인정하더라도 세 교
과서는 모두 이 시의 비유적 표현을 등한시한다. 물론 이는 설정된 단원
이 달성하고자 하는 학습목표가 다른 데에서 그 이유를 찾을 수 있다. 냉
정히 말해, 작품의 교육내용은 교과서 집필자의 관심과 비평적 안목에 따
라 달라진 것이다. 교육내용의 차이는 문학사를 다루는 하권에서도 나타
난다.29)

---

29) 문학 교과서의 내용은 큰 틀에서는 문학 교육과정의 계획에 따르고 있다. 그러나 교육
과정의 영향력은 학습활동의 구체적인 내용에까지는 미치지 못한다. 따라서 교육과정
을 절대시하는 관점에서는 개별 작품의 학습내용을 제대로 살피지 못한다. 교육과정과
교과서 사이의 상관성 검토는 교육과정의 완벽함을 전제하고 교과서의 세부 내용이 교
육과정의 치밀한 설계에 의해 마련될 때 타당성을 인정받을 수 있다. 이 글에서는 작품
에서 학습자가 알아야 할 실질적인 학습내용의 탐색을 위해 교육과정의 요인은 논외로
한다.

하권	대단원 명	중단원명	주요 학습내용	총문항 수
E	한국문학의 특질과 흐름	근대 전환기의 문학	님의 의미, 시상 전개 표현상 특징(비유, 역설)	11
F	한국문학의 흐름	일제 강점기의 문학	작품의 구조, 님의 의미 시 구절의 의미	6
G	한국문학의 흐름과 특질	일제강점기의 문학	시행의 의미, 님의 의미 표현 기법(역설, 상징)	9
H	한국문학의 특질과 흐름	일제 감정기의 문학	님의 의미, 시행의 의미 역설의 효과	7
I	한국 문학의 특질과 흐름	개화기~일제강점 기의 문학	님의 의미, 시상전개 표현상 특징(비유, 역설)	15

하권은 상권의 교과서와 마찬가지로 시의 표현 기법이나 님의 의미, 시 구절의 의미 등을 교육내용으로 한다. 또한 「님의 침묵」을 일제 강점기를 대표하는 문학으로 선정하여 그 작품의 특질과 위상에 대해 심도 있게 다룬다. 그래서 하권의 학습활동은 상권에 비해 많은 편이며,30) 작품에 대한 심층적 이해를 요구한다.

[E]
1. 이 시에 쓰인 다음과 같은 비유적 표현의 속뜻을 파악해 보자.
2. 이 시에서 역설적인 표현을 찾아 그 의미를 생각해 보고, 이런 표현 들이 이 시의 주제 형성에 어떤 역할을 하는지 분석해 보자.
3. 이 시의 시적 상황을 바탕으로 '임'이 침묵한다고 했는지 그 이유를 다양하게 추리해 보자.

---

30) 여기서 문항은 상위 질문 항에서 세부적으로 제시된 하위 질문 항까지 포함한 것이다. 문학 교과서에서 「님의 침묵」의 학습활동은 적게는 3문항, 많게는 15문항까지 있다. 평균적 문항 수로 보면 상권에 비해 하권이 많다. 학습활동은 문항 수보다 문항이 담고 있는 내용이 더 중요하기 때문에 문항 수가 많은 것이 크게 문제될 것은 없다. 다만 학생들이 주어진 시간 내에 학습할 수 있는 것이 아니라면 그 학습활동은 조정할 필요가 있다. 교과서의 집필자는 학습자의 수행 능력, 주어진 시간, 문제의 질 및 배열 등을 고려하여 학생들이 작품에서 꼭 알아야 할 것이나 간과하기 쉬운 것을 학습활동으로 제시해야 할 것이다.

4. 이 시를 내용상 전개상 4개의 단락으로 구분해 보고, 각각의 단계에
드러난 화자의 심리 및 태도의 변화의 과정을 살펴보자.

[F]

1. 이 시의 구조를 다음과 같이 도식화할 때 빈 칸에 들어갈 내용을 정
리해 보자.
2. 다음의 보기는 시집 '님의 침묵'에 나오는 '군말'이라는 글이다. 이를
참고로 하여 이 시에 나오는 '님'의 다양한 의미에 대해 토론해 보자.
3. 앞의 문제에서 생각한 '님'의 의미를 바탕으로 다음 구절을 풀이해
보자.

인용한 학습활동은 비유적 표현의 속뜻, 역설적 표현의 효과, 시 구절의
의미, 작품의 구조, 화자의 심리와 태도, 님의 의미 등에 대해 묻는다. 교육
내용에서 하권 또한 교과서마다 차이가 있다. 가령 [E]가 비유나 역설의
수사에 대해 언급하는 반면, [F]는 이 같은 표현 기법보다는 님의 의미를
바탕으로 한 작품의 의미에 관심을 둔다. 후자의 경우, 시집의 서두에 나
와 있는 「군말」을 근거로 하여 님의 의미를 찾는 학습활동을 제시하는데,
이는 [I]를 제외한 하권의 교과서에서 공통적으로 나타난다. 이 학습활동
은 만해의 시가 심오한 사상을 담고 있으며, 국권 회복을 염원한다는 사실
을 학습자에게 은연중에 알려 준다.

다음은 「님의 침묵」를 제재로 하고 있는 교과서를 대상으로 하여 수록
빈도가 높은 학습내용을 정리한 것이다. 본 장에서는 각 교육내용에 대해
세심히 살펴보고, 보완되어야 할 문제점을 짚어본다.31)

---

31) 교육내용 중 '4. 시 구절의 의미'는 역설적 표현, 비유적 표현과 겹친다는 점에서 본 글
은 이를 제외한 네 항목에 대해서만 언급하고자 한다.

작품의 교육내용	수록횟수	수록 교과서
1. '님'의 의미	6	천재교육, 디딤돌, 한국교육미디어, 지학사, 교학사, 태성
2. 시상전개	6	두산, 천재교육, 디딤돌, 민중서림, 지학사, 태성
3. 역설적 표현	5	두산, 천재교육, 디딤돌, 교학사, 민중서림
4. 시 구절의 의미	5	두산, 디딤돌, 교학사, 민중서림, 지학사
5. 비유적 표현	3	천재, 민중서림, 한국교육미디어

❶ '님'의 의미

「님의 침묵」의 시적 대상은 나의 운명을 바꾸어 놓고 떠나 가버린 '님' 이다. 이 시는 이 임을 어떻게 해석하느냐에 따라 작품의 내용과 주제가 달라진다. 작품 내적 문맥[32]에서 보면 임은 사랑하는 연인이지만, 시인의 삶의 행적은 임을 이성적 대상으로 묶어 두지 않는다. 만해는 불교의 개혁 에 앞장선 승려이면서 3·1 운동 당시 민족 대표의 한 사람으로 독립 운 동에 헌신하였다. 이런 전기적 사실에 비춰 보면, 시인이 사랑한 임은 종 교적 절대자, 일제에 빼앗긴 조국, 일제 치하의 우리 민족 등으로 그 범위 가 넓어진다. 교과서는 역사적 맥락에서 작품 접근이 필요하다는 점에서 임의 상징적 의미를 교육내용으로 한다.

[A]

① 한용운 시에 빈번히 나타나는 '님'의 상징적 의미는 그의 생애와 관 련해 세 가지로 해석된다. 그의 신분인 승려와 관련해 종교적인 절대자, 곧 부처로 볼 수 있고, 일생을 독립 운동에 헌신한 애국 투사라는 측면에 서는 일제에 빼앗긴 조국, 그리고 인간적인 측면에서는 사랑하는 여인으 로 해석할 수 있다. 이 시에서 '님'은 조국으로 해석할 수 있는데, 이러한

---

32) 여기서 '문맥'은 시의 말뜻이 분명하게 밝혀지는 전후 관계다. 김준오는 문맥을 문학 내적 문맥과 문학 외적 문맥으로 나눈다. 전자는 작품 내에서 배열된 언어들의 전후 관 계고, 후자는 작품 밖에 있는 상황 곧 현실적이고 역사적 상황이다. 김준오, 앞의 책, 87면.

측면에서 이 시는 조국 광복에 대한 불굴의 의지와 신념을 노래하고 있다
고 볼 수 있다.

　② '님의 침묵'에서 '님'의 상징적 의미를 다음과 같이 가정할 경우, 시
의 전체적 의미가 어떻게 달라질지 정리하여 발표해 보자.

'님'의 상징적 의미	시의 전체적 의미
종교적 절대자(부처)	
일제에 빼앗긴 조국	
사랑하는 여인	

[B]

　③ 「님의 침묵」에 나타난 '님'의 의미를 '조국'이라고 할 때, 이 작품이
씌어진 시대 상황과 관련하여 '이별 → 이별 후의 슬픔 → 희망의 전이 →
만남'의 의미를 설명해 보자.

　④ 「님의 침묵」은 일제 시대인 1926년의 작품이다. 그리고 작가인 한용
운은 독립 운동가이기도 하였다. 따라서 '님의 이별'은 '빼앗긴 조국'으로
해석할 수 있다. 이런 해석을 '이별 → 이별 후의 슬픔 → 희망의 전이 →
만남'에 적용시켜 보면, '국권의 상실 → 국권 상실 뒤의 슬픔 → 국권 회
복에 대한 믿음 → 국권 회복'으로 해석할 수 있다.

위에서 [A]는 교과서에 언급된 작품 해설과 이와 관련한 학습활동이다.
[B]는 교과서의 학습활동과 이에 대한 지도서의 풀이다. 교과서는 임에 대
한 여러 상징적 의미를 바탕으로 다양한 해석을 보이고 있다. 시는 그 속
성상 일의적 의미에 충족되지 않기 때문에 하나의 절대적 해석에 고정되
지 않는다. 이에 시 교육의 장에서는 작품에 대해 다양한 해석이 양산되고
이를 허용한다.

인용 글은 시적 대상이 되는 임은 시인의 전기적 사실에 기대어 상징적
의미를 부여하고, 이를 토대로 작품의 여러 의미를 추출한다. 최소한 이것
은 문학교육에서 말하는 다양한 이해나 감상과는 거리가 있다. 이른바 반

영론이나 표현론의 관점에서 작품 접근은 그 의미가 몇 가지로 한정된다. 정해진 틀에 내용을 끼워 넣는 식이어서 학습자는 작품을 주체적으로 감상하지 못한다. 외적 정보는 작품을 획일적 의미로 고정시켜 이것이 오히려 학습자의 창의적인 사고를 방해한다. 빈자리에 맞는 의미를 발견했다고 해도 그것은 허술한 해석이 된다.

[G]

이 작품에서 '님'이 가지는 의미는 여러 가지로 해석될 수 있다. 시인 자신도 시집 『님의 침묵』의 서문에서 '님'이 단순히 연인을 의미하는 것이 아님을 시사한 바 있다. 승려라는 시인의 신분에 따라 '님'은 부처 혹은 진리를 의미한다고 볼 수도 있고, 시인의 투철한 독립정신을 근거로 하여 '님'을 조국으로 해석하기도 한다. 이 두 가지 해석에 각각 기반할 때, 다음 시구는 어떻게 해석될 수 있는지 설명해 보자.

(1) 날카로운 첫 키스의 추억
(2) 우리는 만날 때에 떠날 것을 염려하는 것과 같이, 떠날 때에 다시 만날 것을 믿습니다.

"날카로운 첫 키스의 추억"과 관련해 지도서는 님을 부처나 진리로 보면 "불법 또는 진리를 처음 깨달은 순간"이 되고, 님을 조국으로 보면 "조국애를 처음으로 마음 깊이 간직한 순간"이라 된다고 간략히 답한다. 그러나 전자의 설명은 화자가 진리를 깨달은 순간 절대자가 사라졌다는 것에 대해서는 명쾌한 답을 주지 못한다. 후자는 진정으로 조국애를 느꼈을 때 일제가 강제적으로 나라를 강탈했다는 의미로 볼 수 있지만, 이와 연계하여 "만날 때 떠날 것을 염려한다"라는 구절을 타당하게 설명하지 못한다. (2)의 구절에 대해 교과서 집필자는 "조국애를 느꼈을 때 조국의 국운을 염려하게 되었던 것처럼 국권을 상실한 현재에도 언젠가는 국권 회복을 이룰 수 있다고 믿는다는 뜻"으로 풀이한다. 하지만 이러한 풀이는 작품의 문맥보다는 작가의 이력에 치중하여 작품의 의미를 추려냈다는 인상을 준다.

　인용된 학습활동은 문학 작품을 작가나 현실에 비추어 해석할 수 있다는 교육적 시사점을 주지만, 학생의 사고를 활성화하는 데에는 분명히 한계가 있다. 시 해석에는 정해진 답이 따로 있는 것이 아니기 때문에 독자는 여러 관점과 방법에서 작품을 다양하게 해석할 수 있다. 그러나 어떤 경우든 근거가 부족한 해석은 작품의 의미로 인정받기 어렵다. 창의적으로 문제에 접근했다고 하더라도 부분과 부분을 합당하게 규명하지 못할 때는 자의적이거나 편협한 해석이 되고 만다.

> [F]
> 　다음의 보기는 시집 '님의 침묵'에 나오는 '군말'이라는 글이다. 이를 참조하여 이 시에 나오는 '님'의 다양한 의미에 대해 토론해 보자.
>
> [H]
> 　다음 글은 시집 『님의 침묵』의 서문 격인 '군말'이다. 다음 글을 참고로 하여 이 시의 대상인 '님'을 무엇으로 해석하는 것이 좋을지 각자의 견해를 논리적으로 말해 보자.

　위의 학습활동은 시집의 서두에 나와 있는 「군말」을 자료로 해서 학습자로 하여금 '님'의 의미를 다양한 관점에서 접근하게 하는 데에 목적이 있다. 「군말」은 시인이 시를 쓰게 된 동기를 밝히고 있어 그가 생각하는 임이 어떤 존재인지를 파악하는 데에 중요한 단서가 된다.

> 　님만 님이 아니라 기룬 것은 다 님이다 衆生이 釋迦의 님이라면 哲學은 칸트의 님이다 薔薇花의 님이 봄비라면 마치니의 님은 伊太利다. 님은 내가 사랑할 뿐 아니라 나를 사랑하나니라.
> 　戀愛가 自由라면 님도 자유일 것이다. 그러나 너희는 이름 좋은 自由에 알뜰한 拘束을 받지 않느냐 너에게도 님이 있느냐 있다면 님이 아니라 너

의 그림자니라.

　　나는 해 저문 벌판에서 돌아가는 길을 잃고 헤매는 어린 양이 기루어서
이 詩를 쓴다.

—「군말」 전문

　　연구자들은 "님만 님이 아니라 기룬 것은 다 님이다"라는 첫 구절을 근거로 해서 한용운의 시에 나오는 임이 이성적 대상으로서의 연인이 아님을 지적한다. 최동호는 "마치니의 님은 이태리다"라는 말에 주목하여 이를 '나의 님의 조선이다'이라 언명으로 보고 '우리 민족의 님은 조선의 독립이다'라는 대의를 살핀다.33) 김선학은 "해 저문 벌판에서 돌아가는 길을 잃고 헤매는 어린 양"을 일제 치하에서 억압받고 착취당하는 민중으로 받아들이고, 한용운이 민중에 대한 그리움으로 충동으로 시를 쓰게 된 것으로 파악한다.34) 두 연구자는 시인이 궁극적으로 기룬 '님'이 강탈당한 당시의 조국이라는 데에 의견을 같이 한다. 하지만 이들의 견해는 통일된 의미망 속에서 부분적 의미를 조목조목 규명하지 못한다는 데에 맹점이 있다.

　　사실 「군말」은 단어와 문장을 모호하게 사용하고 있어 하나의 일관된 논리를 찾기가 어렵다. 이를 테면 '기룬'이라는 단어는 원형이 '기룹다'로 '그립다', '그리워하다'는 뜻을 지닌다. 「달을 보며」에 나오는 "달은 밝고 당신이 하도 기루었습니다."가 그 예다. 그런데 한용운 시에서 '긔루다'는 '그립다', '그리워하다'는 뜻 이외에 '사랑하다', '기리다(찬양하다)', '불쌍히 여기다', '안타까워하다' 등 여러 의미의 층을 내포한다.35) 「군말」에서 '기루어서'는 문맥상 '안타까워서', '측은해서', '불쌍해서' 등의 뜻으로 볼

---

33) 최동호, 「시집 『님의 침묵』과 현대시사의 갈림길」, 『시학시학』 22호, 시와시학사, 1996, 221~222면.
34) 김선학, 「시인 한용운론―『님의 침묵』 재조명」, 『우리말글』 24호, 우리말글학회, 2002, 187~194면.
35) 김재홍, 「한글의 쓰임새와 시적 가능성」, 『세종학연구』 6호, 1991, 52면.

수 있다.

이 글에서 문장의 모호함은 "戀愛가 自由라면 님도 자유일 것이다"라는 구절이 그 예가 된다. '연애'에서 자유를 논할 수 있겠지만 '님'에서 자유를 발견하는 것은 쉽지 않다. "너에게도 님이 있느냐"라는 뒤 구절과 대응시켜 볼 때 "님도 자유"에서의 '자유'는, 연애의 대상으로서 임을 선택할 때의 자유로 읽을 수 있다.

「군말」은 '～니라'나 '～일 것이다'라는 종결어미에서 보듯 윗사람이 아랫사람에서 이르는 것처럼 고압적이고 단정적인 태도를 보인다. '나는 어린 양이 기루어서 이 시를 쓴다'는 마지막 문장은 자신을 부각하면서 나와 의식이 다른 이를 질타하는 듯한 자세를 취한다. '나와 의식이 다른 이'는 시인이 염두에 두고 있는 실질적 독자다. 작가의 서술 태도나 어조에 비춰 볼 때, 이 글의 내포독자는 '어린 양'이 아닌 '너희'로 볼 수 있다.

만해는 이 글에서 자신이 추구하는 임과 너희가 추종하는 임이 다르다는 것을 강조한다. 3문단의 '나는'의 '는'이 대조의 뜻을 지닌 보조사의 기능을 하여 화자인 '나'는 2문단의 '너희'와는 분명히 대비된다.36) 너희는 임을 이성으로 생각하며 자유롭게 연애를 하는데, 여기에는 구속이 따르고 헛된 욕망의 그림자가 드리워져 있다. 하지만 나의 사랑은 이런 현실적 사랑과는 멀다. 석가가 중생을, 마치니가 이탈리아를 임으로 여기듯 나는 중생과 조국이 나의 임이라 생각한다. 내가 사랑할 뿐만 아니라 나를 사랑해주는 절대자 또한 나의 임인 것이다.

시인은 글의 말미에서 자신의 임을 드러낸다. 그는 암담한 현실에서 살길을 잃고 헤매는 민중을 '어린 양'으로 표현하며, "어린 양이 기루어서" 말하자면 민중이 측은해서 이 시를 쓴다고 고한다. 결국 「군말」은 '정(正)

---

36) 이 같은 대비적 진술은 "남들은 자유를 사랑한다고 하지만, 나는 복종을 좋아해요."라는 「복종」의 시 구절에서도 찾아볼 수 있다.

－반(反)－합(合)’의 논리적 질서에 따라 ‘나의 임’(1문단)과 ‘너의 임’(2문단)이 대비된 후 ‘임에 대한 나의 사랑’(3문단)으로 갈무리된다.

이 글의 전언에 밀착하여 『님의 침묵』을 바라보면 시집에 수록된 시들은, 시인이 조국을 잃고 절망에 빠져 있는 중생들에게 위로와 희망을 주기 위해 썼다고 추측할 수 있다. 한용운은 불타와 중생을 위하는 길이 조국과 민족을 위하는 길이라고 생각하였다.[37) 그에게 시는 그 자체로 절대의 가치를 지닌 예술이라기보다 중생 구제를 위한 하나의 방편이었던 것이다.[38) 그러나 시인의 이러한 창작 의도가 그대로 「님의 침묵」의 의미로 직결되지는 않는다. 작품에는 임을 향한 사랑의 마음으로 충만하고 있기 때문이다. 따라서 이 시는 일차적으로 떠나는 임에게 변함없는 사랑을 다짐하는 사랑의 노래라는 점에서 작품의 내용과 표현을 살펴야 한다.

연구자들이 관심을 갖는 「군말」은 그 글이 갖는 모호함으로 해석에 어려움이 있다. 한정된 시간 내에 작품을 감상하고, 난해한 진술로 이루어진 글을 해독해야 한다면 학습자에게는 정신적 부담이 될 수밖에 없다. 이 글의 언급은 작품의 자연스런 감상에 해가 될 수 있으며, 무엇보다 시 읽기의 즐거움을 앗아갈 수 있다는 점에서 신중히 다루어야 한다.

❷ 시상 전개

시 읽기에서 시상 전개의 파악은 시가 어떤 내용으로 이루어져 있으며, 화자가 시적 대상에 대해 어떤 마음으로 대하는지 이해하는 데에 중요한 구실을 한다. 시상의 흐름은 시의 내용을 관통하는 내적 질서를 추적할 수 있는 핵심적 단서가 된다는 점에서 시 교육의 요소가 된다.

---

37) 김인환, 『한용운의 『님의 침묵』을 읽는다』, 열림원, 2003, 32면.
38) 류양선, 「만해의 시집 『님의 침묵』의 창작동기」, 『한국현대문학연구』 21호, 한국현대문학회, 2007, 75면.

「님의 침묵」은 '이별의 슬픔과 절망'과 '이별의 극복과 희망'으로 그 의미가 분명히 갈리는데, 7행의 '그러나'라는 접속어가 시상을 전반부와 후반부로 양분 짓는 표지의 역할을 한다. 그래서 이 시는 7행을 기점으로 크게 두 부분으로 나뉘며, 이별의 상황이 반전되는 후반부의 내용이 부각된다. 교과서는 이러한 시상의 흐름을 학습활동으로 제시한다.

[C]
　이 작품에 나타난 서정적 화자의 태도나 정서를 파악하여 다음 빈 칸을 채워보자.

구분	행	서정적 화자의 핵심정서	정서가 반전된 이유
전반부	1행 ~ (　)행		
후반부	(　)행 ~ 10행		

[E]
　이 시를 내용상 4개의 단락의 구분해 보고, 각각의 단계에 드러나 화자의 심리 및 태도의 변화 과정을 살펴보자.

[F]
　이 시의 구조를 다음과 같이 도식화할 때 빈칸에 들어갈 내용을 정리해보자.

구　　조	내　　용
현재의 처지　　〔기(起)〕	
문제점의 인식　　〔승(承)〕	
해결의 방안　　〔전(轉)〕	
문제의 해결　　〔결(結)〕	

[ㅣ]
　이 작품을 몇 개의 부분으로 나누고, 시상의 전개 과정을 말해 보자.

시상 전개와 관련하여 교과서는 서술형의 방식으로 질문하거나 표로 간략히 도식화하여 묻는다.39) 그런데 시상의 구분에서, [C]를 제외하고는 모두 「님의 침묵」이 기승전결(起承轉結)의 4단계 구성으로 되어 있다고 본다. 기승전결은 문장을 구성하는 한 방식으로서 특히 한시 절구체(絶句體)에서 많이 사용된다. 기구에서 시상을 일으키고, 승구에서 그것을 이어받아 발전시키며, 전구에서는 시상을 전환하고, 결구에서 중심 생각이 잘 드러나도록 끝맺는다. 이 시는 1행에서 6행까지의 전반부가 기와 승으로 되어 있고, 7행에서 10행까지의 후반부가 전과 결로 이루어진다.

〔E〕의 지도서	〔F〕의 지도서	〔I〕의 지도서
기(1~4행) 이별의 상황으로 인한 슬픔과 안타까움	현재의 처지(기) 임과의 이별	기(1~4행) 이별의 자각
승(5, 6행) 이별 후의 견디기 힘든 고통과 슬픔	문제점의 인식(승) 이별 후의 슬픔	승(5, 6행) 현실 인식
전(7, 8행) 고통과 슬픔을 극복한 새로운 희망	해결의 방안(전) 새 희망의 의지	전(7, 8행) 만남에 대한 희망
결(9, 10행) 임을 다시 만나리라는 확신과 임에 대한 영원한 사랑의 다짐	문제의 해결(결) 불굴의 의지의 사랑	결(9, 10행) 임에 대한 의지와 사랑

　　지도서의 분석에 따르면, 이 작품은 1~4행, 5·6행, 7·8행, 9·10행으로 기, 승, 전, 결이 구분된다. 여기서 문제되는 것은 기와 승의 구별이다. 교과서 집필진은 1행에서 4행까지 기의 도입부로, 5행과 6행을 승의 전개부로 본다. 하지만 화자의 심리적 상태를 고려한다면 시의 전반부는 1행과 2행, 3~6행으로 나눌 수 있다. 승의 내용이 되는 "이별 후의 슬픔"

---

39) 다음은 이 시의 시상 전개를 서술형 방식으로 묻는 또 다른 사례다.
　　[B] 이 시에서 이별의 슬픔을 희망으로 전이시키면서 시상의 전환이 이루어지는 행을 지적해 보자.
　　[D] '님의 침묵'은 시상의 전개상 크게 두 부분으로 나눌 수 있다. 전환이 이루어지는 곳을 찾아 그 첫 단어를 쓰고 각각 두 부분이 의미하는 내용을 정리해 보자.

은 3행에서부터 두드러진다.

시에서 1~2행은 임이 자신의 곁을 떠나갔음을 말해준다. 1행이 이별에 대한 직접적 서술이라면 2행은 임이 떠나가는 장면이다. 지난날 행복했던 시간을 뒤로 하고 임은 숲의 작은 길로 쓸쓸히 사라진다. 이 행에서 쓰인 '차마'는 어쩔 수 없는 상황에서 임이 떠났다는 것을 나타낸다. 이 시어는 1행의 '아아'와 마찬가지로 화자의 상실감과 안타까움을 강조한다.

3~6행은 사랑의 추억과 이별의 슬픔을 보여준다. 임이 떠나간 상황에서 화자는 임과 함께 했던 시간을 떠올린다. 우리의 사랑 변치말자는 맹세는 먼지가 되어 미풍에 날아가고, 너무나 강렬했던 첫 키스의 추억은 나의 운명까지 바꿔놓고 사라진다. 3, 4행은 아름다운 사랑의 추억을 담고 화자가 임을 얼마나 사랑했는지 일러준다. 임에 대한 화자의 절대적 사랑은 5행에서 강조된다. 그는 임의 말소리에 귀먹고, 임의 얼굴에 눈멀 정도로 임에게 빠져 있다. 그래서 임의 갑작스런 이별은 화자에게 감당할지 못할 엄청난 충격으로 와 닿는다. 곧 이 시는 1행과 2행에서 이별의 상황을 제시하고, 3~6행에서 이별 후의 상념과 슬픔을 드러낸다고 볼 수 있다.

[I]의 지도서는 "이별의 자각"과 "현실 인식"으로 기와 승의 내용을 정리하는데, 앞말과 뒷말은 그 의미가 서로 중첩된다. 기승전결의 경계를 생략하고 있는 [F]의 경우, 이별의 상황을 문제 상황으로 보고, 이를 해결하는 방식에 관심을 둔다. 흔히 삶을 문제의 연속으로 보지만, 이별의 상황과 감정이 '문제'와 '해결'로 갈릴 때 이 시가 보여주는 사랑은 가식적이고 위선적인 사랑으로 변질될 수 있다. 또한 작품의 내용을 문제점과 해결 방안으로 구획할 때 독자는 화자의 내밀한 심정을 놓치게 된다.

이 시의 화자는 실연의 아픔으로 눈물만 흘리는 있는 것이 도리어 사랑을 깨뜨린다는 것을 인식하고는, 슬픔의 힘을 새 희망의 정수리에 들어붓는다. 깨달음으로 희망을 얻은 그는 헤어진 뒤에 임을 다시 만날 것을 믿으며 슬픔을 떨쳐 낸다. 임은 갔지만 자신은 임을 보내지 않았다는 표현은 우리의 사랑이 아직 끝나지 않았다는 것을 나타낸다. 마지막 행에서 나는 변함없는 사랑의 마음을 전한다.

「님의 침묵」은 이렇게 이별의 슬픔이 희망의 의지로 전이됨으로써 시상이 전환된다. 따라서 시상 전개의 문제는 내용을 세분화하여 나누기보다는 [C]의 학습활동과 같이 화자의 정서나 태도와 관련하여 묻는 것이 작품을 이해하는 데에 효과적일 것이다.

❸ 역설적 표현

한용운 시인이 불교의 진리와 관련한 역설적 표현을 많이 구사한다는 점에서 교과서는 특히 역설을 강조한다.

[B]
① 「님의 침묵」에는 시대 상황과 시인의 사상적 배경이 함축적 시어 속에 담겨 있으며, 시인이 자주 사용하는 역설법을 통해 시적 진실을 담고자 했다. 따라서 시어의 함축적 의미와 역설에 특히 유의하여 지도하도록 한다.
② 다음에 제시된 경구와 속담은 일상생활에서 널리 사용되는 역설적 표현이다. 살아오면서 이와 같은 표현을 적용할 만한 경험이 있었는지 생각해 보고, 그 경험을 이야기해 보자.

[H]
① 한용운의 시는 '역설'이라는 시적 장치를 자주 사용하고 있기 때문에 이것을 파악하는 것이 그의 시를 이해하는 첩경임을 알아야 한다. 현실적으로 극복 불가능한 '님(조국) 상실'의 상황을 시적으로 극복하고자 하는 상상력의 활동이 '역설'로 드러남을 설명해 주는 것도 시에 대한 이해에 있어 특히 중요하다고 할 것이다.
② '님은 갔지마는 나는 님을 보내지 아니하였습니다.'라는 구절에 대

한 다음 물음에 답해 보자.

  (1) 이 구절의 뜻을 풀이해 보자.

  (2) 이 구절과 같은 방식의 표현을 사용한 예를 일상생활의 언어에
　　서 찾아보자.

  (3) 이와 같은 방식의 표현을 함으로써 얻을 수 있는 효과가 무엇
　　인지 설명해 보자.

위에서 ①은 교수·학습의 길잡이로 제시된 지도서의 내용이고, ②는
이와 관련한 교과서의 학습활동이다. 지도서에서의 두 진술은 시인이 역설
을 자주 사용하기 때문에 「님의 침묵」도 역설이 사용되었다고 가정한다.
교과서에서 역설이 사용되었다고 지적하는 구절은 5행과 9행이다.40)

(5행) 나는 향기로운 님의 말소리에 귀먹고, 꽃다운 님의 얼굴에 눈멀었
　　습니다.
(9행) 아아, 님은 갔지마는 나는 님을 보내지 아니하였습니다.

얼핏 보아도 두 문장은 우리의 상식에서 벗어난다. 사람의 목소리가 아
무리 좋아도 그 목소리에 귀먹을 수는 없는 법이며, 그 얼굴이 아무리 예
뻐도 눈멀 수는 없다. 임이 이미 떠나갔는데, 자신은 임을 보내지 않았다
니 이 또한 얼토당토않다. 이렇게 모순된 상황은 5행과 9행이 역설임을 말
해준다. 두 행은 상식적인 말은 아니지만, 의미 파악은 그렇게 어렵지 않

---

40) 「님의 침묵」에서 역설을 문제 삼고 있는 교과서는 다섯 종이고, 이들 교과서는 5행 또
　　는 9행을 역설적 표현으로 본다. 다음은 5행을 학습활동으로 제시한 사례([G])다. ①은
　　학습활동이고, ②는 지도서의 풀이 내용 중 일부다.
　　① 다음 표현은 역설적인 것이라 할 수 있다. 왜 그런지 설명하고 그 심층의 의미는 무
　　　엇인지 말해 보자.
　　　'나는 향기로운 님의 말소리에 귀먹고 꽃다운 님의 얼굴에 눈멀었습니다'
　　② 이 표현은 이렇게 표면적 차원에서 의미의 모순을 이루면서, 심층의 보다 깊은 의미
　　　를 나타내어 준다. '님의 말소리'와 '님의 얼굴'이 나를 귀먹고 눈멀게 했다는 것은
　　　화자에게 '님'이 그만큼 절대적인 가치를 가진다는 뜻이다.

다. 상대에게 귀먹고 눈멀었다는 것, 임은 내 곁을 떠났지만 임을 보내지 않는다는 것 이 모두는 사랑의 절절한 표현이다.

5행에 대해 [H] 지도서는 사리에 맞지 않는 표현이 주는 시적인 함축성은 시적인 감동을 자아내기에 충분하고, 절대자에 대한 형언할 수 없는 신비감을 형상화하고 있다고 지적한다. 그러나 이 행은 시적 감동을 줄 만큼 높이 평가할만한 표현이라고 단정하기 어렵다. 먼저 의미가 단순하기 때문이다. 독자는 이 부분에서 두 가지의 정보를 쉽게 얻을 수 있다. 5행은 화자가 임에게 깊이 빠져 있다는 것을 말하며, 그에게 임의 존재가 얼마나 대단한지를 보여준다. 기법의 측면에서 이 구절은 진부하여 참신함이 떨어진다. 발표 당시에는 어떠했는지 모르지만, 5행과 같이 간접적 방식으로 사랑을 고백하는 표현은 오늘날 젊은 연인들의 사이에서 흔하게 오간다. 따져 보면, '향기로운 님의 말소리에 귀먹고, 꽃다운 님의 얼굴에 눈멀었다'는 말은 역설이 아닌 미화된 표현으로 볼 수 있다.

역설은 표면적으로 모순된 것처럼 보이지만 진실의 요소를 내포하고 있어 면밀히 살피면 타당성이 입증되는 진술이다.[41] 모순 속에서 그럴듯한 의미를 담고 있어 역설은 '극과 극은 서로 통한다', '지는 것이 이기는 것', '사랑하기 때문에 헤어진다' 등과 같이 일상에서도 흔히 사용된다. 그러나 이런 일상의 역설이 그대로 문학적 표현이 되는 것은 아니다. 역설이 시에서 예술적 기법으로 인정받으려면 독자에게 경이감을 줄 수 있는 매력적인 표현이어야 한다. 좋은 시는 상식적 인식에 대한 경이적인 수정을 가져오는 통찰력에서 가능한데, 바로 이러한 통찰력이 역설이다.[42] 역설적 표현은 세계에 대한 진지한 인식을 바탕으로 하며, 궁극적으로는 숨겨진 진

---

41) Alex Preminger, *Encyclopedia of Poetry and Poetics*, Princeton University Press, 1965, 598면 참조.
42) 김영철, 앞의 책, 239면 참조.

실이나 진리를 추구한다.

9행은 겉보기에는 대수롭지 않지만 삶에 대한 깊은 통찰의 결과라는 점에서 역설이 인정된다.[43] 이 시의 화자는 임의 떠나감으로 걷잡을 수 없는 슬픔에 빠지지만 인생에 대한 각성과 사랑에 대한 확신으로 아픔을 극복한다. 그는 눈물을 흘리며 슬퍼하는 것이 도리어 사랑을 깨뜨리는 일이라고 인식하며 새 희망을 갖는다. 깨달음으로 희망을 찾은 화자는 만남이 있으면 헤어짐이 있듯 헤어짐 뒤에 다시 만남이 있을 것이라고 믿으며 임에 대한 변함없는 사랑을 다짐한다. '님은 갔지만 나는 님을 보내지 않는다'는 진술은 부정을 긍정하는 역설적 인식을 바탕으로 이루어진 것이다. 따라서 9행은 그 한 구절만 따로 떼어 놓고 역설의 수사적 개념을 익히기보다는 현실 인식의 측면에서 삶의 태도를 헤아리는 것이 중요하다.

시에서 역설은 모순을 정당화하는 강력한 힘을 지닌다. 불가능한 것을 가능하게 하고, 부정적 상황을 긍정적 상황으로 바꾸어 놓는다. 이러한 역설의 효능은 현실의 상황을 변모시키겠다는 주체자의 의지와 깨달음이 있을 때 발휘된다. 엄밀히 말해 역설은 의식의 문제이지 형식적 기법의 문제가 아니다. 그러므로 시 교실에서 역설이라는 용어의 개념이나 효과를 익히는 것보다 역설에 깃든 사유 방식을 이해하는 것이 더 중요하다. 시에 나타난 사유 방식은, 특정 구절에서 나타나기도 하지만 부분들의 유기적 관련성을 조망하지 않고서는 그 속뜻을 분명히 알 수 없다. 따라서 학습내

---

43) 시론서에서 「님의 침묵」의 9행은 심층적 역설의 대표적인 예로 곧잘 인용된다. 김준오는 『시론』에서 9행을 불교의 선사상과 관련된 심층적 역설로 강조한다(김준오, 앞의 책, 321면). 오세영은 "그것이 지닌 모순의 의미가 일상적 논리로서는 충분히 설명될 수 없는 역설"을 심층적 역설로 보고, 「님의 침묵」 등이 "불교의 역설적 세계관 즉 불일불이(不一不二) 혹은 색즉시공(色卽是空)의 진리나 윤회전생(輪回轉生) 혹은 연기론적 존재관을 표현하고 있다"고 설명한다(오세영, 『문학과 그 이해』, 국학자료원, 2003, 547면). 이 같이 불교적 세계관은 한용운의 미학을 이루는 중요한 기반이 된다. 그러나 이 시의 9행은 굳이 심층적 역설이나 불교사상과 관련짓지 않더라도 자연스럽게 이해된다. 만남은 이별이고 이별은 만남을 기약한다는 말은 우리 삶의 현장 가까이에 있다.

용은 부분적 의미에 매몰되지 않고 전체의 통일적 의미 속에서 역설을 살 필 수 있는 것이어야 한다.

❹ 비유적 표현

한용운의 「님의 침묵」은 역설 못지않게 비유가 뛰어난 작품이다. 산문 형의 문장으로 길게 서술하고 있지만 탁월한 언어 구사력으로 산문이 아 닌 시가 창조된다. 이 작품에서 애정 표현은 거침없고 당당하다. 누구나 경험할 수 있는 이별의 순간과 감정을 여성적이면서도 강한 어조로 솔직 하게 호소한다. 화자는 '-ㅂ니다'로 끝나는 높임 표현의 문장을 사용하면 서 상황이나 감정을 직설적으로 표현하기도 하고, 비유의 방식으로 돌려 말하기도 한다. 이 같은 능숙한 화법은 이별의 내용을 빠른 템포로 전달하 며 독자의 눈과 마음을 사로잡는다.

> 황금의 꽃같이 굳고 빛나든 옛 맹서(盟誓)는 차디찬 티끌이 되어서, 한 숨의 미풍(微風)에 날아갔습니다.

이 행은 예전의 맹세가 한 순간에 깨졌다는 것을 돌려 말한다. "황금의 꽃같이 굳고 빛나든 옛 맹서(盟誓)", "차디찬 티끌", "한숨의 미풍(微風)" 등 은 비유가 쓰인 표현이다. "황금의 꽃같이 굳고 빛나든 옛 맹서(盟誓)"에서 '맹서'는 이별 전 두 사람이 약속했던 사랑의 다짐일 것이다. 화자는 이 맹세를 황금의 꽃과 같이 고귀하고 아름다운 것으로 여긴다. 황금의 꽃은 상상의 꽃일 수 있지만, 실제 금으로 만든 꽃으로도 볼 수 있다. "굳고 빛 나든"과 "차디찬"이라는 수식어가 이를 뒷받침한다. 화자는 굳고 빛나던 맹세가 차디찬 티끌이 되어 한숨의 미풍에 날아갔다고 말한다. 이때 '차 디찬'은 금의 차가운 이미지와 관련된다. 금을 담금질할 때의 뜨거움이

식었다는 의미로 보면 "차디찬 티끌"은 서로 약속을 할 때의 뜨거움이 급속도로 냉각되었다는 것을 암시한다. 그래서 그 맹세가 존재의 의미조차 없는 먼지가 되고, 숨을 내쉴 때의 약한 바람에도 사라진다. 3행은 영원히 변치 않을 줄 믿었던 사랑의 약속이 너무 쉽게 깨진 것에 대한 상실감의 표현이다.

> 날카로운 첫 키스의 추억은 나의 운명의 지침(指針)을 돌려 놓고, 뒷걸
> 음쳐서 사라졌습니다.

이 행의 의미를 간추리면, 임과의 황홀한 첫 키스의 추억이 나의 운명의 방향을 바꾸어 놓고 사라졌다는 것이다. 화자는 첫 키스의 추억을 날카롭다고 하고, 그리고 임이 그냥 떠나갔다고 하면 될 것을 '뒷걸음쳐서 사라졌다'고 말한다. 그 누구도 첫 키스의 느낌을 날카롭다고 말하지 않는다. 그런데 화자는 왜 첫 키스를 날카롭다고 말할까? 여기서 날카로움은 진한 입맞춤에서 느끼는 황홀감과는 거리가 있다. 그에게 첫 키스는 나침반의 바늘이 길의 방향을 돌려놓듯 자신의 운명의 방향을 돌려놓는다. 화자는 자신의 삶을 뒤바꾸게 한 정신적 충격과 깨달음을 "날카로운 첫 키스"로 나타낸다. 시인은 이 구절에서 임이 자신에게 얼마나 대단하고 절대적인 존재인지를 보여준다.

"뒷걸음쳐서 사라졌습니다"에서도 임에 대한 화자의 이 같은 감정과 태도를 엿볼 수 있다. 표면적 구조에서 보면 사라진 대상은 첫 키스의 추억이다. 키스가 뒷걸음질할 수 없다는 점, 각인된 추억일수록 오랫동안 사라지지 않는다는 점 등을 주시하면 뒷걸음의 행위자는 임이 된다. 말하자면 4행은 "뒷걸음쳐서"라는 어휘 앞에 '임이'라는 주어가 생략된 것이다. 그래도 이 문장은 납득되지 않는다. 왜 임이 뒷걸음쳐서 사라졌다는 것일까?

이것은 임이 떠나간 것에 대한 화자의 아픔을 함축한다. 임은 자신에게 삶의 방향을 한 쪽으로 돌려놓고 정작 본인은 뒤로 사라진다. 느닷없이 찾아온 이별은 화자에게 심한 충격과 깊은 상처를 준다.

걷잡을 수 없는 슬픔의 힘을 옮겨서 새 희망의 정수박이에 들어부었습니다.

이 시 구절은 기발한 상상력을 발휘하여 슬픔, 희망의 추상적 관념을 구체적인 사물로 변용한다. '들어붓다'는 어휘는 관념을 가시화하는 데에 결정적 역할을 한다. 7행은 무엇을 어디에 들어붓는 장면을 보여준다. 이때의 무엇은 "슬픔의 힘"이다. 화자는 이별의 슬픔이 자신의 가슴을 놀라게 하고, 눈물의 원천이 된다는 것을 경험한다. 이 슬픔의 힘을 "새 희망의 정수박이"에 들어붓는다. 화자는 많은 장소 중 신체의 한 부분인 정수리를 택한다. 머리 곧 두뇌는 신체에서 생각의 근원지다. 슬픔이고 희망이고 모든 감정과 생각은 머리에서 나온다. 화자는 머리의 숨구멍이 있는 자리에서 '희망'을 발견한다. 7행에는 슬픔이 희망이 되고, 희망은 정수리에서 자라는 머리카락처럼 새롭게 일어날 것이라는 화자의 믿음이 깔려 있다.

제 곡조를 못 이기는 사랑의 노래는 님의 침묵을 휩싸고 돕니다.

여기서 "님의 침묵"은 여러 의미로 해석된다. 이 구절은 임이 이별에 대해 아무런 말을 못하는 상태 혹은 임이 말없이 떠나갔다는 정황을 암시한다. 화자의 입장에서 보면, "님의 침묵"은 임은 침묵할 뿐이지 내 곁에 있다는 뜻이 있다. 어떤 관점에서든 임의 부재가 강조된다. 하지만 임의 부재에도 나의 사랑의 노래는 제 곡조를 이기지 못한다. "제 곡조를 못 이기는 사랑의 노래"는 넘쳐흐르는 사랑의 열정이다. 10행은 임은 떠나고 침묵

하지만 나의 사랑은 변함없이 임을 향한다는 의미다.

　인용된 문장들은 하나같이 비유를 구사한다. "황금의 꽃같이 굳고 빛나든 옛 맹서(盟誓)", "한숨의 미풍", "운명의 지침", "새 희망의 정수박이" 등은 명사형의 단어와 단어가 만나 한 무리의 의미를 생성한다. 또한 주어와 술어 관계가 은유의 형태로 상호 조응한다. 이 시에서는 맹서가 바람에 날아가고, 추억이 뒷걸음쳐 사라지고, 사랑의 노래가 임의 침묵을 휩싸고 돈다. 「님의 침묵」은 문장을 이루는 시어 하나하나를 섬세한 은유의 고리로 엮는다. 그래서 이 시는 이질적인 한 쌍의 언어가 한 자리에 드는 것을 엿보는 즐거움을 독자에게 준다. 그러나 지금의 시 교육은 작가의 전기적 사실이나 5행과 9행의 역설에 몰입할 뿐, 이런 시적 표현은 눈여겨보지 않는다. 비유적 표현을 교육내용으로 하고 있는 교과서는 다음의 세 교과서뿐이다. 교과서는 비유가 사용된 시 구절을 예로 들며 그것의 의미와 표현상 특징을 묻는다.

　[A]
　다음 시에서 '황금'이 의미하는 바가 무엇인지 밝히고, 이를 '님의 침묵'에 나타난 '황금'의 비유적 의미와 비교하여 토론해 보자(*필자 주—인용된 보기의 시는 한용운의 「당신을 보았습니다」임).

　[E]
　이 시에 쓰인 다음과 같은 비유적 표현의 속뜻을 파악해 보자.
　　(1) 황금의 꽃 같이 굳고 빛나던 옛 맹서
　　(2) 나의 운명의 지침을 돌려 놓고
　　(3) 눈물의 원천을 만들고 마는 것은
　　(4) 제 곡조를 못 이기는 사랑의 노래

　[I]
　아래 시구들의 의미와 표현상 특징에 대하여 말하여 보자.

황금의 꽃같이 굳고 빛나던 옛 맹서/ 한숨의 미풍/ 운명의 지침/ 새 희
망의 정수 박이/ 제 곡조를 못이기는 사랑의 노래

시의 교육내용은 그 작품의 개별적 특징을 잘 드러낼 수 있는 것이어야
한다. 「님의 침묵」에서 학습자는 삶에 대한 시인의 역설적 사유 방식뿐만
아니라 시 언어의 기반이 되는 비유를 배울 수 있다. 비유적 표현은 작품
의 격조를 높여 주는 시의 중요한 자질이다. 교과서의 학습활동은 비유가
사용된 구절을 잘 지적하고 있으나, 비유의 원리나 그 효과에까지 나아가
지 못한 아쉬움이 있다.[44)

(3) 시 교육내용에 관한 제언

한용운의 「님의 침묵」은 김소월의 「진달래꽃」과 함께 이별의 아픔과 사
랑의 곡진한 마음을 진실한 언어로 표현하고 있다. 소월의 시가 간결한 말
과 운율을 잘 살려 썼다면 만해의 시는 경어체의 말과 비유를 잘 구사하였
다. 한용운은 한국시사에서 보기 드문 시인이었다. 불교 사상을 신봉하는
승려로서 식민지 하에서 핍박받는 민중에게 희망과 위안을 주고자 하였고,
몸소 일제에 대항하며 구국의 의지를 보여 주었다. 「님의 침묵」은 사상과
말과 행동이 일치된 삶 속에서 창작된 커다란 사랑의 시다.

훌륭한 시인의 작품일수록 교육내용의 선정은 더욱 세심한 주의를 기울
이어야 한다. 자칫 작품의 우수성보다는 관습적인 해석이나 위인으로서의

---

44) '비유와 상징'을 단원명으로 하고 있는 [A] 교과서의 경우, 비유와 상징의 개념, 원리,
   유형, 효과 등을 이해하는 것을 학습목표로 내세우나, 학습활동은 하나의 시어를 들어
   그것의 비유적 의미를 파악하는 것으로 그친다. 피상적인 교육내용은 [Ⅰ]의 교사용 지
   도서에서도 엿볼 수 있다. "A=B라는 비유적 구절을 활용하고 있다는 공통점이 있는데
   한용운의 시에서는 특히 'A의 B'식의 속격 은유가 자주 사용되고 있다." 이것은 학습
   활동에 대한 "활동 예시의 자료"다.

시인의 삶에 경도될 수 있기 때문이다. 시인의 삶의 토대에서 작품을 볼 경우, 시인의 전기적 사실이 선입견으로 작용하여 독자는 작품을 객관적으로 관조할 기회를 놓치게 된다. 「님의 침묵」은 애절한 사랑을 내용으로 하여 절망적 현실을 희망의 의지로 극복하려는, 고결한 삶의 자세가 감동의 요체가 된다.

정전은 작품이 지닌 가치로 오랫동안 많은 사람들에게 읽힌다. 비록 십대의 어린 독자일지라도 작품이 주는 감동이 없을 땐 정전의 가치는 사라진다. 이 때문에 문학교육의 장에서는 학습자와 작품 간의 소통을 중시한다. 시 교육은 범박하게 말해 시가 지닌 아름다움을 학습자로 하여금 느끼도록 해주는 것이다. 따라서 시 교육의 내용은 학습자의 지적 수준을 고려한 것이면서 동시에 작품의 특성을 잘 드러낼 수 있는 것이어야 한다. 학습자의 사고력을 길러주지 못하거나 학습자가 해결하기 어려운 학습내용, 그리고 작품의 측면에서 특정 수사에 치우치거나 명확하지 못한 학습내용은 원활한 소통에 걸림돌이 된다.

문학교육이 학습자가 작품을 바르게 감상하는 데에 일차적 목적이 있다면, 시의 교육내용은 학습자가 작품의 세계를 내면화하는 데에 도움을 줄 수 있는 것이어야 한다. 만해가 독립투사였다는 사실과 승려라는 신분, 그리고 시집의 서언에 해당하는 '군말' 등은 시적 대상이 되는 임을 조국이나 부처로 바라보게 한다. 다양한 관점에서 작품 해석은 교육적으로 의미 있는 일이지만, 여기에는 작품에 대한 충실한 이해가 선행되어야 한다. 시교육은 기본적으로 작품 그 자체를 대상으로 하는 시 해석 교육이다. 따라서 작품의 내적 문맥을 무시한 채 작품의 의미를 무작정 시인의 삶과 대응시키는 일은 재고되어야 한다.

시인은 작품을 통해 독자에게 자신의 의사를 전달한다. '작가―작품―독자'라는 작품의 소통 구조를 고려해볼 때, 시의 의미는 ① 시인이 원래 작품 속에 전달하고자 하는 의도적 의미(intentional meaning), ② 작품 속에 실제로 표현된 의미(actual meaning), ③ 독자가 해석한 의의(significance) 등의 세 측면에서 살필 수 있다.45) ①은 작품에는 작가가 의도하는 고유한 의미가 있다는 관점에서 작가의 삶과 사상과 관련지어 시인의 의도를 파악한 것이다. ②는 작가나 독자를 배제한 채 객관적 실체로 존재하는 작품에서 그 의미를 살핀 것이다. ③은 작품의 의미를 작가의 것이 아닌 독자의 것으로 여기며, 독자의 판단과 반응에 따라 그 의미가 달라질 수 있다는 상대적 관점을 취한다. 이렇게 세 의미의 층위는 서로 다른 관점에서 바라보기 때문에 서로 일치하기 어렵다.

그런데 교과서는 ①과 ②가 같다는 전제에서 '님'의 의미를 찾고 나아가 이를 바탕으로 작품의 전체적 의미까지 추려낸다. 교과서의 학습활동에서 묻는 것은 작품에 표현된 의미가 아니라 작가의 의도다. 이러한 학습내용은 애써 윔세트와 버어즐리가 제안한 '의도의 오류(intentional fallacy)'를 거론하지 않더라도 위험성을 안고 있다. 문학적 식견 있는 독자가 작품에서 시인의 의도를 간파하더라도 그것이 시 구절의 부분적 의미까지 수렴하지 못할 때에는 작품 내 유기적 의미는 무시된다. 문학교육이 추구하는 바가 학습자의 문학 감상 능력을 신장하는 것이라면, 해석의 혼란을 줄이기 위해서라도 ①의 의도적 의미와 ②의 실제적 의미가 서로 다를 수 있다는 점을 분명히 할 필요가 있다. 이런 점에서 아래의 학습활동은 의미가 있다.

- 독립운동에 헌신한 시인의 삶을 비춰 볼 때, 이 작품에 나타난 '이별의 슬픔'은 나라를 잃은 슬픔으로도 볼 수 있다. 이런 관점에서 아래의 구절들을 해석하면, 그 의미가 어떻게 달라지는지 말해 보자. 그리고 해석상 어려움이 있다면 그 이유를 함께 지적해 보자.

---

45) 김준오, 앞의 책, 161면 참조.

(1) 푸른 산빛을 깨치고 단풍나무 숲을 향하야 난 적은 길을 걸어서,
    차마 떨치고 갔습니다.
(2) 날카로운 첫 키스의 추억(追憶)은 나의 운명(運命)의 지침(指針)을
    돌려놓고, 뒷걸음쳐서 사라졌습니다.

학생들은 이 학습활동을 접하면서 작품의 시적 대상이 사랑하는 임에
한정되지 않는다는 것을 알게 된다. 떠나간 임을 빼앗긴 조국으로 보면,
(1)은 자연의 계절적 이미지로 사용하여 일제에 나라를 빼앗긴 슬픔을 돌
려 말한 것이 된다. 하지만 (2)는 그 의미를 조국 상실의 아픔으로 해석하
기에는 무리가 있다. 학습자는 의미 간의 틈에서 시인이 의도한 바를 진지
하게 생각해 볼 수 있다. 다음은 위의 학습활동에 이어 시인의 창작 의도
를 문제 삼는다.

• 한용운은 스님이라는 신분임에도 불구하고 남녀 간의 사랑을 노래하
  였다. 일제 식민지라는 당시의 시대적 상황과 불도에 정진한 만해의
  삶을 고려하여 시인이 이런 시를 짓게 된 이유를 생각해 보자.

시 교육은 시어의 말뜻을 정확히 파악하는 데에서 시작된다. 시는 시어
하나가 의미의 파장을 일으키며 시적 기능을 수행한다. 작품의 부분과 부
분은 서로 긴밀하게 연결되어 통일된 의미망을 형성된다. 따라서 시의 독
자는 시어 및 시 구절의 말뜻을 논리적으로 규명하는 데에 소홀히 해서는
안 된다. 다음은 말뜻의 파악을 중시하며 제기한 학습활동이다.

• 4행의 "날카로운 첫 키스"에서 '날카로운'은 '키스'를 꾸미는 적절한
  말이라 보기 어렵다. '날카로운' 대신 쓸 수 있는 말들을 찾아 서로
  비교해 보고, 이 시어에 담긴 의미를 말해 보자.
• 시인은 "슬픔의 힘"을 옮기는 자리로 "새 희망의 정수박이"를 선택했

다. "슬픔의 힘"이란 무엇인지 생각해 보고, 시인이 희망의 보조관념
으로 '정수박이(정수리)'를 택한 이유에 대해 말해 보자.
- 이 시에는 임이 떠난 이유가 제시되어 있지 않다. 10행의 "님의 침
묵"의 의미를 "차마 떨치고 갔습니다."라는 2행의 구절과 관련지어
해석해 보자.

교과서는 이 시가 기승전결의 4단 구성으로 되어 있다고 보고, 1~4행
과 5, 6행을 기와 승의 경계로 둔다. 하지만 이 시는 시상 전개상 1, 2행과
3~6행의 구분이 가능하다. 시 읽기에서 시상전개는 작품의 내용을 파악하
는 데는 물론 화자의 심정과 그 변화를 헤아리는 데에도 일조한다. 따라서
학습자는 피상적으로 단락을 나누기보다는 화자의 정서, 태도와의 관련 속
에서 시상을 파악한다. 이 시의 경우, 시상 전개를 역설에 깃든 사유방식
과 연계하여 물을 수 있다. 역설은 모순된 진술을 통해 삶의 진실을 보여
준다. 따라서 「님의 침묵」과 같이 역설을 구사하는 시는 삶을 바라보는 인
식 태도가 교육내용이 되어야 한다. 아래는 이에 대한 예다.

- 이별의 아픔이 잘 드러나 있는 행을 찾아보고, 이를 택한 이유를 이
  야기해 보자.
- 이별의 슬픔을 어떻게 극복하고 있는지 제시된 시 구절을 근거로 하
  여 말해 보자.
- 9행은 이별의 상황에 비춰보면 모순되어 있다. 이 행에 담긴 의미를
  살펴보고, 화자의 생각을 변하게 만든 것이 무엇인지 제시된 구절을
  중심으로 설명해 보자.

삶에 대한 진지한 응시를 보여주고 있는 이 시는 언어를 구사하는 방식
에서도 나름의 성과를 거두고 있다. 사설조의 산문체, 대상에 대한 미화,
과다한 수식어의 사용 등은 이 시의 결점이 될 수 있는데, 이것은 비유의

기법으로 보완된다. 비유는 간접적으로 돌려 말함으로써 사물이나 감정을 보다 생생하고 구체적으로 나타낸다. 이러한 시의 대표적인 표현 기법을 작품 감상을 통해 앎으로써 학생들은 시의 특질을 이해하고 우리말의 다채로운 쓰임을 경험하게 된다.

- 이별의 슬픔을 비유의 방식으로 돌려 말하고 있는 행을 스스로 찾아보고, 그렇게 판단한 이유에 대해 말해 보자.
- 다음의 구절들은 어떤 말을 돌려 표현한 것인지 서술해 보고, 이것이 비유의 문장과는 어떤 차이가 있는지 표현의 효과 면에서 살펴보자.
  (1) 황금의 꽃같이 굳고 빛나던 옛 맹서는 차디찬 티끌이 되어서 한숨의 미풍에 날아갔습니다.
  (본래의 말) 변치 않을 옛 맹세가 깨지고 말았습니다.
  →
  (2) 걷잡을 수 없는 슬픔의 힘을 옮겨서 새 희망의 정수박이에 들어부었습니다.
  (본래의 말) 슬프지만 새 희망을 가집니다.
  →
- 비유적 표현과 높임 표현을 사용하여 사랑을 고백하는, 5줄 이내의 짧은 시를 창작해 보자.

이러한 비유의 학습을 통해 학생들은 비유적 표현에 담긴 화자의 마음을 이해하고, 그 비유의 매력을 즐길 수 있을 것이다. 시 교재에서 교육내용의 핵심이 되는 학습활동은 학습자의 반응을 이끄는 데 중추적 역할을 한다. 따라서 학습활동은 작품의 세계를 이해하는 데에 도움을 주며, 학습자의 의식과 감각을 일깨워 줄 수 있는 것이어야 한다. 학습활동은 의문점을 유발하는 질문 형식으로 되어 있어 학습자의 사고력을 활성화한다. 학습활동이 적정한 난이도를 갖출 때 학생들은 그 학습활동을 해결하려 작품을 반복적으로 읽고, 그 과정에서 깊이 사고하며 자신의 사유 과정을 조정해 간다. 그러므로 학습활동은 단편적이고 획일적인 답을 요구하기보다는 사고하는 그 과정을 중시하는 문제이어야 한다.

이 글은 교과서 상의 특정 작품에 한정하여 그것의 교육내용에 대해 고찰하고 있어 일반화할 수 있는 어떤 이론을 도출하는 데에는 한계가 있다. 무엇이 시 교육내용이 되어야 하는 것은 작품에 따라 혹은 접근하는 시각에 따라 그 해법이 다를 수 있다. 하지만 어떤 경우든 감상의 주체가 되는 '학습자'와 감상의 대상이 되는 '작품'이 시 교육의 중심에 있어야 한다. 필자는 이런 관점에서 교육내용을 재구성하여 수업을 진행하였다. 아래는 그 결과의 일부다.46)

> 「님의 침묵」이라는 시를 겉으로만 읽게 되면 자신이 사랑을 이루지 못한 애절함이 담긴 시라고 생각된다. 하지만 이 시 안에는 일제에 나라를 빼앗긴 아픔이라든지 당시 사람들에 대한 애정이 담겨 있다는 사실에 놀랐고, 한용운이라는 분이 참으로 대단하다고 생각된다. 나중에 기회가 된다면 한용운의 시를 꼭 한번 읽어 보고 싶다.
>
> — 3-1 윤정후

> 이 시를 지은 사람은 스님인데도 사랑에 대한 시를 썼다. 본래 스님은 남녀의 사랑을 멀리한다고 알고 있는데, 이 시를 읽어보면 사랑의 감정을 느낄 수 있었다. 창작 년도를 보면 작품의 시대가 일제 강점기라는 것을 알 수 있는데, 여기에 비춰보면 떠난 임은 잃어버린 조국으로 볼 수 있을 것 같다. 사람들 사이에 흔하고 가장 친밀감이 있는 사랑이라는 주제로 당시의 시대의 아픔을 잘 얘기하는 것 같다.
>
> — 3-2 김보현

---

46) 전문계 고등학교 3학년 남학생들에게 한용운의 「님의 침묵」을 읽고 느낀 점을 5줄 내외로 자유롭게 쓰는 것을 수행평가의 하나로 제시하였는데, 인용문은 이때 작성된 학생들의 글이다.

감동적인 시이다. 황금의 꽃, 날카로운 첫키스 등의 말들을 사용하여 자신의 사랑의 감정을 잘 표현한 것 같다. 4행에서 사랑하는 사람에 대한 깊이를 알 수 있었고, 9행에서 사랑하는 사람을 보내지 못하는 것이 슬프게 느껴진다.

— 3-2 김영준

어쩔 수 없이 임을 떠나보내야 하는 안타까운 마음을, 임은 말없이 떠나갔지만 잊지 못하는 마음을, 그리고 꼭 돌아올 것이라는 믿음에서 임에 대한 화자의 깊은 사랑을 느낄 수 있었다. 보고 싶어도 보지 못하는 마음은 찢어질 듯한 마음이 아닐까? 아니 이 보다도 더할 수도……

— 3-3 박재성

제 8 장
시 교육의 방법

산유화 김소월

산에는 꽃 피네
꽃이 피네.
갈 봄 여름 없이
꽃이 피네.

산에
산에
피는 꽃은
저만치 혼자서 피어 있네.

산에서 우는 작은 새여,
꽃이 좋아
산에서
사노라네.

산에는 꽃 지네
꽃이 지네.
갈 봄 여름 없이
꽃이 지네.

— 『영대』 3호(1924), 『진달래꽃』(1925)

1 이 작품은 무엇을 말하고 있는가?

2 2연과 3연은 어떻게 해석하면 좋을까?

3 이 시는 내용을 어떻게 표현하고 있는가?

4 이 시는 어떤 점에서 가치가 있을까?

5 이 시에서 학생들에게 무엇을 가르칠 수 있을까?

6 이 시는 어떻게 가르치는 것이 좋을까?

1 사고 중심의 시 수업 모형
—김소월의 「진달래꽃」을 중심으로

(1) 시 수업의 현장

수업은 기본적으로 교사가 학생에게 어떤 내용을 전달하는 과정이다. 문학 수업은 두 개의 극점을 놓을 수 있다. 하나는 교사를 중심으로 하는 지식 위주의 수업이고, 또 하나는 학생을 중심으로 하는 활동 위주의 수업이다. 교사는 언제나 두 방식의 수업에서 줄다리기를 한다. 한쪽에 힘이 실릴 때 다른 한쪽은 그 힘에서 밀려난다. 지식이나 활동으로 수업을 일관할 경우 한쪽을 얻는 만큼 다른 한쪽은 잃기 마련이다. 문학교육에서 교사가 지식을 전달하는 데만 치중한다면 그 지식만이 정답이 되어 학습자의 생각은 끼어들 틈이 없어진다. 활동 위주의 수업은 활동 그 자체가 주는 흥미로움으로 정작 이해해야 할 작품을 경시하기도 한다. 두 수업 방식은 모두 학습자의 주체적인 작품 읽기를 도외시하는 결점을 안고 있다. 그래서 지식과 활동이 공존하면서도 학습자의 문학 감상 능력을 신장시키는 수업이 좋은 수업의 본보기가 된다.

오늘날 중등학교의 시 교육은 이상적으로는 활동을 위주로 하는 학습자 중심의 수업을 지향하면서도 현실적으로는 지식을 위주로 하는 교사 중심의 수업이 이루어지고 있다. 학습의 주체가 학생에게 있는 것은 분명하나,

수업의 설계에서부터 수업내용의 선정, 수업 전개, 평가 등에 이르기까지
전적으로 교사의 역량에 의지할 수밖에 없다. 수업에서 학생이 해야 할 일
을 교사가 대신해주며, 그릇된 지식을 학습자에게 주입할 때 문제가 발생
한다. 교육(敎育)에서 지식은 그 자체가 매도의 대상이 되지 않는다. 지식은
결과로서의 명제적 지식뿐만 아니라 과정으로서 방법적, 절차적 지식까지
포함한다. 지금의 시 교실은 결과로서의 지식에 집중하여 학습자가 작품을
읽고 깊이 사유하는 정신적 과정을 방관하기도 한다.

> 나보기가 역겨워
> 가실 때에는
> 말없이 고이 보내 드리우리다.
>
> 영변(寧邊)에 약산(藥山) ′
> 진달래꽃
> 아름 따다 가실 길에 뿌리우리다.
>
> 가시는 걸음걸음
> 놓인 그 꽃을
> 사뿐히 즈려 밟고 가시옵소서.
>
> 나 보기가 역겨워
> 가실 때에는
> 죽어도 아니 눈물 흘리우리다.
>
> — 김소월, 「진달래꽃」

  이 시는 소리와 의미가 잘 조응된 작품으로 운율이 있는 언어로 섬세한
감정을 표현한다. 시인은 친숙하고 고운 우리말을 구사하며, 유연한 리듬
의 바탕에서 사랑의 감정을 전한다. 학생들은 미묘한 말뜻의 간격을 좁히

는 과정 속에서 인간의 삶을 이해하고 이별의 체험과 관계없이 진실한 사랑의 자세를 생각해 볼 수 있다. 그러나 오늘의 시 교육은 이러한 가치를 잘 살려내지 못하고 있다.

> 학생들에게 작품을 묵독하게 한 다음, 전반적인 내용이나 인상적인 구절을 물어본다. 학생의 간단한 답에 이어, 교사는 지은이를 소개한 다음 시 작품을 한 줄씩 설명한다. 각 연이 끝날 때마다 교사는 칠판에 각 연의 중심내용을 판서한다. 4연에 가서는 이 시가 반어법으로 되어 있다고 강조하면서 반어법과 역설법의 차이점을 설명한다. 교사는 학생들에게 반어적 표현에 유념하면서 이 시의 내용을 다시 살펴보게 한다. 그리고 이 작품의 구성, 운율, 이미지, 수사법, 주제 등을 칠판에 정리해 주고는 이를 바탕으로 '음악성, 형상성, 함축성 등이 잘 드러난 표현을 말해 보자'는 교과서의 학습활동 문제를 학생들에게 풀게 한다. 몇 학생들에게 발표시키고 교사가 문제의 답을 불러준다. 이어 전체 음독하는 것으로 수업을 마친다.[1]

교사는 학습자의 주체적인 읽기를 배제한 채, 학생들에게 일방적으로 지식을 전달한다. 작품을 설명하는 과정에서 기승전결의 4단 구성, 7.5조의 음수율과 3음보의 율격, 진달래꽃의 시각적 이미지, 반어법(4연), 이별의 정한과 승화(주제) 등의 정보를 일러준다. 학생들은 교사의 지시에 따라 교과서의 여백에 이를 그대로 옮겨 적는다. 이것은 어제 오늘의 일이 아니며, 우리의 시 교실에서 흔히 볼 수 있는 장면이다.

시 수업은 어떤 내용을 체계화하고 도식화하려는 성향이 강하다. 교사와 학생의 시 교재에 촘촘히 필기된 사항이 이를 증명한다. 작품에 대한 일목요연한 정리는 학생들에게 배운 내용을 인지시키는 데에 필요하다. 교사가

---

1) 교직 경력이 20년이 넘는 교사가 고등학교 1학년 남학생을 대상으로 김소월의 「진달래꽃」을 수업한 것이다. 교육 현장에서 교사는 연구 수업이나 동료장학 수업에 참관함으로써 타 교사의 수업을 볼 수 있는데, 제시된 수업사례는 이런 경험을 재구한 것이다.

구체적인 자료를 바탕으로 정리를 잘 해줄 때 학생들은 그 작품을 수월하게 이해할 수 있다. 하지만 지식 전달이 결과에 치중하여 결론에 도달하기까지의 과정을 무시할 때, 학습자의 작품 이해는 단편적이고 형식적인 수준에서 그치고 만다. 교사가 맞지도 않는 정보를 정답인 양 제공할 때는 그 심각성은 크다.

교사는 교과서의 학습목표에 맞추어 '시의 아름다움'을 지도하려 했지만, 학생들은 문학의 아름다움을 공유하지는 못했다. 교사는 무엇이 그러하다고 말할 때, 그것이 왜 그러한지 이를 점검하는 절차는 생략하고, 결과로서의 지식만을 강조하였다. 학습자는 수동적인 입장에서 지식을 전수받고 이를 숙지하는 데에만 골몰하였다. 이 수업에서는 교사의 설명과 학생들의 받아쓰기만 있을 뿐 작품을 진지하게 감상하는 시간은 없었다.

문학의 아름다움은 독자가 작품을 이해하고 내면화할 수 있을 때 실감할 수 있다. 이 글은 시 교육에서 사고의 중요성을 강조하며 학습자의 이성과 감성을 길러줄 수 있는 시 교수법을 마련하는 데에 목적이 있다. 학생의 자유로운 사고와 다양한 이해를 억압하는 경직된 시 수업을 비판하며, 김소월의 「진달래꽃」을 제재로 하여 사고 중심의 시 수업 모형을 구안하고자 한다.

(2) 문제해결과정으로서의 사고

지식을 내용으로 하는 교육은 지식의 결과보다는 그 지식을 탐구하고 생산해내는 과정을 중시한다. 생각하는 힘을 길러주는 것이 교육의 본질이 되기 때문이다. 국어교육은 언어를 매개로 이해하고 표현하는 활동을 통해 고등 사고를 증진하고자 한다. 사고는 어떤 대상을 지각하고 인식하는 인간의 어떤 의도적인 정신작용이다.[2] 어떤 대상을 인식하거나 인식의 변화를 초래하는 사고는 고등사고에 해당한다. 언어를 통한 의미 형성이나 인식의 변화는, 대상에서 문제를 발견하고 그것에 적절히 대처할 수 있는 능력을 갖출 때 가능하다. 문제를 해결할 수 있는 능력은 다름 아닌 사고력이다. 사고력은 인간이 문제 상황에 직면하여 합리적으로 문제를 규정하고 그 문제를 해결하는 과정에서 이루어지는 유목적적이며 의도적인 지적활동이다.3) 심리학계에서는 사고의 개념을 '문제 해결 과정'의 측면에서 접근한다. 인지심리학에서 규정하는 문제해결 과정이란, 주어진 과제를 선행 정보나 지식을 최대한으로 활용하고 최선의 대안에 이르는 지적 조작 과정이다.4)

논리적 검증 절차를 거쳐 문제를 해결하는 데에는 추리적 사고, 비판적 사고, 창의적 사고 등의 인지적 사고가 관여한다. 사고력 모형을 개발한 한국교육개발원은 사고력의 목적을 문제 해결로 보고, 문제를 발견하고 해결하는 데에 필요한 가장 핵심적으로 능력으로 비판적 사고와 창의적 사고를 든다.5) 비판적 사고는 여러 준거에 의해 대상의 적절성이나 가치 및 우열을 평가하는 사고다. 창의적 사고는 새로운 아이디어를 창출해내는 능력으로 어떤 문제 상황에서 새롭고 가치 있는 것을 찾아내려고 할 때 일어난다.6)

① 말 가운데 '즈려'는 소월의 고향인 평안북도 정주 지방의 사투리로 '힘주어', '지그시'라는 뜻이라고 한다. 그렇다면 '사뿐히 즈려 밟고'는 이른바 모순형용을 내포하는 것이다. 꽃을 밟고 가되 '사뿐히', 즉 가벼운 걸음걸이로, 그러면서도 '즈려밟고', 즉 힘주어 지그시 밟는 무거운 걸음걸이로 걸으라고 말하고 있기 때문이다. 이것은 단순히 수사적 모순에 그치는 것이 아니다. ② 거기에는 자기가 싫어서 떠나가는 것이니까 님의

---

2) 이삼형 외, 앞의 책, 166면. 노명완, 「국어과교육과 사고력 신장」, 충청남도 교육청 편저, 『사고력을 기르는 국어과 교육』, 대한교과서, 1994, 46~49면.
3) 성일제 외, 『사고교육의 이론과 실제』, 배영사, 1989, 54~56면.
4) 이삼형 외, 앞의 책, 349면 참조
5) 한국교육개발원, 『사고력 신장을 위한 프로그램 개발 연구(Ⅲ)』, 박문사, 1989, 46~49면.
6) 김영채, 『사고와 문제해결 심리학』, 박영사, 1995, 584면 참조.

발걸음은 가볍겠지만 그렇지만도 않을 것이라는 화자의 추측이 함축되어
있을 뿐만 아니라 지그시 밟혀 짓이겨진 진달래꽃이 바로 자기 신세의 이
미지라는 것도 함축된 것으로 볼 수 있다.
　　이렇게 읽는다면 ③ 이 작품은 전통적인 한국 여인의 일방적인 순종과
양보와 침묵의 표면 아래 여성 본연의 감정과 심성이 살아 있음을 넌지시
암시하고 있는 것이 된다. ④ 이와 같은 표층과 심층 간의 모순 내지 괴
리는 이 작품의 정서적 클라이맥스를 이루는 끝 행(죽어도 아니 눈물 흘
리오리다)에서 가장 날카롭게 드러난다. 즉 죽는 한이 있더라도 눈물을 흘
리지 않겠다는 이 행의 속뜻은 솟구치는 눈물을 주체하지 못한다는 것으
로 그 절박함이 '죽어도 아니……'라는 상례를 벗어나는 구문 가운데에
암시되어 있다.[7]

　　김종길은 '즈려'에 대한 사전적 의미를 바탕으로 '사뿐히 즈려 밟고'에
담긴 의미를 밝혀내고 있다. 여기에는 사실적 사고뿐만 아니라 추리적 사
고가 작용하고 있다. ①의 진술이 전자의 상황이라면 ②는 후자에 해당한
다. ②에서 평자는 주어진 정보를 근거로 하여 작품에 나타나지 않은 화자
의 심정을 추리하고 있다. ③에서는 새로운 아이어디를 제시한다는 점에서
창의적 사고의 일면을 엿볼 수 있다. ④에서는 비판적 사고에 기대어 시
구절에 대해 평가를 하고 있다.
　　작품의 이해과정에서는 여러 인지적 사고 능력이 복합적으로 작용하는
데, 이 사고는 정의적 사고와 상호 교섭한다. 정의적 사고는 대상에 대한
느낌이나 반응을 중시하며, 대상의 인식 과정에서 인식 주체의 정서나 상
상이 개입된다. 대상의 대한 미적 판단, 인간이나 세계에 대한 선악에 대
한 판단 등이 정의적 사고의 범주에 속한다.[8] 정서 표현의 문학인 시는 언

---

7) 김종길, 『시와 삶 사이에서』, 현대문학, 2005, 20~21면.
8) 정의 영역은 인지 영역과 달리 주관적이고 개인적 면이 있어 그 실체를 규명하기가 쉽
　 지 않다. 최근 사고력 연구에서, 정의적 중심적 사고의 하위 범주로 정서적 사고(반응,
　 연상, 상상, 내면화), 심미적 사고(미추판단, 호오 판단, 형상화), 윤리적 사고(선악 판단,

어의 사용이 주로 정서를 환기하는 데에 비중을 두어 정의적 사고에 의존하는 바가 크다.

> 1연과 4연에서 사용된 '역겨워'는 작품의 상황이나 임을 대하는 화자의 마음을 고려해 볼 때 적절한 언어의 선택이라고는 볼 수 없다. 이 어휘는 역정이 나거나 속에 거슬리게 싫다는 뜻으로 어떤 대상에 대해 불만족스러운 감정을 나타낼 때 사용된다. '역겨워'는 파열음인 'ㄱ'이 중첩되어 음성적으로도 좋은 소리의 자질을 갖지 못한다. 파열음은 나오던 기류가 막혔다가 터져 나오는 소리로 숨이 완전히 막히는 과정이 있기 있어 폐쇄음, 정지음으로도 불린다. 따라서 '역겨워'에서는 부드러운 음질을 기대할 수 없다. 그럼에도 이 시어가 유연하게 읽히는 것은 정교하게 다듬어진 소리의 질서 때문이다. 시인은 '나보기가', '가실 때에는', '고이' 등과 같이 'ㄱ'의 음운이 있는 시어를 의도적으로 사용하여 작품에 리듬감을 부여한다. 곧 파열음이 갖는 중압감이나 답답한 느낌은 음운의 반복으로 이완된다. 시인은 여기에 유음이 사용된 '드리우리다', '흘리우리다'라는 시어를 놓는데, 이들 시어에서 'ㄹ'은 자음 중 장애를 적게 받는 울림소리로 무성음인 'ㄱ'과 달리 어감이 부드럽고 산뜻하다. 이렇게 서로 대조적인 소리 자질을 가진 음운이 조화롭게 어우러지면서 '역겨워'는 부담없이 자연스럽게 읽힌다.[9]

인용글은 '역겨워'이라는 시어에 대해 문제를 제기하고 있다. 전반적으로 언어의 음성적 자질을 준거로 하여 이 시어의 적절성을 평가하고 있다. 미적 가치에 대한 판단에서는 비판적 사고와 함께 정의적 사고가 수반되고 있다. 정의적 사고는 언어적 사고의 한 면을 이루고, 의식하든 의식하지 않든 인지적 사고와 교섭한다. 독자가 시의 내용과 언어적 특성에 총체

가치판단, 세계관) 등이 제안된 바 있다. 윤여탁, 앞의 책, 39~40면.

9) 졸고, 「중등학교 시 수업 개선을 위한 시 읽기 교육」, 『국어 수업 전문성 향상 방안』, 109차 한국국어교육학회 전국학술대회 자료집, 2007, 10면.

적으로 반응하려면 두 사고의 작용은 필수적이다. 시를 읽으면서 의문점을 찾고 이를 해명하는 과정에서 학습자는 인지적 사고와 정의적 사고를 계발할 수 있다. 그러므로 시 수업에서는 학습자의 사고를 어떻게 활성화할 것이냐에 대한 방법이 강구되어야 한다.

(3) 사고 중심의 시 수업 모형

작품을 바르게 감상하는 데에는 충분한 사유의 시간이 필요하며, 작품을 반복적으로 일이 요구된다. 학생들은 작품을 반복해 읽으면서 의문을 제기하고, 합리적인 추론 과정을 통해 의문을 해명하게 된다. 학습자의 사고는 완결한 상태가 아니므로 합당한 논리에 의해 언제든지 수정, 보완할 수 있다. 교사는 학생들에게 반복적으로 시를 읽히되, 읽기의 수준을 점차 높여간다. 학습자의 사고 수준이 어휘의 이해나 사실적 이해와 같은 얕은 수준의 사고에서 추론적 이해, 비판적 이해 등의 높은 수준의 사고로 이양되도록 수업을 설계한다. 필자는 시 읽기 활동과 더불어 사고가 심화되는 수업을 위해 '대면하기', '수용하기', '탐색하기', '향유하기' 등의 단계를 설정한다.

사고중심의 시 수업 모형

수업 단계	주안점	학습자의 활동
1. 대면하기	작품의 개괄적 이해	• 소리내어 읽기 • 내용 짐작하기
2. 수용하기	말뜻의 사실적 수용	• 시어의 말뜻 파악 • 시적 상황의 재구성
3. 탐색하기	비판적·창의적 이해를 통한 작품 공유	• 의문점 제기하기 • 의문점 해명하기 • 의견 공유하기
4. 향유하기	작품 즐기기	• 글로 표현하기 • 말로 표현하기(낭송, 암송)

❶ 대면하기

시 교육은 문학 감상의 주체인 학생이 작품과 대면함으로써 이루어진다. '대면하기'는 교사가 학생들에게 작품과의 만남을 주선해주는 단계다. 교사는 작품을 소개하는 데에서 음독과 묵독의 두 방법을 쓸 수 있다. 학습자는 먼저 작품을 소리 내어 읽는다. 학생들은 특별한 기교를 부리지 않고 본래의 음성으로 책을 읽듯 읽는다. 특정 언어나 율격을 의식하지 않고 언어의 질서에 따라 천천히 읽는다. 그리고 눈으로 작품을 훑어보면서 작품의 분위기나 대강의 내용을 짐작한다. 교사는 학생들이 시에 관심과 흥미를 가지도록 하는 정도에서 작품을 안내한다. 작품에 대한 세세한 정보는 작품 이해에 선입견으로 작용하여 학습자가 자유롭고 창의적으로 생각하는 데에 걸림돌이 될 수 있다.

수업의 도입부에서는 학습자의 시선을 작품으로 유인하여 학습동기를 유발하는 것이 중요하다. 이에 대한 방법으로는 제목을 중심으로 자유 연상하기, 제목과 관련된 경험을 교환하기 등이 있다. 하지만 이런 방법은 상식적이거나 엉뚱한 답변으로 그칠 우려가 있어 학습의 의욕을 고취시키는 데에는 한계가 있다. 학습 동기는 학생으로 하여금 수업내용에 관심을 가지고 지속적으로 학습하게 하는 동력이 된다. 따라서 학습동기를 일으키는 유인제는 학생들의 경험이나 감각에 적합하면서도 작품의 실질적 의미와 관련지을 수 있는 것이어야 한다.

- 국어사전은 '아름다움'을 '마음에 좋은 느낌을 자아낼 만큼 곱고 예쁘다'라고 정의한다. 자신이 생각하는 아름다움이란 무엇인지 구체적 예를 들어 말해 보자.
- 소중한 대상(사람, 사물)을 잃어버렸을 때의 심정을 2~3줄 내에서 구체적으로 말해 보자.
- '사랑'을 내용으로 하는 감동적인 영화나 음악을 떠올려보고, 사랑이 어떤 마음인지 말해 보자.

교사는 작품을 읽기 전에 위와 같은 학습활동을 제시하여 학습동기를 유발할 수 있다. 학습에 대한 흥미를 돋우기 위해 시를 편곡한 대중가요를 들려 줄 수도 있고, 봄날 화사하게 핀 진달래꽃의 모습을 멀티미디어 자료에 담아 제시할 수 있다. 시를 묵독하게 한 다음 제목이 나오는 구절을 찾게 하거나 작품의 내용에 미루어 제목이 어떤 함축적 의미가 있는지 물을 수도 있다. 특별한 조건을 주지 않다면 학생들에게 시 읽는 자세를 일러준 다음 차분한 마음으로 작품을 읽게 하는 것도 학습동기를 유발하는 한 방법이 될 것이다.

❷ 수용하기

① 시어의 말뜻 파악

시 읽기의 일차적 소용은 말뜻을 알아듣는 데에 있다. 말뜻이 이해되지 않고서는 작품과 독자 간의 원활한 소통은 기대할 수 없다. '수용하기'에서는 작품에 사용된 어휘의 뜻을 파악하고 이를 바탕으로 시적 상황을 재구성한다. 시가 지닌 다양한 의미나 신선하고 강렬한 표현은 근본적으로 언어에서 발산된 것이라고 볼 때, 시 읽기에서는 개별 언어에 대한 충실한 이해가 선행되어야 한다.

어휘의 뜻의 파악은 작품의 말뜻을 이해하는 데에 바탕이 된다. 시의 언어는 문맥에 기대어 새로운 의미를 생성하지만, 이때의 함축적 의미는 사전적 의미를 전제로 하고 나서야 비로소 성립된다. 가령 1연에서 독자는 기본적으로 '역겹다'는 어휘의 뜻을 인지해야 소리의 질서가 주는 운율의 효과나 시 구절에 담긴 화자의 심리적 상태를 헤아릴 수 있다. 그래서 이 수업 단계에서는 문맥적 의미를 파악하기 위한 전제로서 어휘가 지닌 본래의 뜻을 아는 데에 중점을 둔다.

김소월의 「진달래꽃」은 규칙적인 시행의 배열과 소리의 조화로운 어울림으로 막힘없이 편하게 읽힌다. 따라서 독자는 치밀한 언어의 조직으로 낱낱의 시어를 간과하기 쉽다. 이 작품에서 '역겨워'를 비롯한 '아름', '즈려' 등은 어휘력이 부족한 학습자에게는 낯선 말들이다. 교사는 학생들에게 시어의 앞뒤 관계 속에서 이들 어휘가 갖는 의미를 나름대로 생각하게 한 후에, 하나의 사전적 의미를 잠정적으로 정하도록 한다. 학생들은 어휘의 주어진 뜻을 바탕으로 각 연에서 화자가 무엇을 말하고 있는지 그 내용을 확인한다.

② 시적 상황의 재구성

시 교육 연구자들은 시 교수·학습에서 시적 상황의 파악을 강조한다. 시에서 화자가 처한 입장이나 처지를 아는 것은 작품의 의미를 추적하는 단서가 되기 때문이다. 독자는 설정된 상황을 중심으로 시 구절에 담긴 화자의 정서와 태도를 추측하며, 시인이 말하고자 하는 속뜻을 가늠한다. 그런데 시인의 의도에 의해 설정된 이 시적 상황은, 일상의 현실에서 실재하지 않기도 한다. 시인은 자신의 체험을 객관적 상황으로 그대로 재현하기도 하지만, 때에 따라서는 상상과 관념에 의해 극적 상황을 만들어내기도 한다.

정지용의 「유리창」에서 화자는 추운 겨울밤에 유리창 앞에 서서 입김을 불어보고 지우면서 창밖의 별을 바라본다. 이 시는 이렇게 객관적으로 유추가 가능한 시적 상황을 제시한다. 하지만 이것으로 끝나지 않는다. 유리창에 밤이 밀려와 부딪치고 물먹은 별이 보석처럼 박히며, 길들은 양언 날개를 파닥거리고, 고운 폐혈관이 찢어진 채 산새가 날아간다. 이는 시인의 독자적인 체험 영역으로 현실적으로 접하기 어려운 가상의 세계로 시인은 자신이 체험한 현실의 상황에 상상을 가미하여 극적 상황을 연출한다.

　시적 상황으로 볼 때, 김소월의 「진달래꽃」은 정지용의 시와는 다소 차이가 있다. 이 시에서는 가시적으로 표면화된 상상은 찾아볼 수 없다. 화자는 이별할 처지에 있는 현실적 상황에서 자신의 감정을 드러내고 있다. 그런데 '가실 때에는'이라는 가정형의 어법은 이별이 가정된 것이 아닌가 하는 의심을 불러일으킨다. 그래서 이 시의 이별의 상황을 현재가 아닌 미래의 가정으로 보기도 한다. 이 관점에서는 언제 닥쳐올지 모를 이별에 대한 은근한 두려움과 이 속에서도 변함없이 자신의 사랑을 지켜 가겠다는 화자의 의지를 엿본다.10) 곧 이 시의 화자는 이별을 가정하여 사랑의 희열과 불안이 교차하는 심정을 고백하고 있다는 것이다. 하지만 이별의 상황을 현재가 아닌 미래의 가정으로 볼 경우, 꽃을 뿌리며 임을 고이 보내는 화자의 사랑은 가식적 사랑으로 변질된다. 독자는 각 연의 시행을 가정된 상황에 맞추어 보는 데에 집중하여 화자의 순수한 마음을 제대로 읽지 못한다. 또한 가정 속에서 계속 가정을 따지게 되어 시가 지닌 말의 아름다움은 놓치고 만다. 간곡한 목소리나 화자의 태도에 비추어 볼 때 이 시는 이별에 직면했거나 이별이 예견되는 현재의 상황으로 보는 것이 바람직하다.

　교사는 구체적 장면을 조성하여 학습자가 이별에 직면한 화자의 마음을 잘 이해하도록 도와준다. 독자는 화자를 제 삼자로 대하며 화자의 상황을 객관적으로 바라볼 수 있고, 또 화자를 자기와 동일시하여 이별의 상황과 감정을 간접 체험할 수도 있다. 교사는 화자에 어울리는 가상의 인물을 영화나

---

10) 오성호, 「예술자료로서의 시 읽기」, 『문학교육의 새로운 구도와 실천』, 태학사, 2000, 108~110면. 미래의 이별을 가정하고 있다는 견해에 대해 이남호는 시의 맛과 멋을 훼손하는 해석이라고 보고 다음과 같이 지적한 바 있다. "이런 해석에 의하면, 화자의 마음과 태도는 절실하고 진실한 것이라기보다는 다소 장난스런 것이 되고 말며, 따라서 「진달래꽃」의 아름다움은 없어지고 만다." 이남호, 앞의 책(2001), 41면.

드라마의 장면에서 찾게 한다. 이성친구가 있는 학생은 화자를 자기 자신으로 놓아둔다. 교사는 아래와 같이 여러 개의 짧은 문장으로 이별의 이야기를 구성하고, 학생들은 교사의 진술에 따라 이별의 장면을 떠올려 본다.

❸ 탐색하기

① 의문점 제기하기

「진달래꽃」은 사랑의 노래이지만 사랑한다는 언술은 보이지 않는다. 시는 말을 최대한 절제하며 간접적 방식으로 감정을 전달한다. 이러한 독특한 언어 사용 방식은 일상의 어법에 익숙한 이에게 낯선 느낌을 주며 궁금증을 자아낸다. 그래서 독자는 시를 읽을 때 의문을 제기하며 읽을 필요가 있다. 의문은 독자가 주체적인 자각을 하고 작품에 몰입할 때 일어나므로 질문하며 작품을 읽는 일은 시를 주체적으로 읽게 하여 학습자의 사고를 촉진한다.

작품에 수동적으로 끌려가지 않으려면 독자는 질문을 던지며 읽어야 한다. 부분적 의미를 아우르는 통일된 의미망을 짚으면서 '이게 무슨 말일까?, '왜 이런 말을 했을까' 하며 의문을 제기한다. 시의 표현과 내용을 독자의 경험에 계속해서 조회함으로써 독자는 자신이 습득한 일상의 어법과 직·간접으로 체험한 사실에서 어긋난 것을 발견하게 된다.

교사는 학습자가 깊이 생각할 수 있도록 충분한 시간을 주고 묵독을 통해 의문점을 찾게 한다. 그리고 시 구절에 밑줄을 그어보고 그 곳에 의문점을 적게 한다. 학생들은 개별학습을 통해 의문점을 탐색하며, 모둠 별로 혹은 짝과의 협동 학습을 통해 의견을 교환한다.

학생의 활동을 주시하면서 교사는 학습자가 무엇을 모르는지, 놓치고 있는 부분은 없는지 살핀다. 의문점의 발견은 학습자의 읽기 능력에 따라 편차가 크므로 교사는 구체적 기준이나 방향을 제시해준다. 이것은 자유로운 탐색활동을 정교화하기 위한 과정이다. 발문은 행의 순서별로 혹은 학습내용의 항목별로 구성할 수 있다. 전자의 방식에서는 제목에서부터 행이나 연이 배열된 순서에 맞춰 내용이나 표현상에서 이해되지 않거나 궁금한 점을 찾는다. 후자에서는 행의 배치와 관계없이 시어와 행의 의미, 시적 상황, 화자의 정서, 태도, 표현 기법 등 항목별로 질문을 탐색한다.

교사는 학습목표, 학습자의 수준, 수업 상황, 작품의 특성 등을 고려하여 학습자의 발문을 조율한다. 학생들이 작품을 자연스럽게 이해할 수 있도록 의문점을 찾아보게 하고, 발표를 시켜 질문을 추려낸다. 질문이 작품의 온전한 이해에 비춰 충분하지 못하거나 적절하지 않을 때는 때에는 교사가 개입한다.

발문은 주어진 정보를 바탕으로 시어의 함축적 의미나 화자의 심리를 묻는 추론적 질문에서 시어의 선택과 조직, 시의 구조, 표현의 참신성 등을 따지는 비판적 질문으로 확장한다. 2연에서 화자는 진달래꽃을 아름 따가 임이 떠나시는 길에 뿌리고자 한다. 여기서 독자는 화자가 왜 상대에게 '진달래꽃'을 뿌리고자 하는지, 진달래꽃'에 화자의 어떤 마음이 담겨 있는지 물을 수 있다. 또 시인은 '진달래꽃'이라 해도 될 것을 "영변에 약산/진달래꽃"이라고 했는지 이를 표현 효과 면에서 따지게 할 수도 있다. 앞의 것은 추론적 질문의 예라면, 후자는 비판적 질문의 예가 된다.

김소월은 3연의 "사뿐히 즈려 밟고 가시옵소서"라는 구절에서 '즈려'라는 생소한 어휘를 사용한다. '사뿐히'는 '사뿐' 곧 소리가 나지 않도록 발을 가볍고 조심스럽게 내디디는 모양을 가리킨다. '즈려'는 정주 방언 '지레', '지리'에서 온 말로서 '지레밟다', '지리밟다'는 말은 발밑에 있는 것을 힘주어 밟는 동작을 뜻한다.[11] 꽃잎을 즈려 밟을 때는 힘이 들어 갈 수밖에 없으며, 가볍게 즈려 밟는다는 것은 의미상 맞지 않는다. 그래서 독자는 시인이 '즈려'라는 시어를 어떤 의도로 썼는지 곰곰이 살펴야 한다. 이러한 의문 또한 시어의 표현 효과를 짚어보는 비판적 질문의 예가 된다. 그러나 이런 비판적 질문은 언어의 세목에 대한 이해를 높여주는 반면, 작품 전체를 조망하지 못하는 단점이 있다.

예술 작품은 부분과 부분이 유기적으로 관련 맺으며 완결된 구조를 이룬다. 따라서 시를 바르게 감상하기 위해서는 작품의 부분적 이해는 물론 전체에 대한 이해가 수반되어야 한다. 학습자의 발문이 미흡하면 교사는 추론적 발문이나 비판적 발문을 제기하여 학생들로 하여금 작품의 부분을 세밀히 살피게 하고, 동시에 전체적 발문[12]을 통해 작품의 미적 구조를 이해하도록 도와준다.

---

11) 이기문, 「소월시의 언어에 대하여」, 『心象』(1982. 1월호), 27면. 이승훈, 『한국대표시해설』, 문학과비평사, 1993, 10면. 현행 고등학교 국어 교과서에서도 '즈려 밟고'를 "'지르 밟고'의 방언. 발 밑에 있는 것을 힘주어 밟는 것을 뜻함."으로 설명하고 있다. 서울대학교 국어교육연구소, 『고등학교 국어(상)』, 2002, 240면.

12) 작품을 종합적인 안목에서 살필 수 있는 전체적 발문으로는 다음과 같은 것이 있다.
　1. 이면적 의미로 해석할 경우, 작품의 내용은 어떻게 달라지는가?
　　(이 시는 진술된 말을 그대로 받아들여 표면적 의미로 작품을 해석할 수도 있고, 진술된 말 속에 다른 이면적 의미를 읽을 수도 있다. 후자의 입장에서는 이 시를 반어적 표현이 구사된 작품으로 볼 수 있는데, 이렇게 해석할 수 있는 근거를 두 가지 이상 제시해 보자.)
　2. 이 시는 다른 작품에 비해 비교적 외우기 쉬운 편인데, 어떤 점에서 그러할까?
　　(이 시는 언어를 규칙적으로 배열하고 있다. 각 연은 언어 배열에서 어떤 공통점이 있는지 살펴보고, 이것이 작품에서 어떤 효과를 갖는지 말해 보자.)

② 의문점 해명하기

작품에서 의문점을 찾았다면, 학습자는 이에 대한 실마리를 얻기 위해 작품을 거듭 읽어야 한다. 시 읽기에서 의문점을 찾는 것보다 이를 해명하는 일이 훨씬 어렵다. 의문점을 해명하는 일은 다름 아닌 시를 해석하는 일이다. 시에서의 해석은 수학문제와 같이 따로 정답을 두지 않아 다양한 해석이 나올 수 있다. 김소월의 「진달래꽃」은 임이 자신이 싫어서 떠난다면 임을 원망하지 않고 고이 보내주겠다는 전언으로 읽을 수 있지만, 반대로 나의 사랑을 다시 헤아려 떠나지 말아 달라는 호소로 해석할 수도 있다. 이 시는 부드러우면서도 간곡한 어조이나 말이 갖는 미묘한 어감이 작품의 의미를 표면적 의미와 이면적 의미로 가르게 한다. 이 모두는 작품 내에서 유추 가능한 내용이어서 독자는 이 둘 중 어느 한쪽을 지지할 수 있다.

획일화된 사고에 치우치지 않는 교육의 장에서는 두 해석을 모두 포용하며, 그 외의 개인적인 해석도 허용한다. 하지만 이것이 자신의 감정에 따라 시를 아무렇게나 읽어도 된다는 뜻은 아니다. 문학 교실에서 인정받는 해석은 개인의 무분별한 감상이 아니라 그럴듯하고 가능성이 있는 해석이다. 정확하다고 말할 순 없더라도 나름의 근거를 가지고 있어 해석 주체자는 물론 여러 사람들이 공감할 수 있는 해석이다.[13]

3연에서 '사뿐히 즈려' 밟는 행위에 대해 고형진은 운(韻)이라는 음악적 특질로 해명한다. '즈려 밟고'라는 시어는 그 앞의 '걸음걸음'이라는 시어와 호응하면서 'ㄹ'이 조성되고, 이 부드러운 유음은 떠나가는 임의 발걸

---

13) 최미숙은 시 해석 교육에서 '근거 있는 해석'을 강조한 바 있는데, 여기에 초점을 맞추면 해석의 다양성을 무제한으로 인정하는 것이 아니라 가능한 해석의 범위 혹은 유형을 설정할 수 있는 장점이 있다. 최미숙, 「현대시 해석 교육에 대한 비판적 검토」, 『한국시학연구』 14호, 한국시학회, 2005, 67면.

음을 환기한다. 또 '사뿐히'라는 시어는 '즈려 밟고'라는 말과는 부합하지 않지만, '가시는', '가시옵소서' 등의 시어와 호응하면서 'ㅅ' 운이 조성되어 소리의 미감을 드러낸다.[14] '즈려'는 'ㄹ'의 운에 맞추기 위해 채택되었고, '사뿐히'는 'ㅅ'의 압운을 고려해 선별되었다는 것이다. 연구자의 견해는 타당한 근거를 지니고 있어 적절한 해석이 된다. 하지만 그의 해석은 운율의 분석에 관심을 두고 있어 화자의 정황이나 정서를 충분하게 설명하지 못하고 있다.

화자는 자신의 곁을 떠나는 임에게 진달래꽃으로 변함없는 사랑의 마음을 전한다. '진달래꽃'은 화자가 임에게 주는 마지막 선물이다. 그가 이 사랑의 선물을 전하는 방법은 임이 가는 길에 진달래꽃을 뿌리고 이 꽃을 밟게 하는 것이다. 화자가 당당히 나서지 못하는 것은 내성적이고 수줍음이 많은 화자의 성격으로 보인다. 한편으로, 떠나는 임의 마음을 불편하지 않으려는 화자의 고운 마음이 꽃을 뿌리는 행동으로 표출됐다고 볼 수 있다. '사뿐히'에서 우리는 자신에 대한 부담을 갖기 말고 자신을 잊어도 좋다는 화자의 마음을 읽을 수 있다.[15]

그러나 이 시를 순종의 미덕을 지닌 한 여인이 떠나는 임을 아무 미련 없이 보내준다는 내용으로 단정할 수 없다. 꽃을 밟고 가라는 부탁 내지 호소는 상대의 입장에서는 거북한 일이다. 미련 없이 헤어질 일이라면 굳이 상대에게 자신이 뿌려 놓은 꽃을 밟고 가 달라고 애원할 필요가 없다. 심지어 죽어도 눈물을 흘리지 않겠다고 고백할 필요도 없다. '사뿐히 밟는' 것도 모자라 '즈려' 밟도록 이르는 것은 화자의 의중이 딴 데 있음을 짐작할 수 있다.

---

14) 고형진, 「소월 시의 운에 대한 연구」, 『외국문학 연구』 16호, 외국문학연구소, 2004, 24면.
15) 박호영, 「현대시 해석 오류에 관한 문학교육적 고찰」, 『몽상 속의 산책을 위한 시학』, 푸른사상사, 2002, 290면.

‘즈려’는 ‘짓눌러’, ‘짓이겨’ 등과 같이 어떤 사물을 힘주어 밟는 행위를 뜻한다. 그러나 이 시어를 발밑에 든 물건이 움직이거나 빠져나가지 못하도록 짓눌러 밟는 것으로 볼 필요는 없다. 3연의 문맥은 이러한 의미를 받아들이지 못한다. 사랑의 마음을 담아 가시는 길에 꽃을 뿌릴 테니, 그 꽃을 꼭 짓눌러서 밟고 가라는 것은 상식적으로 말이 되지 않는다. 따라서 ‘즈려’는 무엇을 발로 누르는 행위로 볼 수 있다. “사뿐히 즈려 밟고 가시옵소서”는 꽃잎을 가볍게 눌러 밟고 가달라는 뜻으로 해석된다. 우리는 자동차 브레이크를 밟은 때 급정거를 하지 않는 한 천천히 눌러 밟는다. 사뿐히 즈려 밟는 것은 이런 행동으로 보인다. 3연은 소리 나지 않을 정도로 한 걸음 한 걸음 발을 옮기며, 꽃잎을 살며시 눌러 밟고 가라는 내용이다. 화자가 임에게 꽃을 사뿐히 즈려 밟도록 권한 것은 꽃잎을 밟으며 당신에게 향하는 내 마음을 알아달라는 암시일 수 있다.

이 시는 이렇게 시어의 문맥적 의미와 꽃을 밟고 가라는 가상적 상황이 독자로 하여금 이면적 의미를 추측하게 한다. 작품의 내·외적 맥락은 다양한 관점에서 시를 감상할 수 있는 길을 열어 놓고 있다. 어떤 관점에서의 접근이든 일정한 기준이나 타당한 근거를 상실할 때에는 그것은 그른 해석이 되기 쉽다. 한 해석이 근거를 갖지 못하거나 빈약할 때에는 작품 의미 범주에서 이탈하여 작품을 왜곡한다. 교육의 장에서는 마땅히 학습자의 왜곡된 해석이나 자의적 해석은 걸려 주어야 한다. 그래서 시 수업에선 개인의 여러 생각을 공론화하여 의미 있는 해석을 공유하는 자리가 필요하다.

③ 의견 공유하기

‘의견 공유하기’는 학습자의 공감을 이끌어내기 위한 과정이다. 이 단계에서는 공유의 장을 통해 학생들의 산발적이고 개인적 반응을 정형적이고 집단적 반응으로 바꾸고자 한다. 학습자는 발표나 집단 토의를 통해 자신이 생각하고 느낀 것을 진술하며 타인과 의견을 공유할 수 있다. 교사는 제시된 질문에 대해 여러 학생들에게 골고루 발표의 기회를 주는데, 이에 앞서 개인의 읽기 활동을 점검하게 한다. 학습자는 작품을 다시 1연부터 4연까지 천천히 묵독하면서 의문점에 대한 나의 생각은 무엇인지, 왜 그렇게 생각하는지, 자신이 찾은 근거가 생각을 합리화할 수 있는지, 자신이 잘못 판단하고 있지는 않는지 등에 대해 자문해 본다. 학습자는 이러한 심사숙고의 과정에서 자신의 해석에 문제가 없는지 마지막으로 점검한 다음 자신의 의사를 표명한다. 그리고 스스로 해결하지 못한 부분은 타인의 견해를 경청하면서 보완한다.

교사는 학습자의 여러 견해들을 이끌어내기 위해 전략적으로 발표를 시킬 수 있다. 한 학생의 발표에 대해 다른 학습자의 보충 설명을 보태고, 그리고 이와 다르게 생각하는 학생을 발표시켜 하나의 문제에 대해 여러 관점에서 살피게 한다. 학습자가 반론을 제기하지 못하거나 답변이 미진할 때는 교사가 개입하여 반론을 유도하거나 해결의 실마리를 제공한다. 이러한 과정에서 학생들은 한 작품에 대해 다양한 생각들을 접하며, 근거가 있는 해석과 근거가 부족한 해석을 가려내게 된다. 해석의 근거가 구체적이고 타당하여 많은 이들이 동조할 때 이것은 의문점에 대한 답변이 된다.

작품의 의미를 공유하는 자리에서, 교사는 학생들의 협력자로 이들의 의견을 모으고 한 사람의 독자로서 의견을 제시한다. 이 시는 학습자가 반어적 표현에 집착할 경우 시의 의미가 고착화될 우려가 있다. 화자는 임을 떠나보면서도 눈물을 흘리지 않으려 한다. 독자는 4연에서 죽어도 눈물을 흘리지 않는 독기 어린 여자의 모습을 엿볼 수도 있고, 떠나는 임을 배려해 눈물을 거두는 가련한 여인의 모습을 발견할 수도 있다. 한편 양자의 얼굴을 하고 있는 여심을 읽을 수도 있다. 교사는 학생들이 미처 생각하지 못한 부분에 대해 궁금증을 유발시키고, 새로운 시각에서 해석할 수 있는 근거를 제시한다.

"죽어도 아니 눈물 흘리우리다."는 눈물로 떠나는 임의 마음을 어수선하게 만들지 않겠다는 의미로 볼 수 있다.[16] 이 구절에는 단칼로 이별의 끈을 끊지 못하는 화자의 복잡한 심경이 숨어 있다. 깊은 사랑일수록 이별의 슬픔은 큰 법이다. 그런데 이 시의 화자는 눈물을 보이지 않는다. 그는 마음이 여리면서도 굳세고, 강한 듯하지만 실상은 한없이 약하다. 이는 화자가 구사하는 어휘나 어법에서 엿볼 수 있다. 나지막한 말씨에는 여성스런 다소곳함이 묻어나지만, '역겨워', '즈려', '죽어도', '아니' 등의 어휘에서는 이와는 다른 면모를 보여준다. 특히 '죽어도'와 '아니'는 화자의 당찬 결의가 감지되어 읽는 이의 목소리에 힘이 들어가게 한다. "죽어도 아니 눈물 흘리우리다."라는 구절은, '눈물을 흘리지 않겠다'는 뜻을 '아니 눈물 흘릴 것이다'는 식으로 도치시켜 '아니'라는 부정어를 은연중에 강조한다. 화자는 임을 고이 보내 드려야겠다는 마음이 있으면서도 현재의 이별 상황을 부정하고 싶은 것이다.

시인은 이별을 거부하고 임을 붙잡고 싶은 간절한 마음을 운율의 장치로 제어한다. 「진달래꽃」은 3음보의 규칙적인 리듬을 맞추어 의미를 전달하며, 각 연의 행들은 비슷한 길이의 음절수를 유지하여 형태적 균형미를 보여준다. 각 연은 두 마디, 한 마디, 세 마디로 대응되고, 1행과 2행은 3행과 함께 3음보의 율격을 지닌다. 이때 두 행으로 3음보를 맞춘 1, 2행은, 3행보다 천천히 읽힌다. 한 행을 세 마디로 놓은 각 연의 3행은, 1, 2행보다 빠르게 읽힌다.

이를테면, 1연에서 1행은 '역겨워'에서, 2행은 '가실 때는'에서 행을 나

---

16) 이남호, 앞의 책(2001), 40~41면 참조.

누어 각 어휘 뒤에서 휴지를 둔다. 그래서 독자는 '역겨워'와 '가실 때에 는'에서 잠시 숨을 고르며 그 시어에 집중하게 된다. 이것은 운전자가 평 평한 도로에서 요철을 만났을 때의 태도와 유사하다. 요철에서 그는 속도 를 줄이고 주의를 살핀다. '역겨워'가 볼록한 언덕이라면 "말없이 고이 보 내 드리우리다."라는 3행은 평평한 도로다. 이 행은 3음보로 구성되어 1, 2 행보다 빨리 읽힌다. 빠른 율독은 진중한 의미를 스쳐 지나도록 하여 그 내용의 심각성을 덜어낸다. 그래서 화자의 말 못할 슬픔은 언어의 이면으 로 잠긴다. 이런 맥락에서 보면, 1연은 내가 정말 구토할 정도로 싫은 것이 아니라면 가지 말라는 화자의 간곡한 호소로 볼 수 있다.

이 시는 언어의 결합과 배열이 미묘한 의미의 파장을 불러일으키고, 음 악적 효과와 정서적 효과를 가져오고 있다. 교사는 학생들이 모르는 것, 알고 있더라도 이론상으로 막연히 알고 있는 것을 구체적으로 분명하게 전달한다. 반어나 운율과 같은 시적 장치는 그 개념을 세세히 진술하기보 다는 작품 감상을 통해 그 쓰임이나 효과를 알게 한다. 문학용어는 그것이 지시하는 기의(記意)에 중점을 두고, 실질적으로 작품을 분석하고 이해하는 데에 유용하게 활용한다.

❹ 향유하기

'향유하기'는 시 수업의 마지막 단계로 여기서는 표현 활동을 통해 작품 의 아름다움을 음미하고 즐긴다. 학습자는 '탐색하기'의 활동에서 자신이 이해하고 깨달은 것을 글과 말로 나타낸다. 학생들을 시를 읽고 느낀 점을 자유롭게 서술하거나 인상적인 구절을 중심으로 자신의 느낌을 말해 봄으 로써 지신의 생각을 언어로 표현할 수 있다. 이런 방법은 학습자에게 부담 을 덜어주고, 개인의 자유로운 감상을 보장해주는 이점이 있다. 하지만 교 사가 의식하고 있으며 학습자가 작품에서 꼭 알아야 할 부분을 놓칠 수 있다. 교사는 다음과 같은 학습활동으로 감상의 범위를 좁혀준다.

- 이 시에서 느낀 점을 각 연에 나타난 사랑의 감정을 중심으로 말해 보자.
- 작품에 담긴 사랑의 감정을 깊이 헤아려 보고, 시인이 이를 어떻게 표현하고 있는지 말해 보자.
- 시에 나타난 화자의 태도와 언어 사용 방식을 사랑을 내용으로 하고 있는 다른 작품(「먼후일」, 「초혼」 등)과 비교해 보자.

하지만 이러한 과제 수행도 학습자의 능력을 배려해야 하고, 무엇보다 50분이라는 시간의 제약에 쫓겨야 하는 맹점이 있다. 이에 대한 대안으로, 교사는 글로 표현하는 활동을 과제나 수행평가로 하게 할 수 있다. 수업에 융통성을 발휘한다면, 한 단원에서 배워할 시들 다 가르친 다음 따로 시간을 마련하여 학생들에게 작품에 대한 감상을 표현하게 할 수도 있다.[17]

주어진 차시에서 작품을 향유할 수 있는 방법으로는 시 낭송(朗誦)이 있다. 낭송은 작품의 내용과 분위기에 맞게 적절한 육성으로 읊조리는 읽기 방식이다. 시 낭송은 여타의 글 읽기에 갖지 못한 멋스런 소리의 울림을 느끼게 하며, 시적 분위기에 매료되게 한다.

---

17) 고등학교 국어 교과서에 실려 있는 작품으로 예를 들면, 김소월의 「진달래꽃」, 정지용의 「유리창」, 이육사의 「광야」 등의 시를 지도한 후에 아래의 활동을 한 차시의 수업에서 적절히 활용할 수 있을 것이다.
  1) 댓글로 작품에 대한 인상 표현하기
    • 세 작품에 대해 댓글로 시 평가하기(2~3줄 이내, ★의 수로 작품의 가치를 표시하기)
  2) 한 작품을 선택해 표현하기
    ① 「진달래꽃」에서 화자의 마음을 담아 '임에게 띄우는 엽서' 써보기
    ② 「유리창」에서 겨울밤에 시인이 겪은 체험을 바탕으로 '사랑하는 아들에게'라는 제목으로 편지 써보기
    ③ 「광야」의 각 연에 담긴 함축적 의미를 바탕으로 시인의 소망(꿈)을 일기의 형식으로 써보기
  3) 작품에 대한 종합 평가
    • 세 작품을 각자의 기준에서 순위를 매겨보고, 그 근거를 들어 평가하기

김소월의 「진달래꽃」을 잘 낭송하기 위해서는 화자의 애틋한 마음과 소리의 아름다운 화음의 두 측면을 잘 고려해서 읽어야 한다. 이 시는 자연스럽게 소리 내어 읽어 보면 말의 규칙적인 리듬을 느낄 수 있다. 시인은 각 연을 세 마디의 호흡으로 일정하게 배열하고, 'ㄱ', 'ㅅ' 등과 같은 예사소리뿐만 아니라 '아름', '걸음걸음', '즈려' 등 어휘에서 부드러운 'ㄹ' 음을 적절히 활용한다. 3연을 제외하고는 모두 울림소리가 중첩된 '–우리다'라는 말로 끝맺어 임과 이별하는 여성의 애틋한 마음을 표현한다. 화자는 사랑하는 사람과 이별하는 상황에 있고, 떠나는 임에게 꽃을 바치며 이별의 순간까지 자신이 얼마나 임을 사랑하는지를 보여주고 있다. 낭독자는 이런 정황과 화자의 마음을 잘 헤아려 그의 입장이 되어 낭송하는 것이 중요하다.

낭송은 화자의 육성을 독자의 목소리로 옮기는 일로 단순히 소리 내어 읽는 음독과는 다르다. 낭송은 음독과 마찬가지로 소리 내어 읽지만 언어의 리듬에 따라 발화하고, 목소리의 속도, 음량, 어조 등을 조절하여 화자의 내면을 낭독자의 음성으로 나타낸다. 그만큼 시 낭송은 시행착오의 연습 과정이 따른다. 교사는 학생들이 세련되게 시를 낭송할 수 있도록 지도하며, 최종적으로는 시를 외우게 한다. 암송은 개인의 시적 체험을 오래도록 향유하기 위한 것이다.

교사는 학생들에게 다같이 소리 내어 읽게 한 다음, 목소리의 성량이나 속도에서 차이가 있는 학생에게 낭송을 시킨다. 이어 급우의 낭송을 들은 학생들에게 경쾌한 목소리로 빠르게 읽을 때와 작은 목소리로 천천히 읽는 때의 그 느낌이 어떻게 다른지 물어보고, 각자가 생각한 방법으로 작품을 분위기 있게 읽도록 한다. 이때 교사는 시를 낭송하는 몇 가지 요령을 일러준다.

- 글자를 또렷한 음성으로 천천히 읽되, 긴 행은 짧은 행보다 조금 빠르게 읽는다.
- 모든 시행 끝에서는 약간의 쉼을 두고, 연이 바뀌는 지점에서는 조금 더 긴 쉼을 둔다.
- 화자의 입장이 되어 그의 감정과 어조에 어울리는 목소리로 읽는다.
- 시상의 흐름과 어조의 변화를 살피며 목소리에 변화를 주며 읽는다.

이 시는 화자의 속마음을 하나로 확정할 수 없는 것이 도리어 여러 방식으로 낭송해 보는 즐거움을 준다. 학생들은 이 작품을 읽으면서 순하고 여린 여인이 되기도 하고, 임 없이 못 살 것 같은 여인이 되어 본다. 한번은 임이 잘 되기를 축원하는 목소리로, 또 한 번은 나의 사랑을 알고 내 곁에 있어 달라는 애원하는 목소리로 말한다. 감정을 실어 노래 부르듯 감정을 담아 여러 방법에서 거듭 시를 발성하고, 스스로에게 만족되는 하나의 발성을 찾는다. 이 같은 낭송 훈련을 통해 학습자는 자신의 내면에 즐거운 시적 체험과 함께 한 편의 시를 저장하게 된다.

이상에서 '대면하기'에서 '수용하기', '탐색하기', '향유하기'로 나아가는 사고 중심의 시 수업 모형을 구상해 보았다. 이 수업 모형은 사고를 문제 해결과정으로 보는 입장에서 학습자가 작품을 반복적으로 읽으면서 스스로 의문을 발견하고 해결해 보는 데에 중점을 둔다. 질문을 찾고 답하는 과정에서 학생들은 다양한 관점에서 작품을 이해한다.

사고 중심의 시 수업에서는 학습자의 발산적이고 창의적인 사고를 권장하며, 하나의 답안을 두지 않는다. 현장에서 정설로 인정받는 참고서 식의 해설을 비롯해 학생들의 감상과 교사의 판단은 작품에 대한 다양한 견해로 받아들인다. 그러나 열린 사고에 의한 다른 관점의 해석은 구체적이면서도 신뢰할 수 있는 근거를 토대로 한다. 타당한 근거를 갖지 못한 해석은 작품의 의미로 인정받지 못한다.

시 교실에서 지식은 학습자의 능동적인 활동을 통해 생성된다. 학생들은 의문점 찾기와 의문점 해명하기를 위시하여 작품의 묵독과 음독, 낭송, 시적 상황의 재구성, 글로 표현하기 등의 여러 활동을 수행한다. 사고 중심의 시 수업에서는 활동 그 자체가 목적이 되지 않으며, 논리적 사고의 과정을 통해 귀납적으로 지식을 얻는다. 학생들은 활동 속에서 반복적으로 점진적으로 작품을 읽으며 시의 아름다움을 체험한다.

교사는 작품을 매개로 작가와 학습자를 이어주는 중개자로서 수업의 흐름을 조정하고 통제한다. 수업에서 문학 감상의 주체는 학생이나, 지도의 주체는 교사다. 학습자의 사고를 어떻게 조장하느냐 하는 것은 순전히 교사의 판단에 달려 있다. 문학 교사는 학생들에게 가르치는 시가 어떤 점에서 훌륭하며, 작품이 어떤 가치가 있는지 분명히 알고 있어야 한다. 학습자가 무심코 지나치는 것이 있다면 이에 대한 관심을 유도하고, 작품과 관련하여 외적 정보가 필요하다면 설명을 덧붙여 준다. 교사가 시에 대한 식견을 갖추고 학습자와 상호 소통할 수 있을 때, 진지하고 즐거운 시 수업을 기대할 수 있을 것이다.

2 시 수업의 설계와 실제

(1) 시 수업에 앞서 국어교사가 생각해 볼 문제

❶ 어떤 수업이 좋은 수업인가?

교육 현장에서 교사와 학생은 시를 꺼린다. 시는 어려워 이해가 잘 안 된다는 것이 주된 이유다. 교사는 왜 시를 가르치며, 무엇을 가르쳐야 하며, 어떻게 가르쳐야 하는지 등에 대해 소신이 서지 않는다. 학생들은 시에서 무엇을, 왜 배워야 하는지 잘 알지 못한다. 그들은 교과서에 실려 있고, 시험에 나오므로 시를 배운다고 한다. 자신만의 주체적 시 읽기가 여의치 않는 교사는 참고서나 인터넷에 나와 있는 자상한 해설을 학생들에게 그대로 전달한다. 그래서 현장의 작품 해석에는 언제나 하나의 모범 답안이 존재한다.

시에서 멀어져가는 학생들을 붙들어 매기 위해 교사는 무던히도 애쓴다. 작품의 내용의 이해에 도움을 줄만한 동영상 자료, 영화, 음악 등을 살펴보기도 하고, 컴퓨터를 활용하여 수업내용을 시각적으로 제시하기도 한다. 화자를 바꾸어 표현하기, 시의 장면을 그림이나 만화로 그려보기, 시 구절 패러디하기, 화자의 생각을 상대방에게 편지글로 써보기, 시적 상황을 연극으로 꾸며 보기 등은 문학교육이 학습자 중심의 수업을 전환하면서 나타난 수업의 유형이다.

한동안 학계에서는 독자반응비평과 수용미학을 교육 이념으로 내세우며, 독자의 위치와 역할을 새롭게 조명하고 학습자가 주체가 되는 교육을 이상적인 모델로 삼았다. 그러나 이러한 이상안은 학습자의 특성을 고려해야 하기 때문에 현실적으로 제약이 따를 수밖에 없다. 학습자 중심의 수업은 독자라는 요인에 치우쳐 상대적으로 교육의 실질적인 자료가 되는 작품을 소홀히 하는 면이 있다. 작품 중심, 교사 중심의 교육을 거세게 몰아치며 대두된 학습자 중심의 이론은, 결과적으로 시를 어렵게 여기는 교사와 학생들에게 작품을 꼼꼼히 읽는 감상 행위를 방기하는 데에 좋은 구실이 되었다.

학습의 주체가 학생이라는 사실을 부인하지 않는다면 시 수업은 학생들이 즐거워할 수 있는 수업이어야 한다. 학생들은 시 그 자체를 감상하는 과정에서 즐거움을 얻을 수 있고, 작품을 제재로 하여 벌이는 여러 활동에서 즐거움을 누릴 수 있다. 그런데 현장에선 후자에 치우쳐 있다. 이것은 한편으로 생각하면 학생들에게 시를 가르친다는 것이 그만큼 어렵다는 것을 말해준다.

기본적으로 문학 수업은 쉽고 즐거워야 한다. 교사의 설명이나 지시보단 학생들의 활동과 반응이 강조되는 수업이 학습의 참여도나 흥미도가 높다. 그러나 학습자 중심 수업이 수업의 만능(萬能)이 될 수는 없다. 단순히 학습자의 흥미 중심으로 수업이 진행될 경우, 작품 자체가 갖는 심미적 구조나 예술적 아름다움은 놓치게 된다. 학습자가 시 장르의 예술적 특징을 이해하고, 작품을 바르게 읽는 일은 문학교육의 기본이다. 작품의 의미를 이해하지 못한 상태에서 활동이나 즐김은 핵심이 아닌 변죽만 울리는 꼴이 된다. 작품을 꼼꼼히 읽고 시의 내용과 표현에 공감할 수 있을 때 학습자는 문학의 아름다움을 체득할 수 있다.

수업은 가르치는 자와 배우는 자를 구성 인자로 한다. 바람직한 시 수업은 작품을 매개로 학습자와 교사가 상호 소통하는 수업이다. 교사가 일방적으로 지식을 주입하거나 학습자가 작품을 제대로 읽지 않고 활동에 몰입하는 수업은 지양해야 한다. 교사와 학생 간의 상호소통 속에서 이루어지는 진지하면서도 즐거운 수업, 이것은 좋은 수업의 모범이 된다.

❷ 학생들이 시를 읽고 배우는 이유는?

교사는 스스로 물어보아야 한다. 내가 학생들에게 어떤 목적으로 시를 가르치는지 이에 대해 답하지 못한다면 맹목적으로 시를 가르치고 있다는 증거가 된다. 시 교육에서 목적의식의 결여는 문학 감상의 의미를 상실하게 만들 뿐만 아니라 사유의 과정이 빠진 결과 중심 혹은 이론 중심의 수업에 이르게 한다. 시를 가르치는 목적에 대한 자각은 시 교육의 정체성과 연결되며, 시 수업의 내용 나아가 문학에 대한 학습자의 태도에 지대한 영향을 미친다.

시 교육의 목적은 시의 가치에서 찾을 수 있다. 시는 깊이 생각하게 한다. 치열한 사유의 결집체인 시를 이해하는 데에는 고도의 사고력이 요구된다. 독자가 한 편의 시를 오롯이 이해하려면 말뜻을 정확히 알아야 하며, 드러나지 않은 의미를 문맥을 통해 추리해야 한다. 나아가 작품의 유기성이나 진실성을 비판적 안목에서 따질 수 있어야 한다. 시의 이해에는 이러한 논리적 판단력뿐만 아니라 양질의 문학 체험으로 얻은 직관력과 통찰력이 뒷받침되어 한다. 종합적인 사고능력을 길러준다는 점에서 시는 국어교육에서 대단히 가치 있는 텍스트가 된다.

시는 인간의 감성을 자극한다. 시에는 인과의 과학적 논리로 해결되지 않는 미묘한 감정의 떨림이 있다. 시인은 내면에서 일어나는 정서적 울림을 섬세하고 감각적인 시어로 표현한다. 또한 시는 현실의 속됨과는 거리가 있는, 순수하고 아름다운 세계를 보여준다. 그래서 시는 인간의 감수성을 좋은 방향으로 이끈다. 여기서의 감수성은 참신한 언어 표현이나 순화된 정서에서 느낄 수 있는 인간의 정서적 반응이다.

시는 인간의 속마음을 드러낸다. 소설에 비하면 현실 재현의 정도는 미미하지만, 시는 어떤 특정한 상황에서 인간이 겪는 여러 생각과 감정을 시 특유의 방식으로 전달하여 인간의 내면을 들춰볼 수 있는 거울이 된다. 학생들은 시를 배움으로써 자신이 미처 경험하지 못한 또 다른 삶을 간접체험하고, 인간과 삶에 대한 인식의 폭을 넓히게 된다.

시 교육은 일차적으로 학생들이 작품을 바르게 이해하는 데에 목적을 둔다. 문학 감상 능력의 신장을 통해 언어적 사고력의 향상, 감성의 계발, 인간에 대해 이해 등의 목적을 추구한다. 최종적으로 시를 가까이하는 문학적 문화를 형성하고, 바른 자아의 성장을 도모한다. 바른 인성의 함양은 교육의 이상이면서 시 교육의 지향점이 된다.

❸ 시에서 무엇을 가르칠 것인가?

　문학은 현실의 삶을 다루며 인간의 존재를 탐구한다. 인간의 다양한 삶의 양상은 문학 작품의 내용이 된다. 시의 경우, 인간의 삶의 양상은 마음의 영역에 치우친다. 서정 갈래인 시는 객관적인 사건을 서술하기보다는 어떤 상황에서 혹은 어떤 대상을 대하면서 인간이 느끼는 감정을 주로 표현한다. 시가 표현하는 감정은 눈으로 확인할 수 없는 내면세계다. 시는 인간의 내면을 응시하며 이를 개성적인 방식으로 구체화한다. 내면의 섬세한 포착과 감정의 구체화는 여타의 장르와 변별되는 시의 고유한 특징이다.

　시의 본질적 특성을 헤아린다면 시 교육은 근본적으로 인간의 삶과 마음을 이해하는 데에 초점을 둬야 한다. 인간이 살아가는 모습을 교육내용으로 할 때, 현실적 삶과 괴리되지 않는 시 수업이 이루어진다. 김소월의 「진달래꽃」에서 학생들이 일차적으로 알아야 할 것은 이별의 상황에서 임을 고이 보내주려는 깨끗한 사랑의 마음이다. 그리고 그런 사랑의 마음을 어떻게 효과적으로 표현하고 있는지를 이해하는 것이 중요하다. 기승전결의 작품 구조를 알고, 반어법과 역설법을 구별하고, 운율과 이미지 등의 문학 이론을 아는 것은 이차적인 부분이다. 여러 문학 용어들은 작품의 특질을 설명하는 데에 유용한 도구가 되는 것은 분명하지만, 작품을 주체적으로 감상하는 데에 그다지 도움이 되지 않는다.

시에서 수사는 의미를 효과적으로 전달하는 한 방법이며, 사물이나 체험의 구체적인 질감을 선명하게 드러내는 예술의 기법이다. 이 기법으로 평범한 말이 시로 창조되기도 한다. 그래서 시 교실에서 표현기법을 중요하게 다룬다. 시 읽기 과정에서 '어떤 내용이 어떻게 전달되는지', '독자의 의식에 충격을 줄만한 참신한 표현은 없는지', '표현이 사유를 지속시킬 만큼 깊이가 있는지' 등에 대해 살피는 것은 학습자의 사고력과 언어적 감수성을 키워주는 일이 된다.

그런데 현장에선 시의 표현하면 아직도 수사법을 떠올리며 은유법, 상징법, 직유법, 의인법, 활유법, 반어법, 역설법, 반복법 등을 언급한다. '-법(法)'의 용어들은 그 정체성을 확인해 보는 절차도 없이 언제부터인가 시 수업에서는 거의 일반화되다시피 사용되고 있다. 교사는 학원의 강의식으로 수사법의 뜻과 용례를 진열해가며 학생들에게 이른다. 이때 언어의 정수(精髓)라는 시의 아름다움은 수사법의 품에서 고스란히 묻힌다.

「진달래꽃」에서 4연이 반어법이 사용되었느냐 그렇지 않느냐 하는 것은 생각보다 단순하지 않다. 이 연은 큰 슬픔에도 불구하고 떠나는 임을 괴롭히거나 자신의 사랑을 추하게 만들지 않겠다는 뜻으로 받아들일 수 있다.[18] 하지만 떠나는 임에게 꽃을 뿌리며 마지막까지 사랑을 다하려는 화자라면 이별의 상황에서 눈물을 흘리지 않는 것이 오히려 어색할 수 있다. 전자의 입장에선, 문면의 의미에 따라 「진달래꽃」을 아름다운 사랑의 감정을 표현한 시라고 본다. 후자는 말하는 것과 의미하는 것이 상반된다는 관점에서 이면적 의미를 중시한다. 이 경우, 겉으로 드러난 것과는 반대로 이별을 아파하며 임을 보내고 싶지 않다는 화자의 마음이 시의 내용이 된다. 독자는 두 입장 중에서 하나를 지지할 수 있고, 또 이 모두를 시의 의

---

18) 이남호, 앞의 책(2001), 41면.

미로 생각할 수 있다. 여기서 중요한 것은 결론을 이끌어내는 추론 과정이다. 합당한 근거를 들어 부분적 의미는 물론 전체적 의미를 규명할 때, 그 해석은 작품에 맞는 그럴듯한 해석이 된다. 교사는 이러한 절차를 생략하고, 관습적이고 습관적인 인식에 의존하여 4연을 반어법이라 말한다.

시 교육의 핵심은 학습자가 시를 바르게 감상하고, 작품이 주는 가치와 아름다움을 내면화하는 데에 있다. 개별 작품이 갖는 예술적 가치는 독자가 작품을 꼼꼼히 읽고, 시의 의미를 주체적으로 생성해낼 수 있을 때 얻어진다. 정독의 사유의 과정을 통해 학생들은 인간의 삶을 이해하고, 보다 나은 삶의 가치를 추구하게 된다. 세계에 대한 인식의 폭의 확장과 바람직한 가치에 대한 지향은, 문학이 인간에게 주는 효용적 기능이면서 문학교육이 도달해야 하는 목표점이기도 하다. 문학에 대한 이러한 기대치는 작품의 감상, 곧 작품의 바른 읽기가 뒷받침될 때 성취할 수 있다. 따라서 시 수업은 작품을 읽는 그 과정이 학습되어야 한다. 타당한 근거를 찾아 문맥에 맞게 해석하는 과정이 무시될 때 시 교육은 참고서의 지식을 학습자에게 주입하는 수업에서 벗어나지 못할 것이다.

(2) 시 수업의 설계

❶ 시 수업의 전제

1) 시 수업은 학습자가 작품의 세계를 내면화하고, 시인의 정서 체험에 공감할 수 있는 수업이어야 한다.

2) 시 수업은 처음부터 끝까지 학생들이 작품을 읽고 감상하는 데에 집중한다.

3) 시를 읽고 해석하는 과정은 학습자가 작품의 아름다움과 가치를 알

게 하는 데 중점을 둔다.

4) 학습자는 작품을 반복해서 읽고 이해되지 않는 부분을 해명하고, 감상의 내용을 자신의 언어로 표현할 수 있어야 한다.

5) 교사는 수업의 선봉에 있는 리더로서 학습자의 상호 관계를 조정할 수 있는 조력자의 역할을 한다.

6) 시 수업은 학습자의 작품 이해를 돕기 위해 개괄적 접근에서 분석적 접근, 종합적 접근으로 나아가는 과정을 거친다.

❷ 시 수업의 전개

<table>
<tr><td colspan="2" align="center">작품의 개괄적 접근</td></tr>
<tr><td>개요</td><td>• 시 수업의 첫 단계로 학생들은 개인적으로 독서하듯 편안한 마음으로 작품을 훑어보며 대강의 내용을 살핀다.
• 읽기 방식―훑어 읽기(通讀)</td></tr>
<tr><td>교수
학습
내용</td><td>가. 작품의 내용 짐작하기
　• 제목, 작품의 분위기, 말하려는 내용 등 살펴보기
나. 시어의 말뜻 파악하기
　• 시어의 의미 추측하기</td></tr>
<tr><td>수업
전략</td><td>① 작품에 대한 첫인상을 1~2줄로 써보기
　학습자로 하여금 시를 차분히 읽게 하고, 작품에 대한 느낌을 한두 줄의 짧은 말로 시 원문의 하단부에 쓰게 한다. 한 작품에 한정하지 않고 시 단원에 실려 있는 전 작품에 대해 개인의 생각을 쓰게 할 수 있으며, 교사는 학습자의 생각이 적절하든 적절하지 않든 개입하지 않는다. 학생들은 정독의 과정을 통해 자신의 생각을 수정하고 정교화할 수 있는 기회를 갖는다.
② 시어의 말뜻에 대한 의견 교환
　교사의 음독, 학습자의 개별 묵독 등을 통해 학생들은 시에서 뜻을 잘 모르는 어휘에 밑줄 긋는다. 어휘의 뜻에 대한 학생들의 생각을 모아 교사가 어휘의 지시적 의미를 정리해준다. 컴퓨터가 있는 환경이라면 인터넷 포털사이트(네이버, 다음, 야후 등)에서 제공하는 국어사전을 활용할 수 있다.
③ 수업내용 명시하기
　진술하는 문장으로 학습목표를 제시하지 않더라도 교사는 본 수업에서 공부할 내용과 학습할 분량, 수업 방법 등을 학생들에게 일러준다. '오늘 수업 시간에 배울 내용'이라는 제목으로 수업내용을 판서하는 것도 수업 시작 부분에서 해볼 수 있는 일이다.</td></tr>
</table>

<table>
<tr><td colspan="2" style="text-align:center">작품의 분석적 접근</td></tr>
</table>

1	작품의 사실적 이해
개요	• 시어가 지닌 본래의 말뜻에 맞춰 제시하고 있는 정보를 사실 그대로 이해한다. • 읽기 방식—정보 확인하며 읽기
교수 학습 내용	가. 시의 담화 구조 살피기 　• 화자가 누구인지, 화자가 갖는 대상(사물, 사람)이 무엇인지, 화자가 어떤 상황에 있는지 　　등을 파악하기 나. 작품의 내용 살피기 　• 제목에 담긴 여러 의미들을 연상해 보고, 제목이 시에서 어떻게 나타나고 있는지 살펴보기 　• 표면에 제시된 정보를 확인하며 삶의 다양한 측면 중 어디에 관심을 두고 있는지 살펴보기
수업 전략	① 작품의 소통 구조 양식화하기 　학생들은 화자를 찾아 표시하고, 화자의 상황을 엿볼 수 있는 구절을 찾아본다. 교사는 작품에 제시된 구절을 중심으로 화자와 시적 대상, 시적 상황 등을 표의 양식으로 제시한다. 특히 시의 의미를 이해하는 데에 핵심적인 단서가 되는 시적 상황에 유념한다. 가상이지만 화자가 처한 상황을 실제의 상황처럼 재구성해본다. ② 작품의 내용 간단히 제시하기 　작품을 읽고 수용한 내용을 학생들이 말해본다. 교사는 작품의 내용에 대해 학생들에게 질문을 하거나 1~2줄로 쓰게 할 수 있다. 몇몇 학생들의 의견을 들어보고, 교사는 작품의 내용에 대해 간단히 제시한다. 가령 김소월의 「질달래꽃」은 '떠나는 임을 보내는 사랑의 노래', 정지용의 「유리창」은 '사랑하는 사람을 잃은 슬픔의 노래'라고 제시한다.
2	작품의 추론적 이해
개요	• 시구절의 함축적 의미나 작품에 드러나지 않은 사실을 자문자답의 과정을 통해 해명한다. • 읽기 방식—질문하며 읽기
교수 학습 내용	가. 의문점 발견하기 　• 문법의 질서나 일상의 논리에서 어긋난 부분 찾기 　• 쉽게 이해되지 않는 부분 찾아보기 나. 의문점 해명하기 　• 작품의 시상 전개 및 화자의 정서를 살피면서 문맥에 맞게 부분적 의미 해명하기 　• 막연히 추리하기보다는 작품 내에서 찾을 수 있는 합당한 근거를 들어 의문점을 논리적으로 규명하기
수업 전략	① 의문점 찾아 진술하기 　교사는 학생들에게 작품에서 이해가 되지 않는 구절에 대해 세 가지 이상 찾아보게 한다. 학생들은 '이게 무슨 말일까?', '왜 이런 말을 했을까' 하고 작품을 따져 읽으며 의문을 제기한다. 작품의 내용과 표현 면에서 일반적인 상식이나 언어 규범에 어긋나는 구절을 질문의 방식으로 써 본다. 학생들의 의문점이 미비할 때는 교사가 개입하여 한 사례를 제시해 준다. 교사는 학생들의 의문점에서 '공통적 질문'과 '특별한 질문'을 가려 학습자에게 제시하고 이에 대한 답을 찾아보게 한다.

<table>
<tr><td rowspan="1">수업
전략</td><td>② 의문점에 대한 답 공유하기
　교사는 학생들에게 의문점을 해명할 수 있는 충분한 시간을 주고, 제기된 질문에 대한 답을 스스로 찾아보게 한다. 이런 활동은 학생들이 개별적으로 할 수도 있으며, 소집단을 구성하여 할 수도 있다. 중요한 것은 학습자가 결론을 도출하는 사유의 과정이다. 학생들은 급우들이 합당한 근거를 들어 타당하게 작품의 의미를 타당하게 해석을 하고 있는지를 유심히 살핀다. 교사는 학생들의 의견을 경청하며 이들이 자의적으로 해석할 경우, 그 해석이 어떤 점에서 문제가 있는지를 일러주고, 적절한 해석의 방향으로 인도한다. 그리고 가장 타당하게 해석을 하고 있는 학습자의 견해를 바탕으로 시의 의미를 정리해준다.</td></tr>
</table>

작품의 종합적 접근

<table>
<tr><td>개요</td><td>• 시의 이해는 작품의 분석으로 끝나지 않는다. 문학 감상의 최종적인 단계는 작품의 세계를 내면화하는 데에 있다. 내면화는 시의 세계를 자신의 것을 만드는 정신적 과정으로, 이는 자신의 생각과 느낌을 진술하는 활동을 통해 심화된다. 학생들은 작품 감상을 통해 느끼고 깨달은 점을 자신의 언어로 표현해봄으로써 작품의 가치와 아름다움을 향유한다.
• 읽기 방식―비판하며 읽기</td></tr>
<tr><td>교수
학습
내용</td><td>가. 화자의 마음 헤아려보기
나. 표현의 아름다움 탐색하기
다. 작품 평가하기
라. 작품 비교해 보기</td></tr>
<tr><td>수업
전략</td><td>① 화자의 마음 진술해 보기
　시를 이해한다는 것은 단적으로 말해 화자의 마음에 독자가 공감한다는 것이다. 다음의 자료는 화자의 마음을 헤아리기 위한 과제다.

사례 1 김소월의 「진달래꽃」에서
• 나의 심정을 담아 임에게 짧은 메시지를 보내 봅니다.
• 사랑의 감정이 가장 잘 드러난 구절을 찾아 그 이유를 함께 말해봅니다.
• '사랑하는 당신'이라는 제목으로 짧은 엽서 써보기

사례 2 정지용의 「유리창」에서
• 화자의 상황에 비춰 화자가 말한 "외롭고 황홀한 심사"에 대해 설명해봅니다.
• 화자의 슬픔이 잘 드러나는 구절을 찾아 그 이유를 함께 말해봅니다.
• 시인이 겪은 체험을 바탕으로 '사랑하는 아들에게'라는 제목으로 편지 써보기

사례 3 이육사의 「광야」에서
• 시인이 1~3연에서 과거의 광야의 모습을 이야기하는 이유는 뭘까?
• 시인이 바라는 것이 무엇인지 작품의 내용을 바탕으로 써봅니다.
• 시인의 소망을 일기 형식으로 써보기</td></tr>
</table>

| 수업
전략 | ② 일반적인 진술과 다른 표현을 찾아 그것의 효과 헤아려보기
교사는 학생들에게 시의 내용을 산문의 형태로 풀어보게 하고, 산문적 진술과 시의 원문이 어떤 차이가 있는지 살피게 한다. 학생들은 색다른 표현을 중심으로 그것의 의미와 효과에 생각해본다. 교사는 학습자에게 '이 구절은 의미를 담고 있을까?', '이렇게 표현함으로써 어떤 효과를 얻고 있을까' 등의 질문을 던지며 학습의욕을 고취시킨다. 학습자의 답변을 토대로 교사는 작품의 표현 기법을 정리해준다. 도식적인 설명을 피하고, 화자의 마음을 어떻게 나타내고 있는지, 이 표현법이 작품과 독자에게 어떤 영향을 미치고 있는지를 알려준다. 시간적 여유가 있다면 작품에 나타난 표현 기법으로 화자의 마음을 써보게 하는 것도 시의 표현 기법을 이해하는 데에 도움이 될 것이다.
③ 작품의 가치 평가하기
시의 감상은 작품의 의미를 재구성하는 활동이다. 다음의 작품 가치 평가하기 활동은 학습자가 작품을 능동적으로 작품을 읽고, 시의 아름다움과 가치를 수용하는 데에 중점을 둔다.
• ★의 수로 작품의 가치를 매겨보고, 1~2줄의 댓글 달아보기
• 가장 마음에 와 닿는 부분(인상적인 부분)을 중심으로 작품에 대한 느낌 표현해 보기
• 세 작품을 각자의 기준에서 순위를 매겨보고, 그 근거를 들어 평가하기
• '작품이 나에게 주는 의미' 혹은 '시(작품명)의 아름다움'이라는 제목으로 7줄 이내의 감상문 써보기
④ 타 작품과의 공통점과 차이점 말해 보기
시는 저마의 개성으로 빛난다. 작품을 서로 비교해 봄으로써 학생들은 개별 작품의 특징을 명확히 알 수 있다. 비교의 대상은 우선 수업 중 배운 작품으로 한다. 학생들은 현재 배우는 작품을 앞서 배운 시과 비교해본다. 교사는 학습자에게 내용상, 표현상 두 시가 갖는 공통점이나 차이점을 물어보고, 이에 대해 정리해준다. |

(3) 시 수업의 실제[19]

작품 1 백석, 「여승」

여승은 합장(合掌)하고 절을 했다
가지취의 내음새가 났다
쓸쓸한 낯이 넷날같이 늙었다
나는 불경처럼 서러워졌다

평안도의 어늬 산 깊은 금덤판
나는 파리한 여인에게서 옥수수를 샀다
여인은 나 어린 딸아이를 따리며 가을밤같이 차게 울었다

섶벌같이 나아간 지아비 기다려 십 년(十年)이 갔다
지아비는 돌아오지 않고
어린 딸은 도라지꽃이 좋아 돌무덤으로 갔다

산(山)꿩도 설게 울은 슬픈 날이 있었다
산(山)절의 마당귀에 女人의 머리오리가 눈물방울과
같이 떨어진 날이 있었다

> **시 탐색하기**
>
> 1. 이 시는 시상을 어떻게 전개하고 있는가?
> 2. 화자는 어떤 태도와 감정으로 여승을 대하고 있는가?
> 3. 화자는 어떤 방식으로 이야기를 전달하는가?
> 4. 이 작품은 어떤 점에서 예술적 가치가 있는가?
> 5. 이 작품에서 학습자가 학습해야 할 것은 무엇인가?
> 6. 어떤 방법으로 학습동기와 흥미를 유발할 것인가?

---

19) 백석의 「여승」, 이육사의 「절정」, 윤동주의 「서시」, 천상병의 「귀천」 등의 작품을 제재
로 하여 가르칠 내용과 가르칠 방법에 대해 탐구한다.

■ 교수·학습 지도안

작품	여승(백석)	관련정보	
가치			
학생 특성			
수업 방식	교수·학습 도구	학생 구성 방식	수업 유형

학습 목표	

학습 단계	학습내용	교수·학습 활동		지도상 유의점
		교 사	학 생	
시작				
전개				
마무리				
판서 계획				
평가 계획				

 윤동주, 「서시」

죽는 날까지 하늘을 우러러
한 점 부끄럼이 없기를,
잎새에 이는 바람에도
나는 괴로워했다.
별을 노래하는 마음으로
모든 죽어 가는 것을 사랑해야지
그리고 나한테 주어진 길을
걸어 가야겠다.

오늘 밤에도 별이 바람에 스치운다.

시 탐색하기

1. 시인이 추구하는 이상은 뭘까?
2. 이 작품에서 엿볼 수 있는 시적 특성은?
3. 의미상 1연의 '바람'과 2연의 '바람'은 어떤 차이가 있을까?
4. 시인은 자신의 마음을 어떻게 표현하고 있는가?
5. 이 시에서 학생들에게 무엇을 가르칠 것인가?
6. 이 시는 어떤 방법으로 가르칠 것인가?

■ 교수·학습 지도안

작품	서시(윤동주)		관련정보		
가치					
학생 특성					
수업 방식	교수·학습 도구		학생 구성 방식		수업 유형
학습 목표					
학습 단계	학습내용	교수·학습 활동			지도상 유의점
		교 사	학 생		
시작					
전개					
마무리					
판서 계획					
평가 계획					

매운 계절의 채찍에 갈겨
마침내 북방으로 휩쓸려 오다

하늘도 그만 지쳐 끝난 고원
서리발 칼날 진 그 위에 서다

어데다 무릎을 꿇어야 하나
한발 재겨 디딜 곳조차 없다

이러매 눈 감아 생각해 볼밖에
겨울은 강철로 된 무지갠가 보다

시 탐색하기

1. 화자는 어떤 상황에 처해 있는가?
2. 3연의 "어데다 무릎을 꿇어야 하나"라는 구절이 담고 있는 의미는?
3. 전체적 유기성을 고려할 때 4연은 어떻게 해석하는 것이 좋을까?
4. 이 작품에서 나타나는 개성적 아름다움은?
5. 이 시는 어디에 중점을 두고 가르칠 것인가?
6. 이 시는 어떤 방법으로 가르치는 것이 좋을까?

■ 교수 · 학습 지도안

작품	절정(이육사)		관련정보		
가치					
학생 특성					
수업 방식	교수 · 학습 도구		학생 구성 방식		수업 유형
학습 목표					
학습 단계	학습내용	교수 · 학습 활동			지도상 유의점
		교 사		학 생	
시작					
전개					
마무리					
판서 계획					
평가 계획					

나 하늘로 돌아가리라.
새벽빛 와 닿으면 스러지는
이슬 더불어 손에 손을 잡고,

나 하늘로 돌아가리라.
노을빛 함께 단 둘이서
기슭에서 놀다가 구름 손짓하며는,

나 하늘로 돌아가리라.
아름다운 이 세상 소풍 끝내는 날,
가서, 아름다웠더라고 말하리라.

시 탐색하기

1. "나 하늘로 돌아가리라"라는 말에는 어떤 의미가 담겨 있을까?
2. 화자는 현실을 어떻게 바라보고 있는가?
3. '이슬', '노을빛'의 시어에 담긴 함축적 의미는?
4. 이 작품에서 나타나는 개성적 아름다움은?
5. 이 시에서 학생들에게 무엇을 가르칠 것인가?
6. 이 시는 어떤 방법으로 가르치는 것이 바람직할까?

작품	귀천(천상병)		관련정보	
가치				
학생 특성				
수업 방식	교수·학습 도구		학생 구성 방식	수업 유형
학습 목표				

학습 단계	학습내용	교수·학습 활동		지도상 유의점
		교 사	학 생	
시작				
전개				
마무리				
판서 계획				
평가 계획				

참고문헌

[국내 논저]
강홍기, 『현대시 운율구조론』, 태학사, 1999.
강황구 외, 『고등학교 문학(상)』, 상문연구사, 2003.
경규진, 「반응중심 문학 교육 방법 연구」, 서울대학교 박사학위논문, 1993.
고광수, 「고전문학 교육의 한 방향」, 『문학교육학』 10호, 한국문학교육학회, 2002.
고영화, 「문학사 교육에서의 장르 지식의 성격에 대하여」, 『선청어문』 28호, 서울대 국어
　　　교육연구소, 2001.
고현철, 「서술시의 소통구조 연구」, 『한국문학논총』 제21집, 한국문학회, 1997.
고형진, 「1920-30년대시의 서사지향성과 시적 구조」, 고려대학교 박사학위논문, 1991.
고형진, 『시인의 샘』, 세계사, 1995.
고형진, 『현대시의 서사지향성과 미적구조』, 시와시학사, 2003.
고형진, 「문학교과서 갈래 서술에 대한 비판적 검토」, 『문학교육학』 13집, 한국문학교육학
　　　회, 2004.
고형진, 「소월 시의 운에 대한 연구」, 『외국문학 연구』 16호, 외국문학연구소, 2004.
교육부, 『국어과 교육과정』, 대한교과서, 1997.
구인환·구창환, 『문학개론』, 삼지원, 1990.
구인환 외, 『문학교육론』, 삼지원, 1998.
구인환 외, 『고등학교 문학(하)』, 교학사, 2003.
구인환 외, 『고등학교 문학(하) 교사용 지도서』, 교학사, 2003.
국립국어연구원, 『표준국어대사전』, 두산동아, 1991.
권국명, 「문학 작품과 해석의 타당성」, 『어문학』 63집, 한국어문학회, 1998.
권국명, 「문학작품 해석의 논리와 구조 연구」, 『어문학』 76집, 한국어문학회, 2002.
권영민, 『고등학교 문학(상) 교사용 지도서』, 지학사, 2003.
권영민, 『고등학교 문학(하)』, 지학사, 2003.
권영민, 『고등학교 문학(하) 교사용 지도서』, 지학사, 2003.
권영민, 『정지용 시 126편 다시 읽기』, 민음사, 2004.
권영진, 『한국현대시 해설』, 숭실대학교 출판부, 1993.
권혁준, 『문학이론과 시교육』, 박이정, 1997.
김경희, 『정서란 무엇인가』, 민음사, 1995.
김광길·심원섭, 『문학비평이란 무엇인가』, 국학자료원, 1997.
김광순, 『한국고소설사』, 국학자료원, 2001.

김광해 외, 『초등용 사고력 신장 프로그램 개발 연구』, 서울대 국어교육연구소 보고서, 1998.

김기종, 『시운율론』, 한국문화사, 1999.

김대행, 『운율』, 문학과지성사, 1984.

김대행, 『우리 시의 틀』, 문학과 비평사, 1989.

김대행 외, 『고려 시가의 정서』, 개문사, 1985.

김대행 외, 『문학교육원론』, 서울대학교출판부, 2000.

김대행·김중신·김동환, 『고등학교 문학(상)』, 교학사, 2003.

김병국 외, 『고등학교 문학(상)』, 한국교육미디어, 2002.

김병국 외, 『고등학교 문학(상)교사용 지도서』, 한국교육미디어, 2002.

김상욱, 『문학교육의 길찾기』, 나라말, 2003.

김상태 외, 『고등학교 문학(상)』, 도서출판 태성, 2003.

김석회, 「고전시가 교육과 작품 해석의 개방적 적합성」, 『국어교육』100호, 한국어교육학회, 1999.

김선학, 「시인 한용운론-『님의 침묵』 재조명」, 『우리말글』 24호, 우리말글학회, 2002.

김선배, 「비판적 읽기의 특성과 교수·학습 전략 탐색」, 『교육 연구』 14집, 1996.

김승종, 「시의 화자 분류 체계 연구」, 『국제어문』 24호, 국제어문학회, 2001.

김영채, 『사고와 문제해결 심리학』, 박영사, 1995.

김영철, 『현대시론』, 건국대학교출판부, 1993.

김용직·장부일, 『현대시론』, 한국방송통신대학교출판부, 1994.

김욱동, 『수사학이란 무엇인가』, 민음사, 2002.

김윤식 외, 『고등학교 문학(상)』, 도서출판 디딤돌, 2002.

김윤식 외, 『고등학교 문학(하)』, 도서출판 디딤돌, 2003.

김윤식 외, 『고등학교 문학(상) 교사용 지도서』, 도서출판 디딤돌, 2003.

김은전 외, 『현대시 교육의 쟁점과 전망』, 월인, 2001.

김인환, 『한용운의 『님의 침묵』을 읽는다』, 열림원, 2003.

김재춘, 「교육내용의 적정화 : 쟁점과 방향」, 『교육내용의 적정화 방안 탐색』, 한국교육과정 평가원, 한국교육과정학회, 2004학년도 학술 세미나 자료집, 2004.

김재홍, 「한글의 쓰임새와 시적 가능성」, 『세종학연구』 6호, 세종대왕기념사업회, 1991.

김종길, 『진실과 언어』, 일지사, 1974.

김종길, 『시를 어떻게 읽을 것인가』, 고려대학교출판부, 1998.

김종길, 『시와 삶 사이에서』, 현대문학, 2005.

김종태, 「한용운 시의 역설적 세계관 연구」, 『한국문예비평연구』 14호, 한국현대문예비평학회, 2004.

김준오, 『시론』 4판, 삼지원, 2003.

김중신, 『한국 문학교육론의 방법과 실천』, 한국문화사, 2003.

김창원, 「시 텍스트 해석 모형의 구조와 작용에 관한 연구」, 서울대학교 박사학위논문, 1994.

김창원, 「고전문학의 생활화에 관한 하나의 단상」, 『문학교육학』 10호, 한국문학교육학회, 2002.

김창원 외, 『고등학교 문학(상)』, 민중서림, 2002.

김창원 외, 『고등학교 문학(하)』, 민중서림, 2002.

김창원 외, 『고등학교 문학(하) 교사용 지도서』, 민중서림, 2003.

김풍기, 『한국 고전시가 교육의 역사적 지평』, 월인, 2002.

김현수, 「시의 교육적 가치」, 한국어교육학회 제264회 전국학술발표대회, 2007.

김현수, 「운율의 교수·학습에 관한 연구」, 『문학교육학』 23호, 한국문학교육학회, 2007.

김현수, 「시 수업내용 선정 기준에 관한 연구」, 『국어교육』 126호, 한국어교육학회, 2008.

김현수, 「시의 화자와 거리에 관한 연구」, 『한국시학연구』 22호, 한국시학회, 2008.

김현수, 「학습자의 사고 계발을 위한 시 수업 모형 연구」, 『새국어교육』 78호, 한국국어교육학회, 2008.

김현수, 「현대시 정전의 교육내용에 관한 고찰―「님의 침묵」의 교과서의 학습활동을 중심으로」, 『문학교육학』 26호, 한국문학교육학회, 2008.

김현수, 「교과서 시의 선정과 구성에 관한 연구」, 고려대학교 박사학위논문, 2010.

김현수, 『교과서 시의 탐색』, 서정시학, 2010.

김현자, 「박목월 시의 감각과 미적 거리」, 『문학사상』, 1984.

김혜정, 「비판적 읽기의 개념과 성격」, 『국어교육』 105호, 한국어교육학회, 2001.

김흥규, 『한국 현대시를 찾아서』, 푸른나무, 1997.

김흥규, 『한국의 고전문학과 비평의 성찰』, 고려대학교 출판부, 2002.

노명완, 『국어교육론』, 한샘, 1988.

노명완·이차숙, 『문식성 연구』, 박이정, 2002.

노 철, 「서정주의 시작 방법 연구2 : 정신적 경험과 회화적 영상의 건축」, 『한국문학이론과 비평』 10집, 한국문학이론과 비평학회, 2001.

노 철, 『시교육 방법과 실제』, 보고사, 2002.

노 철, 「시 감상교육에서 운율 활용 연구」, 『한국시학연구』 11호, 한국시학회, 2005.

류양선, 「만해의 시집 『님의 침묵』의 창작동기」, 『한국현대문학연구』 21집, 한국현대문학회, 2007.

박갑수 외, 『국어 표현·이해 교육』, 집문당, 2000.

박갑수 외, 『고등학교 문학(상)』, 지학사, 2002.

박갑수 외, 『고등학교 문학(하)』, 지학사, 2003.

박경신 외, 『고등학교 문학(상)』, 금성출판사, 2002.

박경신 외, 『고등학교 문학(하)』, 금성출판사, 2003.

박목월, 『보랏빛 소묘』, 신흥출판사, 1958.

박목월, 이남호 엮음, 『박목월 시선집』, 민음사, 2003.

박용찬, 「시적 화자의 변이양상에 대한 연구」, 『국어교육연구』 29집, 국어교육학회, 1997.

박이문, 『예술철학』, 문학과지성사, 1983.

박철희·김시태 편저, 『현대시의 이해』, 탑출판사, 1995.

박호영, 『몽상 속의 산책을 위한 시학』, 푸른사상사, 2002.

박호영, 『서정주』, 건국대학교출판부, 2003.

백기수, 『미의 사색』, 서울대학교출판부, 1981.

백운복, 『시의 이론과 비평』, 태학사, 1997.

백운복, 「현대 자유시의 리듬 연구」, 『한국문학이론과 비평』 10집, 한국문학이론과 비평학회, 2001.

서울대학교 교육연구소 편, 『교육학용어사전』, 하우, 1994.

서울대학교 교육연구소 편, 『교육학 대백과사전』, 하우동설, 1998.

서울대학교 국어교육연구소 편, 『국어교육학사전』, 대교출판, 1999.

서울대학교 국어교육연구소 편, 『고등학교 국어(상)』, 두산, 2002.

서울대학교 국어교육연구소 편, 『고등학교 국어(하)』, 두산, 2002.

서종택·오탁번·한용환, 『문학이란 무엇인가』, 청하, 1992.

성일제 외, 『사고교육의 이론과 실제』, 배영사, 1989.

송현정, 『국어과 교육내용 적정성 분석 및 평가』, 한국교육과정평가원, 2004.

송현정, 「국어과 교육내용 적정성에 대한 연구」, 『국어교육』 121호, 한국어교육학회, 2006.

송현호, 『한국현대소설의 이해』, 민지사, 1992.

양병호, 「김영랑 시의 리듬 연구」, 『한국언어문학』 28호, 한국언어문학회, 1990.

양주동, 「시와 운율」, 『금성』 제3호, 1924.

염은열, 「대상인식과 내용생성 관계에 대한 표현론적 연구」, 서울대학교 박사학위논문, 1999.

오규원, 『현대시작법』, 문학과지성사, 1990.

오세영, 『문학과 그 이해』, 국학자료원, 2003.

오세영 외, 『고등학교 문학(상)』, 대한교과서, 2002.

오세영 외, 『고등학교 문학(상) 교사용 지도서』, 대한교과서, 2002.

오세영 외, 『한국 현대시사』, 민음사, 2007.

오탁번, 『현대시의 이해』, 나남, 1998.

오탁번·이남호, 『서사의 이해』, 고려대학교 출판부, 2001.

우리사상연구소 엮음, 『우리말철학사전4』, 지식산업사, 2005.

우한용 외, 『고등학교 문학(상)』, 두산동아, 2003.

우한용 외, 『고등학교 문학(상) 교사용 지도서』, 두산동아, 2003.

운평어문연구소편, 『국어사전』, 금성출판사, 1993.

유성호, 「화자의 양상에 따른 시 교육의 여러 층위」, 『문학교육학』 10호, 한국문학교육학회, 2002.

유종호, 『시란 무엇인가』, 민음사, 1995.

유종호, 『문학이란 무엇인가』, 민음사, 1989.

유종호·최동호 편저, 『시를 어떻게 볼 것인가』, 현대문학, 1995.

윤석산, 『현대시학』, 세미, 1996.

윤여탁, 『시 교육론』, 태학사, 1996.

윤여탁·최미숙·유영희, 『시와 함께 배우는 시론』, 태학사, 2002.

이경화, 『읽기 교육의 원리와 방법』, 박이정, 2001.

이기문, 「소월시의 언어에 대하여」, 『心象』 1월호, 1982.

이남호, 『윤동주 시의 의도 연구』, 고려대학교 박사학위논문, 1986.

이남호, 『한심한 영혼아』, 민음사, 1986.

이남호, 『문학의 위족 1 : 시론』, 민음사, 1990.

이남호, 『교과서에 실린 문학작품을 어떻게 가르칠 것인가』, 현대문학, 2001.

이남호, 『서정주의 화사집을 읽는다』, 열림원, 2003.

이남호, 『문자제국쇠망약사』, 생각의 나무, 2004.

이삼형 외, 『국어교육학』, 소명출판사, 2001.

이상섭, 『문학비평용어사전』, 민음사, 2003.

이선영·박태상 공저, 『문학비평론』, 한국방송대학교 출판부, 1993.

이성영, 「읽기 기능의 개념 정립을 위한 시론」, 서울대학교 석사학위논문, 1990.

이숭원, 『한국 현대시 감상론』, 집문당, 1996.

이숭원, 「시 교육에 도입된 이론적 지식의 몇 가지 오류」, 『국어교육연구』 2집, 국어교육연구회, 1995.

이숭원, 「백석 시의 화자의 어조 연구」, 『한국시학연구』 1호, 한국시학회, 1998.

이숭원, 『교과서 시 정본 해설』, Human & Books, 2008.

이승복, 『우리 시의 운율 체계와 기능』, 보고사, 1995.

이승훈, 『한국대표시해설』, 문학과비평사, 1993.

이영덕, 『교육의 과정』, 배영사, 1994.

이유지, 「고려속요 지도의 방향에 관한 연구」, 『이화교육논총』 5권, 이화여자대학교, 1994.

이재승, 『국어교육의 원리와 방법』, 박이정, 1997.

이향아, 『시의 이론과 실제』, 국학자료원, 2001.

이형기, 『시란 무엇인가』, 한국문연, 1993.

이혜원, 「현대시 교육을 위한 제언-운율 지도를 중심으로」, 『한국어문교육』 7, 고려대학교 국어교육학회, 1994.

이희승, 『수정증보판 국어 대사전』, 민중서림, 1982.

장도준, 「백석 시의 화자와 표현 기법에 관한 연구」, 『어문학』 58집, 한국어문학회, 1996.

장도준, 『현대시론』, 태학사, 1995.

정재완, 「한국의 현대시와 어조」, 『한국언어문학』 14집, 한국언어문학회, 1976.

정한모, 『한국현대시의 정수』, 서울대학교 출판부, 1979.

정혜승, 『국어과 교육과정 실행연구』, 박이정, 2002.

조용기, 『제7차 교육과정의 현장 운영 실태 분석(Ⅱ)』, 한국교육과정평가원, 2004.

조창환, 「시의 화자 및 어조의 문제」, 『심상』, 1982.

조태일, 『시창작을 위한 시론』, 나남출판, 1994.

조하연, 「감상(鑑賞)의 개념 정립을 위한 소고(小考)」, 『문학교육학』 15호, 한국문학교육학회, 2005.
최동호, 「시집 『님의 침묵』과 현대시사의 갈림길」, 『시와시학』 22호, 시와시학사, 1996.
최두석, 「리얼리즘의 시정신」, 『실천문학』 봄호, 1990.
최두석, 『시와 리얼리즘』, 창작과비평사, 1996.
최미숙, 「시텍스 해석 원리에 관한 연구」, 서울대학교 석사학위논문, 1993.
최미숙, 「현대시 해석 교육에 대한 비판적 검토」, 『한국시학연구』 14호, 한국시학회, 2005.
최 웅 외, 『고등학교 문학(상)』, 청문각, 2003.
충청남도 교육청 편저, 『사고력을 기르는 국어과 교육』, 대한교과서, 1994.
한계전 외, 『고등학교 문학(상)』, 블랙박스, 2002.
한계전 외, 『고등학교 문학(상), 교사용 지도서』, 블랙박스, 2003.
한국교육개발원, 『사고력 신장을 위한 프로그램 개발 연구(Ⅲ)』, 박문사, 1989.
한국교원대학교 교육연구원, 『창의적 사고력 교육의 이해와 실제』, 문봉출판사, 1989.
한국교원대학교·고려대학교 국정도서편찬위원회, 「중학교 국어 3-1」, 교육인적자원부, 2003.
한국문학교육학회, 『문학교육의 새로운 구도와 실천』, 태학사, 2000.
한국문학평론가협회, 『문학비평용어사전(상)』, 새미, 2005.
한명숙, 「문학교육의 정서」, 『청람어문교육』 24집, 청람어문교육학회, 2003.
한수영, 「현대시의 운율 연구 방법에 대한 검토」, 『한국시학연구』 14호, 한국시학회, 2005.
한창훈, 「강호시가의 문학교육적 가치에 관한 연구」, 고려대학교 박사학위논문, 2000.
한철우·박진용·김명순·박영민 편저, 『과정 중심 독서 지도』, 교학사, 2001.
한철우 외, 『고등학교 문학(상)』, 문원각, 2002.
현대문학사편, 『시론』, 현대문학, 1989.
홍신선 외, 『고등학교 문학(하)』, 천재교육, 2003.
홍신선 외, 『고등학교 문학(하) 교사용 지도서』, 천재교육, 2003.
황동규, 『나의 시의 빛과 그늘』, 중앙일보사, 1994.
황정산, 『한국 현대시의 운율론적 연구』, 고려대학교 박사학위논문, 1998.
황정산, 「정지용 시의 운율론적 연구」, 『순천향어문논문집』 5집, 1998.
황패강, 『신라불교설화연구』, 일지사, 1975.

[외국 논저]
Abrams, M. H., 최상규 역, 『문학용어사전』, 보성출판사, 1990.
Alex Preminger, *Encyclopedia of Poetry and Poetics*, Princeton University Press, 1965.
Alex Preminger, *Princeton Encyclopedia of Poetry and Poetics*, Princeton University Press, 1974.
Brooks, C., Warren, R. P., *Understanding Fiction*, 3rd ed, Englewood Cliffs : Prentice-Hall, 1979.
Cleanth Brooks, *The Well Wrought Urn*, London, 1947.
Eliot, T. S., "tradition and Individual Talent", *Selected Essays*, London, 1932.
Ezra, L. Pound, 이덕형 역, 『현대시학입문』, 문예출판사, 1984.

Frank Lentricchia, Thomas Mclaughlin, 정정호 외 공역, 『문학 연구를 위한 비평용어』, 한신문화사, 1994.

Hirsch, E. D., *Validity in Interpretation*, Yale university Press, 1967.

Jack W. Meiland, "Interpretation as a Cognitive Discipline", *Philosophy and Literature 2*, Baltimore : John Hopkins U.P., 1977.

Kayser, W, 김윤섭 역, 『언어예술작품론』, 대방출판사, 1982.

Lozt, J, *Style in Language*, The M. I. T Press, 1968.

Poe. E. A., Poems and Miscellanies, Oxford Univ, 1956.

Pound, E. L, 이덕형 역, 『현대시학입문』, 문예출판사, 1984.

Roman Jakobson, *Language in literature*, Belknap Press, 1987.

Roman Jacobson, 신문수 편역, 『문학 속의 언어학』, 문학과지성사, 1997.

Peters. R. S. 이홍우 역, 『윤리학과 교육』, 교육과학사, 1986.

Philip Wheelwright, *The Burning Fountain*, Indiana University Press, 1959.

Preminger, A., *Princeton Encyclopedia of Poetry and Poetics*, Princeton University Press, 1974.

Rene Wellek, Austin Warren, *Theory of Literature*, 이경수 역, 『문학의 이론』, 문예출판사, 1987.

Richard E. Palmer, 이한우 옮김, 『해석학이란 무엇인가』, 문예출판사, 1988.

Richards, I. A., *Principles of literary criticism*, New York, 1925.

Richards, I. A., *Pratical Criticism*, London, Routledge Kegan Paul Ltd, 1966.

Richards, I. A., *Poetries and science*(1926), 이국자 옮김, 『시와 과학』, 이삭, 1983.

Rosenblatt, L. M., *The Reader, the Text, the Poem : The Transactional Theory of the Literary Work*. Carbondale : Southern Illinois University Press, 1994.

Taba, H. 이경섭 외 역, 『교육과정론』, 형설출판사, 1982.

Tyler. R. W., *Basic Principle of Curriculum and Instruction*, The University of Chicago Press, 1945.

Victor Erlich, 박거용 역, 『러시아 형식주의』, 문학과지성사, 1985.

Wheeler, C. B., "The Art of interpretation", *The Design of Poetry*, New York, 1966.

William James, *The principles of Psychology*, New York : Dever, 1918.

Wimsatt, W. K. & Beardsley, M. C., *The Verbal Icon : Studies in the Meaning of Poetry*, University of Kentucky Press, 1954.

Winchester, *Some principles of literary criticism*, New York : Macmillan, 1950.

Zais, R. S. *Curriculum : Principles* & foundation, Thomas Y. Crowell, 1976.